UTB 3348

Eine Arbeitsgemeinschaft der Verlage

Böhlau Verlag · Köln · Weimar · Wien
Verlag Barbara Budrich · Opladen · Farmington Hills
facultas.wuv · Wien
Wilhelm Fink · München
A. Francke Verlag · Tübingen und Basel
Haupt Verlag · Bern · Stuttgart · Wien
Julius Klinkhardt Verlagsbuchhandlung · Bad Heilbrunn
Lucius & Lucius Verlagsgesellschaft · Stuttgart
Mohr Siebeck · Tübingen
Nomos Verlagsgesellschaft · Baden-Baden
Orell Füssli Verlag · Zürich
Ernst Reinhardt Verlag · München · Basel
Ferdinand Schöningh · Paderborn · München · Wien · Zürich
Eugen Ulmer Verlag · Stuttgart
UVK Verlagsgesellschaft · Konstanz
Vandenhoeck & Ruprecht · Göttingen
vdf Hochschulverlag AG an der ETH Zürich

Andrea Geier / Jochen Strobel (Hg.)

Deutsche Lyrik in 30 Beispielen

Wilhelm Fink

Die Herausgeber:

Andrea Geier, geb. 1972, Professorin für Neuere deutsche Literaturwissenschaft/Gender-Forschung an der Universität Trier. Forschungsschwerpunkte: Gegenwartsliteratur, Gender Studies, Interkulturalitätsforschung und Postcolonial Studies, Literatur im Medienwechsel, Literaturtheorie. Publikationen: (Hg., mit J. Süselbeck): Konkurrenzen, Konflikte, Kontinuitäten. Generationenfragen in der Literatur seit 1990 (2009); (Hg., mit U. Kocher): Wider die Frau. Zu Geschichte und Funktion misogyner Rede (2008); Gewalt und Geschlecht. Diskurse in deutschsprachiger Prosa der 1980er und 1990er Jahre (2005).

Jochen Strobel, geb. 1966, Privatdozent für Neuere deutsche Literaturwissenschaft an der Philipps-Universität Marburg und Vertretungsprofessor an der Otto-von-Guericke-Universität Magdeburg. Forschungsschwerpunkte: Medialität und Narratologie des Briefs; Romantik; Wissenschaftsgeschichte; Editionstheorie; Gegenwartsliteratur. Publikationen: Eine Kulturpoetik des Adels in der Romantik (2010); (Hg., mit Y.-G. Mix): Der Europäer A. W. Schlegel (2010); (Hg.:) Vom Verkehr mit Dichtern und Gespenstern. Figuren der Autorschaft in der Briefkultur (2006).

Bibliografische Information der Deutschen Nationalbibliothek

Die Deutsche Nationalbibliothek verzeichnet diese Publikation in der Deutschen Nationalbibliografie; detaillierte bibliografische Daten sind im Internet über http://dnb.d-nb.de abrufbar.

(Wilhelm Fink GmbH & Co. Verlags-KG, Jühenplatz 1, D-33098 Paderborn)
Internet: www.fink.de

ISBN 978-3-7705-4852-1

Printed in Germany.
Herstellung: Ferdinand Schöningh, Paderborn
Einbandgestaltung: Atelier Reichert, Stuttgart

UTB-Bestellnummer: 978-3-8252-3348-8

Inhaltsverzeichnis

Zu diesem Buch

Gedichte lesen macht Vergnügen – und das Vergnügen wächst mit der spezifischen Lektürekompetenz. Dies zu vermitteln, ist ein Anliegen dieses Bandes. Die Beiträge wollen Lust auf eine intensive Auseinandersetzung mit lyrischen Texten machen und führen in diesem Sinne in die ‚Leseregeln' der Literaturwissenschaft ein. Sie verstehen sich insbesondere als Anregung für alle Studierenden, die schon einmal das Gefühl beschlichen hat, Gedichte seien Texte mit ‚sieben Siegeln'. Sie möchten die Scheu vor Gedichtanalysen nehmen und zeigen, dass auch die Interpretation von Gedichten einem regelgeleiteten Verfahren folgen kann.

Für Lehrveranstaltungen zur deutschen Lyrik von der Frühen Neuzeit bis zur Gegenwart fehlte bislang eine Sammlung, die epochenübergreifend Modellanalysen bündelt und zugleich beispielhaft verschiedene methodische Zugänge zur Gedichtanalyse vermittelt, wie sie hier von unterschiedlich profilierten Wissenschaftlerinnen und Wissenschaftlern vertreten werden. Eine solche Sammlung liegt mit diesem Buch nun vor. Unsere Zusammenstellung ergänzt klassische Einführungen in die Analyse lyrischer Texte, die methodisches Wissen vermitteln und literarische Texte vorwiegend zur Veranschaulichung von Einzelaspekten heranziehen, ebenso wie die mehrbändigen Kompilationen von Interpretationen nach Epochen oder zu einzelnen Autoren. Zudem flankiert das Werk Lehrbücher, die mit literaturwissenschaftlichen Arbeitstechniken am Beispiel einer Gattung und einer Epoche vertraut machen. In diesem Sinne grenzt sich der Band nicht zuletzt von Einführungen in die Lyrikgeschichte ab, die dem einzelnen Text nur wenig Raum zubilligen können. Der Fokus liegt in unserem Buch auf dem einzelnen Gedicht, das den Ausgangspunkt der Modellinterpretationen bildet.

Die Konzeption des Bandes Deutsche Lyrik in 30 Beispielen knüpft an die konkrete Lehrsituation an, aus der er entwickelt wurde: Er vermittelt Grundlagen für die Arbeit in seminaristischen Lehrveranstaltungen und ist zugleich für ein vertiefendes Selbststudium geeignet. Die epochenübergreifende Zusammenstellung von Analysen soll es den Studierenden ermöglichen, ihre Interpretationsfähigkeiten zu schulen und gleichzeitig literaturgeschichtliches Basiswissen zu erwerben. Daher versammelt der Band Analysen, die textnah und zugleich fachlich versiert, d. h. auf der Höhe der Forschungsdiskussion, entwickelt werden und anhand des jeweiligen Gedichts ihr methodisches Vorgehen reflektieren. Die einzelnen Beiträge folgen einem einheitlichen Schema:

1. Abdruck des Gedichttextes, beruhend auf einer zuverlässigen Textgrundlage
2. ggf. ein kurzer Stellenkommentar, der sich auf notwendige sachliche Erläuterungen beschränkt
3. kurze Informationen zu Entstehung und Wirkung
4. die Interpretation
5. eine Auswahlbibliographie mit bis zu fünf Titeln zum jeweils untersuchten Gedicht.

Die Artikel sollen zeigen, dass eine Gedichtinterpretation stets bestimmte Analyseschritte erfordert, diese aber für jeden Text unterschiedlich gestaltet werden können. Die ‚Werkzeugkästen' der hier versammelten Beiträgerinnen und Beiträger sind daher durchaus unterschiedlich, auch wenn sie sich auf dieselben Analyseebenen beziehen. Zu nennen sind hier vor allem Formanalyse, Semantik, Bildlichkeit, Deixis, Sprecher-Adressaten-Bezug, Rahmen-Pragmatik und ggf. Wertungsproblematik. Neben grundlegenden Aspekten wie der Text-Kontext-Problematik – hier insbesondere im Sinne der epochen- oder werktypischen Merkmale verstanden – wird außerdem im Verlauf der Artikel auf zentrale Forschungsprobleme und -desiderate hingewiesen.

Bei der Wahl des jeweiligen Gedichts hatten unsere Beiträgerinnen und Beiträger freie Hand – von der oft gelesenen (und gedeuteten) Ballade bis zum wenig bekannten, aber für das jeweilige Œuvre eines Autors/einer Autorin kennzeichnenden Gedicht ist das Spektrum bewusst breit gehalten. Auf diese Weise wird in unterschiedliche Genres, Formen, metrische und rhetorische Konstituenten, Motive und Sprechsituationen eingeführt. Darüber hinaus will diese Auswahl Reflexionen auf die Kanonisierungsprozesse bzw. die Kanonfähigkeit von Texten sowie die historische Bedingtheit ihrer Rezeption anregen. Die Vielzahl der Interpretationen soll also in erster Linie einen Vergleich methodischer Zugänge ermöglichen, ansatzweise aber auch den Blick für literarhistorisch gleiche bzw. verwandte Strömungen schulen.

Natürlich wird jede(r) Lyrikkenner(in) den einen oder anderen Autor, die eine oder andere Autorin vermissen. Und auch wenn wir vom Barock bis zur Gegenwart – mit einem klaren Schwerpunkt auf dem 20. Jahrhundert – die wichtigsten literarischen Strömungen berücksichtigen konnten, darf eine breite Darstellung literaturgeschichtlicher Zusammenhänge auf den folgenden Seiten nicht erwartet werden.

Die für diesen Band verfassten Interpretationen haben universitäres Niveau und sind doch auch für Studienanfänger verständlich, weil nur die Kenntnis ganz basaler gedichtanalytischer Begrifflichkeiten notwendig ist, um der Argumentation folgen zu können. Wir hoffen, dass nicht nur ein Studienbuch, sondern zugleich ein Lesebuch entstanden ist. Tipps zur vertiefenden Lektüre finden sich in der Arbeitsbibliographie am Schluss des Bandes. Wir möchten damit, aufbauend auf unserer Auswahl von Autor/innen und Gedichttexten, unsere Leserinnen und Leser dazu anregen, eine Entdeckungsreise anzutreten.

Wir danken allen Beiträgerinnen und Beiträgern herzlich für die intensive Zusammenarbeit, und ebenso unseren Helferinnen und Helfern Sarah Kellner, Aline Seidel (beide Marburg) und Raphael Heibel (Trier).

Trier und Magdeburg im Mai 2010 *Andrea Geier, Jochen Strobel*

Andreas Gryphius (1616–1664): Menschliches Elende

von Urte Helduser

I. Gedicht

Menschliches Elende.

WAs sind wir Menschen doch? Ein Wohnhauß grimmer Schmertzen
Ein Ball des falschen Glücks / ein Irrlicht diser Zeit.
Ein Schauplatz herber Angst / besetzt mit scharffem Leid /
Ein bald verschmeltzter Schnee und abgebrante Kertzen.
Diß Leben fleucht davon wie ein Geschwätz und Schertzen.
Die vor uns abgelegt des schwachen Leibes Kleid
Vnd in das Todten-Buch der grossen Sterblikeit
Längst eingeschriben sind / sind uns aus Sinn und Hertzen.
Gleich wie ein eitel Traum leicht aus der Acht hinfällt /
Vnd wie ein Strom verscheust / den keine Macht auffhält:
So muß auch unser Nahm / Lob / Ehr und Ruhm verschwinden /
Was itzund Athem holt / muß mit der Lufft entflihn /
Was nach uns kommen wird / wird uns ins Grab nachzihn.
Was sag ich? wir vergehn wie Rauch von starcken Winden.

Andreas Gryphius: Gedichte. Eine Auswahl. Text nach der Ausgabe letzter Hand von 1663. Hg. v. Adalbert Elschenbroich. Stuttgart 1968, S. 6.

II. Erster Zugang

Andreas Gryphius' Gedicht *Menschliches Elende* erschien zuerst 1637 als IX. Sonett im ersten Gedichtbuch des damals 21-jährigen Autors, den sogenannten „Lissaer Sonetten" (nach der polnischen Stadt Lissa, in der die Gedichte gedruckt worden sind). In der hier vorliegenden, auf die Ausgabe letzter Hand zurückgehenden Fassung (1663) gehört es – neben *Thränen des Vaterlandes* und *Es ist alles eitel* – zu den bekanntesten Sonetten des Autors und gilt als paradigmatisch für die lyrische Gestaltung des barocken ‚Vanitas'-Gedankens. Weil es auch in seinem rhetorischen Aufbau geradezu mustergültig die Regeln barocker Poetik erfüllt, dient *Menschliches Elende* als Gegenstand von ‚Schulbuch-Interpretationen'[1] und als beliebter Beispieltext literaturwissenschaftlicher Einführungsliteratur.[2] Mögli-

[1] Vgl. die Interpretationshilfen für den Schulunterricht: Baumgärtner 1974; Wilhelm Große: Interpretationen zur deutschen Lyrik und unterrichtspraktische Vorschläge. Hollfeld 2001, S. 19–21.

[2] Vgl. z. B. Dirk Niefanger: Barock. Stuttgart 2006, S. 129.

cherweise ist es gerade deshalb von der Forschung eher vernachlässigt worden. Es existieren ältere Einzelanalysen wie die von Weber (1967), der sich auf die ‚Vanitas'-Thematik konzentriert, ein Fassungsvergleich von Cohen (1968) und ein neuerer Zugang aus diskursanalytischer Perspektive von Kaute (2006).

III. Zur Vorgehensweise

Heutigen Rezipienten stellt sich ein Gedicht wie Gryphius' fast vier Jahrhunderte altes Sonett als Dokument einer fremden Zeit und Weltauffassung dar. Zugleich zeigt aber die Kanonisierung des Sonetts, seine Aufnahme in Anthologien und neuerdings Hörfassungen, eine anhaltend von ihm ausgehende Faszination.[3] Das mag an der eindrücklichen Bildlichkeit und rhythmischen Form ebenso liegen wie an einer an der aktuellen Jahrtausendwende spürbaren (auch akademischen) Konjunktur der von Gryphius aufgeworfenen Frage nach dem ‚Wesen des Menschen'. Aus der damit angesprochenen Perspektive einer literarischen Anthropologie lassen sich, wie noch gezeigt werden soll, Motive von Gryphius' Gedicht bis in die Lyrik des 20. Jahrhunderts verfolgen.[4]

Zunächst soll das Sonett in einer ersten hermeneutischen Annäherung im Hinblick auf seine rhetorische Verfasstheit sowie seinen historischen Bedeutungszusammenhang erschlossen werden. Im Anschluss daran soll anknüpfend an neuere Forschungen zu Gryphius' Werk, die die Offenheit des Texts für interpretatorische Varianten betont haben,[5] gezeigt werden, dass *Menschliches Elende* nicht lediglich epochentypische Motive und Formelemente erfüllt, sondern mit diesen auch bewusst spielt. Schließlich soll anhand eines kurzen motivgeschichtlichen Ausblicks auf die Lyrik des 20. Jahrhunderts Gryphius' Sonett zur anthropologischen Reflexion der Moderne in Bezug gesetzt werden.

IV. Erste Annäherung

Menschliches Elende folgt dem Formprinzip des Sonetts, wie es in den zeitgenössischen Poetiken – zu nennen ist insbesondere Martin Opitz' *Buch von der Deutschen*

[3] Vgl. die Hörfassung in: Lauter Lyrik – Der Hör-Conrady: Die große Sammlung deutscher Gedichte (Audio CD). Hg. v. Karl Otto Conrady, Düsseldorf 2008.

[4] Das Forschungsfeld ‚Literarische Anthropologie' hat ausgehend von der anfänglichen Schwerpunktsetzung auf das 18. Jahrhundert (vgl. dazu den Band: Hans-Jürgen Schings (Hg.): Der ganze Mensch. Anthropologie und Literatur im 18. Jahrhundert. Stuttgart, Weimar 1994) auch Eingang in die Forschung zur Lyrik der Frühen Neuzeit gefunden, vgl. dazu exemplarisch Burkhard Dohm: Poetische Alchimie. Öffnung zur Sinnlichkeit in der Hohelied- und Bibeldichtung von der protestantischen Barockmystik bis zum Pietismus. Tübingen 2000. Zur Anthropologie in Gryphius' Lyrik vgl. Hans-Georg Kemper: Deutsche Lyrik der Frühen Neuzeit. 6 Bde. Bd. 4: Barock-Humanismus, Teil 1: Krisen-Dichtung. Tübingen 2006, S. 233.

[5] Vgl. Nicola Kaminski: Andreas Gryphius. Stuttgart 1998; Kemper 2006, S. 207.

Poeterey (1624) – bestimmt wurde. Die vierzehn Alexandrinerverse gliedern sich in zwei Quartette und zwei Terzette (mit dem Reimschema abba, abba, ccd, eed). Die für das Sonett typische formale Geschlossenheit wird auch durch den argumentativen Aufbau gestützt. So werden die erste und die letzte Zeile jeweils durch rhetorische Fragen eingeleitet. Die damit erzielte zirkelhafte Struktur wird noch durch die Anaphern in den letzten drei Versen unterstützt; das dreimalige „was" jeweils am Beginn des Verses verleiht dem letzten Terzett außerdem den Charakter einer Sentenz.

Die einleitende Frage nach dem Wesen des Menschen verortet das Thema des Gedichts im Bereich der Anthropologie. Beantwortet wird sie im ersten Quartett zunächst mit einer Folge von Definitionen, in einer alternierenden Abfolge von Versen mit metaphorischen und allegorischen Bildern. Im ersten und dritten Vers wird mit den räumlichen Metaphern „Wohnhauß" und „Schauplatz" und den (negativ konnotierten) Emotionen „Schmertzen", „Angst" und „Leid" das Verhältnis von Körper und Seele angesprochen. In der zweiten und vierten Zeile werden gegenständliche Bilder der Vergänglichkeit („Ball", „Irrlicht", „Schnee", „Kertzen") aufgerufen, die auch in anderen Texten Gryphius' wiederkehren und zum typischen Inventar barocker Bildlichkeit zählen. So sind sie auch in der Emblematik vertreten, der im 17. Jahrhundert entfalteten Gattung des ‚Sinnenbildes', einer aus der Kombination von Bild und erläuterndem Text bestehenden Kunstform. Die Wendung vom „Ball des falschen Glücks" (V. 2) korrespondiert etwa zeitgenössischen Emblemata, in denen der „Ball" als Insignium der Glücksgöttin Fortuna erscheint.[6]

Mit „Ball" und „Irrlicht" werden zwei Bilder der Bewegung, des flüchtigen Auf und Ab, miteinander verbunden, die das Unbeständige und ‚Trügerische' des irdischen Lebens zum Ausdruck bringen. Die durch die Zweiteilung des Alexandrinerverses gestützte antithetische Kombination von kaltem Schnee und heißer Kerze betont auf bildlicher Ebene das Entschwinden. Durch die Häufung der Bilder (Amplificatio) nach dem Prinzip der „insistierenden Nennung"[7] wird eine große Eindringlichkeit erzielt, die im zweiten Quartett und im ersten Terzett durch eine Folge von Vergleichen noch gesteigert wird.

Richtet das erste Quartett die Perspektive auf das menschliche Dasein als leidvoll und unbeständig, so wird in den folgenden Versen die konkrete „Sterblikeit" thematisiert. Das Bild vom ‚Leib als Kleid' (V. 6) ruft nochmals das Verhältnis von Körper und Seele auf, es bezieht sich auf die Vorstellung vom Körper als vergängliche ‚Hülle' der ins Jenseits wandernden Seele. Das „Todten-Buch der grossen Sterblikeit" (V. 7) liest sich zunächst als Umkehrung der biblischen Vorstellung vom ‚Buch des Lebens'.[8] Es ließe sich hier auch an ein Sterberegister

6 Vgl. Arthur Henkel, Albrecht Schöne (Hg.): Emblemata. Handbuch zur Sinnbildkunst des XVI. und XVII. Jahrhunderts. Stuttgart 1967, Sp. 1799 f.

7 Karl-Otto Conrady: Lateinische Dichtungstradition und deutsche Lyrik des 17. Jahrhunderts. Bonn 1962, S. 128 f.

8 Vgl. Peter Rusterholz: Theatrum vitae humanae. Funktion und Bedeutungswandel eines poetischen Bildes. Studien zu den Dichtungen von Andreas Gryphius, Christian Hofmann von Hofmannswaldau und Daniel Casper von Lohenstein. Berlin 1970, S. 35.

als Teil der von Pfarrern geführten Kirchenbücher denken. Der Ausdruck „grosse Sterblikeit" verweist zudem auf einen zeitspezifischen Zusammenhang, der vage auch in der Wendung von „diser Zeit" (V. 2) hergestellt wird: das durch Gewalt und Seuchen im Dreißigjährigen Krieg verursachte ‚große Sterben', dessen Opfer in den Sterberegistern festgehalten sind. Dient schriftliche Fixierung jedoch normalerweise der Bewahrung und Erinnerung, so wird hier das Gegenteil festgestellt: Gerade die in das „Todten-Buch" (V. 7) Eingetragenen sind vergessen. Damit wird die Absolutheit der Vergänglichkeit betont und jede Aussicht auf ein Nachleben negiert.

Trifft das zweite Quartett eine Aussage über Vergangenes bzw. über die bereits Verstorbenen, so wird diese Aussage im folgenden Terzett auf die gegenwärtig Lebenden bezogen, deren Endlichkeit und Vergänglichkeit betont wird. Der Vergleich mit einem „Traum" postuliert die Irrealität des irdischen Lebens, das Adjektiv „eitel" verfügt hier über die doppelte Bedeutung der ‚Eitelkeit' im heutigen Sinne, die den Menschen in seiner Hybris und Selbstbezogenheit von irdischen Dingen bzw. hier konkret vom irdischen „Ruhm" (V. 11) ‚träumen' lässt, wie auch über die (damit verbundene) Bedeutung der ‚Vergänglichkeit', wie sie Gryphius auch in seinem Sonett *Es ist alles eitel* ausgeführt hat.[9] Der Vergleich mit dem „Strom" ruft ein in der antiken Philosophie (Heraklit) wie auch in der Bibel (Hiob 14,11) vorkommendes Bild für das Leben auf, dabei verkehrt sich auch hier die Bedeutung: An die Stelle des Fließenden als Ausdruck des Lebendigen tritt die unaufhaltsame Vergänglichkeit alles Irdischen: Name, Ehre und Ruhm, die ‚geistige' Seite des menschlichen Daseins ist der ‚Vanitas' genauso preisgegeben wie die Leiblichkeit. Jedes ‚eitle' menschliche Bestreben, der Vergänglichkeit des Kreatürlichen durch ein geistiges Nachleben zu entkommen, erweist sich als hinfällig.

Das letzte Terzett fasst die vorangegangenen Aussagen von der Vergänglichkeit als Inbegriff menschlichen Lebens noch einmal sentenzenhaft zusammen. Von Vers 12, der sich auf die Gegenwart bezieht, über den auf die Zukunft bezogenen 13. bis zum 14. Vers vollzieht dieses Terzett eine bildliche Bewegung von oben nach unten und wieder nach oben im Sinne des im ersten Quartett auch durch den „Ball" verbildlichten Wechsels von ‚Auf und Ab', das die Unbeständigkeit menschlichen Lebens kennzeichnet.

Trotz aller ‚Schwere', die das von „Angst", „Schmerzen", und „Leid" geprägte menschliche Dasein insbesondere im ersten Quartett charakterisiert, entfaltet das Sonett in den weiteren Strophen eine Atmosphäre der Leichtigkeit, die durch die Bilder der Bewegung („Ball", „Irrlicht", „Strom"), des Unwirklichen („Traum") und des Immateriellen („Luft") evoziert wird, die schließlich im Motiv des Rauchs als vollkommenstem Ausdruck des Ephemeren gipfeln. Dieser Leichtigkeit entspricht auch der fließende Charakter der Verse, der insbesondere durch die mehrere Verse umfassenden Satzkonstruktionen sowie durch das Enjambement im

9 Gryphius 1996, S. 5.

zweiten Quartett und die klingenden Kadenzen (V. 1, 4, 5, 8, 11, 14) erzielt wird. Eine ähnliche Ambivalenz wie die zwischen der ‚Schwere' des ‚menschlichen Elends' und der Leichtigkeit der zu seiner Beschwörung eingesetzten Bilder enthält auch das Motiv des Rauchs. Der Rauch gehört zu den prägnantesten ‚Vanitas'-Bildern in der Dichtung des Barock. Bei Gryphius erscheint das Motiv häufig im Kontext einer Reflexion über die Vergänglichkeit des menschlichen Daseins, allerdings ist es auch mit einer konkreten zeitgenössischen Gewalterfahrung verbunden: dem Rauch über den im Dreißigjährigen Krieg in Brand gesetzten Städten.[10] Im Motiv des Rauchs verdichtet sich die im Sonett entfaltete ‚Vanitas'-Vorstellung zu einem ambivalenten Bild: Bezeichnet es einerseits die Auflösung im Nichts als Ausdruck vollkommener Vergänglichkeit, so verspricht es andererseits auch eine Befreiung von der ‚Schwere' des irdischen Leids. Zudem lässt sich hier ein verborgener Hinweis auf eine Jenseitsperspektive erkennen. Bereits aus der Antike rührt die Vorstellung von der Seele, die nach dem Tod wie Rauch zum Himmel steigt, und auch in der Bibel ist dieses Bild zu finden.[11] In Gryphius' Sonett wird diese Bedeutungsebene durch die mit den letzten beiden Versen vollzogenen Bewegung von unten nach oben in einer Art Auferstehungsvorstellung eingeholt: Die wie der Rauch schwerelose Seele steigt aus dem irdischen Gefängnis bzw. dem „Grab" zum im Himmel verorteten Jenseits. Im Bild des Rauchs kulminiert damit die das Sonett kennzeichnende Ambivalenz: Es changiert zwischen einer vollständigen Auflösung im Nichts und einem (im Kontext des Bildes verborgenen) Versprechen auf eine Erlösung von der irdischen Vergänglichkeit, ohne dass eine der beiden Bedeutungsebenen privilegiert werden kann.

Nur auf den ersten Blick lässt sich das Sonett also als eindimensionale drastische Schilderung der Leidbestimmtheit und der Nichtigkeit menschlichen Lebens deuten. Durch den Wechsel von Leichtigkeit und Schwere in den Bildern, das ‚Auf und Ab' der bildlich vollzogenen Bewegung sowie schließlich durch das doppeldeutige Motiv des Rauchs wird vielmehr die Ambivalenz zum Strukturmerkmal des Sonetts. Eher als dass hier das als barocktypisch geltende Thema Vergänglichkeit mustergültig nach den Regeln der Rhetorik ‚bearbeitet' wird, lässt sich *Menschliches Elende* somit auch als Spiel mit der zeitgenössischen ‚Vanitas'-Thematik und ihren Bedeutungen verstehen. Damit ist das Sonett nicht nur als Dokument barocker Dichtkunst und Weltanschauung analysierbar, sondern eröffnet ein Deutungsspektrum, das – auch unter Berücksichtigung der Historizität des Texts – seine Aktualität für die heutige Rezeption bewahrt.

---

[10] Zur Deutung von *Menschliches Elende* im Kontext zeitgenössischer Gewalterfahrung vgl. Markus Meumann, Dirk Niefanger: Für eine interdisziplinäre Betrachtung von Gewaltdarstellungen des 17. Jahrhunderts. Einführende Überlegungen. In: Dies. (Hg.): Ein Schauplatz herber Angst: Wahrnehmung und Darstellung von Gewalt im 17. Jahrhundert. Göttingen 1997, S. 7–23, hier S. 9.

[11] Vgl. die Belege bei Cohen 1968, S. 13, sowie bei Dietrich Walter Jöns: Das ‚Sinnen-Bild'. Studien zur allegorischen Bildlichkeit bei Andreas Gryphius. Stuttgart 1966, S. 244.

V. Anthropologie im 17. Jahrhundert

Gryphius' Proklamation der menschlichen Vergänglichkeit erhält vor allem durch die Betonung des „wir" im ersten und im letzten Vers den Status eines (universal-) anthropologischen Entwurfs. Durch das emphatische „wir Menschen" wird eine Gemeinschaft jenseits von ständischen oder anderen Hierarchien aufgerufen, deren gemeinsames unausweichliches Schicksal die Vergänglichkeit ist. Die Unbedingtheit der ‚Vanitas', die das Sonett in sich überbietenden Bildern postuliert, trifft alle Menschen.

Die Vagheit der im Bild des Rauchs versteckten Jenseitsperspektive und das Fehlen eines expliziten Bezugs auf die Ewigkeit des Göttlichen fällt vor allem im Vergleich von *Menschliches Elende* mit anderen ‚Vanitas'-Gedichten Gryphius' (z. B. *Es ist alles eitel*) auf. Die Auffassung, dass die Jenseitsperspektive sich im heilsgeschichtlichen Denken des theologisch geschulten Autors gewissermaßen ‚von selbst verstehe', verstellt den Blick auf mögliche Brüche in diesem Denken oder eine bewusst gesetzte Verstörung.[12] Demgegenüber eröffnet eine genauere Lektüre der versteckten Jenseits-Bezüge und der Tatsache ihres Verstecktseins selbst eine weiterführende Deutungsperspektive auf das in diesem Sonett entworfene anthropologische Modell.

In diesem Zusammenhang ist die Metapher des „Schauplatzes" (V. 3) aufschlussreich. Das Bild vom Menschen als „Schauplatz", auf dem sich menschliches Leiden ‚abspielt' – anstatt dass der einzelne Mensch dieses Leid schlicht ‚empfindet' –, verweist auf eine verbreitete Metaphorik, die als konstitutiv für die Kultur des Barock gilt, nämlich auf die Vorstellung von der Welt als Bühne, wie Richard Alewyn sie beschrieben hat: „Die Bühne ist die Welt, die Schauspieler sind die Menschen. Das Stück, das gespielt wird, ist das Leben. Wenn es zu Ende ist, ruft der Tod die Spieler von der Bühne ab. Gott, der Spielmeister, aber hält Gericht. Diejenigen, die ihre Sache gut gemacht haben, lädt er zu einer himmlischen Festtafel – das große Welttheater."[13] Ihren populärsten Ausdruck hat diese Vorstellung vom ‚großen Welttheater' im gleichnamigen Schauspiel des spanischen Dichters Calderón (*El gran teatro del mundo*, 1655) gefunden, zu dessen Texten Gryphius' Sonett zahlreiche motivische Parallelen aufweist. So findet sich der Vergleich des Lebens mit einem Traum (V. 9) auch in einem ungefähr zeitgleich zu Gryphius' Sonett entstandenen Schauspiel Calderóns: *La vida es sueño* (*Das Leben ein Traum*, 1636).

In Gryphius' Sonett ist die Vorstellung des *theatrum mundi* in den einzelnen Menschen hinein verlegt worden: Der Mensch ist nicht selbst ‚Herr' über sich und seine Empfindungen, sondern er ist ein Schauplatz, auf dem höhere Mächte agieren bzw. ‚spielen': die Schicksalsgöttin Fortuna mit ihrem „Ball" (V. 2) etwa, vor allem aber der ‚Spielmeister' Gott.

12 Vgl. hierzu auch Kemper 2006, S. 230.

13 Richard Alewyn, Karl Sälzle: Das große Welttheater. Die Epoche der höfischen Feste in Dokument und Deutung. Hamburg 1959, S. 48.

Mit der Metapher des „Schauplatzes" wird die Scheinhaftigkeit menschlichen Lebens betont, die auch das „Irrlicht" und der Vergleich des Lebens mit einem Traum zum Ausdruck bringen. Zugleich verbindet sich damit ein Menschenbild: Der Mensch, von dem das Sonett handelt, ist kein autonomes Subjekt, wie es die Anthropologie der Aufklärung entwerfen wird, sondern Spielfläche göttlichen Willens. Dieser Vorstellung entsprechend sind Empfindungen, „Schmertz", „Angst", „Leid", nicht individueller Ausdruck menschlicher Subjektivität, sondern der Mensch ist mit ihnen „besetzt", sie werden ihm ‚gegeben', auch im Hinblick auf eine Prüfung seiner Jenseitstauglichkeit. Gryphius' Sonett entwirft somit ein Bild des Menschen als Austragungsort göttlicher Macht, das im Gegensatz zum modernen Verständnis menschlicher Individualität steht.

In diesem Zusammenhang fällt das plötzliche „ich" im letzten Vers als Kontrast zu dem „wir" auf, von dem vorher die Rede ist. Dieses „ich", das sich hier selbst korrigiert, seine Rede infrage stellt, deutet auf eine reflektierende Instanz und damit auch auf Subjektivität. Auch wenn es sich hier nicht um ein ‚lyrisches Ich' im modernen Sinne handelt als einer Instanz, in der sich die individuelle Erfahrung des empirischen Autors artikuliert,[14] so markiert das „ich" zumindest eine ‚Rolle', die sich in einen Gegensatz zum „wir Menschen" setzt. Als ein solches ‚Rollen-Ich' erscheint es innerhalb einer konventionalisierten rhetorischen Figur, der *Correctio*, die im letzten Vers der formelhaften Zuspitzung der Aussage des Gedichts von der Vergänglichkeit alles Menschlichen dient.

Gerade dieses plötzliche Auftreten in der letzten Zeile und im Kontrast zum vorherigen „wir" verleiht diesem „ich" jedoch einiges Gewicht. Hier erscheint ein Sprecher, der seine eigene Rede reflektiert: „was sag' ich" lässt sich als Verbesserung verstehen, aber auch als Infragestellung der Angemessenheit jeglicher Verbildlichung des ‚Vanitas'-Gedankens überhaupt. Dieses „ich" muss nicht mit dem empirischen Autor Gryphius identifiziert werden, aber als ‚Rollen-Ich' erscheint es in der Rolle eines (über das Wesen des Menschen reflektierenden) „Philosophen und Dichters", wie auch Gryphius sie für sich in Anspruch nimmt.[15] Dieser Bezug zur Autorschaft wird auch durch die Erwähnung von „Nam, Lob, Ehr und Ruhm" (V. 11) plausibel, die auf den Nachruhm des Dichters verweist – wenn dieser hier auch negiert wird.[16]

Zudem handelt es sich bei der letzten Zeile um eine nicht nur rhetorische, sondern auch tatsächliche ‚Correctio' der ersten, 1637 publizierten Fassung des

---

[14] Vgl. zur Diskussion um den Begriff des lyrischen Ichs für die Lyrik des Barock: Kemper 2006, S. 96.

[15] Wolfgang Mauser: Dichtung, Religion und Gesellschaft im 17. Jahrhundert. Die ‚Sonnete' des Andreas Gryphius. München 1976, S. 15.

[16] Eine solche Vorstellung vom Nachleben des Poeten durch seine Werke ist im 17. Jahrhundert durchaus geläufig, wie schon die Tatsache zeigt, dass die „Fruchtbringende Gesellschaft", eine der bedeutendsten literarischen Gruppen des Barock, ausgerechnet ihrem Mitglied Andreas Gryphius, der in *Menschliches Elende* wie in vielen anderen Sonetten die Vergänglichkeit alles Irdischen beschwört, den Beinamen „Der Unsterbliche" verleiht. Vgl. Kaminski 1998, S. 42.

Sonetts, die erst in der 1643 in Leiden erschienenen Sammlung *Sonnete, Das erste Buch* auftaucht.[17] Die Tatsache, dass der inzwischen auch zum ‚poeta laureatus' gekrönte Autor Gryphius sich hier also tatsächlich selbst korrigiert hat, lässt auch das Subjekt des Sonetts in seiner Bedeutung hervortreten.

Gerade die Unbedingtheit, mit der die Vergänglichkeit alles Menschlich-Irdischen betont wird, lässt auch die blitzhaft aufscheinende Autor-Instanz wieder im Nichts verschwinden – nur als Negation ist dichterische Subjektivität also denkbar.

Zugleich zeigt sich in dieser Negation ein Spiel mit (versteckten) Bedeutungen. Die Aberkennung eines irdischen Nachlebens verweist nämlich wiederum auf eine – versteckte – jenseitige Instanz. Mit der Wendung „Nam, Lob, Ehr und Ruhm" sind genau die Attribute bezeichnet, die, wie zahlreiche liturgische Texte und Kirchenlieder betonen, im christlichen Glauben *allein* Gott zukommen. Indem in Gryphius' Sonett der irdische Nachruhm des Menschen negiert wird, wird dies bekräftigt: Erst durch den Umkehrschluss ist das göttliche Jenseits also präsent. So entsteht ein Wechselspiel der Bedeutungen, als dessen ‚Autor' sich das „ich" des letzten Verses zu erkennen gibt. In diesem „ich" artikuliert sich somit – wenn auch nur vage und in den Grenzen rhetorischer Konventionen – ein Subjekt, das nicht nur Spielball auf dem *theatrum mundi*, sondern selbst aktiver Spieler ist.

VI. Zur Motivgeschichte des Rauchs im 20. Jahrhundert

Auch über das Barock hinaus hat das ‚Vanitas'-Motiv des Rauchs seine Eindrücklichkeit bis in die Lyrik des 20. Jahrhunderts bewahrt. In Paul Celans *Todesfuge* ist es keine Metapher mehr, sondern verweist auf historische Realität:

> Er ruft spielt süßer den Tod der Tod ist ein Meister aus Deutschland
> er ruft streicht dunkler die Geigen dann steigt ihr als Rauch in die Luft
> dann habt ihr ein Grab in den Wolken da liegt man nicht eng[18]

In Berichten über die Shoah wird immer wieder der „Menschenrauch"[19] geschildert, der aus den Schornsteinen der nationalsozialistischen Vernichtungslager aufstieg. Gryphius' Bild ist heute kaum mehr lesbar, ohne dass sich dieser Bezug herstellt. Der Rauch bezeichnet kein universalanthropologisches Schicksal mehr, wie noch im heilsgeschichtlich verankerten Weltbild des Barock, sondern das Schicksal derer, die auf das „nackte Leben"[20] reduziert sind. Von dem Erlösungs-

17 Vgl. Andreas Gryphius: Gesamtausgabe der deutschsprachigen Werke. 9 Bde. Bd. 1: Sonette. Hg. v. Marian Szyrocki. Tübingen 1963, S. 35.

18 Paul Celan: Die Gedichte – Kommentierte Gesamtausgabe in einem Band. Hg. und komm. v. Barbara Wiedemann. Frankfurt/M. 2003, S. 40 f.

19 Vgl. zuletzt Nicholson Baker: Menschenrauch. Wie der Zweite Weltkrieg begann und die Zivilisation endete. Reinbek 2009, zum Titelzitat S. 522.

20 Giorgio Agamben: Homo Sacer. Die souveräne Macht und das nackte Leben. Frankfurt/M. 2002.

versprechen, das sich bei Gryphius damit verbindet, bleibt nur noch die Verhöhnung der Opfer durch die Täter.

VII. Auswahlbibliographie

1. Alfred Clemens Baumgärtner: [Andreas Gryphius, *Menschliches Elende*]. In: Ders.: Literaturunterricht mit dem Lesebuch. 30 didaktische Modelle. Bochum 1974, S. 49–58.
2. Fritz Cohen: Andreas Gryphius' Sonnet *Menschliches Elende*. Original and Final Form. In: The Germanic Review Bd. 43 (1968), S. 5–14.
3. Brigitte Kaute: Im Dienst des Souveräns. Andreas Gryphius' *Menschliches Elende* als typisches Barockgedicht. In: Dies.: Die Ordnung der Fiktion. Eine Diskursanalytik der Literatur und exemplarische Studien. Wiesbaden 2006, S. 89–136.
4. Albrecht Weber: Vanitas, Vanitatum, Vanitas. In: Ders.: Deutsche Barockgedichte. Frankfurt/M. u. a. 1967, S. 62–71.

Catharina Regina von Greiffenberg (1633–1694): Uber das unaussprechliche Heilige Geistes-Eingeben!

von Burkhard Dohm

I. Gedicht

Uber das unaussprechliche Heilige Geistes-Eingeben!

DV ungeseh'ner Blitz / du dunkel-helles Liecht /
du Herzerfüllte Krafft / doch unbegreifflichs Wesen
Es ist was Göttliches in meinem Geist gewesen /
daß mich bewegt und regt: Ich spür ein seltnes Liecht.
Die Seel ist von sich selbst nicht also löblich liecht.
Es ist ein Wunder-Wind / ein Geist / ein webend Wesen /
die ewig' Athem-Krafft / das Erz-seyn selbst gewesen /
das ihm in mir entzünd diß Himmel-flammend Liecht.
Du Farben-Spiegel-Blick / du wunderbundtes Glänzen!
du schimmerst hin und her / bist unbegreiflich klar
die Geistes Taubenflüg' in Warheits-Sonne glänzen.
Der GOtt-bewegte Teich / ist auch getrübet klar!
es will erst gegen ihr die Geistes-Sonn beglänzen
den Mond / dann dreht er sich / wird Erden-ab auch klar.

Catharina Regina von Greiffenberg: Geistliche Sonette, Lieder und Gedichte. In: Dies.: Sämtliche Werke. Hg. v. Martin Bircher und Friedhelm Kemp. Bd. 1. Millwood, New York 1983, S. 191.

II. Stellenkommentar

V. 7: Erz-seyn: das tiefste Sein, das Sein selbst

III. Biographisch-kulturelle Situierung

Catharina Regina von Greiffenberg (1633-1694)[1], die wichtigste deutschsprachige Barockautorin, gehörte dem lutherischen Landadel Niederösterreichs an. Da die niederösterreichischen Protestanten im Zuge der Gegenreformation Gottesdienste ihrer Konfession nur in angrenzenden Landesgebieten besuchen durften, ent-

[1] Vgl. Burkhard Dohm: Greiffenberg. In: Deutsche Biographische Enzyklopädie (DBE). Hg. v. Walther Killy und Rudolf Vierhaus. München u. a. 1996. Bd. 4, S. 151.

faltete Greiffenberg ihre individuelle, sowohl an Luther als auch an der Mystik orientierte Frömmigkeit weitgehend außerhalb von Kirche und Gemeinde. Im Anschluss an eine Vision, in der Greiffenberg das Licht der ‚Deoglori' zu sehen glaubte, widmete sie ihr literarisches Schaffen ganz der Verherrlichung Gottes.[2] Durch den Nürnberger Autor Sigmund von Birken gefördert, legte Greiffenberg eine Vielzahl meist mystisch-meditativ geprägter Gedichte (1662) und Prosaschriften (1672 ff.) vor. Die als Sonettdichterin besonders geschätzte Greiffenberg zeigt auch in ihrem Hauptwerk, den über 4000 Seiten umfassenden *Leben-Jesu-Betrachtungen*, ein weites theologisch-philosophisches und naturkundliches Wissen. In Greiffenbergs Sonett *Über das unaussprechliche Heilige Geistes-Eingeben!* spitzt sich, wie die folgende Analyse zeigen will, die religiöse Position der Autorin programmatisch zu. Der Text gilt als ein auch heute attraktives, kanonisches Barockgedicht,[3] das sowohl in Lyrik-Anthologien als auch in literatur- und kulturgeschichtlichen Epochendarstellungen zu finden ist.[4]

IV. Methodisches Vorgehen

Der skizzierte Hintergrund von Greiffenbergs literarischer Produktion erfordert eine kultur- und religionsgeschichtlich orientierte Analyse des Sonetts. Die einleitende formale Gedichtanalyse erschließt – erstens – eine Besonderheit der Reimgestaltung, die zur zentralen Lichtmetaphorik des Sonetts in signifikanter Beziehung steht. In einem zweiten Schritt wird die auch formal hervorgehobene, auf eine innerlich-religiöse Erfahrung weisende Lichtmetaphorik im Kontext mystischer Redeformen und mystikgeschichtlicher Positionen profiliert. Die mystische Lichterfahrung ist im Sonett vornehmlich in Rekursen auf das biblische Pfingstereignis entworfen. Vor der Folie des Bibeltextes ist daher – drittens – die ‚individualisierte' mystische Erfahrung des Ichs im Sonett zu perspektivieren. Analog zur Geistbegabung der Apostel im biblischen Pfingstereignis erlangt das sprechende Ich im Sonett die Gabe der Inspiration, die im Text selbst dichterische Gestalt gewinnt. In diesem Sinn ist – viertens – die poetologische Dimension des Sonetts zu erschließen, deren zentrale geistliche Bedeutung auch durch den Einbezug eines weiteren Greiffenberg-Gedichts erhellt werden soll. Ein letzter – fünfter – Analyseschritt gilt der schwer verständlichen Bildstruktur der Terzette, welche die Erfahrung des ‚inneren Lichtes' – u. a. im Sinne des barockrhetorischen Prinzips der ‚argutia' (‚Spitzfindigkeit') – abschließend pointiert. Die komplexe,

2 Den Begriff der ‚Deoglori' verwendet Greiffenberg zur Bezeichnung des Gotteslobs, zu dem sie sich dauerhaft verpflichtet.

3 Vgl. Klüger 1994. Zur Einführung in Theorie, Systematik und Geschichte der Barocklyrik vgl. Dirk Niefanger: Barock. Lehrbuch Germanistik. Stuttgart, Weimar 2006, S. 87–138.

4 Vgl. z. B. Hans-Rüdiger Schwab: Geistliche Gedichte. Deutsche religiöse Lyrik von den Anfängen bis zur Gegenwart. Frankfurt/M. 1983, S. 97 f.; Freund 2004; Wehrlis (1965, 1993) frühe, teilweise noch anregende Deutung des Sonetts bleibt insgesamt zu vage.

kühn verschlüsselte Metaphorik changiert hier zwischen aktuellen naturwissenschaftlichen Anspielungen auf die Physik und Astronomie des 17. Jahrhunderts einerseits sowie tradierten mittelalterlich-mystischen Redeformen andererseits.

V. Korrespondenz von Reimstruktur und Bildlichkeit

Das regelmäßig in jambischen Alexandrinern gebaute Sonett zeigt eine formale Auffälligkeit in der Reimbildung der Quartette und Terzette, die mit der zentralen Bildlichkeit des Textes korrespondiert. So liegt dem Oktett das Reimschema abba / abba mit jeweils identischen Reimbildungen auf ‚Liecht' und ‚Wesen' zugrunde. Der hier durch Wortwiederholung erzeugte, eher statisch wirkende Gleichklang stellt das Bildfeld des Lichtes ins Zentrum, um das sich die Aussagen des Textes kreisend bewegen. Im weiteren Textverlauf prägt das ‚wesenhafte' (V. 2 f., 6 f.) Licht in vergleichbarer Weise die Bildebene des Sextetts: Die im romanischen Sonett geläufige Reimstruktur – cdc / dcd – ist wiederum durch identische Reimwörter aus dem Bildbereich des Lichtes gestaltet, nämlich ‚Glanz' (V. 9, 11, 13) und ‚Klarheit' (V. 10, 12, 14). Die formale Beobachtung weist mithin auf die Verknüpfung der im Titel des Sonetts signalisierten ‚unaussprechlichen Geistes-Eingebung' mit der Lichtmetaphorik, in der die im Gedicht thematisierte ‚Geistes-Eingebung' – paradoxerweise – zu sprachlichem Ausdruck gelangt.

VI. Greiffenbergs mystische Licht-Poesie: Text und Kontexte

Im Eingang des Gedichts präsentiert das sprechende Ich die visionäre Erfahrung eines ‚blitzhaft'-plötzlich eindringenden Lichtes. In zwei Apostrophen werden diesem Licht zugleich Helligkeit und Dunkelheit zugesprochen: „Du ungeseh'ner Blitz" sowie „Du dunkel-helles Liecht" (V. 1). In paralleler Fügung wird die Lichterscheinung auch zu Beginn des Sextetts erneut direkt adressiert (V. 9 f.). Die in der ersten Verszeile durch Oxymora gestaltete Lichtvorstellung deutet auf eine mystische Gotteserfahrung. Die Auffassung des Sonetts als Beispiel mystischer Barockpoesie liegt – auch im Anschluss an Greiffenbergs oben erwähnte Vision des ‚Deoglori-Lichts' – nahe, jedoch ist die Einordnung der Autorin als Mystikerin in der Forschung umstritten. Die Textanalyse soll daher die Möglichkeit prüfen, Greiffenbergs Sonett als poetischen Ausdruck mystischer Frömmigkeit zu lesen. Eine an Konzepten der Mystik orientierte Lesart des Gedichts lässt sich allein mit literaturwissenschaftlichen Mitteln nicht entwickeln; vielmehr sind hier vor allem theologische Kontexte fruchtbar zu machen.[5] Um den Text als mystische Poesie analysieren zu können, wird folgende Definition von ‚Mystik' zugrunde gelegt:

5 Vgl. Burkhard Dohm: Poetische Alchimie. Öffnung zur Sinnlichkeit in der Hohelied- und Bibeldichtung von der protestantischen Barockmystik bis zum Pietismus. Tübingen 2000.

Unter Mystik ist die Erfahrung von der Einswerdung des Menschen mit dem Göttlichen zu verstehen.[6] Diese in christlichem Kontext als ‚unio mystica' bezeichnete Erfahrung des einzelnen Menschen ist sprachlich grundsätzlich schwer vermittelbar. Es wird daher nachvollziehbar, dass Oxymora und Paradoxa, wie sie beispielsweise die erste Zeile des vorliegenden Sonetts prägen, als typische Formen mystischen Sprechens gelten.

Die für das Sonett zentrale Dimension mystischer Erfahrung und ihres sprachlichen Ausdrucks weist Anklänge an Schriften der Kirchenväter und der mittelalterlichen Mystik auf. Zudem orientiert sich Greiffenberg in ihren Werken an der protestantischen Mystik der sog. Spiritualisten aus dem Umfeld der Reformation, aber auch an mystisch-meditativ geprägten jesuitischen Autoren wie Ignatius von Loyola und Friedrich Spee.[7] Durch Johann Arndts *Bücher vom Wahren Christentum*, das wirkungsreichste protestantische Erbauungswerk des 17. Jahrhunderts, steht Greiffenberg zudem unter dem Einfluss der durch den florentinischen Renaissance-Philosophen Marsilio Ficino vermittelten neuplatonischen Lichtmetaphysik.[8] Mit der zitierten Formel vom ‚dunkel-hellen Licht' partizipiert Greiffenbergs Sonett insbesondere an der gleichfalls durch Arndt vermittelten mystischen Tradition der Negativen Theologie des ‚Pseudo-Dionysius Areopagita' (um 500), die vor allem im Werk des spätmittelalterlichen Philosophen Nikolaus von Kues wirksam wird. Im Gegensatz zu theologisch-rationalen Wegen der Gotteserkenntnis entfaltet Dionysius das mystische Konzept der Unerkennbarkeit, Unbegreiflichkeit und Unaussprechlichkeit Gottes. Im Anschluss daran erfolgt die auch in Greiffenbergs Sonett gestaltete ‚unaussprechliche' Gotteserfahrung auf charismatischem Weg.[9]

VII. Vom biblischen Pfingstereignis zur ‚individualisierten' mystischen Geisterfahrung

Die mystische Gotteserfahrung des sprechenden Ichs vollzieht sich im Sonett in markanten Rekursen auf das biblische Pfingstereignis (Apg 2,1–13).[10] Die schon den Titel des Sonetts prägende Wortfügung vom „Heilige[n] Geistes-Eingeben" deutet auf die pfingstliche ‚Begabung' der Apostel mit dem Heiligen Geist. Nach christlicher Auffassung gilt der Heilige Geist – neben Gottvater und Gottsohn

6 Hans-Georg Kemper: Deutsche Lyrik der frühen Neuzeit. Bd. 3: Barock-Mystik. Tübingen 1988, S. 4.

7 Vgl. das Greiffenberg-Kapitel in: Dohm 2000, S. 19–129.

8 Hanns-Peter Neumann: Natura Sagax. Die geistige Natur. Zum Zusammenhang von Naturphilosophie und Mystik am Beispiel Johann Arndts. Tübingen 2004, S. 187.

9 Zu Ps.-Dionysius vgl. Michael Fiedrowicz: Theologie der Kirchenväter. Grundlagen frühchristlicher Glaubensreflexion. Freiburg/Br. 2007, S. 42 und 432.

10 Innerhalb der Sammlung von 250 geistlichen Sonetten Greiffenbergs bildet der vorliegende Text das siebente von insgesamt zehn Sonetten an den Heiligen Geist. Vgl. Greiffenberg 1983, S. 184–194.

(Jesus Christus) – als dritte Person der göttlichen Trinität. Im biblischen Pfingstereignis senkt sich der Heilige Geist in Gestalt von Feuer auf die Häupter der Apostel und verleiht ihnen die ekstatische Sprachkraft eines ‚Redens in fremden Zungen'. Vor der Folie des biblischen Textes erfährt das Ich in Greiffenbergs Gedicht auf individualisierte Weise – ohne kirchlich-sakramentale Vermittlung – eine zum Pfingstereignis analog gesetzte ‚Geist-Eingebung': Die mystische Erfahrung gestaltet sich im Sonett als unmittelbare Wirkung eines kostbaren, ‚selten' zu ‚spürenden' Lichtes (V. 4), das seine ‚bewegende Kraft' im Innern des Ichs, den ‚inneren Sinnen' wahrnehmbar,[11] entfaltet. Diese von höchster Kraft erfüllte Herzenswirkung (V. 2) offenbart sich dem sprechenden Ich als ewig-göttliche, lebenspendende Ur- und „Athem-Krafft" (V. 7). Im zusätzlichen Anklang an 1 Mose 1,2 erscheint Gottes Geist in diesem Kontext als schöpferisch wirkender „Wunder-Wind" und „webend Wesen" (V. 6), das sich durch weitere Lichtwirkungen und mittels alliterierender Klangstrukturen poetisch entfaltet. In der Mitte des Sonetts (V. 7 f.) entzündet der göttliche Geist im Innern (V. 5) des Ichs ein ‚himmelflammendes' Licht (V. 8). Die feurige Geist-Qualität dieses Lichts führt in der Vision des sprechenden Ichs den Himmel ins Diesseits, während – in einer Verschränkung der im Sonett gestalteten Abwärts- und Aufwärtsbewegung – zugleich das Ich im Bild der vom Geist entzündeten, lodernden Flamme zum Himmel aufsteigt.

VIII. Die poetologische Dimension des Sonetts

Auf einer weiterführenden, durch die Analyse zu erschließenden Sinnebene des Sonetts wird das zitierte biblische Pfingstereignis zu einem zentralen Bezugspunkt der vom sprechenden Ich unmittelbar erfahrenen Inspiration, die sich im Sonett als poetologische Selbstreflexion entfaltet. Die als individuelle Geist-Erfahrung gestaltete göttliche Inspiration weist auf den von Greiffenberg beanspruchten ‚Deoglori'-Auftrag, den sie durch ihre Texte zu erfüllen sucht. In den verschiedentlich von ihr erbetenen Inspirationswirkungen Gottes, Jesu Christi und des Heiligen Geistes sieht Greiffenberg den tiefsten Ursprung ihrer Dichtkunst. Das vorliegende Sonett thematisiert auf dieser Sinnebene den poetisch fruchtbaren Augenblick des ‚blitzhaft' in die Seele (V. 5) eindringenden göttlichen Geistes, der im sprechenden Ich durch die Vereinigung mit dem göttlichen „Erz-seyn" das „Himmel-flammend[e]" (V. 7 f.) Feuer der Poesie entzündet. Um diese Vorstellung im Sinne Greiffenbergs zu verdeutlichen, sei hier auf ein weiteres ihrer Sonette an den Heiligen Geist verwiesen. Die Bitte um göttliche Inspiration ist dort in mystisch-spiritualistischem Anklang auf die vollkommene leib-seelische Geistwerdung des sprechenden Ichs gerichtet, das im Vollzug des Dichtens seine

---

11 Vgl. Vladimir Satura: Homo interior. In: Peter Dinzelbacher (Hg.): Wörterbuch der Mystik. Stuttgart 1989, S. 237 f.

existenzielle Umgestaltung in die poetische ‚Deoglori' erfleht: „Herr! Beflamme meine Zunge / gib mir einen Feuer-Mund: Daß dein' Ehr / den Strahlen gleich / mög' aus meinen lippen scheinen [...]".[12]

IX. Die Bilderrätsel der Terzette

Die das Sonett – wie übrigens auch viele andere Texte Greiffenbergs – prägenden Bilder von Licht und Glanz durchziehen in modifizierter Weise auch die Terzette. Zu Beginn des Sextetts werden die beiden Apostrophen des Gedichteingangs „Du ungeseh'ner Blitz" und „Du dunkel-helles Liecht" (V. 1) im Sinne des im Ich entfachten Lichtes erweitert: „Du Farben-Spiegel-Blick / du wunderbundtes Glänzen! // du schimmerst hin und her / bist unbegreiflich klar" (V. 9 f.). Der eingangs ‚blitzhaft' erschienene Strahl des göttlichen Geistes entfaltet sich in der ekstatischen ‚Bewegtheit' (V. 8) des sprechenden Ichs[13] zu einem ‚wunderbundten Glanz und Schimmer', der sich in der komplexen Metapher des ‚Farben-Spiegel-Blicks' (V. 9) ankündigt. Die hier gewählte, für Greiffenberg typische Form einer Kompositametapher, die aus drei durch Bindestriche verknüpften Nomina besteht,[14] pointiert erneut die den Text dominierende optisch-sinnliche Wahrnehmung. Der ‚Glanz' des göttlichen Geistes, der das Innerste des Ichs mit seiner ‚dunklen Helligkeit' durch-‚webt', wird durch die Licht-Bildlichkeit des ersten Terzetts wie in einem prismatischen Farbenspiel reflektiert und gespiegelt. Die Metaphorik Greiffenbergs erscheint hier einerseits durch physikalische Experimente des 17. Jahrhunderts von Christian Huygens und Isaac Newton zur Natur des Lichtes und der Farben inspiriert. Zentraler theologischer Kontext ist jedoch zugleich die mittelalterlich-mystische Redeweise, nach der das göttliche Licht sich im erleuchteten Seelengrund bricht und wie in einem Glas ‚farbig' aufglänzt.[15] In der Verszeile „die Geistes Taubenflüg' in Warheits-Sonne glänzen" vereinigt mithin das biblische Bild der Taube den Hl. Geist mit dem vom göttlichen Licht erleuchteten Ich, das hier – dem Wunsch des Beters der Psalmen entsprechend (Ps 55,7) – in mystischer Aufschwungsmetaphorik mit schnellen Taubenflügeln zum himmlischen Lichtflug aufsteigt. In der Schau dieser ‚unio mystica' sieht sich das sprechende Ich vom Glanz der ‚Wahrheits-Sonne' bestrahlt und durchdrungen. Zugleich verschmelzen in der Metapher der ‚Wahrheits-Sonne' die drei göttlichen ‚Personen' zu einer komplexen Gestaltung göttlicher Gegenwart; denn als von

---

12 Greiffenberg 1983, S. 186.

13 Zur Ekstase bei Pseudo-Dionysius vgl. Josef Subbrack: Trunken vom hell-lichten Dunkel des Absoluten. Dionysius der Areopagite und die Poesie der Gotteserfahrung. Freiburg [2]2006.

14 Cristina M. Pumplun: „Die freyheit des Geistes / gehet in die Unendlichkeit". Catharina Regina von Greiffenbergs Kompositametaphern und die ‚ars combinatoria'. In: Hartmut Laufhütte (Hg.): Künste und Natur in Diskursen der Frühen Neuzeit. Teil II. Wiesbaden 2000, S. 1063–1071.

15 Vgl. Alois M. Haas: Mystik als Aussage. Erfahrungs-, Denk- und Redeformen christlicher Mystik. Frankfurt/M. 1996, S. 430.

den Kirchenvätern legitimiertes religiöses Ursymbol Gottes deutet die Sonne im christlich-trinitarischen Kontext zugleich auf den Heiligen Geist sowie auf Jesus Christus, der sich zudem im Johannes-Evangelium selbst als ‚die Wahrheit' bezeichnet (Joh 14,6).

Im Eingang des zweiten Terzetts entwirft Greiffenberg das schwer verständliche Bild des „Gott-bewegte[n] Teich[es]", der „auch getrübet klar" sei (V. 12). Im vorliegenden Kontext ist der von Kranken umlagerte biblische Teich Bethesda (Joh 5,2 ff.) gemeint.[16] Das Wasser dieses Teiches wird von Zeit zu Zeit durch einen vom Himmel herabfahrenden Engel Gottes bewegt: Der jeweils erste der Kranken, der in den vom Engel bewegten Teich steigt, wird geheilt. In Greiffenbergs Sonett verweist das Bild des ‚getrübten Teiches' metaphorisch auf die Wirkung des göttlichen Geistes in der von Dunkelheit getrübten Seele: Denn auch in ‚Trübung' und ‚Dunkelheit' leuchtet und wirkt das Licht des göttlichen Geistes in ‚unbegreiflich[er] Klarheit' (V. 10, 12). Abschließend pointiert Greiffenberg mit den beiden letzten Verszeilen (V. 13 f.) des Sonetts die mystische Lichterfahrung des sprechenden Ichs durch ein für die Barocklyrik typisches, im Sinne des rhetorischen Konzepts der ‚argutia'[17] geistreich zugespitztes, astronomisches Bildrätsel. Emblematische Grundlage der astronomischen Metaphorik ist die theologische Analogiesetzung vom Verhältnis des Mondes zur Sonne mit dem Verhältnis des Menschen zu Gott: Leuchtet der Mond mit vollem Licht auf die Erde, so ist die dem Himmel zugewandte Rückseite des Mondes dunkel, und umgekehrt: Der Mensch solle sich daher von der Erde ab- und Gott zuwenden.[18] Das hier implizierte emblematische Konzept wird im Ausgang des Sonetts nachdrücklich modifiziert und dynamisiert. Mit der dabei anklingenden heliozentrischen Sicht könnte die naturkundlich versierte Greiffenberg sowohl auf das damals allmählich sich etablierende copernicanische Weltbild als auch auf vorptolemäische heliozentrische Weltentwürfe der Antike (u. a. Aristarchos von Samos, ca. 320–250 v. Chr.) anspielen, die in der Astronomie des Spätmittelalters und der Frühen Neuzeit bis hin zu Copernicus verbreitet waren.[19] Das ‚dunkle', für irdische Augen unsichtbare Licht, das im Schlussbild des Sonetts der von der Erde abgekehrte (Neu-)Mond[20] von der Sonne empfängt, entfaltet gerade durch die Drehbewegung des Mondes zur Erde hin seine leuchtende ‚Klarheit' (V. 14). Wie zuvor das Wasser des ‚getrübten' Teichs (V. 12), so birgt und reflektiert nun der Mond das Licht der göttlichen „Geistes-Sonn" (V. 13), die den Seelengrund des Ichs im ‚Candor aeternae lucis' – im ‚Glanz des ewigen Lichtes' – aufstrahlen lässt. Diese ‚unaussprechliche' Erfahrung des göttlichen Lichtes ist mithin – im Anklang an 1 Kor

---

16 Vgl. auch Wehrli 1965, S. 580.

17 Vgl. Andreas Keller: Frühe Neuzeit. Das rhetorische Zeitalter. Berlin 2008, S. 79 ff.

18 Hans-Georg Kemper: Gottebenbildlichkeit und Naturnachahmung im Säkularisierungsprozeß. Problemgeschichtliche Studien zur deutschen Lyrik in Barock und Aufklärung. Bd. II. Tübingen 1981, S. 156.

19 Vgl. Rudolf Simek: Erde und Kosmos im Mittelalter. München 1992, S. 149 f.

20 Vgl. Wehrli 1965, S. 580.

13,12 – in der Metaphorik des Sonetts wie durch einen ‚Spiegel' (V. 9) in einem ‚dunklen Wort' zugleich verborgen und enthüllt.

X. Auswahlbibliographie

1. Ruth Klüger: Ein seltnes Licht. Catharina Regina von Greiffenberg: Über das unaussprechliche Heilige Geistes-Eingeben. In: Marcel Reich-Ranicki (Hg.): Frankfurter Anthologie. Gedichte und Interpretationen. Bd. 17. Frankfurt/M. 1994, S. 17–20.
2. Max Wehrli: Catharina Regina von Greiffenberg. Über das unaussprechliche Heilige Geistes-Eingeben. In: Schweizerische Monatshefte 45 (1965), S. 577–582. (Unveränderter Wiederabdruck in: Max Wehrli: Humanismus und Barock. Hg. v. Fritz Wagner und Wolfgang Maaz. Hildesheim und Zürich 1993, S. 112–117.)
3. Winfried Freund: Abenteuer Barock. Kultur im Zeitalter der Entdeckungen. Darmstadt 2004, S. 120.

Johann Wilhelm Ludwig Gleim (1719–1803): An Gerstenberg

von Jochen Strobel

I. Gedicht

An Gerstenberg.

O Gerstenberg, o Freund!
Wo sind die Blumen hin?

Im Rosenmonde noch
Tanzt' ich, so gut, wie du!

Den Kranz von Rebenlaub,
Den deine Likoris
Mir wand, um meine Stirne,
Den sucht' ich auf, bey dir!
Und trank, so gut, wie du!

In jenem Myrthenhayn,
In dem die Musen dich
Besuchen, und bey dir
Der Freude Töchter sind,
In dem, du weißt es wohl!
Scherzt' ich, so gut, wie du!

Ich war Anakreon,
Und sang, so gut, wie du!

Ein kleines Lied sang ich!
Das Mädchen Lalage,
Von dir besungen, gab
Mir einen Kuß dafür!
Ich sang, und wußte nichts
Von Sorgen, und von Gram;
Und nun, o Himmel! nun
Bin ich ein Todtenkopf,
Und frage sorgend nun:
Wo sind die Blumen hin?
Und seh umher um mich,
Und keine Likoris
Bringt einen Veilchenkranz,
Und keine Lalage
Bringt einen süßen Kuß!

O du mein Freund! ich bin
Nicht mehr Anakreon!

Episteln von Johann Wilhelm Ludewig Gleim. Original Ausgabe. Leipzig 1783, S. 21 f.

II. Stellenkommentar

V. 3: Rosenmonde: Mai, nach anderer Lesart Juni.
V. 6: Likoris: griech. Lykos = Wolf; weiblicher Rollenname in der Schäferdichtung.
V. 16: Anakreon: Griechischer Lyriker, 6. Jh. v. Chr., besang Liebe, Weingenuss und heitere Geselligkeit.
V. 31: Lalage: griech. Schwätzerin; Geliebte des römischen Dichters Horaz, wird in einer horazischen Ode erwähnt.

III. Erste Orientierung: Autor, Text, Kotext

Im siebten Buch seines autobiographischen Werks *Dichtung und Wahrheit* geht Goethe in einem Exkurs mit der literarischen Szene ins Gericht, die er in seiner Jugend vorfand. Von Klopstock über Lessing bis Wieland sind Autoren genannt, deren Texte noch an der Schwelle zur Autonomisierung der Poesie liegen; soweit es um Lyriker geht, folgen deren Gedichte noch jenen Konventionen einer Rollendichtung, die der junge Goethe zunächst geteilt, die der ‚Stürmer und Dränger' dann aber vehement abgelehnt hatte.

„*Gerstenberg*, ein schönes aber bizarres Talent, nimmt sich auch zusammen, sein Verdienst wird geschätzt, macht aber im Ganzen wenig Freude. *Gleim*, weitschweifig, behaglich von Natur, wird kaum Einmal konzis in den Kriegsliedern."[1] Nach derart lakonischer Abrechnung kann nicht verwundern, dass beide Dichter heute kaum mehr gelesen werden. Welchen Mustern folgten ihre Werke und was macht sie für den späteren Dichterfürsten dennoch so wichtig, dass er sie in seinem literarischen Jugendrückblick nennt?

Nach einer Einführung in Kon- und Kotexte soll das Gedicht *An Gerstenberg* vor dem Hintergrund des poetischen Systems der Anakreontik analysiert werden (IV.); ein weiterer Analyseschritt reflektiert auf die Verschmelzung der Genres Brief und Gedicht (V.); abschließend wird ein für die Kultur der Entstehungszeit eminent wichtiger Diskurs angesprochen, die Melancholie (VI.).

Der 1719 geborene Gleim war von 1747 bis zu seinem Tod 1803 Sekretär des Domkapitels zu Halberstadt, somit ein ‚Nebenstundenpoet', dem für Poesie und die Pflege zahlreicher Freundschaften viel Zeit blieb. Als Förderer junger Talente leistete er Bedeutendes – mit Anna Louisa Karsch war, für das 18. Jahrhundert ungewöhnlich genug, auch eine Frau unter seinen Schützlingen.

---

1 Johann Wolfgang Goethe: Aus meinem Leben. Dichtung und Wahrheit. Hg. v. Peter Sprengel. München, Wien 1985, S. 293.

Es handelt sich hier um einen Brief in Gedichtform, damit aber um ein Exempel einer literarischen Gattung, die im 17. und 18. Jahrhundert als Versepistel tituliert wird und nicht nur in der deutschen, sondern auch in der englischen Literatur eine Rolle spielt.[2] Der Buchtitel des Erstdrucks *Episteln* suggeriert dem informierten Leser des 18. Jahrhunderts, dass er Gedichte oder doch Texte in Versen zu erwarten habe, die zugleich Briefform besitzen: ein Adressat ist angegeben, mitunter können Ort, Datum, Anrede genannt sein. Weitere Kennzeichen des Briefs wie z. B. die Apostrophe des Adressaten oder auch eine Schlussformel können, müssen aber nicht auftreten. Versepisteln richten sich manchmal an reale, manchmal an fiktive Personen. Es ist denkbar, dass sie ursprünglich tatsächlich ‚als' Brief in Versform an den realen Adressaten verschickt wurden. Gleims Biograph Wilhelm Körte erwähnt den „von Gleim [...] veranlasste[n] poetische[n] Epistelnwechsel" mit den Freunden, den er vom ‚normalen' Briefwechsel abhebt.[3] Der Erstdruck versammelt Gedichte an lebende und schon tote Freunde wie die Lyriker Ewald von Kleist, Johann Georg Jacobi oder Wilhelm Heinse, aber auch an historische oder fiktive Adressaten wie Martin Opitz, den Apoll im Belvedere oder Grandison, eine Briefroman-Figur Samuel Richardsons.

Angesprochen ist Heinrich Wilhelm von Gerstenberg (1737–1823), durchaus kein enger Freund, wenngleich Briefpartner Gleims und als Autor sein zeitweiliger Nachahmer. Gleims Halberstädter Wohnhaus, heute ein Museum,[4] war ein seit der Jahrhundertmitte weithin berühmtes literarisches Zentrum. In der Begrifflichkeit der empfindsamen Bewegung der Jahrhundertmitte wurde diese oft langlebige Kooperation emphatisch als Freundschaft bezeichnet, deren ‚Kult' im sogenannten Freundschaftstempel in Gleims Haus gefeiert wurde.[5]

Es ist denkbar, dass das Gedicht so oder ähnlich tatsächlich als Brief versandt wurde; nachzuweisen ist dies nicht. Das Inhaltsverzeichnis deutet einen Bezug zu Gleims Lebenswirklichkeit an, indem es die Anmerkung „Nach einer Krankheit" enthält.[6] Datiert ist es nicht; andere Episteln des Bandes sind zwischen 1745 und 1782 datiert – Gerstenbergs an Gleims Vorgaben orientiertes Büchlein *Tändeleyen* erschien 1759. *An Gerstenberg* dürfte also in den 1760er oder 1770er Jahren entstanden sein.[7]

---

2 Vgl. Bill Overton: The Eighteenth-Century British Verse Epistle. Houndmills u. a. 2007.

3 Johann Wilhelm Ludewig Gleims Leben. Aus seinen Briefen und Schriften von Wilhelm Körte. Halberstadt 1811, S. 189.

4 www.gleimhaus.de (letzter Zugriff am 20. 12. 2009).

5 Vgl. Ute Pott (Hg.): Das Jahrhundert der Freundschaft. Johann Wilhelm Ludwig Gleim und seine Zeitgenossen. Göttingen 2004.

6 Gleim 1783, S. 109.

7 Eine genauere Datierung scheint mir unmöglich. Körtes Biographie informiert zwar über eine schwere Krankheit nach dem Bruch mit dem langjährigen Dichter-Freund Ramler, als Fünfzigjähriger nennt sich Gleim selbst „sehr oft [...] sterbenskrank" – doch sind hieraus keine eindeutigen Rückschlüsse zu gewinnen. Körte 1811, S. 182; Zitat nach einem Brief Gleims an Johann Peter Uz, ebd., S. 182.

IV. Die Anakreontik als poetisches Spiel

Als einziges Gedicht des gesamten Bandes ist dieser Text – wie die Lyrik der Antike – reimlos; er besteht, beinahe monoton wirkend, aus dreihebigen, jambischen Versen mit zahlreichen Anaphern (immer wieder: „Den", „In", „Und", „Bringt"), Epiphern („dir", „du") und Parallelismen sowie durchgängig männlichen Kadenzen. Die Syntax ist, passend hierzu, parataktisch. Die Wiederholungsstrukturen auf Satz- und Versebene drängen sich beim stillen Lesen wie beim Hören geradezu auf. Der fast konsequent durchgehaltene Zeilenstil wird erst mit dem Enjambement vom vorletzten zum letzten Vers aufgebrochen, als das lyrische Ich explizit seine frühere Rolle als Anakreon von sich weist. Je zwischen 2 und 15 Verse sind zu insgesamt 7 Versgruppen zusammengefasst. Dies alles sind typische formale Kennzeichen anakreontischer Lyrik, deren Sprache auch immer wieder lakonisch wirkt.

Die Anakreontik ist eine antikisierende, sich aus sprachlichen und situativen Versatzstücken, topischen Elementen also, konstituierende Freundschaftsdichtung, ihre stereotyp wiederkehrenden Themen sind das Lob der Frauen, der weinseligen Geselligkeit und der musischen Kunstübung. Kompositionsprinzip ist der ‚Witz', ein Prinzip, das das semantisch vermeintlich Heterogene auf überraschende Weise sprachlich zusammenführt. In der Pointe des Texts erscheint oft eine Distanzierungsgeste. Hans-Georg Kemper nennt schließlich den „Kampf gegen den Zugriff der ‚ratio' und damit um die sinnliche Autonomie der Poesie", aber auch gegen die ethischen Ordnungsansprüche von Staat und Kirche.[8] Imaginierte Sinnlichkeit bleibt in ein fast starr wirkendes formales und motivisches Gefüge eingehegt. Gerade weil das Gedicht zahlreiche Wiederholungsstrukturen aufweist, scheint das aus der Sicht eines aufgeklärten Lesepublikums vermutlich Skandalöse beherrschbar: Tanz, Weingenuss, Scherz und Kusswechsel werden gleichsam durch die Form des Gedichts im Zaum gehalten. Zusammen mit dem spielerischen Charakter macht die Form das Gedicht für die Veröffentlichung auf einem von der Zensur kontrollierten Buchmarkt tauglich.

Zahlreiche Porträts in Gleims ‚Freundschaftstempel' erinnern an die von ihm praktizierte Geselligkeit – neben den anwesenden Gästen waren die abwesenden Freunde im Bild ‚dabei'. Gleims Leben verdoppelt mit diesem gefühlsgeladenen Zusammensein dichtender Freunde, was das von ihm im deutschen Sprachraum wesentlich angeregte oder jedenfalls erneuerte poetische System der Anakreontik fordert und in immer neuen Variationen ausmalt.[9]

Wenige, stets in Abwandlungen wiederkehrende Motive machen die anakreontische Lyrik aus: Liebe, Wein, Natur, Geselligkeit, Freundschaft und Poesie. Dahinter steckt keineswegs im Detail das ‚reale' Gefühl des Autors oder des Spre-

8 Kemper 1991, S. 191 f., hier S. 191.

9 Vgl. das leider nur historisch, nicht systematisch ausgerichtete Standardwerk zum Thema: Herbert Zeman: Die deutsche anakreontische Dichtung. Ein Versuch zur Erfassung ihrer ästhetischen und literarhistorischen Erscheinungsformen im 18. Jahrhundert. Stuttgart 1972.

chers; vielmehr evoziert das poetische Programm als Ganzes, zu dem eine schlichte lyrische Form ebenso gehört wie unkomplizierte Sprecherrollen, eine ostentativ neue, rein diesseitige Lebensfreude, die von bürgerlichen Autoren, meist Beamten, in die Literatur eingeführt wird.

Gleims Gedicht ist elegisch, aus ihm spricht die resignative Haltung eines lyrischen Ich, das sich einst dichtend mit dem antiken Dichter Anakreon in eins setzte. Insofern ist es eine Art Replik auf ein früheres Gedicht Gleims, das 1744 in seinem ersten Lyrikband *Versuch in Scherzhaften Liedern* erschienen war:

Anakreon

Anakreon, mein Lehrer,
Singt nur von Wein und Liebe;
Er salbt den Bart mit Salben,
Und singt von Wein und Liebe;
Er krönt sein Haupt mit Rosen,
Und singt von Wein und Liebe;
Er paaret sich im Garten,
Und singt von Wein und Liebe;
Er wird beim Trunk ein König,
Und singt von Wein und Liebe;
Er spielt mit seinen Göttern,
Er lacht mit seinen Freunden,
Vertreibt sich Gram und Sorgen,
Verschmäht den reichen Pöbel,
Verwirft das Lob der Helden,
Und singt von Wein und Liebe;
Soll denn sein treuer Schüler
Von Haß und Wasser singen?[10]

Das lyrische Ich tritt zugleich in eine Nachahmer- wie in eine Lehrer-Rolle (implizit nämlich gegenüber den Hörern seiner eigenen Rede) ein. Damit wird das Gedicht programmatisch, indem es Segmente anakreontischen Handelns wie Motive anakreontischen Dichtens vorgibt. Der spielerische Ton verweist darauf, dass Dichten nicht als gelehrte Tätigkeit, wie in der Frühen Neuzeit so oft, verstanden wird.

Schon in den 1760er Jahren begegnete die Literaturkritik, die inzwischen zu der eigentlichen Wertungsinstanz des entstehenden literarischen Marktes gediehen war, der Anakreontik ablehnend[11] – der in authentisch wirkende Schrift überführte Gefühlsüberschwang der Stürmer und Dränger tat ein Übriges, um die Gleim'sche Muse veralten zu lassen. Darauf reagiert Gleim z. B. mit einer zeitge-

10 Johann Wilhelm Ludwig Gleim: Anakreon. In: Ders.: Gedichte. Hg. v. Jürgen Stenzel. Stuttgart 1969, S. 3.

11 Vgl. Ernst Rohmer: Der ‚Personalcharakter' in der Lyrik Johann Wilhelm Ludwig Gleims. Untersuchungen zum Dichtungsverständnis an einem Beispiel aus den *Liedern für das Volk*. In: Hans-Joachim Kertscher (Hg.): G. A. Bürger und J. W. L. Gleim. Tübingen 1996, S. 14–28, hier S. 17 f.

mäßen Wendung zur volkstümlichen Poesie, aber auch mit seinem Gedicht *An Gerstenberg*.

In beiden Gedichten könnte man ,Spiel' versus ,Ernst' als semantische Grundopposition bezeichnen – doch ist in unserem Text eindeutig der ,Ernst' aktualisiert, sind alle mit ,Spiel' konnotierten Seme mit einem negativen Vorzeichen versehen.

Elegisch und zugleich brieftypisch sind die Motive der Abwesenheit des Adressaten und der Einsamkeit des Sprechers. Geselligkeit und gemeinschaftliches Dichten (V. 10–17) sind Vergangenheit. Ein Zyklus deutet sich an, in dessen gegenwärtiger Phase das Ich jene Freuden des Dichtens gegen neue Leiden eingetauscht hat. An die Stelle von Blumen (V. 2), Mai (V. 3), Tanz (V. 4), Bekränzung (V. 5, 30), Trinken (angedeutet durch „Rebenlaub"; V. 5, dann V. 9), Scherz (V. 15), Gesang (V. 11 f., 17 f., 22) und Kuss (V. 21, 32) sind Sorgen und Gram (V. 23, 26) – topisch gesprochen: die Abwesenheit aller anakreontischen Elemente – getreten. Damit einher geht der Rollenverlust des Sprechers. Vom defizitären Hier und Jetzt spricht das lyrische Ich nur anfangs (V. 1 f.) und gegen Ende (V. 24–34) – den größten Teil des Gedichts füllt ein Narrativ aus, das durch den abgeschlossenen Zeitraum eines fernen ,Damals' und durch das weit entfernte ,Dort' einer Freundschaft, zugleich das ,Dort' des Adressaten, gekennzeichnet ist.

V. Transgenerische Analyse: „Versepistel"

An Gerstenberg ist nicht nur ein Gedicht – es ist zugleich mehr als das: ein Brief. Wie können die Merkmale beider Genres zum Verstehen des Texts beitragen? Eine Textanalyse müsste, ohne künstlich zwischen den Genres zu trennen, einen transgenerischen Ansatz verfolgen.[12] Freilich ist das Gedicht ein literarisches Genre, das dem genauen Leser eine Reihe von Analyseschritten abnötigt, während der Brief zunächst als Gebrauchstextsorte üblicherweise vor allem auf seinen Informationsgehalt und die durch ihn bezeichnete Kommunikationssituation hin gelesen wird, seltener auf ästhetische Implikationen hin befragt wird.

Das Genre der Versepistel geht auf antike Vorbilder zurück.[13] Horaz' *Epistulae* sind eigentlich Lehrgedichte, in denen allgemeine Lebensmaximen an (reale) Freunde gerichtet werden. Ovids *Epistulae ex Ponto* kommen in ihrem elegischen Ton der Resignation und Verlassenheit des Schreibers dem von Gleims Gedicht nahe. Ist die sehnsuchtsvolle Vergegenwärtigung Roms in den Briefen des exilierten Ovid ein Leitmotiv, so schreibt das lyrische Ich in Gleims Gedicht ebenfalls

[12] Vgl. dazu, aus Sicht der Erzähltheorie: Vera Nünning, Ansgar Nünning (Hg.): Erzähltheorie transgenerisch, intermedial, interdisziplinär. Trier 2002.

[13] Reinhard M. G. Nickisch unterscheidet „Gedicht-Briefe", also primär ,authentische' Briefe mit Gedichteinlagen, von ,Versepisteln', also primär künstlerischen, lyrischen, zur Veröffentlichung bestimmten Texten mit formalen Kennzeichen des Briefs. Vgl. Nickisch 1991, S. 177–184. Zur deutschsprachigen Versepistel vgl. Markus Motsch: Die poetische Epistel. Ein Beitrag zur Geschichte der deutschen Literatur und Literaturkritik des 18. Jahrhunderts. Bern u. a. 1974.

aus einem Zustand ‚ex post'. Folgende Kennzeichen der Versepistel benennt Bill Overton: „[I]t is a written communication; it is in a verse form accepted as epistolary; it is addressed from distance; its authorship is single and undifferentiated; and it has a single named addressee. Among these properties, the first is obviously invariable, and the third is also usually constant, as letters are normally motivated by absence."[14]

Fast gleichzeitig mit Gleims ersten beiden Gedichtbänden erscheinen 1746 *Freundschaftliche Briefe*, eine Sammlung, die, oft noch diesseits einer Sprache des Herzens, Freundschaft als Gesellschaftsspiel markiert und damit ein Übergangsphänomen ist zwischen einem topischen, gleichsam nach einem Muster verfassten und einem individuellen Brief. Dies gilt besonders auch für die Zirkulation der Briefe: Üblicherweise erreichen sie einen ganz bestimmten Adressaten, niemanden sonst. Im Halberstädter Gleim-Kreis jedoch zirkulieren Briefe ‚freundschaftlich' unter den Mitgliedern, gewinnen einen halböffentlichen Status – daneben hat Gleim selbst, in überarbeiteter Form, Briefe publiziert.[15] Noch vor dem Durchbruch der Erlebnislyrik seit dem jungen Goethe ist der Brief eine Textsorte, die Experimente mit der Verrückung literarischer Konventionen erlaubt, die aber auch, ähnlich wie das Tagebuch, zur quasiliterarischen Spielwiese für das nun immer größer werdende Lesepublikum schlechthin wird. Bürgerliche Männer und Frauen üben die Verschriftlichung von Gefühlen in einer natürlichen, individuellen Sprache ein. Ausgerechnet Christian Fürchtegott Gellert, Professor für Rhetorik, Dichtkunst und Philosophie in Leipzig und dort noch Mitte der 60er Jahre ein Lehrer Goethes, propagiert 1751 eine Abkehr von den rhetorisch vorgeformten Exempeln der sogenannten ‚Briefsteller', also von Handbüchern mit Musterbriefen für die eigene Briefpraxis, zugunsten einer natürlichen Sprache, die nicht nur das Gespräch zwischen zwei Menschen nachahmt und zu ersetzen versucht, sondern die auch als schön empfunden werden kann.[16] Briefe sind in der Mitte des 18. Jahrhunderts also auf dem Weg, literaturfähig zu werden. Davon zeugen auch die vielen Romane in Briefen, die in der zweiten Hälfte des Jahrhunderts zur Modegattung werden, mit den *Leiden des jungen Werthers* als Höhepunkt. Zwischen Autoren zirkulierende Schreiben, die, wie Gleim es frühzeitig tat, publiziert werden, sind Zeugnisse einer doppelten Publikationsstrategie, die durchaus weit über freundschaftliche Gefühle hinausreicht. Auf einer ersten brieflichen Kommunikationsebene (zwischen Schreiber und Adressat) dienen diese Texte der Netzwerkbildung und damit der Einigung über poetologische Prämissen und der

---

14 Overton 2007, S. 21.

15 Vgl. Beat Hanselmann: Johann Wilhelm Ludwig Gleim und seine Freundschaften oder Der Weg nach Arkadien. Bern u. a. 1989; Rohith-Gerald Delilkhan: Apologie der Briefkultur. Historische Geltung und hermeneutische Anforderungen der Briefe aus dem Gleimkreis. Konstanz 1991, S. 68–106.

16 Vgl. Christian Fürchtegott Gellert: Praktische Abhandlung von dem guten Geschmacke in Briefen. In: Angelika Ebrecht (Hg.): Brieftheorie des 18. Jahrhunderts. Texte, Kommentare, Essays. Stuttgart 1990, S. 61–98.

möglichst geschlossenen Positionierung eines informellen Dichterbundes auf dem Markt. Mit dem Akt der Veröffentlichung kommt auf zweiter Ebene ein Lesepublikum hinzu, das am Brief (wie auch an der Versepistel) das ästhetisch Avancierte und zugleich das biographisch Interessante zu schätzen lernt. ‚Ästhetisch avanciert' sind indessen längst die anderen, die Jüngeren – und so ist Gleims Gedicht doch auch ein Stück Einbekenntnis einer Niederlage im literarischen Konkurrenzkampf.

Briefe oder auch Gedichte (und damit auch ‚Briefgedichte') zu veröffentlichen heißt für Gleim offenbar immer noch, sich hinter konventionalisierten literarischen Mustern, der Maske Anakreons, zu verbergen, doch dürfte die offenere, formal und semantisch kaum festgelegte Hülle des Briefs die Gewähr für etwas mehr Subjektivität bieten. Die Form des Briefs allein schon ruft einen, wie der Literaturtheoretiker Roland Barthes dies nannte, „effet du réel" hervor[17] – die lebensweltlichen Praktiken des Briefschreibens, -versendens, -empfangens und -lesens sowie die Wirklichkeit einer durch die Post mitorganisierten privaten Kommunikation sind selbst bei der Lektüre von Versepisteln mitzudenken, besonders wenn diese auch tatsächlich versendbar waren, der Adressat mutmaßlich ‚echt' war. Steht also hinter diesem Ich der ‚echte' Gleim, während in der früheren Lyrik eine Rollenfigur gesprochen hatte? Die Nennung eines realen Adressaten spricht für die Richtigkeit einer solchen Annahme – doch zugleich ist und bleibt der Text auch ein Gedicht, bleibt der empirische Autor Gleim in Deckung hinter dem lyrischen Ich, das hinter der nun abgenommenen Maske Anakreons eine weitere, die des Totenschädels, in petto hat und somit noch in der Negation ein oft geübtes poetisches Muster variiert.

Zur anakreontischen Rollenkommunikation kommt Brieftypisches hinzu: ein stilisiertes autobiographisches Narrativ (von der Freude zur Sorge – der Tod ist wenigstens am Horizont sichtbar), mehrfache Adressierung an der Schwelle zur individuellen Rede, mit V. 1 eine klare Anrede des Empfängers. Schließlich erzeugt der sich zum Kunstwerk aufschwingende Brief einen Schwebezustand zwischen Textwelt und empirischer Welt, denn er ist eine wirkliche materiale Gabe des Schreibers an den Empfänger und er ist Medium des Erschreibens einer fiktionalen Ich-Identität. Der den Brief schreibende Totenkopf regt die Phantasie erst des Empfängers Gerstenberg, dann des Lesers von Gleims Epistelbuch zu allerhand Spekulationen darüber an, in welchem Zustand sich der Schreiber nun tatsächlich befinde. Die Buchveröffentlichung wie die Gedichtform konterkarieren den Realitätseffekt des Brieflichen wieder und stellen ein labiles Gleichgewicht her. In der Summe bleibt eine Vervielfachung von Sprech- und Adressateninstanzen sowie von Zeitebenen. Auch nach dem Ende allen Rollenspiels in einer Textwelt bliebe dem Autor Gleim die Option, mit seiner literarischen Kunst der Variation eigener poetischer Muster auf dem Markt zu reüssieren und sich von der elegischen Haltung eines sich zurückziehenden, verstummenden Dichters

17 Vgl. Roland Barthes: L'effet du réel. In: Communications 11 (1968), S. 89–94.

gleich wieder zu verabschieden. Genau dies unternimmt er mit dem hier analysierten Gedicht. Transgenerische Textanalyse heißt: Das Lyrische, Typische und Topische darf nicht übersehen werden – das Briefliche aber genausowenig. *An Gerstenberg* ist nicht *nur* Kunstwerk.

Der Adressat einer Versepistel, erst recht der eines authentischen Privatbriefs, ist keine quantité negligeable. Warum wird ausgerechnet Gerstenberg zum Adressaten dieses Gedichts? Er gilt als bemerkenswerte Übergangsfigur, der die traditionellen Genres des 18. Jahrhunderts – darunter die Anakreontik und die Kriegslyrik nach dem Vorbild Gleims und Ewald von Kleists – mit bedient, doch zugleich schon den Weg zur Genieästhetik weist. Mit seinem Drama *Ugolino* ist er Vorläufer des ‚Sturm und Drang'. Innovativ ist er auch als ‚transnationaler' deutsch-dänischer Autor.[18] Gerstenberg hatte in seiner 1759 erschienenen Sammlung *Tändeleyen* anakreontische Motivik aufgegriffen,[19] mehr noch hatte er Gleim während des Siebenjährigen Krieges volkstümlich-patriotische Kriegslieder gewidmet.[20] In mehreren Rezensionen hatte er Gleims anakreontische Dichtkunst in einen Gegensatz zu bloßer Nachahmung gestellt: Gleim drücke nicht Anakreons Geist in seinen Dichtungen aus, sondern seinen eigenen.[21] Seinen Gedichten wird also durch Gerstenberg etwas zuerkannt, was im letzten Drittel des 18. Jahrhunderts immer mehr zum positiven Wertungskriterium von Dichtung werden wird: Individualität oder gar Originalität. Es mag also kein Zufall sein, dass dieser avanciertere Gesprächspartner Gleims Adressat der Versepistel ist und Mitspieler in einer realen Briefkommunikation, in der sich Gleim von einem früheren Gesprächspartner klagend distanziert, denn es ist nicht auszudenken, wie Gerstenberg diesem Brief eine hoffnungsfrohe Antwort entgegensetzen könnte, wie danach das Gespräch überhaupt noch weitergehen könnte. Das „O du mein Freund!" (V. 33) des vorletzten Verses ist vor diesem Hintergrund ironisch zu lesen – die Trennung ist längst vollzogen. In der Freundschaftswelt Gleims und Gerstenbergs ist dieser Brief ein Endspiel. Die in der Versepistel übliche Geste der Überbrückung von Distanz, der Transzendierung von Einsamkeit, fehlt hier.[22]

Anakreontischer Freundschaftskult und Briefkommunikation treiben einen unauflösbaren Zwiespalt hervor, denn Geselligkeit ist nicht mit räumlicher Absenz vereinbar – und Gleims Gedicht überspielt diesen Zwiespalt nicht. Der Brief

---

18 Vgl. Anne-Bitt Gerecke: Transkulturalität als literarisches Programm. Heinrich Wilhelm von Gerstenbergs Poetik und Poesie. Göttingen 2002, vor allem S. 134–156.

19 Vgl. etwa: Anakreon. In: Gerstenbergs vermischte Schriften. Von ihm selbst gesammelt und mit Verbesserungen und Zusätzen hg. in drei Bänden. Bd. 2. Altona 1815, S. 16–18. Wagner stellt fest, Gerstenberg habe die Anakreontik nie ganz überwunden. Albert Malte Wagner: Heinrich Wilhelm von Gerstenberg und der Sturm und Drang. Bd. 2: Gerstenberg als Typus der Übergangszeit. Heidelberg 1924, S. 198.

20 Vgl. Gerecke 2002, S. 64 sowie S. 142–156.

21 Vgl. Heinrich Wilhelm von Gerstenberg: Rezensionen in der Hamburgischen Neuen Zeitung 1767–1771. Hg. v. O. Fischer. Berlin 1904, S. 357.

22 Vgl. William C. Dowling: The Epistolary Moment. The Poetics of the eighteenth-century Verse Epistle. Princeton (N. J.) 1991.

simuliert die Anwesenheit des ‚Gesprächspartners' – oder verlegt sie, wie hier geschehen, in eine uneinholbare Vergangenheit zurück.

VI. Melancholie

Wie ‚erlebnishaft' ist Gleims Gedicht tatsächlich? Tauscht er nicht die anakreontische Topik andeutungsweise durch eine andere ein, die die Zeit des Sturm und Drang besonders beherrscht hat? Der „Todtenkopf" (V. 25) ist nicht nur generell Symbol oder Emblem eines *Memento mori*, der Vergänglichkeit des irdischen Lebens und des raschen Übergangs ins himmlische Leben[23] – in Gleims Gedicht fehlt freilich jegliche Bezugnahme auf ein Jenseits –, er ist auch Signal für die Melancholie als einer im 18. Jahrhundert überaus charakteristischen Geisteshaltung. Den Gestus melancholischer Versenkung wies etwa Walter Benjamin in seinem Buch *Ursprung des deutschen Trauerspiels* dem barocken Dramatiker und Lyriker Daniel Casper von Lohenstein zu, der in einem Gedicht einen Totenkopf reden lässt.[24] Totenuhr und Totenkopf sind Attribute des Melancholikers in der *Ode an die Melancholie* des britischen Romantikers John Keats.

Eine Verdiesseitigung bürgerlichen Lebens im Zeichen einer verengenden Antike-Rezeption war die anakreontische Mode von Anfang an, die sich gleichermaßen gegen die Regelpoetik eines Johann Christoph Gottsched richtete und gegen „das strenge pietistische Arbeitsethos", zugunsten eines „Recht[s] auf Sinnenfreude".[25]

Der späte Gleim bleibt bei der anakreontischen Topik, wenn er wortwörtlich „Gram" und „Sorgen" (V. 23) aufruft, die laut seinem früheren Gedicht der Gott Anakreon ja vertrieben hatte. Die lyrischen Versatzstücke wechseln also nur den Stellenwert: Wein, Weib und Gesang werden der Vergangenheit zugewiesen, Gram, Sorge und Tod der Gegenwart. Wer noch Sorgen hat, kann nicht tot sein – der Totenkopf wäre demnach eine neue Maske, die der Sprecher aufsetzt, um seinen Adressaten zu mahnen. Und diese Maske führt zur Melancholie, einem weiteren literarischen Topos des 18. Jahrhunderts. Die Aufklärung hatte die Melancholie als eine der wichtigsten Triebfedern menschlichen Handelns (wieder-) entdeckt, der Typus des Melancholikers verspricht Beständigkeit, Fleiß, Hartnäckigkeit, leider aber auch ständiges Misstrauen, Sorge und Verzweiflung. Rückzug aus sozialen Beziehungen und Einsamkeit sind die Folge – ganz im Gegensatz zur Heiterkeit und Geselligkeit des Anakreontikers.[26] Als Gleim diesen poetolo-

---

[23] Vgl. Arthur Henkel, Albrecht Schöne (Hg.): Emblemata. Handbuch zur Sinnbildlichkeit des XVI. und XVII. Jahrhunderts. Stuttgart 1967, Sp. 997–1001.

[24] Vgl. Walter Benjamin: Ursprung des deutschen Trauerspiels. Hg. v. Rolf Tiedemann. Frankfurt/M. 1978, S. 208.

[25] Walter Hettche: Nachwort. In: Johann Wilhelm Ludwig Gleim: Ausgewählte Werke. Hg. v. Walter Hettche. Göttingen 2003, S. 583–609, hier S. 585.

[26] Vgl. Hans-Jürgen Schings: Melancholie und Aufklärung. Melancholiker und ihre Kritiker in Erfahrungsseelenkunde und Literatur des 18. Jahrhunderts. Stuttgart 1977, S. 41–58.

gischen Kontrapunkt zu seinem eigenen Lebenswerk setzt – jedenfalls zum Zeitpunkt der Veröffentlichung des Gedichts – hat mit Goethes jungem Werther das melancholische, künstlerisch ambitionierte, aber letztlich unproduktive Genie längst die Bühne betreten.

Die Grenze zur Erlebnislyrik überschreitet das Gedicht nicht ganz; es verharrt auf der Schwelle, indem es die mutmaßlich biographisch reale Not des Verfassers rückbindet an ein anderes, der Anakreontik allerdings geradezu konträres poetisches System, die Melancholie. Diese steht im 18. Jahrhundert u. a. auch für dichterische Produktivität, und somit ist der Totenkopf Maske und Symbol eines Dichters, dem trotz zunehmenden Alters und raumzeitlicher Distanz von seinen Freunden das Schreiben – auf der Ebene der Textwelt: das Briefschreiben – nach wie vor gelingt, auch wenn ihm das Obsolete seines Tuns bewusst ist. Die Adressaten, also die Leser des 1783 erscheinenden Bandes, überrascht der alt gewordene Autor mit einer Captatio benevolentiae – schreibt er nicht genauso gut wie die jungen Dichter, die nun den Markt und die Gunst der Leser für sich eingenommen haben?

VII. Auswahlbibliographie

1. Hans-Georg Kemper: Deutsche Lyrik der frühen Neuzeit. Band 5/II: Frühaufklärung. Tübingen 1991.
2. Reinhard M. G Nickisch: Brief. Stuttgart, Weimar 1991.

Friedrich Gottlieb Klopstock (1724–1803): Die frühen Gräber

von Ulrich Fröschle

I. Gedicht

Die frühen Gräber

υ – υ υ – υ υ –,
– υ – υ υ – υ –,
υ υ –, – υ –, – υ – υ –,
– υ υ – υ υ –, – υ υ –

Willkommen, o silberner Mond,
Schöner, stiller Gefährt der Nacht!
Du entfliehst? Eile nicht, bleib, Gedankenfreund!
Sehet, er bleibt, das Gewölk wallte nur hin.

Des Mayes Erwachen ist nur
Schöner noch, wie die Sommernacht,
Wenn ihm Thau, hell wie Licht, aus der Locke träuft,
Und zu dem Hügel herauf röthlich er kömmt.

Ihr Edleren, ach es bewächst
Eure Maale schon ernstes Moos!
O wie war glücklich ich, als ich noch mit euch
Sahe sich röthen den Tag, schimmern die Nacht.

[Friedrich Gottlieb Klopstock:] Oden. Hamburg 1771, S. 204.

II. „Schwebe sanft“ – Textgestalt und -geschichte

Klopstocks Gedicht *Die frühen Gräber* erschien erstmals 1771 in einer von ihm selbst veranstalteten und anonym publizierten Sammlung seiner Oden und Elegien, die zwischen 1747 und 1770 entstanden waren. Eine an den Schluss dieser Edition gestellte Berichtigung der Druckfehler belegt, dass der Autor die Publikation des Bandes überwacht hat und wir damit einen von ihm autorisierten Text vor uns haben. Vollendet wurde die Ode im Jahr 1764, wie die Datierung der einzelnen Gedichte im Inhaltsverzeichnis der Sammlung anzeigt. Eine erste Fassung der Anfangsstrophe dokumentiert der in 16 Exemplaren gefertigte Privatdruck *Lyrische Sylbenmaasse. Als M. S. für Freunde,* den Klopstock im März 1764 an Johann Wilhelm Ludwig Gleim geschickt hatte. Er enthält 30 neuartige metrische Strophenschemata, die Klopstock größtenteils wohl im Februar und März dieses Jahres „mit unvermittelt einsetzender Spontaneität" entwickelt hatte.[1] Jedem metrischen Schema ist dort ein Textbeispiel beigefügt, darunter an elfter Stelle auch die erste Strophe von *Die frühen Gräber*; ihr dritter Vers lautet in diesem Entwurf, abweichend von der späteren Druckversion: „Du entfliehst? Schwebe sanft, bleib Gedankenfreund!"

Die folgende Analyse bezieht sich auf den Erstdruck der dreistrophigen Ode in der Sammlung von 1771. Dem Gedicht wurde dort, wie vielen anderen auch, ein metrisches Strophenschema vorangestellt. Spätere Nachdrucke des Textes unterscheiden sich vom autorisierten Erstdruck nur insofern, dass bisweilen diese „vorgezeichneten Sylbenmaasse" weggelassen und die Rechtschreibung angepasst wurde. Eine moderne historisch-kritische Edition des Gedichts, nach der ersten historisch-kritischen Ausgabe der Oden von 1889, liegt bislang nicht vor: In der maßgeblichen, seit 1974 erscheinenden *Hamburger Ausgabe* von Klopstocks Werken und Briefen steht der Band mit den Oden noch aus.[2]

III. „Mit raschem Klapp zu tödten" – Rezeption des Textes

Der 1724 in Quedlinburg im Harzvorland geborene Friedrich Gottlieb Klopstock, Sohn eines bald verarmten Advokaten und Kommissionsrates, war nach der 1748 erfolgten Publikation der ersten drei Gesänge seines biblischen Versepos *Der Messias* und den in der Folge publizierten Gedichten ein sein Publikum polarisierender ‚Kultautor' in Deutschland geworden. Wenngleich er mit seinen anderen Werken weit weniger erfolgreich war, offenbarte sich Klopstocks zeitweiliger Kultstatus, der seinen Höhepunkt in den 1770er Jahren erreicht hatte, noch anlässlich seines Todes 1803 in Hamburg: Die Trauerfeierlichkeiten für diesen bürgerlichen Schriftsteller nahmen die Ausmaße eines Staatsbegräbnisses an, auf rund 50.000 Teilnehmer wurde der Leichenzug geschätzt.[3] Schon zu Lebzeiten hatte sich jene „Zwiespältigkeit seiner Wirkungsgeschichte" gezeigt, die für die Rezeption in den folgenden zwei Jahrhunderten konstatiert wurde.[4] Dass tatsächlich nur Teile von Klopstocks Versepik und Lyrik in den literarischen Kanon eingingen, der sich mit der Ausdifferenzierung des Bildungswesens im 19. Jahrhundert allmählich institutionalisierte, illustrieren beispielhaft die Erinnerungen Friedrich Georg Jüngers, eines Autors und Lyrikers des 20. Jahrhunderts: Er vermerkt, dass seine Schulklasse an einer Detmolder Oberrealschule noch während des Ersten Welt-

1 Vgl. Hans-Heinrich Hellmuth: Metrische Erfindung und metrische Theorie bei Klopstock. München 1973, S. 64 f.; Abdruck der Strophe ebd., S. 271.

2 Die auf 40 Bände konzipierte *Hamburger Ausgabe* sieht Band 1 (hg. v. Horst Gronemeyer und Klaus Hurlebusch) für die Oden vor. Bislang nur: Franz Muncker, Jaro Pawel (Hg.): Friedrich Gottlieb Klopstocks Oden. 2 Bde. Stuttgart 1889, dort S. 171; zur Kritik daran siehe Hellmuth 1973, S. 25.

3 Vgl. Katrin Kohl: Friedrich Gottlieb Klopstock. Stuttgart 2000, S. 36.

4 Hans-Georg Kemper: Deutsche Lyrik der frühen Neuzeit. 6 Bde., Band 6/I: Empfindsamkeit, Tübingen 1997, S. 420 f.

kriegs eine Zeit lang „tagaus, tagein die kyklopischen Stücke" Klopstocks lernen musste. Jünger liebte es, so seine Erinnerungen, „im Gehen laut Gedichte zu rezitieren, und über der schönen Ode ‚Die frühen Gräber' gingen mir eines Tages unversehens die Augen auf."[5]

Diese kurze Ode gehört von ihrem Erstdruck an zu Klopstocks beliebtesten Gedichten; demzufolge ging sie in zahlreiche Anthologien ein. Als Matthias Claudius den Odenband 1771 in seinem *Wandsbeker Bothen* besprach, zitierte er *Die frühen Gräber* vollständig, um zu bemerken: „Das wollt ich wohl gemacht haben". Eduard Mörike bezeugt 1841 mit seinem Hexametergedicht *Die Waldplage* eine anhaltende Popularität dieser Ode, allerdings in ironischer Brechung. Die Idylle eines im Walde lesenden lyrischen Ichs wird dort von den Schnaken empfindlich gestört: „Ich hielt geöffnet auf der flachen Hand das Buch, / Das schwebende Geziefer, wie sich eines naht', / Mit raschem Klapp zu tödten. Ha! da kommt schon eins! / ‚Du fliehst! o bleibe, eile nicht, Gedankenfreund!' / (Dem hohen Mond rief jener Dichter zu dieß Wort.) / Patsch! Hab' ich dich, Canaille, oder hab' ich nicht?"[6] Hier bilden sich Veränderungen eines Rezeptionsumfelds ab, zu denen Klopstocks Lyrik selbst maßgeblich beigetragen hatte. Die Ode *Die frühen Gräber* gehörte zu jenen Texten, deren vorzüglich bürgerliche Autoren von der Mitte des 18. Jahrhunderts an als Prototypen eines empfindsamen und dabei selbstbewussten bürgerlichen Subjekts fungierten und es propagierten. So kann Mörike siebzig Jahre später aus einer zwar stets gefährdeten, doch längst etablierten bürgerlichen Subjektstruktur heraus in ironischer Distanz auf deren Begründung in Klopstocks Lyrik zurückblicken.

Eine erfolgreiche Karriere durchlief das Gedicht auch im Medium des Kunstlieds: Es wurde von zahlreichen Komponisten vertont; die heute bekanntesten musikalischen Varianten stammen von Christoph Willibald Gluck und Franz Schubert. Aber auch Johann Friedrich Reichardt, Wilhelm Ferdinand Halter, Ignaz von Beecke und Fanny Hensel-Mendelssohn-Bartholdy schrieben Lieder auf diesen Text. Noch im 20. Jahrhundert griffen Komponisten wie Ernst Křenek und Carl Orff die Ode auf, neben weniger geläufigen wie Fritz Lissauer, Wilhelm Petersen oder einem Vertreter der Jugendmusikbewegung wie Ekkehart Pfannenstiel.

IV. „Ökonomie des dichterischen Verfahrens": Verdichtung, Erinnerungsstiftung, symbolisches Kapital – Deutungsaspekte

Wirft man die Frage auf, wie die lange anhaltende Popularität und die Kanonisierung einer Ode wie *Die frühen Gräber* zu erklären ist, sind literatursoziologische und kanontheoretische Ansätze gewiss unverzichtbar. Will die Darlegung von

[5] Friedrich Georg Jünger: Grüne Zweige. Ein Erinnerungsbuch. Stuttgart 1978 [zuerst 1951], S. 142.

[6] Matthias Claudius: Oden. Hamburg. In: Ders.: Sämtliche Werke. München 1984, S. 50–53, hier S. 53; Eduard Mörike: Waldplage. In: Ders.: Werke und Briefe, Bd. 1: Gedichte. Ausgabe von 1867. Hg. v. Hans-Henrik Krummacher. Stuttgart 2003, S. 267 f., hier S. 268.

rezeptions- und institutionengeschichtlichen Rahmenbedingungen nicht Redundanzen erzeugen, muss sie indes mit Analyseansätzen zusammenspielen, die das Wirkungspotential des Textes aus diesem selbst heraus zu erhellen versuchen. Ein solcher Ansatz steht im Zentrum der folgenden Deutung: Sie will zum einen den poetisch verdichteten Inhalt entfalten; zum anderen sollen die sprachlichen Verfahren, die diese Verdichtung leisten, analysiert werden, und zum dritten sind Inhaltsdeutung und Strukturanalyse historisch zu kontextualisieren.

Befasst man sich mit einem unbekannten, nicht sogleich klar verständlichen literarischen Text, ist es immer empfehlenswert, diesen – sowohl formal als auch inhaltlich – auf seine Strukturen hin zu befragen. Im Sinn einer solchen semantischen Erschließung lassen sich folgende einfache Leitfragen an Klopstocks Ode herantragen: Wer spricht darin wie und mit wem? Lassen sich Figurenkonstellationen freilegen? Welche räumlichen Ordnungen strukturieren den Text? Wie gestalten sich die zeitlichen Verhältnisse? Sind diese Strukturen semantisch aufgeladen? Und schließlich ist schlicht zu fragen: Worum geht es eigentlich in dem Gedicht? Darüber ist die poetische Organisation des Sprachmaterials nicht aus den Augen zu verlieren, zumal ja seine erste Strophe, wie erwähnt, in einem explizit poetologischen Zusammenhang erstmals präsentiert wurde und der Autor immer wieder weitreichende verstheoretische Überlegungen angestellt hat. Nicht zuletzt diese poetologischen Aspekte begründen jenen Wirkungszusammenhang, der sich in der Rezeption des Gedichts widerspiegelt.

Bei der Lektüre von *Die frühen Gräber* wird schnell klar, dass die Ode das Problem der Vergänglichkeit verhandelt. Seit jeher hat man sie in der Nacht-und-Grab-Topik verortet, die von Edward Youngs großem Blankversgedicht *The Complaint; or Night-Thoughts on Life, Death, and Immortality* (1742-45) in der Literatur etabliert wurde und in Deutschland großen Einfluss erlangte: Klopstock stand selbst mit Young im Briefwechsel.[7] Seine Ode erschöpft sich jedoch keineswegs in einer stimmungsvollen Anwendung Youngscher Motive. Personifikationen des Mondes als „Gefährt“ und „Gedankenfreund“, des Frühlingsmonates Mai gleichsam als gelockter Jüngling, die Natur- und Kulturmotivik der Mondnacht wie auch der bemoosten Grabmäler, all dies ist bis weit in die Moderne hinein lyriktypisch, wie Walther Killy 1972 gezeigt hat. Die spezifische „Ökonomie des dichterischen Verfahrens“, die er am Beispiel von *Die frühen Gräber* als lyrisches Prinzip der Verknappung und Kürze herausarbeiten konnte, resultiert jedoch in einer Facettierung jenes einfachen Befunds, es gehe hier schlicht um die Trauer angesichts des Todes geliebter Menschen.[8] Killy wies darauf hin, dass schon der Titel der Ode die im Gedicht entfaltete Szenerie verdichtet enthält, indem das Hauptwort „Gräber“ mit dem eigentlich nicht passenden Temporalattribut „früh“ kombiniert wird; umgangssprachlich wäre etwa die Paarung „frische Gräber“ oder „neue

7 Zu Youngs Einfluss auf die deutschen Autoren vgl. Lawrence Marsden Price: Die Aufnahme englischer Literatur in Deutschland. 1500–1960 Bern, München 1961, S. 120–127.

8 Killy 1972, S. 1 ff.

Grabmäler" gebräuchlich, während von „frühen Gräbern" heute allenfalls im archäologischen Diskurs die Rede sein könnte. Klopstocks Wortkombination legt indes die Assoziation mit Gräbern früh Gestorbener nahe: Dass überdies die Bestattung dieser offenbar jung und damit vor ihrer Zeit Dahingeschiedenen schon einige Zeit zurückliegt, also früh erfolgte, bezeugt uns im Verlauf des Gedichts das „Moos" auf den „Maalen" in der letzten Strophe. Strukturell hat die Überschrift daher einen Doppelstatus: Zum einen kündigt sie als Randtext den ‚eigentlichen' Text an, zum anderen ist sie selbst Bestandteil dieses Textes, insofern sie wichtige Informationen für dessen Deutung enthält, auch wenn diese erst am Ende der Lektüre verifiziert werden.

Die unvermittelte Anrede des Mondes, die Klopstocks Ode eröffnet, konstituiert zwar sogleich ein räumliches und zeitliches Verhältnis, ohne aber auf die Gräber der Überschrift Bezug zu nehmen: Der Ausgangspunkt des mit der konkreten Sprechsituation in der ersten Strophe etablierten „Zeigefelds der Sprache" entspricht, folgt man dem Sprachtheoretiker und Gestaltpsychologen Karl Bühler, dem Nullpunkt eines Koordinatensystems, der durch Zeigewörter gesetzt wird – sie legen implizit ein Hier, ein Jetzt und einen Sprecher als Ausgangspunkt sowie ein Gegenüber im Adressaten fest.[9] Wer in der fiktiven Präsenz von Klopstocks Ode spricht, bleibt freilich auch nach der Lektüre des ganzen Gedichts unklar. Dies ermöglicht es dem Leser einerseits, sich selbst an die Stelle des lyrischen Subjekts zu imaginieren, andererseits die Sprechinstanz im Gedicht mit dem Autor des Textes gleichzusetzen, was die zeitgenössische Rezeption gern getan hat. Die Anrede des Mondes wird fortgeführt, bis sich die Sprechinstanz in der vierten Zeile vom Mond abwendet, um nun zu anderen über ihn zu sprechen: „Sehet, er bleibt". Diese Anrede kann zum einen auf bis dahin noch nicht genannte Adressaten bezogen werden, zum anderen evoziert sie eine unmittelbare Zeugenschaft, die das lauschende oder lesende Publikum wiederum auf sich beziehen kann. Obwohl die zweite Strophe sodann in den Modus einer ungerichteten Rede wechselt, indem über des „Mayes Erwachen" räsonniert wird, reicht die deiktische Kraft des „Sehet" aus der ersten Strophe, um dies weiterhin auf die möglichen Adressaten zu beziehen. Erst die letzte Strophe benennt schließlich, was oder wen die Sprechinstanz im Auge hat und implizit auch anzusprechen scheint: Es sind die bemoosten „Maale" der „Edleren", jene „Gräber" des Gedichttitels, die das lyrische Ich, das sich in der vorletzten Verszeile endlich auch selbst ausspricht, an früh verstorbene Gefährten erinnern. Im abschließenden Ausruf: „O wie war glücklich ich, als ich noch mit euch / Sahe sich röthen den Tag, schimmern die Nacht", offenbart sich indes die ‚reale' Abwesenheit der Angesprochenen; sie sind anwesend allein in der Vergegenwärtigung des Gedichts, auch wenn die „Edleren" hier nicht namentlich beschworen werden.

In solcher Allgemeinheit wird schließlich die Funktion der Dichtung selbst als Stiftung von Gedächtnis manifest, womit sich auch die zeitlichen und örtlichen

9 Karl Bühler: Sprachtheorie. Die Darstellungsfunktion der Sprache. Frankfurt/M., Berlin, Wien 1999, S. 102 f. (zuerst 1934).

Strukturen des Gedichts als Modus der Erinnerung erweisen. Es bleibt nur die Begrüßung des Mondes, die eingangs einen konkreten Standort des lyrischen Subjekts in Ort und Zeit andeutet: Damit lässt sich das Folgende plausibel lesen einerseits als reale Rede an bestimmte, wenngleich nicht benannte Adressaten, andererseits leuchtet es aber auch ein, wenn man das Gedicht als einen im Text aufgehobenen inneren Monolog auffasst. Der „Hügel" und des „Mayes Erwachen" in der zweiten Strophe, die demonstrativ „das Gegenwärtige mit dem Vergegenwärtigten verbindet",[10] sind per se als vergangen und damit imaginär ausgewiesen, und so mögen selbst die „Maale" am Ende nur vor dem geistigen Auge des Sprechers erschienen sein. Dem entspricht auch die zeitliche Struktur: Sie umfasst realiter die gesprochene Zeit der Ode bei der Rezitation, die sich auf eine Sommernacht als Ausgangspunkt bezieht, alles andere ist erinnerte Zeit, die sowohl die Sommer- als auch die Mainacht und die mit den verstorbenen Freunden verbrachte Zeit in sich begreift. Darin ist eine grundlegende Ambivalenz zu erkennen: Hier tut sich nicht nur die üblicherweise durch Raffung oder Dehnung erzeugte Differenz etwa zwischen Erzählzeit und erzählter Zeit auf, da es im Text keine Handlung und somit keine Bewegung in der Zeit gibt – die eigentliche Handlungszeit ereignet sich im Gedichtvortrag oder in der Lektüre, das Gedicht selbst bildet das Ereignis. Auf solche feinen Unschärfen und Doppeldeutigkeiten stößt man auch in Klopstocks Metaphern: Killy wies darauf hin, dass sich der Mond als „Gefährt der Nacht" sowohl astronomisch als nächtlicher Erdbegleiter als auch im Sinn eines Gefährten des lyrischen Subjekts verstehen lässt; ähnliches gilt für die Anrede als „Gedankenfreund", also als freundlicher Anreger von Gedanken einerseits, als in Gedanken imaginierter Freund andererseits. Zudem spannt sich über die Strophen hinweg ein Netz von semantischen Ähnlichkeitsbeziehungen, die zu assoziativen Analogisierungen einladen: So taucht das Wort „Nacht" in allen drei Strophen auf, die rötliche Farbe verbindet die zweite und dritte Strophe, und das Verb „sehen" erscheint in der vierten und achten Verszeile am Beginn derselben, wodurch der Bezug auf die in den Gräbern liegenden „Edleren" als Adressaten des Sprechakts rekursiv verstärkt wird.

Dass die poetische Sprachfunktion das Gedicht dominiert, bewirken nicht zuletzt zahlreiche Assonanzen und Alliterationen als prosodische Ähnlichkeitsbeziehungen, womit das ‚Eigentliche' des Textes in den Blick rückt: Die Ode erweist sich, so die These, nicht nur auf der Inhaltsebene als Manifestation der Bedeutung von Dichtung, insofern sie Gedächtnis stiften kann, sondern sie zeigt sie uns in der poetischen und poetologischen Arbeit selbst auf. Richtet sich der Fokus auf die Form des Textes, könnte man zunächst behaupten: „Nein, Verse sind das nicht; Verse müssen sich reimen, das hat uns Herr Ahrens in der Schule gesagt."[11] Diesen fiktiven Schulmeister führte Matthias Claudius 1771 in seiner erwähnten

[10] Johann August Otto Ludwig Lehmann: Erklärungen zu der Elegie Klopstocks: „Die frühen Gräber". In: Programm Maienwerder 1843, S. 1–19, hier S. 7.

[11] Claudius 1984, S. 50–53.

Rezension von *Die frühen Gräber* ironisch ein, was zeigt, dass deren Machart inzwischen zwar nicht mehr revolutionär war, aber doch zuvor von Klopstock hatte durchgesetzt werden müssen.

Die Gattungsbezeichnung ‚Ode' hat Zedlers *Universal-Lexicon* 1740 hinsichtlich „heutiger Poesie" noch definiert als „ein Gedicht, welches mit etlichen Absätzen, die alle ein gleiches Zeilen- und Reimenmaaß halten, durchgeführet wird: Ein Lied." Der Begriff vereine bei den Griechen, von denen er stammt, noch „vielerley Gattungen unter sich", darunter Hymnen und Klagegesänge.[12] Diese Auffassung galt auch in der Entstehungszeit von *Die frühen Gräber*, vor allem Klopstocks Bemühungen um eine Aneignung antiker Odenstrophen für die deutsche Sprache und Literatur schufen dann aber die Voraussetzung dafür, dass sich der Begriff Ode hierzulande als Bezeichnung einer lyrischen Subgattung eingebürgert hat, die auf die antiken, durch Horaz zu Mustern ausgeformten Odenstrophen fixiert ist – vor allem die alkäische, die asklepiadeische und die sapphische. Auch die Strophenform von *Die frühen Gräber* definiert sich durch die Zahl der Silben und die metrische Struktur der Verszeilen, doch imitiert sie eben kein antik-klassisches Vorbild, sondern ist Klopstocks eigene Schöpfung. Wenn er auch in Anlehnung an die Rahmenbedingungen der antiken Oden agiert, also auf alternierende Verse verzichtet, reimlose invariante Strophenformen benutzt usw., versuchte er doch aus seinen metrischen Experimenten heraus eine eigene Theorie des ‚Mitausdrucks' durch die ‚Wortbewegung' – den Wohlklang und Rhythmus des Verses – zu entwickeln. Den abstrakten, silbenfixierten ‚künstlichen Versfüßen' der klassischen Metrik wollte Klopstock ‚Wortfüße' entgegenstellen, die dem ‚natürlichen' Sprachrhythmus entsprechen sollten.[13] Seine Idee war es, die Worte gemäß ihrer gebrauchssprachlichen Betonung so auszuwählen und zu gruppieren, dass „die deutsche begriffsmäßige Sylbenzeit" im Gegensatz zu der „mechanischen der Griechen" rhythmisch sowie semantisch zum Tragen käme, wobei ein Wortfuß so viele Worte umfassen durfte, „als, nach dem Inhalte, zusammen gehören".[14] In der frühen Fassung der ersten Odenstrophe hatte Klopstock freilich noch mit ‚künstlichen' Versfüßen gearbeitet, die jeweils durch Kommata markiert wurden: ein Trochäus und zwei Anapäste (V. 1, 5, 9), Jambus, Daktylus und Kretikus (V. 2, 6, 10), Anapäst, Kretikus, Jambus, Kretikus (V. 3, 7, 11), Chorjambus, Anapäst, Chorjambus (V. 4, 8, 12). In der metrischen Notation im Odenband von 1771 trennen die Kommata dann die Wortfüße als größere metrisch-semantische Einheiten. Seine Notation der „Sylbenmaasse" in Wortfüßen hat Klopstock dem Text der Ode nicht nur vorangestellt, um seine Gleichwertigkeit und Eigenständigkeit als Sprachschöpfer gegenüber den altgriechischen Vorbildern zu unterstreichen, sondern auch um dem Leser eine Rezitationsvorschrift an die Hand zu geben.

---

12 [Johann Heinrich Zedler:] Grosses vollständiges Universal-Lexicon Aller Wissenschafften und Künste. 68 Bde. Leipzig, Halle 1740, Bd. 25, Sp. 446–454, hier Sp. 446.

13 Hellmuth 1973, S. 79 f., S. 211–267.

14 Zit. nach Hildegard Benning: Rhetorische Ästhetik. Die poetologische Konzeption Klopstocks im Kontext der Dichtungstheorie des 18. Jahrhunderts. Stuttgart 1997, S. 115; Hellmuth 1973, S. 77.

Verleitet die Versfußnotation zur Skansion, also zu einer starken Betonung des Versmaßes, die auf den Wortsinn kaum Rücksicht nimmt, will die Wortfußnotation diesen Sinnzusammenhang integrieren. Damit versuchte Klopstock, die Vortragsweise zu regulieren, zumal diese performative Ebene, das Sprechen des Gedichts, zentral für seine verstheoretischen Überlegungen war. Darüber hinaus versuchte er, „den relativen emotionalen Gehalt" der Wortbewegung „in eine affektive Systematik zu zwingen", indem sein „Einmaleins des metrischen Ausdrucks [...] die ‚Bewegung der Worte' nicht allein nach ihrem ‚Zeitausdruck' als ‚langsam' oder ‚schnell', sondern auch nach ihrem ‚Tonverhalt' berechnete.[15]

Die Strophenform, die Klopstock mit dem Gedicht *Die frühen Gräber* 1764 entwickelt hatte, diente dann „auch Oden anderen Inhalts" als rhythmischer Architext; er verwandte sie nämlich auch in der 1766 verfassten elfstrophigen Ode *Skulda* und ein Jahr später noch einmal in der vierstrophigen Ode *Die Barden*.[16] Daraus ergibt sich freilich für die Interpretation dieser Gedichte, dass ein durch die metrisch regulierte ‚Wortbewegung' möglicherweise intendierter ‚Mitausdruck' nicht ohne weiteres als semantische Parallele oder Unterstützung jener ‚Botschaft' des Gedichts gelesen werden kann, die durch Begriff und Sprachbild erzeugt wird. Zwar präformiert die Wortfußstruktur der Odenstrophe die Auswahl und Anordnung der Wörter, Wortgruppen und Satzteile, doch dominiert hierin die poetische Funktion als Primat der Form, und nur in Verszeile vier wird etwa die appellative und expressive Funktion durch die harte Fügung der Wortfüße unterstützt.[17] Klopstock hat im übrigen „die erste Strophe aus einer seiner Lieblingsoden: *Die frühen Gräber*, selbst ins Griechische" übersetzt, „und zwar in eben dem Sylbenmaße", und sie von „seiner Kapelle", nämlich seiner zweiten Frau Meta von Winthem und seiner Stieftochter, in der Vertonung Johann Friedrich Reichardts vorsingen lassen, berichtet der Publizist Karl August Böttiger von einem Besuch bei Klopstock im Jahr 1795. Zweck dieser Übung war es, „seine Lieblingsmaterie, den *Triumph der deutschen Sprache über die griechische*", zu bezeugen.[18] So erweist sich das Gedicht am Ende als poetischer und poetologisch durchdachter Entwurf anhand einer überlieferten Vergänglichkeitstopik, mit dem er sich als Spracharbeiter, wie es seine Absicht war, objektiv selbst der Vergänglichkeit im menschenmöglichen Maß entziehen konnte: Klopstock ist es jedenfalls gelungen, mittels der „Ökonomie des dichterischen Verfahrens" einen Mehrwert im symbolischen Kapital des Klassikerruhms und der damit verbundenen Kanonisierung zu erzeugen.

---

15 Benning 1997, S. 115; vgl. auch Joh. Nikolaus Schneider: Ins Ohr geschrieben. Lyrik als akustische Kunst zwischen 1750 und 1800. Göttingen 2004, S. 127–139; Thomas Althaus: „Nim den Schwung" – Klopstocks Thematisierungen des Versgangs und die Folgen. In: Kevin Hilliard, Katrin Kohl (Hg.): Wort und Schrift – Das Werk Friedrich Gottlieb Klopstocks. Tübingen 2008, S. 187–208.

16 Hellmuth 1973, S. 191.

17 Zu den Begriffen vgl. Roman Jakobson: Linguistik und Poetik. In: Jens Ihwe (Hg.): Literaturwissenschaft und Linguistik. Ergebnisse und Perspektiven. Frankfurt/M. 1971, S. 142–178.

18 [Carl August Böttiger:] VIII. Klopstock, im Sommer 1795. Ein Bruchstück aus meinem Tagebuch. In: Minerva. Sechster Jahrgang für das Jahr 1814. Leipzig [1813], S. 313–352, hier S. 322 f.

V. Auswahlbibliographie

1. Kurt Binneberg: Interpretationshilfen. Deutsche Lyrik von der Aufklärung bis zur Klassik. Stuttgart 1992, S. 52–60.
2. Walther Killy: Elemente der Lyrik. München ^{2}1972, S. 154–160.
3. Jeff Morrison: Friedrich Klopstock (1724–1803): *Die frühen Gräber* (1771). In: Florian Krobb, Jeff Morrison (Hg.): Poetry Project. Irish Germanists Interpret German Verse. Oxford u. a. 2003, S. 23–28.
4. Peter Wapnewski: Der Naturhymnus ein Grabgesang. In: Marcel Reich-Ranicki (Hg.): 1000 deutsche Gedichte und ihre Interpretation. Von Walther von der Vogelweide bis Matthias Claudius. Frankfurt/M. 1994, S. 235–238.

Gottfried August Bürger (1747–1794): Lenore

von Gerhard Lauer

I. Gedicht

Lenore

Lenore fuhr um's Morgenrot
Empor aus schweren Träumen:
„Bist untreu, Wilhelm, oder tot?
Wie lange willst du säumen?“ –
Er war mit König Friedrichs Macht
Gezogen in die Prager Schlacht,
Und hatte nicht geschrieben:
Ob er gesund geblieben.

Der König und die Kaiserin,
Des langen Haders müde,
Erweichten ihren harten Sinn,
Und machten endlich Friede;
Und jedes Heer, mit Sing und Sang,
Mit Paukenschlag und Kling und Klang,
Geschmückt mit grünen Reisern,
Zog heim zu seinen Häusern.

Und überall all überall,
Auf Wegen und auf Stegen,
Zog Alt und Jung dem Jubelschall
Der Kommenden entgegen.
Gottlob! rief Kind und Gattin laut,
Willkommen! manche frohe Braut.
Ach! aber für Lenoren
War Gruß und Kuß verloren.

Sie frug den Zug wohl auf und ab,
Und frug nach allen Namen;
Doch keiner war, der Kundschaft gab,
Von allen, so da kamen.
Als nun das Heer vorüber war,
Zerraufte sie ihr Rabenhaar,
Und warf sich hin zur Erde,
Mit wütiger Geberde.

Die Mutter lief wohl hin zu ihr: –
„Ach, daß sich Gott erbarme!
Du trautes Kind, was ist mit dir?“ –
Und schloß sie in die Arme. –

„O Mutter, Mutter! hin ist hin!
Nun fahre Welt und alles hin!
Bei Gott ist kein Erbarmen.
O weh, o weh mir Armen –"!

„Hilf Gott, hilf! Sieh uns gnädig an!
Kind, bet' ein Vaterunser!
Was Gott tut, das ist wohlgetan.
Gott, Gott erbarmt sich Unser!" –
„O Mutter, Mutter! Eitler Wahn!
Gott hat an mir nicht wohlgetan!
Was half, was half mein Beten?
Nun ist's nicht mehr vonnöten." –

„Hilf Gott, hilf! wer den Vater kennt,
Der weiß, er hilft den Kindern.
Das hochgelobte Sakrament
Wird deinen Jammer lindern." –
„O Mutter, Mutter! was mich brennt,
Das lindert mir kein Sakrament!
Kein Sakrament mag Leben
Den Toten wiedergeben." –

„Hör, Kind! wie, wenn der falsche Mann,
Im fernen Ungerlande,
Sich seines Glaubens abgetan,
Zum neuen Ehebande?
Laß fahren, Kind, sein Herz dahin!
Er hat es nimmermehr Gewinn!
Wann Seel' und Leib sich trennen,
Wird ihn sein Meineid brennen." –

„O Mutter, Mutter! Hin ist hin!
Verloren ist verloren!
Der Tod, der Tod ist mein Gewinn!
O wär' ich nie geboren!
Lisch aus, mein Licht, auf ewig aus!
Stirb hin, stirb hin in Nacht und Graus!
Bei Gott ist kein Erbarmen.
O weh, o weh mir Armen!" –

„Hilf Gott, hilf! Geh nicht ins Gericht
Mit deinem armen Kinde!
Sie weiß nicht, was die Zunge spricht.
Behalt ihr nicht die Sünde!
Ach, Kind, vergiß dein irdisch Leid,
Und denk an Gott und Seligkeit!
So wird doch deiner Seelen
Der Bräutigam nicht fehlen." –

„O Mutter! Was ist Seligkeit?
O Mutter! Was ist Hölle?
Bei ihm, bei ihm ist Seligkeit,
Und ohne Wilhelm Hölle! –
Lisch aus, mein Licht, auf ewig aus!
Stirb hin, stirb hin in Nacht und Graus!
Ohn' ihn mag ich auf Erden,
Mag dort nicht selig werden." – – –

So wütete Verzweifelung
Ihr in Gehirn und Adern.
Sie fuhr mit Gottes Vorsehung
Vermessen fort zu hadern;
Zerschlug den Busen, und zerrang
Die Hand, bis Sonnenuntergang,
Bis auf am Himmelsbogen
Die goldnen Sterne zogen.

Und außen, horch! ging's trap trap trap,
Als wie von Rosseshufen;
Und klirrend stieg ein Reiter ab,
An des Geländers Stufen;
Und horch! und horch! den Pfortenring
Ganz lose, leise klinglingling!
Dann kamen durch die Pforte
Vernehmlich diese Worte:

„Holla, holla! Tu auf mein Kind!
Schläfst, Liebchen, oder wachst du?
Wie bist noch gegen mich gesinnt?
Und weinest oder lachst du?" –
„Ach, Wilhelm, du? – – So spät bei Nacht? – –
Geweinet hab' ich und gewacht;
Ach, großes Leid erlitten!
Wo kommst du hergeritten?" –

„Wir satteln nur um Mitternacht.
Weit ritt ich her von Böhmen.
Ich habe spät mich aufgemacht,
Und will dich mit mir nehmen." –
„Ach, Wilhelm, erst herein geschwind!
Den Hagedorn durchsaust der Wind,
Herein, in meinen Armen,
Herzliebster, zu erwarmen!" –

„Laß sausen durch den Hagedorn,
Laß sausen, Kind, laß sausen!
Der Rappe scharrt; es klirrt der Sporn.
Ich darf allhier nicht hausen.
Komm, schürze, spring' und schwinge dich

Auf meinen Rappen hinter mich!
Muß heut noch hundert Meilen
Mit dir in's Brautbett' eilen." –

„Ach! wolltest hundert Meilen noch
Mich heut ins Brautbett' tragen?
Und horch! es brummt die Glocke noch,
Die elf schon angeschlagen." – –
„Sieh hin, sieh her! der Mond scheint hell.
Wir und die Toten reiten schnell.
Ich bringe dich, zur Wette,
Noch heut ins Hochzeitbette." –

„Sag an, wo ist dein Kämmerlein?
Wo? Wie dein Hochzeitbettchen?" –
„Weit, weit von hier! – – Still, kühl und klein! – –
Sechs Bretter und zwei Brettchen!" –
„Hat's Raum für mich?" – „Für dich und mich!
Komm, schürze, spring' und schwinge dich!
Die Hochzeitsgäste hoffen;
Die Kammer steht uns offen." –

Schön Liebchen schürzte, sprang und schwang
Sich auf das Roß behende;
Wohl um den trauten Reiter schlang
Sie ihre Lilienhände;
Und hurre, hurre, hop hop hop!
Ging's fort in sausendem Galopp,
Daß Roß und Reiter schnoben,
Und Kies und Funken stoben.

Zur rechten und zur linken Hand,
Vorbei vor ihren Blicken,
Wie flogen Anger, Heid' und Land!
Wie donnerten die Brücken! –
„Graut Liebchen auch? – – Der Mond scheint hell!
Hurrah! Die Toten reiten schnell!
Graut Liebchen auch vor Toten?" –
„Ach nein! – – Doch laß die Toten!" –

Was klang dort für Gesang und Klang?
Was flatterten die Raben? – –
Horch Glockenklang! horch Totensang:
„Laßt uns den Leib begraben!"
Und näher zog ein Leichenzug,
Der Sarg und Totenbahre trug.
Das Lied war zu vergleichen
Dem Unkenruf in Teichen.

„Nach Mitternacht begrabt den Leib,
Mit Klang und Sang und Klage!

Jetzt führ' ich heim mein junges Weib.
Mit, mit zum Brautgelage!
Komm, Küster, hier! Komm mit dem Chor,
Und gurgle mir das Brautlied vor!
Komm, Pfaff', und sprich den Segen,
Eh wir zu Bett' uns legen!" –

Still Klang und Sang. – – Die Bahre schwand. – –
Gehorsam seinem Rufen,
Kam's, hurre hurre! nachgerannt,
Hart hinter's Rappen Hufen.
Und immer weiter, hop hop hop!
Ging's fort in sausendem Galopp,
Daß Roß und Reiter schnoben,
Und Kies und Funken stoben.

Wie flogen rechts, wie flogen links,
Gebirge, Bäum' und Hecken!
Wie flogen links, und rechts, und links
Die Dörfer, Städt' und Flecken! –
„Graut Liebchen auch? – – Der Mond scheint hell!
Hurrah! Die Toten reiten schnell!
Graut Liebchen auch vor Toten?" –
„Ach! Laß sie ruhn, die Toten." –

Sieh da! sieh da! Am Hochgericht
Tanzt' um des Rades Spindel
Halb sichtbarlich bei Mondenlicht,
Ein lustiges Gesindel. –
„Sasa! Gesindel, hier! Komm hier!
Gesindel, komm und folge mir!
Tanz' uns den Hochzeitreigen,
Wann wir zu Bette steigen!" –

Und das Gesindel husch husch husch!
Kam hinten nachgeprasselt,
Wie Wirbelwind am Haselbusch
Durch dürre Blätter rasselt.
Und weiter, weiter, hop hop hop!
Ging's fort in sausendem Galopp,
Daß Roß und Reiter schnoben,
Und Kies und Funken stoben.

Wie flog, was rund der Mond beschien,
Wie flog es in die Ferne!
Wie flogen oben über hin
Der Himmel und die Sterne! –
„Graut Liebchen auch? – – Der Mond scheint hell!
Hurrah! die Toten reiten schnell!
Graut Liebchen auch vor Toten?" –

„O weh! Laß ruhn die Toten!" – – –

„Rapp'! Rapp'! Mich dünkt der Hahn schon ruft – –
Bald wird der Sand verrinnen – –
Rapp'! Rapp'! Ich wittre Morgenluft – –
Rapp'! Tummle dich von hinnen! –
Vollbracht, vollbracht ist unser Lauf!
Das Hochzeitsbette tut sich auf!
Die Toten reiten schnelle!
Wir sind, wir sind zur Stelle." – – –

Rasch auf ein eisern Gittertor
Ging's mit verhängtem Zügel.
Mit schwanker Gert' ein Schlag davor
Zersprengte Schloß und Riegel.
Die Flügel flogen klirrend auf,
Und über Gräber ging der Lauf.
Es blinkten Leichensteine
Rundum im Mondenscheine.

Ha sieh! Ha sieh! im Augenblick,
Huhu! ein gräßlich Wunder!
Des Reiters Koller, Stück für Stück,
Fiel ab, wie mürber Zunder.
Zum Schädel, ohne Zopf und Schopf,
Zum nackten Schädel ward sein Kopf;
Sein Körper zum Gerippe,
Mit Stundenglas und Hippe.

Hoch bäumte sich, wild schnob der Rapp',
Und sprühte Feuerfunken;
Und hui! war's unter ihr hinab
Verschwunden und versunken.
Geheul! Geheul aus hoher Luft,
Gewinsel kam aus tiefer Gruft.
Lenorens Herz, mit Beben,
Rang zwischen Tod und Leben.

Nun tanzten wohl bei Mondenglanz,
Rund um herum im Kreise,
Die Geister einen Kettentanz,
Und heulten diese Weise:
„Geduld! Geduld! Wenn's Herz auch bricht!
Mit Gott im Himmel hadre nicht!
Des Leibes bist du ledig;
Gott sei der Seele gnädig!"

Gottfried August Bürger: Sämtliche Werke. Hg. v. Günter und Hiltrud Häntzschel. München, Wien 1987, S. 178–188. [Im Folgenden zitiert unter Verwendung der Sigle SW].

II. Stellenkommentar

V. 6: Prager Schlacht: Die verlustreiche Schlacht bei Prag am 6. Mai 1757 zwischen den Truppen Preußens unter Friedrich II. gegen die Truppen Habsburgs zu Beginn des Siebenjährigen Krieges (1756–1763).
V. 9: Der König und die Kaiserin: König Friedrich II. und Kaiserin Maria Theresia.
V. 12: Friede: Der Frieden von Hubertusburg am 15. Februar 1763 markiert das Ende des Siebenjährigen Krieges.
V. 21: Im Erstdruck (Musen Almanach A MDCCLXXIV, Göttingen, bey J. C. Dieterich [1774], S. 214–226): „Gottlob! rief Kind und Mutter laut" (http://www.gottfried-august-buerger molmerswende.de/musenalmanach_1774.pdf)
V. 43: Was Gott tut, das ist wohlgetan: Wörtliches Zitat der Anfangszeile aus dem populären Kirchenlied von Samuel Rodigast (vermutlich um 1675), wahrscheinlich um 1681 vertont von Severus Gastorius, variierender Text mit derselben Anfangszeile von Benjamin Schmolck 1721; seit Ende des 17. Jahrhunderts im Evangelischen Kirchengesangbuch zu finden, vielfach vertont u. a. durch Johann Pachelbel und Johann Sebastian Bach.
V. 51: Das hochgelobte Sakrament: Das Abendmahl, das nach lutherischem Verständnis den Gläubigen im Glauben an die Auferstehung stärkt.
V. 58: Im fernen Ungerlande: Ungarn, das zu dieser Zeit an das Osmanische Reich grenzte.
V. 80: Bräutigam: Jesus als der wahre Bräutigam der Seele.
V. 113: Wir satteln nur um Mitternacht: Die Totenheere reiten um Mitternacht los.
V. 114: Weit ritt ich her von Böhmen: Die böhmischen Wälder gelten topisch als undurchdringlicher Ort.
V. 118: Hagedorn: Weißdorn-Strauch, gilt nach dem damaligen Aberglauben als Abwehr gegen Geister, die hier durchbrochen wird.
V. 138–140: Hochzeitsbettchen ... Sechs Bretter und zwei Brettchen: Sarg.
V. 194: Tanzt' um des Rades Spindel: Erhöhter Platz zum Vollzug von Leibesstrafen, hier der radförmige Galgen, an dem die Gehenkten oft zur Abschreckung hängen gelassen wurden.
V. 196: Ein lustiges Gesindel: Geister; im Erstdruck 1774 noch richtig: *Ein luftiges Gesindel.*
V. 203: Haselbusch: Gilt nach dem damaligen Aberglauben ebenfalls als Abwehr gegen Geister.
V. 236: Des Reiters Koller: Uniformrock der preußischen Kürassiere.
V. 240–241: Sein Körper zum Gerippe, / Mit Stundenglas und Hippe: Allegorie des Todes mit der Sanduhr und der Sense.

III. Entstehung, Vorbilder und ästhetische Muster der *Lenore*-Ballade

Am 22. April 1773 erwähnt Bürger zum ersten Mal in einem Brief an seinen Freund und Förderer Heinrich Christian Boie eine „rührende Romanze",[1] an der er gerade schreibe. Zu dieser Zeit hatte Bürger als Amtmann in Gelliehausen bei Göttingen ein kleines, ihn aber eher bedrückendes Auskommen gefunden. Sein Wunsch war es allein, sich als Dichter zu etablieren. Zwei Wochen später, am 6. Mai, schickt er Boie erste Abschnitte aus seiner Ballade zusammen mit weiteren Abschnitten anderer Gedichte wie dem *Minnelied.* Der Begleitbrief schlägt den neuen hohen Ton des dichterischen Selbstverständnisses an: „Herr, das ist eüch eine Ballade! das ist ein Minnelied, die sich gewaschen haben! Und ganz original! Ganz von eigner Erfindung! Wahrlich! es sind Kinder, welche von Herzen kommen, und zu Herzen gehen. Wenn[s] bei der Ballade nicht jedem eiskalt über die Haut laufen muß, so will ich mein Leben lang Hans Casper heißen".[2] Hier ruft

1 Strodtmann I 1874, S. 105.
2 Ebd., S. 111.

Bürger alle Vokabeln der damals neuen Originalitätsästhetik auf: Dichtung müsse eine originale Schöpfung sein, eine eigene Erfindung und überwältigend unmittelbar zum Herzen sprechen. Später wird man dies Autonomieästhetik nennen, eine Kunstauffassung, die besagt, dass Kunst nur ihren eigenen Gesetzmäßigkeiten zu folgen habe. Bürger versteht seine Ballade als ein Werk in diesem neuen autonomieästhetischen Sinn, das seine Gesetze aus sich selbst heraus entwickelt und eine so überwältigende Wirkung entfalten würde, „daß Frau Hofräthinn des Nachts davon im Bette auffährt".[3] Für den Vortrag seiner Ballade empfiehlt er zur Staffage einen Totenkopf und eine trübe Lampe.[4]

Die Zeugnisse aus der Entstehungszeit der Ballade geben einen ersten Eindruck des Anspruchs, der sich für Bürger mit seiner *Lenore* verbunden hat. Um diese Ballade noch genauer in ihrem historischen Bedeutungszusammenhang zu verstehen, muss man die individuellen Erwartungen, die literarischen Vorlagen und ästhetischen Debatten der Zeit in den Blick nehmen, die für Bürger wie für seine damaligen Leser maßgeblich waren und das Verstehen damals angeleitet haben. Dabei ist vorausgesetzt, dass eine gelingende Interpretation Regeln zu folgen hat. Diese Regeln orientieren sich an Annahmen der historischen Angemessenheit, der Berücksichtigung der individuellen wie der sozialen und kulturellen Besonderheit der literarischen Kommunikation, durch die Bürgers *Lenore* erst ihre spezifische Bedeutung gewonnen hat. Man erkennt dann, dass Bürgers Ballade an einem literaturhistorischen Umbruch von der älteren Verbesserungsästhetik hin zur neuen Autonomieästhetik steht und die thematische Provokation der Ballade weit geringer ist, als es einem heutigen Leser erscheint.

In die Zeit der Abfassung der Ballade fallen drei, für Bürger wesentliche Anregungen. Zum einen liest Bürger die Balladensammlung *Reliques of Ancient English Poetry* von Thomas Percy aus dem Jahr 1765. Sie folgt einer Mode und einer Bewegung unter den schreibenden und lesenden Köpfen Europas: die Poesie des ‚Volkes' als eine originäre Kunst zu entdecken. Johann Gottfried Herder, der Vordenker der literarischen Bewegung der Jungen in diesen siebziger Jahren des 18. Jahrhunderts, die spätere Literaturhistoriker den Sturm und Drang nennen werden, verstärkt diese neue Auffassung der Poesie in programmatischen Schriften wie *Von deutscher Art und Kunst* von 1773. „Lenore soll Herders Lehre einiger Maßen entsprechen",[5] war dann erklärte Absicht Bürgers. Ihr entspricht es, dass seine Ballade ein Spinnstubenlied zur Vorlage haben soll und dass sie wiederholt Kirchenlieder zitiert, auch wenn bei näherem Hinsehen vor allem literarische Vorlagen wie Höltys Romanzen oder Shakespeares Geisterszenen maßgebliche Anregungen für Bürger sind. Und drittens liest er in diesem Sommer 1773 Goethes Schauspiel *Götz von Berlichingen*, eine Lektüreerfahrung, die Bürger ganz nach den ästhetischen Überzeugungen der Sturm und Drang-Bewegung stilisiert: „Edel und frey, wie sein Held, tritt der Ver-

---

3 Ebd., S. 120.
4 Ebd.
5 Ebd., S. 122.

fasser den elenden RegelnCodex unter die Füße und stellt uns ein ganzes evenement, mit Leben und Odem bis in seine kleinsten Adern besehlt, vor Augen. Erschütterung, wie sie Shakesp. nur immer hervorbringen kann, habe ich in meinem innersten Mark gefühlt. Mitleid! Schrecken! – Grausen, kaltes Grausen, wie wenn einen kalter Nordwind anweht".[6] Das umreißt auch die Wirkungsabsicht seiner eigenen Ballade.

Der Anspruch an Dichtung ist bei Bürger also programmatisch hochgespannt und zugleich mit persönlichen Erwartungen an eine mögliche Etablierung als Dichter aufgeladen. Am 12. August 1773 meldet Bürger an Boie: „Gottlob nun bin ich mit meiner unsterblichen *Lenora* fertig! ruf' auch ich in dem Taumel meiner noch wallenden Begeisterung Ihnen zu. Das ist Dir ein Stuck, Brüderle! – Keiner, der mir nicht erst seinen Batzen giebt, solls hören. Ists möglich, daß MenschenSinne so 'was köstliches erdenken können?"[7] Doch bei näherem Hinsehen ist Bürger nicht nur der Dichter der neuen Autonomieästhetik und der Sturm und Drang-Bewegung, sondern zugleich noch ein Vertreter der älteren Verbesserungsästhetik. Noch immer unzufrieden mit der Wirkung seiner Ballade bittet er Boie und die anderen jungen Dichter des Göttinger Hain am 9. September 1773 um Kritik: „Fragen Sie auch die andern [Dichter des Göttinger Hainbundes] um Rath. Ich wollte Sie convocirten [riefen zusammen] ein Concilium; und nähmen das Stück recht fleißig und collegialiter in Untersuchung. Aber die Untersuchung muß nicht allgemein seyn, sondern ins Detail gehn".[8] Im nun einsetzenden Briefwechsel werden detailliert Fragen des Metrums, der angemessenen Wortwahl, der Figurencharakterisierung und Handlungsführung und auch der vermuteten Wirkung auf die Leser diskutiert. Das alles entspricht der Verbesserungsästhetik, die Bürger mit den Mitgliedern des Hainbunds teilt und die aus den Traditionen einer lehrbaren Regelpoetik stammt. Eine eigenständige und über ihre Mittel sicher verfügende deutsche Literatur ist um diese Zeit noch keine Selbstverständlichkeit. Mit der Leitmetapher des ‚Feilens' an den Versen wird über Monate hinweg darüber disputiert, ob „gurgle" (V. 174) zu grässlich klinge, die Daktylen zur Verlebendigung des nächtlichen Ritts geeignet seien, ob „Kind und Gattin" nicht besser durch „Kind und Mutter" (V. 21) zu ersetzen, „Haho!" (V. 149) ein authentischer Ausruf unter Fuhrmannsleuten sei oder nicht etwa die Länge des Ritts durch Nennung verschiedener Stationen stärker hervorgehoben werden müsste. Erreicht werden solle durch diese gemeinsame Arbeit am Gedicht eine „rechte gute expressive Volkssprache".[9]

IV. Die Ballade, ihre Leser und ihre Kritiker

Zwischen den Auffassungen der neuen genialischen Inspirationsästhetik und der älteren Verbesserungsästhetik kommt es in der Folge zu Konflikten, die zugleich

[6] Ebd., S. 129 f.
[7] Ebd., S. 131.
[8] Ebd., S. 141.
[9] Ebd., S. 162.

auch etwas mit den Konkurrenzen der jungen Autoren untereinander zu tun haben, die teils spielerisch, teils verbissen ausgetragen werden. Schließlich erscheint im *Musenalmanach auf das Jahr 1774* Bürgers Ballade zwischen Gedichten der jungen Autorengeneration wie Goethe oder auch Klopstock und den schon länger etablierten Autoren der älteren Generation wie etwa Gleim. Im Rückblick der Literaturgeschichte erscheint so die *Lenore*-Ballade als ein Dokument des Übergangs zwischen der Poesieauffassung der Empfindsamkeit und der Aufklärung einerseits und dem neuen kunstautonomen Programm der Sturm und Drang-Bewegung andererseits.

Der besondere Rang der Ballade Bürgers wird schon unmittelbar nach ihrem Erscheinen wahrgenommen. Herder, sonst Bürgers allzu forcierter Lyrik skeptisch gegenüberstehend, lobt in seiner von 1777 datierenden Vorrede zu seinem Aufsatz *Von Ähnlichkeit der mittlern englischen und deutschen Dichtkunst* Bürger als denjenigen, „der die Sprache und das Herz dieser Volksrührung tief kennet",[10] und stellt ihn noch über Klopstock. Die zahlreichen Wiederabdrucke in rascher Folge, darunter auch aufwendig illustrierte Ausgaben der Gedichte Bürgers wie die von Daniel Chodowiecki aus dem Jahr 1788, die Aufnahme 1806 in populäre Reihen wie *Lieblingsdichter Deutschlands*, oder auch der Abdruck in den bildungsgeschichtlich so wichtigen Anthologien wie dem *Echtermeyer*, ja sogar Übernahmen seiner Balladen in den Bänkelsang,[11] dann auch die zahllosen Liedvertonungen zeigen eine rasche und hohe Akzeptanz der *Lenore*-Ballade.[12] Von der ästhetischen Neuartigkeit ihres ursprünglichen Selbstanspruchs lässt die Rezeptionsgeschichte bald nichts mehr erkennen, gerade weil die Ballade einerseits auf ältere rhetorische Muster zurückgreift und andererseits die Autonomieästhetik nach 1800 in den lesenden Schichten weitgehend akzeptiert ist. Dass es vereinzelt zu Eingriffen der Zensur gekommen war, so etwa bei der Konfiszierung des Göttinger Almanachs wegen der als gotteslästerlich betrachteten Verse durch die Zensur in Wien, hat dagegen nur mit dem Umstand zu tun, dass die neue Ästhetik und ihr Anspruch auf Autonomie von gesellschaftlichen Ordnungsansprüchen noch nicht überall geteilt wurden.[13] Das aber verlor sich bald. Bürgers Ballade wurde zum Erfolgsstück.

Widerspruch gegen Bürgers Ballade kam bezeichnenderweise nicht von außen, sondern von innen, aus der sich konsolidierenden deutschen Literatur um 1800 und ihrer wachsenden programmatischen Ausrichtung auf eine idealistisch verstandene Autonomie der Kunst. Sie begann Bürgers Kunstkonzept zu überbieten. Als 1791 in der *Allgemeinen Literatur-Zeitung* eine anonyme Kritik der Gedichte

---

10 Johann Gottfried Herder: Von Ähnlichkeit der mittlern englischen und deutschen Dichtkunst, nebst Verschiednem, das daraus folget. In: Ders.: Werke in zehn Bänden. Hg. v. Günter Arnold u. a. Bd. 2: Schriften zur Ästhetik und Literatur 1767–1781. Frankfurt/M. 1993, S. 550–562, hier S. 559.

11 Leander Petzoldt (Hg.): Die freudlose Muse. Texte, Lieder und Bilder zum historischen Bänkelsang. Stuttgart 1987, S. 79–86.

12 Eine Übersicht hierzu in SW, S. 1214–1216.

13 Strodtmann I 1874, S. 146.

Bürgers erschien, konnte Bürger lange nicht glauben, dass Schiller der Verfasser dieser Rezension war. Schiller urteilt scharf von der neu gewonnenen klassizistischen Ästhetik über die der Empfindsamkeit und dem Sturm und Drang verpflichteten Gedichte Bürgers. Ihnen fehle die Idealisierung und moralische Vollkommenheit, die das Ziel einer reinen Poesie sei, so Schillers Urteil. Stattdessen biedere sich Bürgers Dichtung dem Volk an, das hier eher ein Pöbel sei. Statt einer idealisch-gedämpften Wirkung überwältige Bürger mit seinen literarischen Mitteln die Leser. Dass Bürger die Stimmigkeit seiner Dichtung tatsächlich etwa an seiner Hausmagd Christine erproben wollte, wäre Schiller völlig fremd gewesen. Schiller wirft Bürgers Ballade apodiktisch vor, er passe sich der „Fassungskraft des großen Haufens" an, statt um den „Beifall der gebildeten Klasse"[14] zu ringen, eine Ansicht, die sich allerdings schon durch die Subskribentenlisten, so weit sie bekannt ist, als unzutreffend erweist. In Schillers Kritik an Bürger treffen nur allzu deutlich die Ästhetik des Sturm und Drang und die der Klassik unversöhnlich aufeinander. Bürger wird nach einer Ästhetik beurteilt, die nicht die seine war und ihn als Dichter wie als Menschen fast vernichtet hat. Literaturgeschichtliche Folge der Rezension Schillers ist die hochkulturelle Abwertung seiner Ballade, ja seines Werkes in der Geschichte der Literatur und Ästhetik um 1800 und die Trennung von der ganz anderen, ungebrochenen kulturgeschichtlichen Bedeutung der *Lenore*-Ballade, die Bürger einen Platz in der Walhalla eingetragen hat. So wurde Bürgers Ballade gelesen, aber die ästhetische Kritik hat sie verurteilt.

V. Zur Interpretation der Ballade

Literaturwissenschaftliche Interpretationen zielen anders als alltagsweltliche auf die Rekonstruktion der jeweiligen historischen literarischen Kommunikation. Literaturhistorisch gilt es zu verstehen, wie Autor, Text und Leser zu einem gegebenen Zeitpunkt idealtypisch miteinander kommuniziert haben. Tatsächliche Rezeptionsgeschichten unterscheiden sich von einer solchen idealtypischen Rekonstruktion. Ein idealtypischer Leser von 1774 gehört einer kleinen, gut vernetzten Bildungselite an, der auch der Autor Bürger zuzurechnen ist, wie sie sich in Universitäts- und Residenzstädten und den wenigen größeren Städten wie Frankfurt, Hamburg oder Nürnberg, aber auch in vielen Pfarrhäusern auf dem Land fand. Diese Leser und manchmal auch Leserinnen werden schon bei der Überschrift der Ballade an Gedichte wie Johann Christian Günthers Abschiedsgedicht *An Leonore* und Höltys elegische Romanzen *Adelstan und Röschen* von 1771 oder auch *Die Nonne* von 1773 erinnert, die ähnliche Strophenformen und dasselbe Thema der tragisch-unbedingten Liebe einführen. Die einfache Rhythmik der

[14] Schillers Werke. Historisch-kritische Ausgabe. Nationalausgabe. Begründet von Julius Petersen, fortgeführt von Lieselotte von Blumenthal, Benno von Wiese und Siegfried Seidel. Weimar 1943 ff., Bd. 22, S. 248.

kurzen, drei- und vierhebigen, jambischen, achtzeiligen Strophen mit ihren betont schlichten Reimformen, den Kreuz- und Paarreimen, den kalkulierten unreinen, weil naiv klingenden Reimen wie „Geschmückt mit grünen Reisern, / Zog heim zu seinen Häusern" (V. 15 f.) werden ihn an Muster der englischen Balladen erinnern, wie sie im Gefolge der *Ossian*-Mode auch in Übersetzungen in Deutschland zu finden waren. Alles soll hier einfach sein und verlebendigend wirken. Das schaurige Thema gehört zu den shakespearisierenden Geisterszenen und Wiedergänger-Stoffen, wie sie in *Sweet William's Ghost* etwa in Herders *Auszug aus einem Briefwechsel über Ossian und die Lieder alter Völker* in deutscher Übersetzung vorlagen. Das alles sind keine direkten Vorbilder, sondern sie geben das Schema ab, nach dem ein Leser um 1774 eine solche Ballade zu lesen beginnt. ‚Schauer-Ballade' ist der spätere Begriff dafür. Der in den ersten Strophen naiv erzählte historische Hintergrund des Siebenjährigen Krieges ist einem Leser dieser Jahre noch schmerzlich in Erinnerung, denn die Nachwirkungen der katastrophalen Verheerung dieses Krieges waren in vielen deutschen Territorien noch allenthalben zu spüren. Doch ist der Krieg in dieser Ballade Kulisse. Die Ballade nimmt ihren Ausgang von der Verstörung der Lenore.

Nach den ersten vier, vom Erzähler bestimmten Strophen wechselt die fünfte Strophe dann in einen dramatischen Dialog zwischen Mutter und Tochter. Bis zur elften Strophe reicht dieser zweite, für den Leser deutlich abgesetzte Abschnitt der Ballade und kumuliert in dem balladentypischen Fluch „Ohn' ihn mag ich auf Erden, / Mag dort nicht selig werden." (V. 87 f.) Hier wird ein gängiges Thema in Szene gesetzt, der Gegensatz von Glaubensgewissheit und Glaubenszweifel, zwischen vernünftiger Lebensklugheit und unbedingter Liebe, den das Zeitalter vielfach bearbeitet hat. Solche bis zur Unvernunft Liebenden gehören zum festen Inventar der Balladen. Umgekehrt gehört auch die in schlichten Kirchenlied-Zitaten sprechende Mutter dazu: „Laß fahren, Kind, sein Herz dahin! / Er hat es nimmermehr Gewinn!" (V. 61 f.) ist eine fast wörtliche Wiedergabe aus Luthers *Ein feste Burg ist unser Gott:* „Laß fahren dahin, sie habens kein Gewinn". Die meist als Lesedramen kursierenden Schauspiele der Sturm und Drang-Autoren stellen solche generationellen Konfliktsituationen bevorzugt auch anhand der Kindsmord-Thematik heraus. Der hochgespannte Ton der Tochter mit ihren Ausrufen, Wortwiederholungen, abgehackten Sätzen und Verkehrungen von Glaubenswahrheiten in ihr Gegenteil in Versen wie „Bei Gott ist kein Erbarmen" (V. 39) gehören zum Sprachhabitus des Sturm und Drang. Auch hier weiß der zeitgenössische Leser, dass es sich um topisch regulierte Motive und Themen handelt und daher die Geste der Rebellion nicht mit der Revolution zu verwechseln ist. Nur wenige Leser haben sich daher an solchen Strophen gestoßen, auch wenn sie teilweise wörtliche Verkehrungen vertrauter Kirchenlieder sind. Ein Skandal war die Ballade zu keinem Zeitpunkt, dazu war die Religionskritik der Aufklärung auch und gerade an den Kirchenliedern und ihrer Frömmigkeit zu gängig. Leser der Erfolgsromane wie etwa Christian Fürchtegott Gellerts *Leben der Schwedischen Gräfin von G**** (1747/48) werden an die reine, aber unvernünftige und in der

Katastrophe endende unbedingte Liebe der beiden Nebenfiguren Marianne und Carlsson erinnert sein. Auch hier geht die Ballade in den Spuren anderer Texte der Zeit, die Liebe und Schauer engführen. Nicht Rebellion ist das bestimmende Thema der Ballade, sondern das der unbedingten Liebe. Ästhetisch ist das Motiv schließlich auch durch die Theorie der vermischten Empfindung abgesichert, wie sie Moses Mendelssohn und andere in Auseinandersetzung mit der europäischen Ästhetik seit der Mitte des 18. Jahrhunderts ausformuliert haben. Wirkungsmächtig ist danach nicht die Darstellung nur eines Gefühls, sondern gerade die Vermischung der Affekte wie etwa Liebes- und Todessehnsucht. Der Abschnitt endet dann auch mit der Bereitschaft zum Liebestod, der diese einzige Liebe noch über das Seelenheil stellt.

Der dritte Abschnitt wird wieder durch einen für den Leser leicht erkennbaren Wechsel vom dramatischen in den erzählerischen Duktus in der zwölften Strophe übergeleitet. Der Erzähler, der im ersten Abschnitt dicht bei seiner Figur blieb, ja mit seinem Ausruf „Ach!“ (V. 23) andeutet, mit Lenore mitzuleiden, wechselt ab der zwölften Strophe zu einer Außensicht seiner Figur, die sogar Wertungen anderer übernimmt, wie etwa in Vers 91 f. „Sie fuhr mit Gottes Vorsehung / Vermessen fort zu hadern“. Solche Perspektivwechsel sind typisch für die Ballade und gehen mit einem Wechsel der Wertungsinstanzen einher. Mal folgt der Leser Lenore, teilt ihre Ängste und ihre Liebe, mal steht er auf der Seite der Mutter und der Gesellschaft mit ihrem Urteil über die Tochter. Weil sich beide Rollenzuweisungen an den Leser gegenseitig ausschließen, die der Liebe Lenores und die der gesellschaftlich vermittelten Tröstungen, muss der Leser auf eine beide Sichtweisen integrierende Interpretation schließen. Diese wechselt von der Figurenebene auf die Ebene des impliziten Autors. Erst auf dieser Ebene beginnt der Leser zu verstehen, dass die Ballade Sinnbild für ein Streben nach Individualität ist, das keine Grenzen mehr des Herkommens und der Vernunft anerkennt und damit einem zentralen Thema des Sturm und Drang entspricht. Die nun folgenden Strophen machen einen für den damaligen Leser auffälligen Gebrauch von all jenen Lizenzen, die mit dem Konzept der Volkspoesie einhergehen und damit auf den Unbedingtheitsanspruch dieser Dichtung verweisen. Geradezu exzessiv reihen sich in den folgenden Strophen die rhetorischen Mittel einer suggestiven Mündlichkeit aneinander, die Leser-Anreden und Ausrufe, Wortwiederholungen und Lautmalerei „Und außen, horch! ging's trap trap trap“ (V. 97). Die dramatischen Sprecherwechsel und Gedankenstriche kennen fast nur Fragen und Ausrufe, Verswiederholungen und typisierte, oft als Hendiadioyn gedoppelte, spruchähnliche Formulierungen wie „Daß Roß und Reiter schnoben / Und Kies und Funken stoben“ (V. 151 f.). Der Erzähler folgt wieder dicht seiner Figur und ihrer Perspektive „Was klang dort für Gesang und Klang? / Was flatterten die Raben? – –/ Horch Glockenklang! horch Totensang“ (V. 161–163) und lässt dabei offen, ob es seine Sicht von außen auf das Geschehen ist oder die Wahrnehmung der Lenore selbst. Die Verse sind deshalb nicht mehrdeutig. Der Leser weiß von Beginn an, dass dies ein Gespensterritt ist, und folgt doch zugleich der schönen Braut, ihrer Hoffnung auf den Bräutigam und ihrem gleichzeitig vorhandenen Figurenwissen um dessen Tod. Mit diesen Mitteln erreicht der Autor den ästhetischen Zustand der vermischten Gefühle und stellt eine Mündlichkeit, Einfachheit und Unmittelbarkeit für Leser her, die längst wissen, dass sie nicht mehr in Spinnstuben sitzen und dort gesungene Lieder hören und doch gebannt bleiben. Die aufgerufenen Motive aus der frühneuzeitlichen Welt des Aberglaubens wie das bei Mitternacht ausreitende Totenheer oder der Geister abwehrende Hagedorn und die steigernde Abfolge unheimlicher Orte, einer nächtlichen Geister-Beerdigung, gefolgt von der Toten-Hochzeit, einem Hochgericht, dann die hinterher jagenden Geister und schließlich der Friedhof sind auf eine Vergegenwärtigung schauriger Gefühle von Liebe und Tod angelegt. Der Leser wird in eine Dramatisierung des Geschehens mitgenommen und weiß doch in jedem Moment, dass dies Kunst ist und Bürger die Mittel der Balladendichtung virtuos beherrscht.

In den letzten vier Strophen, wiederum durch einen Wechsel vom dramatischen in den erzählenden Modus für den Leser unmittelbar zu erkennen, ist der Höhepunkt des schaurigen Geschehens erreicht: der Geisterreiter wird zum Gerippe, einer Allegorie des Todes, das Pferd verschwindet gespenstisch und die Ballade kehrt wieder zu der verzweiflungsvoll Liebenden zurück. Das letzte Wort haben die Geister. Doch klingt ihre Tröstung wie der Hohn auf diese unbedingte Liebe der Lenore. Die Geister „heulen“ (V. 244) nunmehr den Trost, wie es bezeichnenderweise heißt. Für den Leser ist dies ein wiederum leicht erkennbarer ironischer Fingerzeig, dass nicht mehr geglaubt werden kann, was hier ausgesagt wird. Am Ende bleibt nicht die Moral übrig, sondern die unbedingte Liebe der Lenore.

VI. Die ästhetische Erfahrung um 1774 und die literaturgeschichtliche Bedeutung der *Lenore*-Ballade

Literaturgeschichtlich gilt die *Lenore*-Ballade als Beginn der ernsten Kunstballade in Deutschland. Sie ist ein Beleg für den Übergang von der aufgeklärt-empfindsamen Ästhetik hin zur Autonomieästhetik des Sturm und Drang und darf unter die ersten Zeugnisse für die beginnende Sprachmächtigkeit einer neuen Lyrik in deutscher Sprache zählen. Doch ist das nur rückblickend geurteilt. Für einen Leser um die Mitte der 70er Jahre des 18. Jahrhunderts mag sich anderes ergeben haben. Im glücklichen, aber schon damals eher seltenen Fall wird er „das gräßliche der Stimme“[15] deklamiert bekommen haben, statt die Ballade still gelesen zu haben, auf dass „allen die Haare, wie im Macbeth, zu Berge stehen“.[16] Er wird sich in geselliger Runde an der schaurig-schönen Form erfreut haben und dabei einer betont einfachen und scheinbar volkhaften Geschichte gefolgt sein, die

[15] Strodtmann I 1874, S. 132.
[16] Strodtmann I 1874, S. 120.

keinen wirklichen Skandal zur Vorlage hat, sondern aus Zitaten von Kirchenliedern, eingebildeten Spinnstubenvorträgen und literarischen Mustern der Zeit besteht und daraus ihre Sprachgewalt gewinnt. Stimmig wird ein damaliger Leser diese Muster und Zitate nur dann zusammen verstehen können, wenn er das dahinter stehende neue Konzept der Autonomieästhetik kennt. Kennt er es nicht, so missversteht er die Ballade wie jener Konsistorialrat, der die Ballade beim Wort genommen hat und daher das „[Ä]rgerliche und [G]ottlose“[17] dieses Textes wahrnehmen musste. Erst im Kontext der Sturm und Drang-Bewegung und ihrer ästhetischen Leitvorstellungen ist verständlich, wie die galoppierenden Verse, die sich steigernden Bildern und wechselnden Erzählperspektiven zusammengesehen werden können, dass das Höchste, was von einem Menschen gesagt werden kann, gerade darin besteht, die nicht legitimierte Hochzeit mit Wilhelm der Hochzeit mit dem Himmelsbräutigam vorzuziehen. Die Ballade ist dann dem Leser um 1774 eine Einübung in eine überwältigende ästhetische Erfahrung, in der der Mensch ganz bei sich ist. Nur in Gedichten wie diesen, in der Kunst eröffnet sich dem Individuum ein Korrespondenzraum, in der die Unbedingtheit des Einzelnen vor allen Traditionen und gesellschaftlichen Zumutungen ausgesprochen werden kann. Lenores Liebe ist ihm Sinnbild jener Unbedingtheit, die nur die Literatur zu sagen weiß. Die Ballade handelt von der Unbedingtheit, die zugleich die ihres eigenen ästhetischen Anspruchs ist. Dem Autor Gottfried August Bürger freilich war auch mit dem Erfolg seiner Ballade nicht zu helfen. Er blieb glücklos als Dichter und unglücklich in der Liebe.

VII. Auswahlbibliographie

1. Gunter E. Grimm: Letternkultur. Wissenschaftskritik und antigelehrtes Dichten in Deutschland von der Renaissance bis zum Sturm und Drang. Tübingen 1998, S. 318–330.
2. Paul Kahl: Das Bundesbuch des Göttinger Hains. Edition – Historische Untersuchung – Kommentar. Tübingen 2006, S. 342–346.
3. Hartmut Laufhütte: Die deutsche Kunstballade. Grundlegung einer Gattungsgeschichte. Heidelberg 1979.
4. Albrecht Schöne: Bürgers Lenore. In: Deutsche Vierteljahrsschrift für Literaturwissenschaft und Geistesgeschichte 28 (1954), S. 324–344.
5. Adolf Strodtmann (Hg.): Briefe von und an Gottfried August Bürger. Ein Beitrag zur Literaturgeschichte seiner Zeit. 4 Bde., Berlin 1874.

[17] Freywillige Beiträge zu den Hamburgischen Nachrichten aus dem Reiche der Gelehrsamkeit vom 11. 2. 1774. Zitiert nach Schöne 1954, S. 333.

Johann Wolfgang Goethe (1749–1832): Kleine Blumen, Kleine Blätter

von Isabelle Stauffer

I. Gedicht

Kleine Blumen, Kleine Blätter
Streuen mir mit leichter Hand
Gute iunge FrühlingsGötter
Tandlent auf ein luftig Band

Zephier nimms auf deine Flügel
Schlings um meiner Liebsten Kleid
Und dan tritt sie für den Spiegel
Mit zufriedener Munterkeit

Sieht mit Rosen sich umgeben
Sie wie eine Rosse iung
– einen Kuß geliebtes Leben
Und ich bin belohnt genu<n>g,

Schicksal Seegne diese trieben
Laß mich ihr und laß Sie mein
Laß das Leben unsrer Liebe
Doch kein Rossen Leben sein

Mädgen das wie ich Empfindet
Reig mir deine Liebe Hand
Und das Band daß uns verbindet
sey kein schwages Rossen Band.

Johann Wolfgang Goethe: Sämtliche Werke. Hg. v. Hendrik Birus u. a., I. Abt., Bd. 1: Gedichte 1756–1799. Hg. v. Karl Eibl. Frankfurt/M. 1987, S. 127, S. 225, S. 289.

II. Stellenkommentar

Abgedruckt ist die erste von drei Fassungen des Texts. Der Stellenkommentar weist die wichtigsten Varianten von der ersten bis zur dritten Fassung des Gedichtes nach und beinhaltet Erläuterungen zu nicht mehr gebräuchlichen Ausdrücken.
I = erste Fassung, II = 2. Fassung, III = 3. Fassung
I, 4 Tandlent, II, 4/III, 4 Tändelnd, spielend[1]

1 Johann Christoph Adelung: Grammatisch-kritisches Wörterbuch der hochdeutschen Mundart. 4 Bde. Wien 1811, Bd. 4, S. 529 f.

I, 5 Zephier, II, 5/III, 5 Zephyr, Gott des Westwindes, der freundlichste und willkommenste der Winde, trug Psyche in das Schloss Amors[2]
I, 6/III, 6 Liebsten Kleid, II, 6 Liebe Kleid
I, 7 Und dan tritt sie für den Spiegel, II, 7 Und so tritt sie vor den Spiegel
I, 8 mit zufriedener Munterkeit, II, 8/III, 8 All in ihrer Munterkeit
I, 10/II, 10 Sie wie eine Rose, III, 10 Selbst wie eine Rose
I, 11 – einen Kuß, II, 11 Einen Kuß, III, 11 einen Blick
I, 13-16 in II und III gestrichen
I, 16 kein Rossen Leben, meint nicht so vergänglich wie die Rosenblüte[3]
I, 17 Mädgen das wie ich empfindet, II, 13/III,13 Fühle was dies Herz empfindet
I, 18 Reig mir deine Liebe Hand, II, 14/III, 14 Reiche frei mir deine Hand

III. Entstehung und Wirkung

Goethes Gedicht *Kleine Blumen, Kleine Blätter* gehört zu den *Sesenheimer Liedern*, die in seiner Straßburger Zeit, April 1770 bis August 1771, um und für Friederike Brion entstanden sind.[4] Bei der Bezeichnung *Sesenheimer Lieder* handelt es sich um einen nachträglichen Sammelbegriff der Goethe-Forschung.[5] Goethe selbst verwendete ihn nicht; er hat auch keinen Lyrikband herausgegeben, in dem diese Gedichte als eine zusammengehörige Gruppe erscheinen.[6] Die Überlieferungslage des schmalen Korpus von elf Gedichten insgesamt ist sehr unsicher: Ein Teil ist zwischen 1775 und 1840 in der von Johann Georg Jacobi herausgegebenen Zeitschrift *Iris. Zeitschrift für Frauenzimmer* anonym oder mit Buchstaben-Chiffren erschienen.[7] Einige wurden nur durch eine Abschrift des Philologie-Studenten Heinrich Kruse überliefert. Dieser hatte 1835 bei Friederikes jüngerer Schwester Sophie ein Manuskript mit zehn Gedichten kopieren dürfen. Die Texte waren teilweise von Goethe, teilweise von Friederike und vermutlich auch von Jakob Michael Reinhold Lenz geschrieben worden.[8] Ein weiteres Gedicht zeichnete Kruse nach Sophies mündlichem Vortrag auf. Das Original-Manuskript dieser Gedichte ist verloren und nur in Kruses Abschrift erhalten geblieben.[9] Aufgrund dieser Überlieferungssituation herrscht weder über die Autorschaft noch über die Datierung der Gedichte Klarheit: Insbesondere hinsichtlich Lenz' Anteil an den Gedichten streitet sich die Forschung und es ist nicht möglich, eine philologisch gesicherte chronologische Anordnung der Gedichte zu erstellen.[10]

---

2 Michael Grant, John Hazel: Lexikon der antiken Mythen und Gestalten. München [11]1995, S. 423.
3 Goethe 1987, S. 837; Jörg Schuster: Rose. In: Günter Butzer, Joachim Jacob (Hg.): Metzler Lexikon literarischer Symbole. Stuttgart, Weimar 2008, S. 301–304, hier S. 303.
4 Goethe 1987, S. 831.
5 Luserke 1999, S. 53.
6 Christoph Perels: Lyrik des Sturm und Drang. 1770–1775. In: Bernd Witte u. a. (Hg.): Goethe-Handbuch in vier Bänden. Stuttgart, Weimar 1996, Bd. 1, S. 54–77, hier S. 54 f.
7 Ebd., S. 55.
8 Zu Zweifeln an Gedichtautographen von Goethe vgl. Perels 1996, S. 65.
9 Luserke 1999, S. 54; Brandt 1991, S. 32.
10 Luserke 1999, S. 54; Brandt 1991, S. 32; Goethe 1987, S. 834 f.

Kleine Blumen, Kleine Blätter gehört zu den wenigen der Sesenheimer Lieder, die Goethe später in überarbeiteter Form in seine Werkausgaben übernommen hat. Seine zweimalige Überarbeitung führt zu insgesamt drei Fassungen, die es bei der Interpretation zu berücksichtigen gilt.[11] In der Handschrift von Kruse (die hier zitierte erste Fassung) ist das Gedicht fünfstrophig und noch ohne Titel. In Goethes Handschrift für Charlotte von Stein (2. Fassung) heißt es *Zu einem gemalten Band* und in *Vermischte Gedichte* von 1789 *Mit einem gemalten Band*.[12] Erstmals veröffentlicht wurde das Gedicht 1775 in der *Iris*.[13] Mit dem Erscheinen des zweiten und dritten Teils von Goethes Autobiographie *Dichtung und Wahrheit* (1812/1814) erfuhren die Leser von seiner Jugendliebe in Sesenheim, was zu einem regelrechten Sesenheim-Tourismus und schließlich zu der Entdeckung des Originalmanuskripts der *Sesenheimer Lieder* führte.[14] Dieser – fiktionalisierte – biographische Hintergrund beeinflusste fortan die Lektüre dieser Lyrik und rückte die Heiratsthematik, die in der fünften Strophe von *Kleine Blumen, Kleine Blätter* mitschwingt, ins Zentrum des Interesses. So empörte sich die romantische Salonnière und Schriftstellerin Rahel Varnhagen über das vom Gedicht suggerierte und biographisch nicht eingehaltene Heiratsversprechen in einem Brief an ihren Mann Karl August Varnhagen von Ense vom 11. Oktober 1815.[15] In Gottfried Kellers Novellenzyklus *Das Sinngedicht* (1881) singt ein Schuster dialektal verfremdet Goethes Gedicht während seiner Arbeit. Die Wiederholung und gesangliche Steigerung der letzten Strophe führt zur Verlobung und späteren Heirat der beiden Figuren Lucie und Reinhold.[16] Das Singen des Gedichts bei Keller verweist zudem auf die zahlreichen Vertonungen im 19. und 20. Jahrhundert, die von einer weiten Verbreitung zeugen.[17]

IV. Epochenkritische und intertextuelle Analyse

An *Kleine Blumen, Kleine Blätter* sollen im Folgenden Periodisierungsfragen und epochentypische Kennzeichen geprüft werden. Dabei spielen Merkmale bestimmter lyrischer Formen und intertextuelle Bezüge eine zentrale Rolle. Ein

11 Das Goethe-Handbuch und Matthias Luserke sprechen von zwei, Helmut Brandt von drei Gedichten; vgl. Perels 1996, S. 65; Luserke 1999, S. 54; Brandt 1991, S. 32.

12 Gabriele Malsch: Lyrik des jungen Goethe. Stuttgart 1990, S. 28 f.

13 Goethe 1987, S. 835.

14 Ariane Martin: Auf den Spuren des jungen Goethe. Anfänge des Kulturtourismus im 18. und 19. Jahrhundert. In: Lenz-Jahrbuch 12 (2002/2003), S. 187–203.

15 Rahel Varnhagen: Gesammelte Werke. Hg. v. Konrad Feilchenfeldt u. a. 10 Bde. München 1983, Bd. 4, S. 70 f.

16 Gottfried Keller: Sämtliche Werke. Hg. v. Thomas Böhning u. a. 7 Bde. Frankfurt/M. 1991, Bd. 6, S. 378–381.

17 Von Ludwig van Beethoven, Carl Ludwig Blum, Georg Göhler, Petersen Grönland, Alfred Heuß, Johannes von Kalckreuth, Arnim Knab, Franz Lehár, Friedrich Wilhelm Lerche, Hans Georg Nägeli, Ernst Pepping, Johann Friedrich Reichardt, Othmar Schoeck und Wenzel Johann Tomaschek; vgl. Willi Schuh: Goethe-Vertonungen. Ein Verzeichnis. Zürich 1952, S. 44.

epochenkritischer Zugang geht von der Konstruiertheit und damit Revidierbarkeit von Epocheneinteilungen aus. Grundsätzlich ist für alle Perioden – auch vor der Postmoderne, für die dies stets eigens betont wird – die Existenz von Phänomenen der Gleichzeitigkeit des Ungleichzeitigen, Anachronien und hybriden Formen anzunehmen.[18] Was die Intertextualität anbelangt, so folge ich einem hermeneutisch und semiotisch ausgerichteten Intertextualitätsbegriff, der sich für bewusstes und markiertes Verweisen eines Textes auf andere Texte interessiert.[19]

Als Teil der *Sesenheimer Lieder* markiert Goethes Gedicht *Kleine Blumen, Kleine Blätter* für die Literaturgeschichte den Beginn des Sturm und Drang.[20] Dennoch kann dieses Gedicht nicht als epochentypisch apostrophiert werden, da es anakreontische Elemente und intertextuelle Anspielungen auf die Empfindsamkeit enthält.[21] Die Anakreontik ist das auf die Lyrik begrenzte ‚Herzstück' des Rokoko. Empfindsame Einflüsse sind jedoch für das deutsche Rokoko charakteristisch. Rokoko und Empfindsamkeit gelten als partikuläre Strömungen innerhalb der Epoche der Aufklärung.[22] Gerade die deckungsgleiche Periodisierung von Anakreontik und Empfindsamkeit macht die Begrenztheit der Epocheneinteilung einsichtig.

In Goethes Gedicht ist nicht nur, wie die bisherige Forschung gezeigt hat, eine Abschwächung der anakreontischen Elemente im Strophenverlauf,[23] sondern auch von der ersten bis zur dritten Fassung zu beobachten, weshalb das Gedicht eine literaturhistorische Schwelle markiert. Mit der Zuordnung zur Sturm-und-Drang-Lyrik geht meist die Bezeichnung von Goethes früher Lyrik als „Erlebnisdichtung"[24] einher. Dieser auf Wilhelm Dilthey zurückgehende Ansatz leitet die Gedichte aus einem Erlebnis und der davon ausgelösten Gemütsverfassung des Autors ab. Daraus folgte vielfach eine Reduktion der Texte auf Quellen

18 Walter Göbel: Epochen, literaturgeschichtliche/Epochenbegriffe. In: Ansgar Nünning (Hg.): Metzler Lexikon Literatur- und Kulturtheorie. Ansätze – Personen – Grundbegriffe. Stuttgart, Weimar ³2004, S. 149 f., hier S. 149.

19 Bernd Stiegler: VIII. Intertextualität. Einleitung. In: Dorothee Kimmich, Rolf Günter Renner, Bernd Stiegler (Hg.): Texte zur Literaturtheorie der Gegenwart. Stuttgart 1996, S. 327–333, hier S. 327.

20 Vgl. Kurt Rothmann: Kleine Geschichte der deutschen Literatur. Stuttgart 2003, S. 95 f.; Perels 1996, S. 54, kritisch dazu Conrady 1989.

21 Zu den anakreontischen Elementen vgl. Perels 1996, S. 66; Karlheinz Fingerhut: Kleine Blumen, kleine Blätter. Sieben Vorlesungen zu Goethe. Freiburg im Breisgau 2007, S. 31; Conrady 1989, S. 98, zur Empfindsamkeit vgl. Meyer 1982.

22 Manfred Beetz: Anakreontik und Rokoko im Bezugsfeld der Aufklärung – eine Forschungsbilanz. In: Ders., Hans-Joachim Kertscher (Hg.): Anakreontische Aufklärung. Tübingen 2005, S. 1–17, hier S. 2.

23 Brandt 1991, S. 36; Meyer 1982, S. 29; Wolfgang Leppmann: Ferner Ruf. In: Ders.: In zwei Welten zu Hause. Aus der Lebensarbeit eines amerikanischen Germanisten. München, Wien 1989, S. 204 f.; Günther Müller: Geschichte des deutschen Liedes. Vom Zeitalter des Barock bis zur Gegenwart. Darmstadt 1959, S. 219.

24 Rothmann 2006, S. 96.

für die Autorbiographie, die in neuerer Forschung kritisiert worden ist.[25] Betont wird nun, dass es sich um eine im Text geschaffene Fiktion handelt. Noch weitergehend ließe sich formulieren, dass auf diese Weise dem Text selbst ein Ereignischarakter zukommt. Die Unmittelbarkeit des Gefühlsausdrucks ist somit nicht die Spur des Erlebten, sondern das Resultat stilisierter Sprache.[26] Mit dem Begriff des Erlebnisses verwandt ist die Einteilung in die Gattung der Gelegenheitsgedichte. Diese aus bestimmtem öffentlichen oder privaten Anlass erfolgende Poesie gibt es seit der Antike.[27] Goethe deutet die Kasualpoesie wie folgt um: Statt als Gedichte, die *für* eine Gelegenheit geschrieben werden, bezeichnet er sie als Lyrik, die *aus* einer persönlich erfahrenen Gelegenheit entsteht. Dies rückt diese Gattung in die Nähe des biographischen Erlebnisbegriffes.[28] Jedoch schreibt Goethe in *Dichtung und Wahrheit* zur Gelegenheit des hier behandelten Gedichts: „Gemalte Bänder waren damals eben erst Mode geworden; ich malte ihr [Friederike, I. S.] gleich ein paar Stücke und sendete sie mit einem kleinen Gedicht voraus, da ich diesmal länger als ich gedacht ausbleiben mußte."[29] Das Gedicht ist demnach Gelegenheitsgedicht im vorgoetheschen Sinne: Es ist *für* die Gelegenheit des Schenkens eines bemalten Bandes geschrieben worden.[30] Aus der Perspektive des umgewendeten Erlebnisbegriffes ersetzt das Gedicht, da es die Funktion eines Begleitbriefes einnimmt, zudem die reale Situation des Überreichens und erschafft sie dadurch erst in seiner Sprache.

Was die Epochenzugehörigkeit von *Kleine Blumen, Kleine Blätter* betrifft, so möchte ich an Form, Bildlichkeit und Inhalt die verschiedenen Epochenmerkmale und die daraus resultierende Zuordnungsproblematik aufzeigen. Die Formanalyse eignet sich als erster Schritt, da sie hilft, ein Gedicht in seinem historischen und intertextuellen Kontext zu verorten.[31] In der ersten Fassung weist das Gedicht fünf Strophen mit je vier Versen auf. Die vierhebigen kreuzgereimten Verse bestehen aus Trochäen, ihre Kadenzen sind abwechselnd weiblich und männlich. Eine Ausnahme bilden die Verse 10 und 12, die nur assonieren. So entspricht schon allein in seiner Form das Gedicht der in der Anakreontik beliebten Romanze.[32] Anakreontische Elemente sind auch in der Semantik anzutreffen: Die Wörter Blumen, Blätter, Rose, Frühlingsgötter, Band, Zephyr, Spiegel, Munterkeit, ebenso wie klein, leicht, luftig, tändelnd, jung, lieb und nicht zuletzt der Kuss, den das lyrische Ich von seiner Liebsten fordert, gehören zum typischen Vokabular ana-

---

25 Luserke 1999, S. 56, S. 63; Brandt 1991, S. 40; Rudolf Brandmeyer: Die Gedichte des jungen Goethe: eine gattungsgeschichtliche Einführung. Göttingen 1998, S. 14.

26 Perels 1996, S. 60.

27 Gero von Wilpert: Sachwörterbuch der Literatur. Stuttgart 2001, S. 301.

28 Brandt 1991, S. 33 f.

29 Johann Wolfgang Goethe: Aus meinem Leben. Dichtung und Wahrheit. Hg. v. Walter Hettche. 2 Bde. Stuttgart 1991, Bd. 1, S. 501.

30 Brandt 1991, S. 37.

31 Dieter Burdorf: Einführung in die Gedichtanalyse. Stuttgart, Weimar ^{2}1997, S. 53.

32 Ebd., S. 90, S. 103. Malsch liest das Gedicht als Volkslied, erwähnt aber, dass der vierhebige Trochäus dazu nicht ganz passe, vgl. Malsch 1990, S. 28.

kreontischer Lyrik.[33] Die niedlich kleinen Blumen und Blätter, der Frühling und der freundliche Westwind, die als Götter personifiziert werden, sowie die (gemalten) Rosen entwerfen nicht die dynamische, bald schöpferische, bald bedrohliche Gott-Natur des Sturm und Drang, sondern die liebliche Kunst-Natur der Rokoko-Tradition.[34] Was jedoch für ein typisches Rokoko-Gedicht fehlt, ist die witzige Pointe am Schluss.[35]

Statt dessen enthält die letzte Strophe das Schlüsselwort „empfindet" und einen intertextuellen Verweis auf Klopstocks empfindsames Gedicht *Das Rosenband*:[36]

Im Frühlingsschatten fand ich Sie;
Da band ich Sie mit Rosenbändern:
Sie fühlt' es nicht, und schlummerte.

Ich sah Sie an; mein Leben hing
Mit diesem Blick' an Ihrem Leben:
Ich fühlt' es wohl, und wußt' es nicht.

Doch lispelt' ich Ihr sprachlos zu,
Und rauschte mit den Rosenbändern:
Da wachte Sie vom Schlummer auf.

Sie sah mich an; Ihr Leben hing
Mit diesem Blick' an meinem Leben,
Und um uns ward's Elysium.

Klopstocks Gedicht ist zwar erst 1774 erschienen, jedoch schon 1753 entstanden.[37] Da seine Oden unter Liebhabern handschriftlich stark verbreitet waren und Goethe zu letzteren gehörte, kann davon ausgegangen werden, dass er *Das Rosenband* kannte.[38] Herman Meyer hat Goethes Gedicht als „freie Kontrafaktur" auf Klopstocks Terzinen bezeichnet.[39] Eine Kontrafaktur ist eine geistliche Umdichtung eines weltlichen Liedes, seltener umgekehrt. Die Form wird weitgehend beibehalten, inhaltlich wichtige Wörter werden durch andere ersetzt, ohne dass die Vorlage dadurch verspottet würde.[40] Als formale Wiederaufnahme macht Meyer geltend, dass in den letzten beiden Strophen von Goethes Gedicht die bei Klopstock in strukturierender Doppelung auftretenden Schlüsselworte „Rosen-

33 Brandt 1991, S. 36; Meyer 1982, S. 29.

34 Perels 1996, S. 62 f.; Conrady 1989, S. 100 f.

35 Bodo Plachta: „Erwache Friedericke" – Sesenheimer Sturm und Drang. In: Ders., Winfried Woesler (Hg.): Sturm und Drang. Geistiger Aufbruch 1770–1790 im Spiegel der Literatur. Tübingen 1997, S. 135–147, hier S. 141; Rainer Nägele: The Weaving of the Veil: Goethe and the Symbolic Order. In: Ders.: Reading after Freud. Essays on Goethe, Hölderlin, Habermas, Nietzsche, Brecht, Celan, and Freud. New York 1987, S. 23–45, hier S. 28.

36 Friedrich Gottlieb Klopstock: Oden. Stuttgart 1966, S. 53.

37 Ebd., S. 143. Meyer nennt 1771 und 1752 als Daten; vgl. Meyer 1982, S. 31 f.

38 Ebd. Zu Klopstocks Bedeutung für Goethe vgl. Perels 1996, S. 55, S. 60, S. 69 f.

39 Meyer 1982, S. 33.

40 Wilpert 2001, S. 430 f.

band" und „Leben" ebenfalls in auffälliger Doppelung wieder auftauchen. Während sie bei Klopstock die Perpetuierung und Überhöhung der Liebesverbindung im Paradies versinnbildlichen, symbolisieren sie bei Goethe die lebensweltliche Bejahung der Beziehung.[41] Für eine Kontrafaktur differieren die Gedichte jedoch in ihrer Form zu sehr bei gleichzeitig zu ähnlichen, inhaltlich wichtigen Wörtern. Die für die Intertextualität relevante „semantische Spannung"[42] zwischen den beiden Gedichten resultiert aus den unterschiedlichen Konnotationen der beiderseits verwendeten Schlüsselwörter „Rosen", „Band" und „Leben". Diese Konnotationen entstehen durch differente formale und semantische Kontexte sowie den unterschiedlichen Einsatz von Bildlichkeit.

In Klopstocks Gedicht findet das lyrische Ich seine Liebste schlafend und fesselt sie mit Bändern aus Rosen, ohne dass sie deshalb erwachen würde. Erst als der Liebende mit den Rosenbändern ein Rauschen erzeugt und ihr „sprachlos zulispelt", erwacht sie und ihre Erwiderung seines Blicks entrückt die Liebenden ins Paradies. Dieses titelgebende, Klopstocks Liebende verbindende Rosenband wird bei Goethe als „schwach" bezeichnet. In Goethes Gedicht treffen sich nicht nur die Blicke, sondern auch die Hände und die Lippen der Liebenden. Bei ihm wird nicht nur sprachlos gelispelt, sondern die Geliebte wird direkt angesprochen: So sind „einen Kuß geliebtes Leben" (V. 11) und „Reig mir deine liebe Hand" (V. 18) Aufforderungen des lyrischen Ichs an seine Geliebte. Als Redewendung kann „jemandem die Hand reichen" auch bedeuten, jemanden zu heiraten.[43] Insofern könnte die Forderung des lyrischen Ichs nach der Hand der Geliebten auch als ein Heiratsantrag verstanden werden.[44] Die gewünschte Hand reimt sich zudem auf das die Liebenden verbindende Band. Dies ist der einzige Reim, der im Gedicht dreimal vorkommt, einmal in der ersten und zweimal in der letzten Strophe, wodurch er besonders hervorgehoben wird. Die beiden Endreime umrahmen das Gedicht, der zusätzliche Binnenreim zwischen Vers 18 und 19 verstärkt die Betonung dieser Begriffe in der letzten Strophe. Die verbindende Geste des Händereichens wird außerdem in Vers 14 durch die chiastische Verschränkung der Personal- und Possessivpronomen vorweggenommen und verstärkt.[45]

Während Klopstocks Rosenbänder durchgehend als Symbol für eine paradiesische Liebesverbindung fungieren,[46] zeigt sich an Rose und Band bei Goethe ein dynamischerer Umgang mit Bildlichkeit. Konkrete, wenn auch gemalte Rosen sind in Vers 9 zu finden, schon im darauffolgenden Vers ist die Rose Teil des Vergleichs zwischen Blume und Mädchen. Das *tertium comparationis* des

---

41 Meyer 1982, S. 32 f.

42 Stiegler 1996, S. 332.

43 Adelung 1811, Bd. 2, S. 939–946, hier S. 943 f.; Claudia Natterer: Hand/Finger. In: Butzer, Jacob (Hg.) 2008, S. 145–147, hier S. 146.

44 Meyer 1982, S. 29 f.

45 Zur rhetorischen Figur des Chiasmus vgl. Heinrich Lausberg: Elemente der literarischen Rhetorik. Ismaning [10]1990, S. 127–130, § 392.

46 Burdorf 1997, S. 148; Schuster 2008, S. 302.

Vergleichs,[47] die Jugend, ist hier noch positiv gewertet. Die zentrale Eigenschaft der Jugend, vergänglich zu sein, wird jedoch in der vierten Strophe im Kompositum „Rossen Leben" als Metapher für eine kurze Dauer dieser Liebe wiederaufgenommen und, da dies abgelehnt wird, negativ konnotiert. Der vom Schicksal gewünschte, sprachlich ausgesparte, aber implizierte Gegensatz dazu wäre ein langes Andauern dieser Liebe. Zum Symbol wie bei Klopstock wird die Rose erst in der letzten Strophe im Kompositum „Rossen Band", wobei auch hier die Ablehnung und zusätzliche Abqualifizierung als „schwach" dominieren. Der ausgesparte und implizierte Gegensatz dazu ist „stark" – ein starkes Band wird demnach vom lyrischen Ich gewünscht.

Mit Band ist in den ersten drei Strophen noch ein konkreter Gegenstand, nämlich ein mit Blumen und Blättern, später mit Rosen bemaltes Stoffband gemeint. Rosenlos im Gegensatz zu Klopstocks Bändern wird es erst im zweitletzten Vers zum Symbol. Die Anrufung des Schicksals in der vierten Strophe, die Verschränkung von Hand und Band durch Endreime und Binnenreim sowie die Implikation eines dauerhaft starken Bandes lässt an die konventionalisierte Bedeutung „Band der Ehe"[48] denken. Als Ausdruck für die Authentizität, Innigkeit und Realitätszugewandtheit dieser Liebe gelesen, kann die Heiratsthematik in den letzten beiden Strophen als ein Anzeichen für Sturm und Drang gewertet werden.[49]

Weist die formale, inhaltliche und bildliche Analyse des Gedichts nun auf den vielbeschworenen Bruch nach der dritten Strophe hin?[50] Während der Inhalt sich im Gegensatz zum spielerischen und etwas staffageartigen Anfang konkreter und lebensweltlicher orientiert gestaltet und die Form gleichbleibt, wird das Gedicht hinsichtlich der Bildlichkeit abstrakter und konventionalisierter. Dies erzeugt eine Gegenbewegung, die – zusammen mit der formalen Klammer durch die in der letzten Strophe wiederaufgenommenen Endreime der ersten – das Gedicht zusammenhält.

Was die verschiedenen Fassungen anbelangt, so gestalten sich die Veränderungen in epochenkritischer und intertextueller Hinsicht wie folgt: Von der zweiten zur dritten Fassung wird in Vers 11 der von der Geliebten in anakreontischer Manier geforderte Kuss durch einen Blick ersetzt. Damit rückt das Gedicht näher an Klopstocks *Rosenband* heran. Goethes „Einen Blick, geliebtes Leben" wirkt wie eine Variation auf Klopstocks „mein Leben hing / mit diesem Blick an ihrem Leben" (V. 4-5). Während die Blicke der Liebenden in Klopstocks Gedicht einander suchen und finden, sind es in Goethes Gedicht – da die Liebenden getrennt sind – nur imaginierte Blicke. Sie sind zudem durch einen Spiegel organisiert: Er ‚sieht' sie, wie sie sich im Spiegel betrachtet, und wünscht sich einen Blick zurück.

---

47 Burdorf 1997, S. 149.

48 Adelung 1811, Bd. 1, S. 709 f.

49 Conrady 1989, S. 102, S. 104, S. 110. Zur zentralen Rolle des Ehediskurses im Sturm und Drang vgl. Ariane Martin: Ehediskurs im Sturm und Drang. Das Einladungsgedicht *Zur Hochzeit zweyer Täubgen* von J.M.R. Lenz. In: Lenz-Jahrbuch 10/11 (2000/2001), S. 303–326.

50 Zu dem Bruch vgl. Brandt 1991, S. 36; Malsch 1990, S. 29; Meyer 1982, S. 29; Müller 1959, S. 219.

Die empfindsamen Elemente dieses Gedichts werden zudem durch die neu in der zweiten Fassung hinzugekommenen Worte „Fühle" und „Herz" in „Fühle was dies Herz empfindet" (V. 17) verstärkt. Die bei Goethe durch Synonyme variierte Aufforderung zur Gegenseitigkeit des Gefühls kann zudem als weiterer intertextueller Verweis auf Klopstocks Verse „Sie fühlt' es nicht, und schlummerte" (V. 3) und „Ich fühlt' es wohl, und wußt' es nicht" (V. 6) gelesen werden. In Goethes Vers 18 werden das anakreontische Adjektiv „lieb" gestrichen und das Adverb „frei" neu eingefügt. Letzteres kann in der Bedeutung „zwanglos"[51] gelesen und mit dem Freiheitsdurst der Sturm und Drang-Bewegung in Beziehung gesetzt werden.[52] Zugleich verstärkt das Wort die Heiratsthematik insofern, als jemand frei sein muss, um seine Hand vergeben zu können.[53] Die Streichung der vierten Strophe in der zweiten und dritten Fassung führt jedoch wieder zu einer Schwächung der Heiratsthematik.[54] Die darin enthaltene Anrufung des Schicksals erinnert an den Subjektentwurf des Sturm und Drang, dessen tatendurstiges Ich sich als nur der Zeit und dem Schicksal unterworfen sieht.[55]

Von der ersten bis zur dritten Fassung können somit folgende formale und semantische Verschiebungen beobachtet werden: Die anakreontischen Elemente nehmen ab, die Empfindsamkeit gewinnt an Gewicht, während der Sturm und Drang-Anteil etwa gleichbleibt. Das Gedicht erweist sich so, nicht zuletzt wegen seiner Intertextualität, in allen Fassungen als Epochenhybrid, in dem ungleichzeitig Scheinendes gleichzeitig in Erscheinung tritt.

V. Auswahlbibliographie

1. Helmut Brandt: Goethes Sesenheimer Gedichte als lyrischer Neubeginn. In: Goethe-Jahrbuch 108 (1991), S. 31–46.
2. Karl Otto Conrady: Zur Bedeutung von Goethes Lyrik im Sturm und Drang. In: Walter Hinck (Hg.): Sturm und Drang. Ein literaturwissenschaftliches Studienbuch. Frankfurt/M. ²1989, S. 97–116.
3. Herman Meyer: Goethe: *Kleine Blumen, kleine Blätter.* In: Wilhelm Große (Hg.): Zum jungen Goethe. Stuttgart 1982, S. 28–33. Zuerst in: Trivium 7 (1949), S. 169–186.
4. Matthias Luserke: Der junge Goethe: „Ich weis nicht warum ich Narr soviel schreibe". Göttingen 1999.

[51] Meyer 1982, S. 30.
[52] Fingerhut 2007, S. 31.
[53] Adelung 1811, Bd. 2, S. 939–946, hier S. 943 f.
[54] Meyer 1982, S. 29 f. und kritisch dazu Goethe 1987, S. 836 f.
[55] Conrady 1989, S. 110.

Friedrich Schiller (1759–1805): Die Kraniche des Ibycus

von André Schwarz

I. Gedicht

Die Kraniche des Ibycus

Zum Kampf der Wagen und Gesänge,
Der auf Corinthus Landesenge
Der Griechen Stämme froh vereint,
Zog Ibycus, der Götterfreund.
Ihm schenkte des Gesanges Gabe,
Der Lieder süßen Mund Apoll,
So wandert er, an leichtem Stabe,
Aus Rhegium, des Gottes voll.

Schon winkt auf hohem Bergesrücken
Acrocorinth des Wandrers Blicken,
Und in Poseidons Fichtenhayn
Tritt er mit frommem Schauder ein.
Nichts regt sich um ihn her, nur Schwärme
Von Kranichen begleiten ihn,
Die fernhin nach des Südens Wärme
In graulichtem Geschwader ziehn.

Seid mir gegrüßt, befreundte Schaaren!
Die mir zur See Begleiter waren.
Zum guten Zeichen nehm ich euch,
Mein Loos, es ist dem euren gleich.
Von fernher kommen wir gezogen,
Und flehen um ein wirthlich Dach.
Sei uns der Gastliche gewogen,
Der von dem Fremdling wehrt die Schmach!

Und munter fördert er die Schritte,
Und sieht sich in des Waldes Mitte,
Da sperren, auf gedrangem Steg,
Zwey Mörder plötzlich seinen Weg.
Zum Kampfe muß er sich bereiten,
Doch bald ermattet sinkt die Hand,
Sie hat der Leyer zarte Saiten,
Doch nie des Bogens Kraft gespannt.

Er ruft die Menschen an, die Götter,
Sein Flehen dringt zu keinem Retter,

Wie weit er auch die Stimme schickt,
Nicht lebendes wird hier erblickt.
„So muß ich hier verlassen sterben,
Auf fremdem Boden, unbeweint,
Durch böser Buben Hand verderben,
Wo auch kein Rächer mir erscheint!“

Und schwer getroffen sinkt er nieder,
Da rauscht der Kraniche Gefieder,
Er hört, schon kann er nicht mehr sehn,
Die nahen Stimmen furchtbar krähn.
„Von euch ihr Kraniche dort oben!
Wenn keine andre Stimme spricht,
Sey meines Mordes Klag erhoben!“
Er ruft es, und sein Auge bricht.

Der nakte Leichnam wird gefunden,
Und bald, obgleich entstellt von Wunden,
Erkennt der Gastfreund in Corinth
Die Züge, die ihm theuer sind.
„Und muß ich so dich wiederfinden,
Und hoffte mit der Fichte Kranz
Des Sängers Schläfe zu umwinden,
Bestrahlt von seines Ruhmes Glanz!“

Und jammernd hörens alle Gäste,
Versammelt bey Neptunus Feste,
Ganz Griechenland ergreift der Schmerz,
Verloren hat ihn jedes Herz,
Und stürmend drängt sich zum Prytanen
Das Volk, es fodert seine Wut
Zu rächen des Erschlagnen Manen,
Zu sühnen mit des Mörders Blut.

Doch wo die Spur, die aus der Menge,
Der Völker flutendem Gedränge,
Gelocket von der Spiele Pracht,
Den schwarzen Thäter kenntlich macht?
Sinds Räuber, die ihn feig erschlagen?
Thats neidisch ein verborgner Feind?
Nur Helios vermags zu sagen,
Der alles Irrdische bescheint!

Er geht vielleicht, mit frechem Schritte,
Jetzt eben durch der Griechen Mitte,
Und während ihn die Rache sucht,
Genießt er seines Frevels Frucht.
Auf ihres eignen Tempels Schwelle
Trotzt er vielleicht den Göttern, mengt

Sich dreist in jene Menschenwelle,
Die dort sich zum Theater drängt.

Denn Bank an Bank gedränget sitzen,
Es brechen fast der Bühne Stützen,
Herbeygeströmt von Fern und Nah,
Der Griechen Völker wartend da,
Dumpfbrausend wie des Meeres Wogen,
Von Menschen wimmelnd wächst der Bau,
In weiter stets geschweiftem Bogen
Hinauf bis in des Himmels Blau.

Wer zählt die Völker, nennt die Nahmen,
Die gastlich hier zusammen kamen?
Von Theseus Stadt, von Aulis Strand,
Von Phocis, vom Spartanerland,
Von Asiens entlegner Küste,
Von allen Inseln kamen sie,
Und horchen von dem Schaugerüste
Des Chores grauser Melodie –

Der streng und ernst, nach alter Sitte,
Mit langsam abgemeßnem Schritte,
Hervortritt aus dem Hintergrund,
Umwandelnd des Theaters Rund.
So schreiten keine irrdschen Weiber,
Die zeugete kein sterblich Haus!
Es steigt das Riesenmaaß der Leiber
Hoch über menschliches hinaus.

Ein schwarzer Mantel schlägt die Lenden,
Sie schwingen in entfleischten Händen
Der Fackel düsterrothe Glut,
In ihren Wangen fließt kein Blut.
Und wo die Haare lieblich flattern,
Um Menschenstirnen freundlich wehn,
Da sieht man Schlangen hier und Nattern
Die giftgeschwollnen Bäuche blähn.

Und schauerlich gedreht im Kreise,
Beginnen sie des Hymnus Weise,
Der durch das Herz zerreissend dringt,
Die Bande um den Sünder schlingt.
Besinnungraubend, Herzbethörend
Schallt der Erinnyen Gesang,
Er schallt, des Hörers Mark verzehrend,
Und duldet nicht der Leier Klang.

„Wohl dem, der frei von Schuld und Fehle
Bewahrt die kindlich reine Seele!

Ihm dürfen wir nicht rächend nahn,
Er wandelt frei des Lebens Bahn.
Doch wehe wehe, wer verstohlen
Des Mordes schwere That vollbracht,
Wir heften uns an seine Sohlen,
Das furchtbare Geschlecht der Nacht!

Und glaubt er fliehend zu entspringen,
Geflügelt sind wir da, die Schlingen
Ihm werfend um den flüchtgen Fuß,
Daß er zu Boden fallen muß.
So jagen wir ihn, ohn Ermatten,
Versöhnen kann uns keine Reu,
Ihn fort und fort bis zu den Schatten,
Und geben ihn auch dort nicht frei."

So singend tanzen sie den Reigen,
Und Stille wie des Todes Schweigen
Liegt überm ganzen Hause schwer,
Als ob die Gottheit nahe wär'.
Und feierlich, nach alter Sitte
Umwandelnd des Theaters Rund,
Mit langsam abgemeßnem Schritte,
Verschwinden sie im Hintergrund.

Und zwischen Trug und Wahrheit schwebet
Noch zweifelnd jede Brust und bebet,
Und huldiget der furchtbarn Macht,
Die richtend im Verborgnen wacht,
Die unerforschlich, unergründet,
Des Schicksals dunkeln Knäuel flicht,
Dem tiefen Herzen sich verkündet,
Doch fliehet vor dem Sonnenlicht.

Da hört man auf den höchsten Stufen
Auf einmal eine Stimme rufen:
„Sieh da! Sieh da, Timotheus,
Die Kraniche des Ibycus!" –
Und finster plötzlich wird der Himmel,
Und über dem Theater hin,
Sieht man, in schwärzlichtem Gewimmel,
Ein Kranichheer vorüberziehn.

„Des Ibycus!" Der theure Nahme
Rührt jede Brust mit neuem Grame,
Und, wie im Meere Well auf Well,
So läufts von Mund zu Munde schnell.
„Des Ibycus, den wir beweinen,
Den eine Mörderhand erschlug!

Was ists mit dem? Was kann er meinen?
Was ists mit diesem Kranichzug?" –

Und lauter immer wird die Frage,
Und ahnend fliegts, mit Blitzesschlage,
Durch alle Herzen „Gebet acht!
Das ist der Eumeniden Macht!
Der fromme Dichter wird gerochen,
Der Mörder bietet selbst sich dar.
Ergreift ihn, der das Wort gesprochen,
Und ihn, an den's gerichtet war."

Doch dem war kaum das Wort entfahren,
Möcht' ers im Busen gern bewahren;
Umsonst, der schreckenbleiche Mund
Macht schnell die Schuldbewußten kund.
Man reißt und schleppt sie vor den Richter;
Die Scene wird zum Tribunal,
Und es gestehn die Bösewichter,
Getroffen von der Rache Strahl.

Schillers Werke. Historisch-kritische Ausgabe. Nationalausgabe. Bd. 1: Gedichte in der Reihenfolge ihres Erscheinens. 1776–1799. Begründet v. Julius Petersen, fortgeführt v. Lieselotte Blumenthal, Benno von Wiese, Siegfried Seidel. Weimar 1943 ff., S. 385–390. [Im Folgenden zitiert unter Verwendung der Sigle NA und Bandangabe].

II. Stellenkommentar

V. 8: Rhegium: Heute Reggio de Calabria, Stadt an der Südspitze Italiens, Geburtsort des historischen Ibycus
V. 10: Acrocorinth: Befestigte Burg südöstlich der Stadt Korinth
V. 27: gedrangem Steg: eigentlich „gedrängtem"; ein enger Steg
V. 61: Prytanen: Mitglieder der Ratsversammlung einer Polis im antiken Griechenland, oberste Autorität in der Stadt
V. 91: Theseus Stadt: Athen, Theseus war als König von Attika der Begründer der demokratischen Verfassung Athens
V. 91: Aulis Strand: Antike Hafenstadt in Mittelgriechenland
V. 92: Phocis: Landschaft auf dem griechischen Festland, nördlich der Stadt Delphi
V. 114: Hymnus: Feierlicher (Lob-)Gesang in freien Rhythmen, meist ungereimt
V. 118: Erinnyen: auch Eumeniden oder Furien, Rachegöttinnen in der griechischen Mythologie und Beschützerinnen der sittlichen Ordnung

III. Entstehung und historischer Hintergrund

Die Entstehung von Schillers Ballade *Die Kraniche des Ibycus*, erstmals erschienen im *Musen-Almanach für das Jahr 1798*, ist eines der herausragenden Beispiele für die anregende Zusammenarbeit mit Johann Wolfgang Goethe. Dieser hatte zuerst den Plan gefasst, den Stoff zu bearbeiten; am 16. Juli 1797 schrieb er an den damaligen Weimarer Gymnasialdirektor Karl August Böttiger, einen bekannten Altphilologen und Archäologen, dessen Rat später auch Schiller suchte:

> Die Griechen haben ein Sprichwort: *Die Kraniche des Ibicus*, dessen Bedeutung Ew. Wohlgeb. bekannt seyn wird; nun soll aus diesem Stoff eine Ballade gebildet werden und wir wünschten zu diesem Behufe einige Nachricht, wo sich die Geschichte begeben und ob von dem Manne selbst etwas näheres als sein letztes Schicksal bekannt wäre?[1]

Mehr als das „letzte Schicksal" jenes Ibycus, eines der neun kanonischen Dichter der griechischen Antike, der um 530 v. Chr. lebte und aus Rhegium stammte, war auch Böttiger kaum bekannt. Er schrieb noch am gleichen Tag zurück:

> Vom Ibykus haben sich nur wenig dunkle Sagen erhalten. Er war ein Sicilianer aus Rhegium, und wurde wahrscheinlich auf einer Reise zu den Isthmischen Spielen bei Corinth von den Räubern ermordet, wo sich dann das Anrufen der Kraniche zugetragen haben soll, so wie die Entdeckung im Theater von Corinth (*im Sisyphischen Lande*, wie ein altes Epigramm sagt) geschehen seyn muß, wo die Mörder die Kraniche oben in der Luft fliegen sahen. Dieß könnte zur Szene der Ballade nützlich seyn.[2]

Goethe hatte sich schon einige Zeit vorher mit den Kranichen des Ibycus befasst und sich darüber auch mit Schiller ausgetauscht. Dies geht aus einem Brief Schillers an Goethe hervor, in dem er diesem seine Ballade *Der Ring des Polykrates* geschickt hatte und dazu anmerkte, „Es ist ein Gegenstück zu Ihren Kranichen".[3] Goethes Antwortbrief nimmt wiederum darauf Bezug: „Ich wünsche, daß mir mein Gegenstück eben so gerathen möge!"[4] Die ausführliche Antwort Böttigers – und wohl nicht zuletzt die Erwähnung, dass der Mord im Theater aufgeklärt wurde – weckte nun auch das Interesse des Theaterdichters Schiller und es wurde beschlossen, dass sich beide am Stoff versuchen sollten. Goethe wünschte sich kurz vor seiner Abreise in die Schweiz, dass „die Kraniche mir bald nachziehen mögen",[5] Schiller hingegen schrieb Goethe: „Vielleicht fliegt aus Ihrem Reiseschiff eine schöne poetische Taube aus, wo nicht gar die Kraniche ihren Flug von Süden nach Norden nehmen".[6] Am 17. August 1797 erreichte Goethe in der Schweiz die erste Fassung der *Kraniche des Ibycus*,[7] Schiller schrieb das Gedicht also innerhalb von nur fünf Tagen zwischen dem 11. und dem 16. August 1797, wie aus seinem Kalender hervorgeht. Diese erste Fassung wich in einigen Punk-

---

1 Goethes Werke, Hg. im Auftrage der Großherzogin Sophie von Sachsen. IV Abtheilung: Goethes Briefe Bd. 12, Weimar 1893, S. 194, im Folgenden zitiert als WA IV 12.

2 Böttiger an Goethe, 16. Juli 1797, zitiert nach NA 2, Teil IIA [Anmerkungen zu NA 1], S. 622. – ED: Karl Ende: Beitrag zu den Briefen an Schiller aus dem Kestner-Museum. In: Euphorion 12 (1905), S. 364–402, hier S. 388.

3 NA 29, S. 89.

4 WA IV 12, S. 169.

5 WA IV 12, S. 195.

6 NA 29, S. 111.

7 NA 29, S. 117 ff.

ten von der Endfassung ab, die Kraniche spielten nur eine Nebenrolle, sie erschienen lediglich beim Mord an Ibycus und an der Stelle, an der sich die Mörder selbst verraten. Goethes Kritik an der erhaltenen Fassung der *Kraniche* fiel umfassend aus, er forderte, dass das Kranichheer schon früher und unmittelbarer in die Handlung eingebunden werden solle:

> Meo voto würden die Kraniche schon von dem wandernden Ibykus erblickt, sich, als Reisenden, verglich' er mit den reisenden Vögeln, sich, als Gast, mit den Gästen, zöge daraus eine gute Vorbedeutung, und rief' alsdann unter den Händen der Mörder die schon bekannten Kraniche, seine Reisegefährten, als Zeugen an. Ja wenn man es vortheilhaft fände, so könnte er diese Züge schon bey der Schiffahrt gesehen haben.[8]

Schiller nahm diese Kritik ernst und veränderte seine Ballade. Die Kraniche, zunächst nur eine Randerscheinung, wurden bereits in der dritten Strophe eingeführt, sie sind „befreundte Schaaren" und die „Begleiter" Ibycus' (V. 17 f.) auf der Überfahrt, ihr Erscheinen soll ihm zum „guten Zeichen" (V. 19) werden. Sie werden nun die einzigen Zeugen des Mordes, von ihnen soll die Aufklärung des Verbrechens unterstützt werden:

> Von euch, ihr Kraniche dort oben!
> Wenn keine andre Stimme spricht,
> Sey meines Mordes Klag erhoben! (V. 45 ff.)

Ein weiterer Kritikpunkt Goethes war das schnelle, das Dramatische betonende Ende der Ballade, er merkte an, es sollte „alles ganz in's Natürliche"[9] spielen und eine Einheit des Geschehens im Theater, des Empfindens der Zuschauer und der Naturerscheinungen hergestellt werden.[10] Die von Schiller bewusst gesetzten theatralen Momente, das Sprunghafte und das plötzliche Umschwenken der Handlung waren Goethe fremd, blieben aber ungeachtet der Kritik in der endgültigen Fassung erhalten.

Von einer Szene der Schiller'schen Fassung war Goethe jedoch nachhaltig beeindruckt: von der Einführung des Chores. Dieser Kunstgriff erweckte die Idee Schillers von der Macht des Theaters in der Ballade zum Leben. Der Chor der Eumeniden verkörpert genau jene poetische Gerechtigkeit, die laut Schiller dem Theater immanent sein soll:

> Die Gerichtsbarkeit der Bühne fängt an, wo das Gebiet der weltlichen Gesetze sich endigt. Wenn Gerechtigkeit für Gold verblindet und im Solde der Laster schwelgt, wenn die Frevel der Mächtigen ihrer Ohnmacht spotten und Menschenfurcht den Arm der Obrigkeit bindet, übernimmt die Schaubühne Schwert und Waage und reißt die Laster vor einen schrecklichen Richterstuhl.[11]

---

8 WA IV 12, S. 262.

9 WA IV 12, S. 260.

10 So Segebrecht 1983, S. 200.

11 Friedrich Schiller: Was kann eine gute stehende Schaubühne eigentlich wirken? In: NA 20, S. 87-98, hier S. 92.

Die Einführung des Chores ist es auch, die Goethe veranlasst, seine eigene Bearbeitung aufzugeben. „Da diese Wendung einmal erfunden ist", schreibt er an Schiller, „so kann nun die ganze Fabel nicht ohne dieselbe bestehen, und ich würde, wenn ich an meine Bearbeitung noch denken möchte, dieses Chor gleichfalls aufnehmen müssen".[12] Die veränderte Fassung der *Kraniche*, die in weiten Teilen mit der endgültigen Fassung übereinstimmt, schickte Schiller wiederum an Goethe, der zwar die aufgrund seiner Anregungen ergangenen Änderungen mit Freude aufnahm, dem Ende der Ballade jedoch weiterhin skeptisch gegenüberstand. „Ich freue mich, dass durch meinen Rath der Anfang Ihres *Ibycus* eine größere Breite und Ausführung gewinnt; wegen des Schlusses werden Sie denn wohl auch Recht behalten",[13] schreibt dieser, um anzufügen: „Der Künstler muß selbst am besten wissen in wie fern er sich fremder Vorschläge bedienen kann."[14]

IV. Ideengeschichtliche Einordnung

Die unterschiedlichen Intentionen der beiden Dichter sind, wie zuvor dargelegt, klar ersichtlich – für Goethe sollten das Geschehen auf der Bühne, die Betroffenheit der Zuschauer angesichts des Schicksals des Ibycus und der Zug der Kraniche ein einziges Ereignis sein, in dem für die Mörder, die sich durch ihre Tat selbst außerhalb dieser Gemeinschaft gestellt haben, kein Platz mehr ist. Sie schließen sich selbst aus und werden im Laufe einer auf dieses Ziel hinarbeitenden Entwicklung entlarvt. Schiller hingegen setzt – gegen die von Goethe geforderte „Natürlichkeit" der Ereignisse – auf die verbindende Funktion der Kultur und die ästhetische Macht des Theaters. Die Interpretation des Gedichtes stützt sich notwendigerweise auf diese programmatische Intention Schillers. Der Text kann nur mit Kenntnis der Ideen des Dichters verstanden werden, die Schiller der an sich wenig spektakulären Kriminalanekdote um Ibycus einschreibt, um daran sowohl seine politischen als auch seine gesellschaftlich-moralischen Vorstellungen zu exemplifizieren. Die Ballade wird dadurch zur Trägerin einer programmatischen Forderung des Autors.

Das Theater sieht Schiller dabei als eine identitätsstiftende Institution – dort versammeln sich die einzelnen Völker Griechenlands in Frieden und Eintracht, seien sie politisch noch so zerstritten. Als einander Fremde kommen sie zu den isthmischen Spielen und werden nach ihrer Herkunft benannt:

> Von Theseus Stadt, von Aulis Strand,
> Von Phocis, vom Spartanerland,
> Von Asiens entlegner Küste,
> Von allen Inseln kamen sie, (V. 91-94)

---

12 WA IV 12, S. 259.

13 WA IV 12, S. 310 f.

14 WA IV 12, S. 311.

– im Theater und bei den Festspielen aber sind „Der Griechen Stämme“ dann „froh vereint“ (V. 3). Sie verschmelzen zu einer einigen Nation, wenn sie den Tod Ibycus’ betrauern und „Bank an Bank gedränget“ (V. 81) dem Schauspiel der Erinnyen beiwohnen. Diese politische Einheit der Griechen durch eine gemeinsame, identitätsstiftende Kultur betonte Schiller 1784 in seinem Vortrag *Was kann eine gute stehende Schaubühne eigentlich wirken*:

> Was kettete Griechenland so fest aneinander? Was zog das Volk so unwiderstehlich nach seiner Bühne? – Nichts anders als der vaterländische Inhalt der Stücke, der griechische Geist, das große, überwältigende Interesse des Staats, der besseren Menschheit, das in denselbigen atmete.[15]

Und diese identitätsstiftende Rolle der Kultur sieht Schiller auch als Vorbild für Deutschland, wenn er schreibt, „wenn wir es erlebten, eine Nationalbühne zu haben, so würden wir auch eine Nation“.[16] Zwar hatte die deutsche Zerrissenheit eine andere Ursache als diejenige im antiken Griechenland, doch auch die in zahllosen Kleinstaaten lebenden Deutschen sollten im Theater ihre gemeinsamen kulturellen Wurzeln entdecken und dadurch auch eine nationale Identität entwickeln.

> Nur der Schaubühne ist es möglich, diese Übereinstimmung in einem hohen Grad zu bewirken, weil sie das ganze Gebiet des menschlichen Wissens durchwandert, alle Situationen des Lebens erschöpft und in alle Winkel des Herzens hinunterleuchtet; weil sie alle Stände und Klassen in sich vereinigt und den gebahntesten Weg zum Verstand und zum Herzen hat.[17]

Der ermordete Ibycus wird von allen Anwesenden als Identifikationsfigur verehrt, sein Tod wird von allen gemeinsam betrauert:

> Und jammernd hörens alle Gäste,
> Versammelt bey Neptunus Feste,
> Ganz Griechenland ergreift der Schmerz,
> Verloren hat ihn jedes Herz, (V. 57-60)

Er wird von allen – gleich welcher Herkunft – als Botschafter der gemeinsamen Kultur angesehen. Seine Ermordung durch die beiden Wegelagerer ist in diesem Sinne auch ein Angriff auf die nationale Identität der Griechen.

Zunächst sieht es so aus, als ob die Bluttat ungerächt bleiben würde, denn der „schwarz[e] Täter“ (V. 68) ist bei den Festspielen anwesend, er „geht vielleicht, mit frechem Schritte, / Jetzt eben durch der Griechen Mitte“ und „[g]enießt [...] seines Frevels Frucht.“ (V. 73–76) Auffällig ist im Gedicht auch, dass die Götter keine Rolle spielen. Und das, obwohl Ibycus gleich in der ersten Strophe als „Götterfreund“ eingeführt wird, dem des „Gesanges Gabe“ (V. 4f.) von Apoll gegeben

---

15 NA 20, S. 99.
16 Ebd.
17 Ebd.

wurde, der mit einem „fromme[n] Schauder [...] in Poseidons Fichtenhayn" (V. 11 f.) eintritt. Ibycus ist – so zeigt die Exposition des Gedichtes – ein Götterliebling qua ingenio. Die Welt, in der er lebt, scheint von den Göttern beherrscht und er selbst scheint von diesen behütet zu sein[18]. Doch diese Sicherheit wird in der vierten Strophe jäh erschüttert. Ausgerechnet im göttlichen Bereich von „Poseidons Fichtenhain" sperren ihm die Mörder den Weg ab; den darauf folgenden Kampf kann er, der „der Leier zarte Saiten / Doch nie des Bogens Kraft" (V. 31 f.) gespannt hat, nicht gewinnen. Seine Auserwähltheit, die ihn zu Beginn den anderen Menschen überlegen erscheinen lässt, nutzt ihm bei seiner Begegnung mit den Mördern nichts. Und auch in der zehnten Strophe zeigt sich, dass die göttliche Ordnung der Welt ins Wanken geraten ist, dass der unmoralische Mörder den Göttern trotzen kann:

> Auf ihres eignen Tempels Schwelle
> Trotzt er vielleicht den Göttern, mengt
> Sich dreist in jene Menschenwelle,
> Die dort sich zum Theater drängt. (V. 77-80)

Die Götter können den Mord an Ibycus also nicht aufklären, aber auch das Erscheinen der Kraniche ist nicht entscheidend für die Entlarvung der Täter. Das „Kranichheer" (V. 160), das in „schwärzlichtem Gewimmel" (V. 159) über das Theater hinwegzieht, ist nicht notwendigerweise das „graulichte[ ] Geschwader" (V. 16), das Ibycus als Zeugen seines Mordes bestimmt.[19] Das Auftauchen der Vögel ist „[d]er bloße natürliche Zufall"[20] und nicht die Erfüllung von Ibycus' Hoffnung. Schiller schreibt weiter an Goethe:

> Dieser Zufall führt den Kranichzug über dem Theater hin, der Mörder ist unter den Zuschauern, [...] die Erscheinung der Kraniche muss also in diesem Augenblick ihn überraschen, er ist ein roher dummer Kerl, über den der momentane Eindruck alle Gewalt hat. Der laute Ausruf ist unter diesen Umständen natürlich.[21]

Der Mörder verrät sich durch seinen unwillkürlichen Ausruf selbst – und dieses Erstaunen ist nicht ausschließlich dem Erscheinen der Kraniche, sondern nicht zuletzt der besonderen Atmosphäre geschuldet, in der er stattfindet. Die besondere Stimmung dieses Auftrittes wird formal und sprachlich, d. h. in der Wortwahl Schillers, deutlich. Innerhalb des formal recht konventionellen, schlicht wirkenden Aufbaus[22] wird zunächst der gleichmäßige Rhythmus der Strophen variiert,

---

18 Eine weitere Anspielung auf den Erwähltheitsstatus des Ibycus findet sich in der dritten Strophe, wenn es heißt „Sei uns der Gastliche gewogen, / Der von dem Fremdling wehrt die Schmach!" Hier liegt der Vergleich zu Zeus als Hüter des Gastrechtes nahe.

19 So auch Peter-André Alt: Schiller. Leben – Werk – Zeit. 2 Bde. München 2000, Bd. II, S. 358.

20 NA 29, S. 125.

21 NA 29, S. 126.

22 Es handelt sich um Volksliedstrophen mit regelmäßig gebauten Vierhebern. Die 23 Strophen gliedern sich in je acht Verszeilen, die ersten vier stehen im Paarreim, die letzten vier im Kreuzreim.

indem er nach der Exposition (in den ersten drei Strophen), dem Mord an Ibycus (Strophe 4–8) und dem Strömen der Menge zum Theater hin (Strophe 9–12) die Abschnitte mit dem Erscheinen der Erinnyen sprachlich verlangsamt. Gleich zweimal, zu Beginn und zum Ende des Chorauftrittes, beschreibt die Sprechinstanz genauestens, auf welche Weise der Chor seinen Weg durch das Theater nimmt:

> Der streng und ernst, nach alter Sitte,
> Mit langsam abgemeßnem Schritte, / [...]
> Umwandelnd des Theaters Rund. (V. 97-100)

heißt es in der 13. Strophe. Geradezu spürbar wird hier das gleichmäßige Tempo der bisherigen Strophen zurückgenommen, umso eindrucksvoller wird dadurch der Auftritt der Erinnyen, die die gebannten Menschen umkreisen, und in nahezu identischen Worten schließt sich der Kreis am Ende des Gesangs:

> Und feierlich, nach alter Sitte
> Umwandelnd des Theaters Rund,
> Mit langsam abgemeßnem Schritte,
> Verschwinden sie im Hintergrund. (V. 141-144)

Das gespannte Schweigen der Zuschauer, die, wie es in der nächsten Strophe heißt, zwischen „Trug und Wahrheit" (V. 145) schwebend mit bebender Brust im weiten Rund sitzen, diese atemlose Stille wird von dem Ruf des Täters jäh unterbrochen und in den letzten drei Strophen steigert Schiller deutlich das Tempo. Stehen in der 19. Strophe noch Begriffe wie ‚schweben', ‚huldigen', ‚flechten', so suggeriert die Bildsprache bald darauf Beschleunigung: „ahnend fliegts, mit Blitzesschlage" (V. 170), den Schuldigen wird „schnell" (V. 180) ihre Tat kund, man „reißt und schleppt sie vor den Richter" (V. 181) und sie werden von der „Rache Strahl" (V. 184) getroffen. Schiller setzt hier Metrik und Wortwahl ein, um im gleichmäßigen Fluss seiner Strophen das Lese- und Vortragstempo zu verlangsamen oder zu steigern und damit auch das dramatische Element hervorzuheben.

Der Chor der Erinnyen, den Schiller in äußerst plastischer Weise schildert, dieses unheimliche Spektakel macht das Theater vordergründig zu einem Ersatz für die (machtlose) Religion.[23] Das Theater hatte bereits Lessing als seine „alte Kanzel"[24] bezeichnet, von der aus er predigen wolle. Schiller selbst sprach davon, dass

> [d]erjenige, welcher zuerst die Bemerkung machte, daß eines Staats festeste Säule Religion sei – daß ohne sie die Gesetze selbst ihre Kraft verlieren, hat vielleicht, ohne es zu wollen oder zu wissen, die Schaubühne von ihrer edelsten Seite verthei-

[23] So etwa Benno von Wiese: Friedrich Schiller. Stuttgart 1959, S. 622 oder auch ders.: Schillers Ballade *Die Kraniche des Ibykus* und ihr Zusammenhang mit Schillers Auffassung vom Theater. In: The German Quarterly XXIX (1956), S. 119–123, hier S. 120.

[24] So Lessing in einem Brief an Elise Reimarus vom 6. September 1778, siehe Gotthold Ephraim Lessings sämtliche Schriften. Hg. v. Karl Lachmann. Band 18, Leipzig [3]1907, S. 287.

> digt. [...] Religion wirkt im Ganzen mehr auf den sinnlichen Theil des Volks – sie wirkt vielleicht durch das Sinnliche allein so unfehlbar. Ihre Kraft ist dahin, wenn wir ihr dieses nehmen – und wodurch wirkt die Bühne?[25]

Die Kraft der Bühne soll – genau wie die Religion – den Zuschauer fesseln und seine Sinne anregen. Doch hier ist das Geschehen im Theater, bei all seinen mythischen Anleihen –

> So schreiten keine irrdschen Weiber,
> Die zeugete kein sterblich Haus!
> Es steigt das Riesenmaaß der Leiber
> Hoch über menschliches hinaus. (V. 101-104)

– offenkundig nur ein Schauspiel, das den Anschein des Religiösen hat, es erscheint nämlich nur so, „[a]ls ob die Gottheit nahe wär.'" (V. 140) Und dieses „als ob" macht den Illusionscharakter des Ganzen und den gespenstischen Gehalt des „[b]esinnungsraubend[en]" (V. 117) Gesangs deutlich.[26] Der Reigen der Rachegöttinnen, des vorgeblich „furchtbare[n] Geschlecht[s] der Nacht" (V. 128), das die Vergeltung an den Mördern beschwört, ist kein Tribunal, das den Täter bestrafen kann. Das Theater ist hier keine moralische Instanz,[27] sondern bringt mit dieser Inszenierung die Zuschauer auf eine subtile Weise in eine Stimmung, die es ermöglicht, dass der Mörder sich unbewusst verrät. Den allerdings haben der drängende und anklagende Ton der Erinnyen und die plastische Szenerie – anders als die meisten der Anwesenden – „zwar nicht eigentlich gerührt und zerknirscht, [...] aber es hat ihn an seine That und also auch an das, was dabey vorgekommen, erinnert, sein Gemüth ist davon frappiert",[28] wie Schiller selbst in seinem Brief an Goethe das Verhalten des Mörders erklärt. Die Selbstanklage des Täters geschieht also nicht aus metaphysisch-moralischen Gründen, sondern ist Ergebnis einer psychologisch geschickt angewandten Suggestion, die das Unterbewusste des Schuldigen berücksichtigt. Die Inszenierung und die entfesselte Dynamik des Eumenidenchores tragen zur Aufklärung des Verbrechens bei, ohne jedoch selbst die Funktion der sittlichen Instanz auszuüben, die Schiller in seinem *Schaubühnen*-Vortrag propagiert. Die Wirkung des Theaters verbindet sich mit dem Zufallsereignis des Kranichzuges und bringt den Mörder dazu, sich selbst zu stellen. Erst dadurch wird die „Scene" zum „Tribunal" (V. 182). Schiller erläutert dieses ungewöhnlich knappe Ende in seinem Brief an Goethe:

> Dem Eindruck selbst, den seine Exclamation macht, habe ich noch eine Strophe gewidmet, aber die wirkliche Entdeckung der That, als Folge jenes Schreyes, wollte ich mit Fleiß nicht umständlicher darstellen, denn sobald nur der Weg zu Auffindung des Mörders geöfnet ist (und das leistet der Ausruf, nebst dem darauf folgenden

[25] NA 20, S. 91.
[26] Politzer 1967, S. 463.
[27] Alt 2000, Bd. II, S. 359.
[28] NA 29, S. 126.

verlegenen Schrecken) so ist die Ballade aus, das andere ist nichts mehr für den Poeten.[29]

Schiller folgt hier bewusst einer Vorgehensweise, die Elemente aus dem Theater benutzt. Die Ballade ist kein Naturgedicht im Goethe'schen Sinne, sondern besitzt einen gekonnten Spannungsaufbau, der sich in der plötzlichen Selbstanklage der Mörder in einem einzigen dramatischen Augenblick löst. Die nur retardierend wirkende Beschreibung des Prozesses und des Sühnens der Schuld haben hier keinen Platz, diese sind „nichts mehr für den Poeten“.

V. Auswahlbibliographie

1. Klaus Köhnke: „Des Schicksals dunkler Knäuel“. Zu Schillers Ballade *Die Kraniche des Ibykus*. In: Zeitschrift für deutsche Philologie 108 (1989), S. 481–495.
2. Heinz Politzer: Szene und Tribunal. Zur Dramaturgie einer Schiller-Ballade. In: Neue Rundschau 78 (1967), S. 454–468.
3. Wulf Segebrecht: Naturphänomen und Kunstidee. Goethe und Schiller in ihrer Zusammenarbeit als Balladendichter, dargestellt am Beispiel der *Kraniche des Ibykus*. In: Karl Richter, Jörg Schönert (Hg.): Klassik und Moderne. Die Weimarer Klassik als historisches Ereignis und Herausforderung im kulturgeschichtlichen Prozeß. Walter Müller-Seidel zum 65. Geburtstag. Stuttgart 1983, S. 194–206.
4. Benno von Wiese: Friedrich Schiller – *Die Kraniche des Ibykus*. In: Ders.: Die deutsche Lyrik. Form und Geschichte. Vom Mittelalter bis zur Gegenwart. Düsseldorf 1964, S. 351–362.
5. Friedrich Wilhelm Wentzlaff-Eggebert: Schiller: *Die Kraniche des Ibykus*. In: Rupert Hirschenauer, Albrecht Weber (Hg.): Wege zum Gedicht. Bd. 2: Interpretation von Balladen. München, Zürich 1963, S. 213–228.

[29] Ebd.

Friedrich Hölderlin (1770–1843): An unsre großen Dichter

von Arnd Beise

I. Gedicht

An unsre großen Dichter.

Des Ganges Ufer hörten des Freudengotts
  Triumph, als allerobernd vom Indus her
    Der junge Bacchus kam, mit heilgem
      Weine vom Schlafe die Völker wekend.

O wekt, ihr Dichter! wekt sie vom Schlummer auch,
  Die jezt noch schlafen, gebt die Gesetze, gebt
    Uns Leben, siegt, Heroën! ihr nur
      Habt der Eroberung Recht, wie Bacchus.

Friedrich Hölderlin: Sämtliche Werke und Briefe. 3 Bde. Hg. v. Michael Knaupp. München 1992 f., Bd. 1, S. 197. [Im Folgenden zitiert unter Angabe von römischer Band- und arabischer Seitenzahl].

II. Der Odendichter und die Revolution

Lange galt es in der deutschen Literaturwissenschaft gleichsam als „Häresie", „Hölderlins Dichtung eine politische Bedeutung beizumessen".[1] Die Texte dürften „immer nur vom Grundstoße eines metaphysischen Wissens her begriffen werden", so dekretierte es Ludwig von Pigenot 1921.[2] Vor fünfundzwanzig Jahren noch glaubte Walter Müller-Seidel bei der Besprechung der kurzen Ode *An unsre großen Dichter* extra betonen zu müssen, dass das Gedicht „religiös und politisch, aber politisch doch eben auch", zu verstehen sei: „Die Erinnerung an den Weingott Bacchus und an seinen Indienzug, mit der das Gedicht beginnt, enthält eine unverkennbar politische Aussage, diese nämlich, daß die Völker aus dem Schlaf geweckt wurden; und so wie Bacchus sollen es auch die Dichter tun: die Völker vom Schlummer zu wecken, die jetzt noch schlafen."[3]

Inzwischen gehört es zum Basiswissen der Germanisten, dass Hölderlin einer von wenigen Dichtern seiner Zeit war, die lange „von einer wirklichen Revolution"[4]

---

1 Pierre Bertaux: Hölderlin und die Französische Revolution. Frankfurt/M. 1969, S. 9.

2 Ebd., S. 141.

3 Müller-Seidel 1983, S. 195.

4 Ebd., S. 197.

nach französischem Vorbild träumten. Nur seine psychisch-mentale Erkrankung verhinderte 1806 „eine Verhaftung im Zusammenhang mit einer jakobinischen Verschwörung in Württemberg“,[5] in die Hölderlin nebst seinem Freund Isaac von Sinclair verwickelt war. Im Gefolge der republikanischen Entwicklungen in Paris hoffte er auf eine „Revolution der Gesinnungen und Vorstellungsarten“ auch in Deutschland, „die alles Bisherige schaamroth machen wird“ – so die Formulierung in einem Brief an Johann Gottfried Ebel vom 10. Januar 1797[6] –, und begrüßte „die großen“ und durchaus auch die „gewaltsamen Erschütterungen unserer Zeit“,[7] wie er am 16. November 1799 an seine Mutter schrieb.

Auch bei den Anhängern der Revolution, die die Ereignisse im Nachbarland mit einer „Theilnehmung dem Wunsche nach“ verfolgt hatten, „die nahe an Enthusiasm“[8] grenzte, wie sich Immanuel Kant ausdrückte, war aber nach ein paar Jahren die Begeisterung über die Revolution häufig einer gewissen Ernüchterung gewichen. Friedrich Gottlieb Klopstock (1724–1803), eines der wichtigsten Vorbilder Hölderlins, hatte seit 1789 die Revolution als „des Jahrhunderts edelste That“ gefeiert und insbesondere das Dekret der Pariser Nationalversammlung vom 22. bzw. 24. Mai 1790, in dem die französische Nation für immer darauf verzichtete, „einen Krieg zu Eroberungszwecken zu unternehmen“ oder ihre Streitkräfte „gegen die Freiheit irgendeines Volkes ein[zu]setzen“, zum schönsten aller Gesetze erklärt. Die Ächtung des Angriffskriegs schien Klopstock der entscheidende Bruch mit dem Despotismus des Ancien Régime, „denn in den Kriegen werden den vergötzten Herrschern Menschenopfer gebracht“; und mit der Abschaffung dieser Praxis glaubte Klopstock den Menschen „über sich selber erhöht“.[9] Als aber im Winter 1792/93 die siegreichen Truppen der Französischen Republik den zur Verteidigung geführten Krieg gegen die europäische Fürstenkoalition in das benachbarte Ausland trugen und die ersten Territorien annektiert wurden, hielt Klopstock dies für Hochverrat an der Menschheit, an der Freiheit und an den Idealen der Revolution.

Von dieser Enttäuschung erholte er sich nie. Anders sein junger Adept Friedrich Hölderlin. Er war noch fünf Jahre später „vom rechtmäßigen und gerechtfertigten Vorgehen der Revolutionsheere unter Napoleon überzeugt“,[10] doch zugleich regte sich schon der Widerwille gegen den „militärischen Despotismus“,[11] wie er es in einem Brief an den Stiefbruder Karl Gok vom 12. Februar 1798 nannte.

---

5 Gerhard Kurz: Friedrich Hölderlin. In: Gunter E. Grimm, Frank Rainer Max (Hg.): Deutsche Dichter. Leben und Werk deutschsprachiger Autoren. 8 Bde. Stuttgart 1989, Bd. 4: Sturm und Drang, Klassik, S. 401–429, hier S. 402.

6 Hölderlin II, S. 643.

7 Ebd., S. 842.

8 Immanuel Kant: Der Streit der Facultäten (1798). In: Ders.: Werkausgabe in 12 Bänden. Hg. v. Wilhelm Weischedel. Frankfurt/M. 1977, Bd. 11, S. 261–393, hier S. 358.

9 Nach: Arnd Beise: Marats Tod 1793–1993. St. Ingbert 2000, S. 74 f.

10 Müller-Seidel 1983, S. 197.

11 Hölderlin II, S. 682.

Diese ambivalente Haltung drückt sich auch in der kurzen Ode *An unsre großen Dichter* aus. Seit der Mitte des 18. Jahrhunderts ist ‚Ode' nicht mehr ein Synonym für Lied, sondern bezeichnet reimlose Gedichte in gehobener Sprache mit einem antiken oder antikisierenden Strophenmaß nach dem Vorbild des griechischen Dichters Pindar oder des römischen Dichters Horaz. Besonders die „mächtige alkäische Strophe" (einem gleichartigen Verspaar nach dem Schema v – v – v / – v v – v – folgen zwei kürzere, nicht zäsurierte Verse) mit „ihrem Schwunge, ihrer Fülle, ihrem fallenden Schlage" gilt als besonders feierlich: „Wenn Horaz am höchsten steigen will, so wählt er die Alkäen, ein Silbenmaß, welches, selbst für den Schwung eines Psalms, noch tönend genung wäre".[12] Hölderlin, der manchen als „Vollender der deutschen Odendichtung" gilt,[13] griff daher zu diesem Muster, um das in seinen Augen Wichtigste überhaupt, das Wirken des Poeten im Dienst der göttlichen Freiheit des Menschen, zu thematisieren. Er sandte die Kurzode zusammen mit vier weiteren Gedichten im Sommer 1798 an Friedrich Schiller, der das vorliegende Gedicht – mit orthographischen Varianten sowie das Epitheton „großen" im Titel streichend – in Cottas *Musenalmanach für das Jahr 1799*[14] aufnahm.

Im Folgenden werde ich den Text als politisches Zeitgedicht lesen, wobei die mythologischen Bilder durch konkrete Analyse des kulturgeschichtlichen Hintergrunds und der intertextuellen Bezüge aufgeschlossen werden.

III. Die mythologische Folie

Hölderlins Ode thematisiert die Situation seiner Gegenwart in Hinblick auf eine politische Utopie unter Zuhilfenahme einer mythologischen Erinnerung. Zunächst hören wir in der Vergangenheitsform einen gewissermaßen historischen Bericht über den Eroberungszug des Bacchus nach Indien. Es war ein wohltätiger Zug, denn Bacchus brachte den „Wein" der „Freude" und weckte „die Völker" damit aus dem Schlaf. In der zweiten Strophe folgt die Aufforderung „an unsre großen Dichter", es dem Bacchus gleich zu tun. Gegenwärtig, „jezt" also, würden die meisten Menschen wieder und „noch" schlafen, und sie sollten geweckt werden, und zwar von denen, die schon wach sind, von den Dichtern oder „Heroën". Fünf Imperative reiht der Dichter zu Beginn der zweiten Strophe in ein flehendes Gebet, das auf eine hellere Zukunft zielt.

Bleiben wir innerhalb der dreifach gestaffelten Zeitstruktur zunächst bei dem Bericht in der ersten Strophe, der Vergangenes erinnert, nämlich den Eroberungszug „des Freudengotts" Bacchus alias Dionysos. Der Hellenismus verehrte Dio-

[12] Friedrich Gottlieb Klopstock: Von der Nachahmung des griechischen Silbenmaßes im Deutschen (1755). In: Ders.: Gedanken über die Natur der Poesie. Dichtungstheoretische Schriften. Hg. v. Winfried Menninghaus. Frankfurt/M. 1989, S. 9–21, hier S. 18.

[13] Gerhard Storz: Der Vers in der neueren deutschen Dichtung. Stuttgart 1970, S. 181.

[14] Tübingen 1798, S. 209.

nysos als Gottheit, welche „die Menschen als Wohltäter von Plagen befreit und ihnen die Segnungen des gesitteten Lebens gebracht hat".[15] Dionysos soll – so überlieferte es Diodorus Siculus in seiner *Bibliotheca historica* aus dem 1. Jh. v. Chr. – seine Jugend in Nysa verbracht haben, „einer Stadt in Asien", von wo aus er seinen Siegeszug durch die Welt antrat und „die Menschen seine Erfindungen" lehrte. Er habe „die Streitigkeiten ganzer Städte und Völker beygeleget und allenthalben Friede gestiftet, Zusammenkünfte der Menschen geordnet, und andere dergleichen Dinge mehr eingeführet, welche zur Bequemlichkeit des menschlichen Lebens gedienet", heißt es in dem auch von Hölderlin benutzten *Mythologischen Lexicon*[16] von Benjamin Hederich (1675–1748). In dieser mythologischen Erzählung ist Dionysos ein aus dem Osten nach Westen ziehender Kulturstifter (‚ex oriente lux').

In die Gegenrichtung verläuft der Siegeszug in dem spätantiken Epos *Dionysiaka* des Nonnos aus Panopolis. Nach dem Vorbild des historischen Alexanderzugs erobert der Gott von Westen kommend die asiatischen Länder bis Indien. Karl Philipp Moritz (1756–1793) erzählte das Geschehen in seiner *Götterlehre* nach: „Mit einem Kriegsheer von Männern und Weibern, das mit freudigem Getümmel einherzog, breitete er seine wohltätigen Eroberungen bis an den Ganges aus. Er lehrte die besiegten Völker höhern Lebensgenuß, den Weinbau und Gesetze. [...] In drei Jahren vollendete Bacchus seinen siegreichen, die Völker der Erde beglückenden Zug." Dionysos brachte also den barbarischen Völkern des Ostens die Kultur des Westens. Sein Eroberungszug war mildtätig und geschah daher mit „Recht", wie es in dem Gedicht (V. 8) heißt; gleichwohl war es aber ein „Feldzug", auch wenn, wie Moritz anmerkt, „das Furchtbare und Kriegerische unter Gesang und Flötenspiel verborgen" blieb.[17]

In beiden mythologischen Überlieferungen aus der Antike ist der Sprecherstandpunkt im Westen lokalisiert. Der Gott überzieht entweder aus dem Osten kommend die westliche Heimat mehr oder weniger gewalttätig mit seinen Segnungen oder er breitet die eigene westliche Kultur nach Osten ziehend bis an den Ganges aus. Das Unerhörte an Hölderlins Ode ist – und dies wurde in den meisten Interpretationen übersehen –, dass die Perspektive verkehrt wird. Der Gott befindet sich eben nicht „auf seinem Wege von Asien nach Europa",[18] und es ist auch nicht viel damit geholfen, wenn man recht allgemein feststellt, dass Indus und Ganges beides Flüsse im „Osten" sind, „aus dem auch die alles erneuende Sonne kommt, die jeden Morgen, ‚jung' über den Himmel ziehend, die Menschen weckt".[19] Relevant für Hölderlins Gegenwart war die konkrete Lokalisierung der dichterischen

---

15 Albrecht Dihle: Griechische Literaturgeschichte. Von Homer bis zum Hellenismus. München ²1991, S. 306.

16 Benjamin Hederich: Gründliches mythologisches Lexicon. Bearb. von Johann Joachim Schwabe. Leipzig 1770, S. 503–505.

17 Karl Philipp Moritz: Götterlehre oder Mythologische Dichtungen der Alten (1791). Nachwort von Wilhelm Haupt. Leipzig 1966, S. 129 f.

18 Heise 1988, S. 12.

19 Behre 1987, S. 203.

Perspektive im äußersten Osten an „des Ganges Ufer" (V. 1), von dem aus nach Westen gelauscht wird, von wo Dionysos und sein wildes Heer kommen, nämlich „vom Indus her" (V. 2).

Das im Personalpronomen „unsre" in der Überschrift explizit gemachte, im Odentext implizit auch anwesende ‚Wir' bindet die Leser in ein östlich situiertes Kollektiv ein, und das sind in Hölderlins Gegenwart die deutschen „Völker" (V. 4), die „jezt noch schlafen" (V. 6). Diese Identifizierung ließe sich durch eine Vielzahl von intertextuellen Verweisen stützen. Hölderlin begriff sein Volk („unser Geschlecht") als eines, das „ohne Götter" „in Nacht" wandle und „wie im Orkus" lebe:

> Ans eigene Treiben
> Sind sie geschmiedet allein und sich in der tosenden Werkstatt
> Höret jeglicher nur und viel arbeiten die Wilden
> Mit gewaltigem Arm, rastlos, doch immer und immer
> Unfruchtbar, wie die Furien, bleibt die Mühe der Armen.[20]

So lautet die Diagnose in dem Gedicht *Der Archipelagus* (1800/01). Als „Wilde" werden die Deutschen hier bezeichnet, weil sie noch im Zustand der Barbarei, d. h. unbewusst des Göttlichen und Schönen, leben, oder anders gesagt: schlafen. Am Ende des zweiten Bands des *Hyperion* (1799) befindet sich die (berühmt gewordene) Scheltrede auf die Deutschen:

> Barbaren von Alters her, durch Fleiß und Wissenschaft und selbst durch Religion barbarischer geworden, tiefunfähig jedes göttlichen Gefühls, verdorben bis ins Mark [...]. Handwerker siehst du, aber keine Menschen, Denker, aber keine Menschen, Priester, aber keine Menschen, Herrn und Knechte, Jungen und gesezte Leute, aber keine Menschen.

Künstler und alle jene, „die das Schöne lieben und es pflegen", würden verachtet und lebten „wie Fremdlinge im eigenen Hauße", weil die Deutschen, „diese Gottverlaßnen",

> nichts Reines unverdorben, nichts Heiliges unbetastet lassen mit den plumpen Händen, daß bei ihnen nichts gedeiht, [...] daß bei ihnen eigentlich das Leben schaal und sorgenschwer und übervoll von kalter stummer Zwietracht ist, [...] weil Höhers sie nicht kennen, als ihr Machwerk, das sie sich gestoppelt. [...] Wo aber so belaidigt wird die göttliche Natur und ihre Künstler, ach!, da ist des Lebens beste Lust hinweg, und jeder andre Stern ist besser, denn die Erde.[21]

IV. Der zeitgeschichtliche Kontext

Die Deutschen aus diesem Zustand zu einem besseren Dasein zu wecken, wünscht sich das Ich des Gedichts von den „großen Dichtern". Auf die politischen

[20] Hölderlin I, S. 302; III, S. 168.
[21] Ebd., S. 754–757.

Verhältnisse übertragen, die zum Erscheinungsdatum des Gedichts herrschten, heißt dies: In Deutschland hört man bereits den Triumph der herannahenden französischen Armee, die aus dem Westen kommend die Errungenschaften der Revolution mit nach Deutschland bringt. Seit 1796 standen die französischen Truppen am Rhein, zwei Armeen der Französischen Republik stießen sogar zeitweilig bis Stuttgart und Frankfurt am Main vor, von wo die Familie Gontard samt ihrem Hauslehrer Friedrich Hölderlin floh. Ende 1798 löste sich Hölderlins Verbindung mit dem Hause Gontard und er schloss sich seinem Freund Isaac von Sinclair (1775–1815) an, einem der führenden Köpfe der südwestdeutschen Revolutionäre. Man plante nach dem Vorbild der eben gegründeten Helvetischen Republik auch eine Württembergische und wollte den Vormarsch der französischen Armeen abwarten, um unter ihrem Schutz eine schwäbische Revolution durchzuführen. Das ganze Unternehmen brach allerdings zusammen, als der französische General Jourdan im März 1799 bekannt gab, dass alle revolutionären Bewegungen in Württemberg von seiner Armee bekämpft würden. So weit war es aber im Sommer 1798 noch nicht gekommen. Der Befreiungszug aus dem Westen – im Gedicht der des „allerobernd vom Indus her" kommende des Bacchus und in der Realität der vom Rhein her kommende des Generals Jourdan – war zu hören und je nachdem zu hoffen oder zu fürchten. Damit sei der Moment für „unsre großen Dichter" gekommen, sagt das Gedicht. Die deutschen Völker aufzuwecken, rief Hölderlin sie auf. Mittel dazu sollte das Dichterwort sein; es entspricht dem „heilge[n] Weine" (V. 3 f.) des Bacchus. Die „metaphorische Ineinssetzung von Dichtung und Wein" bzw. „von Rebe und dichterischem Wort",[22] die Peter Szondi in der unvollendeten Hymne *Wie wenn am Feiertage...* entdeckte, ist auch hier zu beobachten. Der „große Dichter" tritt die Nachfolge des Dionysos an, wenn er mittels des berauschenden und begeisternden Gedichts die Völker zum bacchantischen Fest der Revolution ruft. Dieser Gedanke war „im Werk Hölderlins bis dahin unerhört",[23] wenn auch nicht neu, denn schon Horaz nannte den Dichter in seinen *epistolae* einen „cliens Bacchi".[24] Hölderlin kam später noch gelegentlich auf diese Vorstellung zurück, etwa in der Elegie *Brod und Wein* (1801), in der die Dichter als „des Weingotts heilige Priester"[25] bezeichnet werden.

V. Das Gedicht als Gebet

Hölderlins Ode ist noch nicht selbst heiliger Wein vom Rebstock der Dichtkunst. Vielmehr ist sie als Gebet gebaut. Mit der vierfachen Bitte „an unsre großen Dich-

[22] Peter Szondi: Hölderlin-Studien. In: Ders.: Schriften. Hg. v. Jean Bollack. 2 Bde. Frankfurt/M. 1978, Bd. 1, S. 261–418, hier S. 292.

[23] Mieth 1996, S. 54.

[24] Horaz: Sämtliche Werke. Lateinisch und deutsch. Hg. v. Hans Färber. 2 Bde. München ^{8}1979, Bd. 2, S. 220 (Epist. II, 2, V. 78).

[25] Hölderlin I, S. 380.

ter" beginnt die zweite Strophe: die Völker zu wecken, die Gesetze zu geben, „uns" (V. 7) das Leben zu geben, zu siegen. Unausgesprochen wird der Leser Teil eines Kollektivs, das sein Gebet an seine Dichter, die damit göttergleich werden, richtet. Wie die Gemeinde der Christen im *Vaterunser* bittet: „erlöse uns von dem Bösen", so bittet das Ich in Hölderlins Gedicht „unsre Dichter" um „Leben" und um „die Gesetze" (V. 6 f.).

Diese Bitte ist dringend, denn die Dichter sollen die Deutschen wecken, bevor es das französische Revolutionsheer tut. Die Französische Republik hatte ihr Versprechen, nie mehr einen Angriffskrieg zu führen, gebrochen und seit 1793 verschiedene Territorien annektiert. Die Soldaten der Republik benahmen sich kaum besser als die Soldateska der Fürsten. Hölderlin war klar geworden, dass die Revolution ein Versuch war, „durch eine Räuberbande" ein „Elysium zu pflanzen",[26] wie es im zweiten Band des *Hyperion* heißt.

Hölderlins zweites wichtiges Vorbild, der von ihm als „Meister"[27] verehrte Friedrich Schiller (1759–1805), hatte als Ausweg aus dem Dilemma, dass „eine verderbte Generation" nur Verderbtes hervorbringen würde, eine langfristig angelegte ästhetische Erziehung der Menschen vorgeschlagen.[28] Hölderlin aber steckte nicht so weit zurück; er beharrte darauf, dass es einige, wenn auch nur wenige Menschen gebe, die bereits vollendet seien und den anderen Menschen zu dieser Vollendung verhelfen könnten, und zwar in einem Augenblick, wenn auch vielleicht nur für einen Augenblick. Das Medium dieser Vollendung war für Hölderlin die Dichtung, und wenigstens für die Dauer der Lektüre einer Ode zum Beispiel kann der Mensch „wach" werden und das Dasein in einer besseren Zukunft empfinden. Das geschehe jedes Mal, wenn der „Gesang [...] glükt",[29] glaubte Hölderlin.

Seine Gegenwart sah der Dichter als tiefe Nacht. Doch den großen Dichtern traute er 1798 noch zu, durch ihr Schreiben die Herzen der Menschen zu erobern und den Tag vorahnen zu lassen. Mittels der Dichtung hat die Zukunft schon in der Gegenwart (der „dürftigen Zeit") Raum. Später verlor Hölderlin seinen unbedingten Glauben an die Poesie und gibt zu (*Brod und Wein*, erste Fassung, 1801):

> Indessen dünket mir öfters
> Besser zu schlafen, wie so ohne Genossen zu seyn,
> So zu harren und was zu thun indeß und zu sagen,
> Weiß ich nicht und wozu Dichter in dürftiger Zeit?[30]

Auch beginnt Hölderlin gut zwei Jahre später die zweite Strophe der Um- und Weiterdichtung des hier interpretierten Gedichts mit einer enttäuschten Anrede an den

---

26 Ebd., S. 720.
27 Hölderlin II, S. 681.
28 An Prinz Friedrich Christian von Augustenburg, 13. Juli 1793. In: Schillers Briefe. Mit Einleitung und Kommentar, hg. v. Erwin Streitfeld und Viktor Žmegač. Frankfurt/M. 1983, S. 202–211, hier bes. S. 206.
29 Hölderlin I, S. 263 („Wie wenn am Feiertage...", V. 49).
30 Ebd., S. 378.

Dichter: „Und du, des Tages Engel! erwekst sie nicht / Die jezt noch schlafen?"[31] Die kurze Ode *An unsre großen Dichter* aber ist noch ein Lied voller Hoffnung.

Doch wie jeder Hoffende auch zweifelt und sich nie sicher sein kann, das Land der Träume zu erreichen, so kann auch der Bittende dieses Gedichts nicht sicher sein, dass sein Gebet in Erfüllung geht. Und so endet die Ode mit einem melancholischen Ton. Langsam anhebend drängt der historische Bericht der ersten Strophe ganz gegen das ursprünglich fallende Versmaß zu dem entscheidenden Satz: „Bacchus kam, mit heilgem / Weine vom Schlafe die Völker wekend." (V. 3 f.) Auf gleicher Höhe des Pathos schließt der Beginn der zweiten Strophe an. Drängend, ja beschwörend ist die zweifach gedoppelte Aufforderung an die Dichter: „wekt" – „wekt" (V. 5), „gebt" – „gebt" (V. 6), um schließlich in den inbrünstigen Wunsch nach Erfüllung des Gebets zu münden: „siegt, Heroën!" (V. 7.) Dann aber fällt der Ton abrupt ab. Zwar ist der Inhalt der letzten anderthalb Verse noch wichtig, doch das Gedicht klingt spürbar aus, sein Rhythmus verebbt.

„*Ihr* nur *habt* der Eroberung *Recht*" (Hervorhebungen A.B. [V. 7 f.]), will der Satz gelesen sein, und schon meint man die Klage mitzuhören: Das Recht, das sie nicht haben, werden sich die Soldaten nehmen. Nicht das betörende Saiten- und „Flötenspiel" der Dichter, sondern das Donnern der Waffen, das „Furchtbare und Kriegerische", wie es bei Karl Philipp Moritz hieß, wird uns erobern, wenn wir nicht vorher erwachen. Die Grande Armee der Französischen Republik wird „uns" (V. 7) mit Gewalt und Schrecken überziehen, nicht aber „die Freude des Weins"[32] bringen. Und so bleibt nach der letzten, abermals nicht in das ursprüngliche Versmaß gehörenden, durch das Komma markierten Zäsur nur noch die leise verklingende, melancholische Erinnerung an „Bacchus" (V. 8) und seinen „die Völker der Erde beglückenden Zug".[33]

Das so innige Gebet um Befreiung durch die Dichter ist eines, das trotz der sich darin ausdrückenden Hoffnung zugleich schon seine Vergeblichkeit leise einzugestehen scheint. Nur in der Erinnerung an den mythischen Eroberungszug des Dionysos, doch immerhin darin erfüllt sich die Hoffnung auf eine bessere Zukunft, in der nicht Soldaten, sondern die Dichter Gesetze geben. Was die Dichter heute schon geben können, sind Gedichte. Und die können wie der Wein des Bacchus sein, ein Weckruf, eine Freude und ein Vorschein des – hoffentlich – einmal anbrechenden Tages.

VI. Auswahlbibliographie

1. Maria Behre: „Des dunkeln Lichtes voll". Hölderlins Mythokonzept Dionysos. München 1987, S. 202–204.
2. Wolfgang Heise: Hölderlin. Schönheit und Geschichte. Berlin, Weimar 1988, S. 12–14.

31 Ebd., S. 269 bzw. 329 („Dichterberuf", V. 5 f.).

32 Hölderlin I, S. 380 f.

33 Moritz 1791, S. 130.

3. Gerhard Kaiser: Geschichte der deutschen Lyrik von Goethe bis Heine. Ein Grundriß in Interpretationen. 3 Bde. Frankfurt/M. 1988, Bd. 1: Von Goethe bis Heine, S. 475–477.
4. Günter Mieth: Hölderlin und die großen Dichter. In: Gerhard Kurz (Hg.): Gedichte von Friedrich Hölderlin. Interpretationen. Stuttgart 1996, S. 48–58 (wieder in: Ders.: Friedrich Hölderlin. Zeit und Schicksal. Vorträge 1962–2006. Würzburg 2007, S. 112–117).
5. Walter Müller-Seidel: Hölderlins Ode *Dichterberuf*. Zum schriftstellerischen Selbstverständnis um 1800. In: Ders.: Die Geschichtlichkeit der deutschen Klassik. Literatur und Denkformen um 1800. Stuttgart 1983, S. 191–208, bes. S. 195–198 (gekürzt in: Wulf Segebrecht (Hg.): Gedichte und Interpretationen. Bd. 3: Klassik und Romantik. Stuttgart 1984, S. 230–242).

Clemens Brentano (1778–1842): Sprich aus der Ferne

von Michael Herrmann

I. Gedicht

Sprich aus der Ferne	X x x X x/	I
Heimliche Welt,	X x x X/	
Die sich so gerne	X x x X x	
Zu mir gesellt.	X x x X//	
Wenn das Abendroth niedergesunken,	x x X x x X x x X x/	II
Keine freudige Farbe mehr spricht,	X x X x x X x x X/	
Und die Kränze stillleuchtender Funken	x x X x X X x x X x	
Die Nacht um die schattigte Stirne flicht:	x X x x X x x X x X/	
Wehet der Sterne	X x x X x	III
Heiliger Sinn	X x x X/	
Leis' durch die Ferne	X x x X x/	
Bis zu mir hin.	X x x X//	
Wenn des Mondes still lindernde Thränen	x x X x X X x x X x	IV
Lösen der Nächte verborgenes Weh;	X x x X x x X x x X/	
Dann wehet Friede. In goldenen Kähnen	X x x X x/x X x x X x	
Schiffen die Geister im himmlischen See.	X x x X x x X x x X//	
Glänzender Lieder	X x x X x	V
Klingender Lauf	X x x X/	
Ringelt sich nieder,	X x x X x/	
Wallet hinauf.	X x x X//	
Wenn der Mitternacht heiliges Grauen	x x X x x X x x X x	VI
Bang durch die dunklen Wälder hinschleicht,	X x x X x X x X X/	
Und die Büsche gar wundersam schauen,	x x X x x X x x X x/	
Alles sich finster tiefsinnig bezeugt:	X x x X x X X x x X/	
Wandelt im Dunkeln	X x x X x	VII
Freundliches Spiel,	X x x X/	
Still Lichter funkeln	X X x X x/	
Schimmerndes Ziel.	X x x X//	
Alles ist freundlich wohlwollend verbunden,	X x x X x X X x x X x/	VIII
Bietet sich tröstend und traurend die Hand,	X x x X x x X x x X/	
Sind durch die Nächte die Lichter gewunden,	X x x X x x X x x X x/	
Alles ist ewig im Innern verwandt.	X x x X x x X x x X//	

Sprich aus der Ferne	X x x X x/	IX
Heimliche Welt,	X x x X/	
Die sich so gerne	X x x X x	
Zu mir gesellt.	X x x X//[1]	

Clemens Brentano: Sämtliche Werke und Briefe. Historisch-kritische Ausgabe, Bd. 16: Prosa I. Godwi oder Das steinerne Bild der Mutter. Ein verwilderter Roman von Maria. Hg. v. Werner Bellmann. Stuttgart u. a. 1978, S. 184 f.

II. Methodischer Zugang – Situierung des Gedichts im Kontext des *Godwi*-Romans

Die folgende Interpretation stützt sich überwiegend auf detaillierte Strukturanalysen, insbesondere auf die genaue Analyse des Metrums. Das Credo lautet: Lies aus der Nähe. Das Gedicht wird unter besonderer Berücksichtigung dreier Kontexte gedeutet: (1.) im Blick auf den engeren textuellen Zusammenhang, d. h. seine Stellung innerhalb des narrativen Gefüges, das der *Godwi*-Roman vorstellt, (2.) im weiteren Kontext poetologisch relevanter Konzepte frühromantischer Ästhetik um 1800 und (3.) in seiner Beziehung zur lyrischen Tradition.

Sprich aus der Ferne[2] ist vermutlich in den letzten Monaten des Jahres 1800 entstanden. Es erschien erstmals im Juli 1801, im ersten Teil des Romans *Godwi oder Das steinerne Bild der Mutter. Ein verwilderter Roman von Maria*. Das Lied wird dort von einer Figur namens Otilie gesungen, und zwar im Verlauf eines nächtlichen Spaziergangs, den diese gemeinsam mit dem Protagonisten Godwi unternimmt. Da es somit bei Erstveröffentlichung als ein Rollengedicht ausgezeichnet war, ist der Roman-Kontext bei der Interpretation zu berücksichtigen.[3]

Vor allem die im Gedicht mehrfach angesprochenen „Lichter“ (V. 27, 31) weisen auf den unmittelbaren Gesprächskontext hin, innerhalb dessen Otilie gegenüber Godwi vehement für eine alternative Naturauffassung eintritt: Während des Spaziergangs sehen beide ein Licht, dessen Herkunft zunächst ungeklärt bleibt. Nach Godwi ist es „Aberglaube“ bzw. „falscher Glaube“, wenn Otilie die „stillen Lichter“ als „Winke [des persönlichen] Schutzgeist's in der Nacht“[4] versteht. Otilies Zurückweisung des Versuchs, das Wunderbare aus der Natur zu beseitigen, gipfelt im Vortrag des Lieds *Sprich aus der Ferne*. Es ist ein ritueller Gesang, ein Gebet[5] zum Zweck der Selbstvergewisserung und zur Abwehr

---

1 Legende zur metrischen Umschrift: X = betonte Silbe, x = unbetonte Silbe, / = kurze Pause, // = längere Pause, Unterstreichungen dienen zur besonderen Markierung schwebender Betonungen; zwischen Haupt- und Nebenbetonung wird hier der Übersichtlichkeit halber nicht unterschieden.

2 Zur Entstehung vgl. den entsprechenden Kommentar von Bellmann in Brentano 1978, S. 582–590.

3 Vgl. Ursula Matthias: Kontextprobleme der Lyrik Clemens Brentanos. Eine Studie über die Verseinlagen im Godwi. Frankfurt/M., Bern 1982, insbes. S. 55–65, 97–105, 163–173.

4 Brentano 1978, S. 181 f.

5 Vgl. ebd., S. 185.

der ‚prosaischen', nüchternen Erklärung Godwis, es handele sich vermutlich um irgendwelche Hüttenfenster. Er vertritt die Position des *Tag*menschen, der Naturerscheinungen nach Maßgabe des ‚gesunden Menschenverstands' im Lichte der Vernunft deutet, während Otilie sie als persönlich an sie adressierte Zeichen und mithin als ein freundliches Kommunikationsangebot interpretiert, das als solches für den gläubigen *Nacht*menschen keiner weiteren Semantisierung bedarf.

III. Wider des Widerspenstigen Zähmung

Hartwig Schultz charakterisiert das Gedicht einerseits als ein Beispiel für Stimmungslyrik, andererseits als philosophisch-ästhetische Programmschrift. Den viel zitierten 32. Vers deutet er wie folgt:

> „Alles ist ewig im Innern verwandt" [...]: Das heißt, die gesamte Natur ist durch ein System von Korrespondenzen zu einem harmonischen Ganzen verbunden. Aufgabe der Dichter ist es, den Menschen wieder in diesen Zusammenhang einzubinden, ihm die „heimliche Welt", die „aus der Ferne" spricht, wieder zu erschließen.[6]

Präsentiert Brentanos Gedicht die Natur tatsächlich als ein harmonisches Ganzes? Zwar ist ausdrücklich von ewiger *innerer* Verwandtschaft die Rede. Dies bedeutet jedoch nicht, dass die konkrete Erfahrung der *äußeren* Welt dieser Verwandtschaft jederzeit entspricht. Das verbindende Moment, wie es hier im Rahmen eines Sehnsuchtsgedichts und damit im Modus des Begehrens artikuliert wird, besteht im gemeinsamen ‚frommen' Wunsch, sich als Teil des umfassenden Kosmos zu erfahren. Imaginiert wird eine im Rahmen poetischen Sprechens als utopisch ausgezeichnete Welt,[7] wie sie im Medium des lyrischen Gesangs wohl für einen Moment *aufscheint*. Otilies Lied entspricht einem Bittgebet, in dessen Verlauf die Erfüllung der Bitte nicht etwa dauerhaft realisiert wird. Widersprüchliche Phänomene, Dissonanzen der Wahrnehmung, Lieb und Leid werden mit großem Aufwand musikalisch in Einklang gebracht. Der in erster Linie euphonisch begründete ‚Zauber' des Gedichts, seine verführerische Lautgestalt, macht dabei die unheimliche Kehrseite jener Kohärenz, die es stiftet, nur allzu leicht vergessen. Was geschieht, wenn die Vorzeichen sich ändern und die „schöne Verwirrung"[8] dann plötzlich so schön nicht mehr ist?

---

6 Hartwig Schultz: Clemens Brentano. Stuttgart 1999, S. 36.

7 Vgl. Stephan Jaeger: Das Rauschen der Blätter. Die Vollführung lyrischen Ausdrucks in der deutschen und englischen Romantik (Eichendorff, Brentano, Shelley). In: Ders., Stefan Willer (Hg.): Das Denken der Sprache und die Performanz des Literarischen um 1800. Würzburg 2000, S. 191–212, hier S. 198 f.

8 Diesen Ausdruck gebraucht Friedrich Schlegel im *Gespräch über die Poesie* zur Charakterisierung der Arabeske. Ders.: Kritische Ausgabe, Bd. 2: Charakteristiken und Kritiken I (1796–1801). Hg. v. Hans Eichner. Paderborn u. a. 1967, S. 284–362, hier S. 319.

IV. Die Kunst der Verwirrung

Sprich aus der Ferne ist im emphatischen Sinne ein Lied, d. h. ein lyrischer Gesang von großer Musikalität. Es handelt sich um ein äußerst raffiniert konstruiertes Kunstlied, das sich von einfacher gebauten Volksliedern deutlich unterscheidet. Folglich hat die Lektüre der Überstrukturiertheit des Gedichts Rechnung zu tragen.

Eine Ausgangsbasis liefert die metrische Umschrift: Augenfällig ist zunächst die strophische Gliederung: Das Lied umfasst insgesamt 9 Strophen, Kurz- und Langstrophen wechseln einander ab, ein streng alternierendes Strophenschema. Sowohl die Kurz- als auch die Langstrophen bilden jeweils einen Kreuzreim, wobei es sich mit einer Ausnahme (Strophe 6, Verse 22 und 24: „hinschleicht" / „bezeugt") um reine Reime handelt. Eingangs- und Schlussstrophe sind Kurzstrophen von identischem Aufbau und Wortlaut, sie rahmen die verbleibenden 7 Strophen ein. Kurzstrophen bilden nicht nur den Rahmen des Gedichts, sondern eine dritte (Strophe 5) bildet darüber hinaus auch dessen Mitte. Sämtliche Kurzstrophen sind nach einem einheitlichen metrischen Schema aufgebaut: die Verse 1 und 3 bestehen jeweils aus einem Daktylus und einem Trochäus (X x x / X x), die Verse 2 und 4 jeweils aus einem Chorjambus (X x x X). Allerdings wird der Rhythmus variiert: in den beiden Rahmenstrophen kommt es an anderer Stelle zum Enjambement als in den drei inneren Kurzstrophen; letztere erlauben eine zusammenhängende Rezitation des ersten Verspaars der Strophe (ohne Pause nach dem ersten Vers), erstere hingegen eine zusammenhängende Rezitation des zweiten Verspaars (ohne Pause nach dem dritten Vers).

Es ist kein Zufall, wenn gleich zu Beginn des Gedichts auf ein prominentes antikes Versmaß zurückgegriffen wird, nämlich auf den Schlussvers der sapphischen Ode,[9] den so genannten Adoneus (X x x / X x). Wo die klassische Ode aufhört, fängt das romantische Kunstlied an, und das nicht etwa nur in formaler Hinsicht: mit dem Appell an die „Heimliche Welt", „aus der Ferne" zum vereinsamten, die Begehrte anrufenden Ich zu sprechen, reiht sich das Gedicht in die Tradition der abendländischen Sehnsuchtslyrik ein, als deren Patin Sappho gelten darf. Der Adoneus als klassische Versform und der Chorjambus als klassischer Versfuß, dem ein ganzer Vers eingeräumt wird, dienen hier, mit Klopstock gesprochen, dem „Mitausdruck der Gedanken":[10] der Adoneus entspricht der Sehnsucht, wie der Chorjambus der vom Gedicht apostrophierten Geselligkeit. Der Adoneus tritt aber nicht nur in den Kurzstrophen in Erscheinung: an besonders prominenter Stelle, vor der betonten Zäsur innerhalb des 15. Verses, steht ein weiterer: „Dann wehet Friede." Nur dieses eine Mal wird der flüssige Verlauf eines Verses strikt unterbrochen. Allerdings bleibt das Gedicht nicht bei diesem Frieden stehen, sondern es wird – nach der Zäsur –

9 Im Jenaer Kreis wurden Sapphos Gedichte hoch geschätzt. Vgl. Schlegel 1967, S. 294.

10 Friedrich Gottlieb Klopstock: Der doppelte Mitausdruck. In: Ders.: Ausgewählte Werke. Hg. v. Karl August Schleiden. München 1962, S. 186.

weiter gesprochen. Der Gesang setzt sich damit – bis auf weiteres – über den Tod hinweg. So findet „der Nächte verborgenes *Weh*“ (Hervorh. M. H.) im *Weh*en des Friedens semantisch einen Ausgleich, phonetisch einen höchst beunruhigenden Wiedergänger. Das Weh fällt zwar nunmehr – gemäß dem evozierten Bild der fallenden Tränen des Mondes – in eine Senkung und wird somit metrisch ‚gelindert‘; es ist jedoch deshalb noch lange nicht aus der Welt, sondern hat lediglich – um der Harmonie willen – seinen Aggregatzustand gewechselt.

Die lautliche Verwandtschaft verschiedener Worte bewirkt ein Zusammenrücken der Bilder und unterstützt damit die Wirkung von Synästhesien. Die Natur wird personalisiert, gewinnt menschliche Züge. Selbst dort, wo keine Farben mehr sprechen (V. 6), wird deren Sprechen doch immerhin erinnert; wo der Mond weint (V. 13), die Nacht Sternenkränze flicht (V. 8) und leidet (V. 14), das bange Grauen durchs Dunkel schleicht (V. 21, 22) und die Büsche Augen haben (V. 23), scheint ein günstiger Ort für all diejenigen zu sein, die den Dialog mit der Natur suchen.

Wiederholung, Verschiebung und arabeske Verwirrung wirken der semantischen Eindeutigkeit entgegen. Bei allen möglichen Familienähnlichkeiten impliziert Verwandtschaft doch immer auch *Viel*gestaltigkeit; wiederkehrende Gestalten werden mehrdeutig. Die Nacht verwischt die Oppositionen, während im All*tag* das Prinzip ‚Unterscheidung‘ gilt, das seinerseits eine stabile Ordnung der Dinge, deren zuverlässige Diskriminierung und Identifizierung garantiert und damit Entscheidungen zwischen Alternativen erst möglich macht. Bei Nacht lässt sich die Welt deutlich leichter poetisieren, wie es das frühromantische Programm der „progressive[n] Universalpoesie“[11] verlangt. Darüber hinaus entspricht das Gedicht eindeutig der Forderung, Dichtung und Dichtungsreflexion miteinander zu verbinden, „zwischen dem Dargestellten und dem Darstellenden, frei von allem realen und idealen Interesse auf den Flügeln der poetischen Reflexion in der Mitte [zu] schweben, diese Reflexion immer wieder [zu] potenzieren und wie in einer endlosen Reihe von Spiegeln [zu] vervielfachen“,[12] mit anderen Worten: „überall zugleich Poesie und Poesie der Poesie [zu] sein.“[13] Exakt in der Mitte des Lieds (Strophe 5) kommt die Sprache auf „Lieder“, die einander in der Aufwärts- bzw. Abwärtsbewegung zwischen Himmel und Erde begegnen, eine Vertikale zwischen den beiden Sphären konstituieren. Himmlische und irdische Lieder treffen aufeinander, aber: sie werden nicht *ein* Lied, sondern bewegen sich vielmehr im Medium eines dritten, das *Sprich aus der Ferne* heißt.

V. Das Kreuz mit dem Spiegel

Sprich aus der Ferne ist ein Nachtgedicht. Die Nacht ist die Zeit der Imagination, der vorgestellten Bilder, der freien Entfaltung der Einbildungskraft, weitestgehend

11 Friedrich Schlegel: Athenäums-Fragmente. In: Schlegel 1967, S. 165–255, hier S. 182 f.

12 Ebd.

13 Ebd., S. 204.

unabgelenkt von Sinneseindrücken, da die alltägliche Umwelt, in Dunkelheit gehüllt, in den Hintergrund rückt. Die opake Außenwelt stellt eine ideale Projektionsfläche für die Welt der Vorstellung dar. Dichterfiguren wie Otilie die Sängerin sind entsprechend vertraut (engl.: familiar) mit dieser Umgebung, ja sie suchen diese geradezu.

„Alles", was hier zur Sprache gebracht wird, kommt nur zu Wort unter der Voraussetzung und im Rahmen einer sehr realen und als überaus schmerzlich empfundenen *Distanz* zur ersehnten, utopischen Welt. Diese Distanz motiviert überhaupt erst den Gesang: sie ist es, die das lyrische Ich sprechen macht, das in seinem Sprechen eine „Heimliche Welt" anspricht, die sich als beweglich erweist, nicht dauerhaft präsent bleibt, sich im Gesang aber dem singenden Ich immer wieder „gerne" annähert. Insofern das Lied endlich ist, ist es auch der Kontakt zur „Heimliche[n] Welt". Erst in einer gemäß dem frühromantischen Programm umfassend poetisierten Welt wäre die Beziehung zwischen Ich und Welt stabil. Die ständige Durchkreuzung einer möglichen Verfestigung dieser Beziehung wird hier jedoch zum Strukturprinzip des lyrischen Gesangs.

Die Durchkreuzung bewirkt eine Irritation der Wahrnehmung: Kreuze wohin man schaut, wobei diese sowohl graphisch als auch akustisch repräsentiert werden. In graphischer Hinsicht präsentiert sich der Text als Vierer-Kette einander überlappender Kreuze (Kreuz 1: Strophen 1–3; Kreuz 2: Strophen 3–5; Kreuz 3: Strophen 5–7; Kreuz 4: Strophen 7–9). Eine zweite, akustisch wahrnehmbare Neuner-Kette besteht im durchgängigen Kreuzreim: ein Reimschema, das sich im Gegensatz zum Paarreim (etwa im Falle eines Distichons) oder zum Umarmenden Reim (im Falle eines alternativen Vierzeilers) mit einer anderen Struktur des Textes nicht so recht in Übereinstimmung bringen lässt: mit der Spiegelstruktur.[14]

Die Gliederung des Textes in neun Strophen kommt der Spiegelung entgegen: Strophe 1 und Strophe 9 bilden auf beiden Seiten den Bildhintergrund, Strophe 5 bildet die Spiegelachse. Näher am Spiegel, also im Vordergrund des Bildes (Strophen 2–4 bzw. 6–8), werden einzelne Gegenstände erkennbar, die allerdings – und das leistet nun eben der nächtliche (Traum-/Zauber-)Spiegel – auf der Gegenseite jeweils *anders* erscheinen. Die gegensätzlichen Erscheinungs*bilder* werden dabei als einander entsprechende, intensiv aufeinander bezogene, mit einem Wort: verwandte Bilder gekennzeichnet. Nächtlich (Strophe 2) erscheint hier alles (Strophe 8); die Sterne (Strophe 3) finden ihre Entsprechung in den Lichtern (Strophe 7); dem Schmerz (Strophe 4) korrespondiert die Angst (Strophe 6). „Glänzend[ ]" wie die „Lieder" sind, geben sie einen hervorragenden Spiegel im Spiegel ab – das Gedicht ist gleichzeitig Poesie und Poesie der Poesie.

---

14 Eine schematische Darstellung liefert Otto Knörrich: Interpretationsbeispiel. Clemens Brentano: Sprich aus der Ferne. In: Ders.: Lyrische Texte. Strukturanalyse und historische Interpretation. Eine Einführung. München 1985, S. 29–43, hier S. 37.

VI. Ein Collier von Edelsteinen

In anderer Hinsicht gibt sich das Lied als eine Kette zu erkennen, welche Otilie – gleichsam als Insigne der Priesterin des kosmischen Zusammenhangs – großartig schmückt. Die Kurzstrophen können quasi als gleichmäßig geschmiedete ‚Verbindungsglieder', die Langstrophen als individuell gefasste ‚Steine' betrachtet werden. Die Strophen 1 und 9 bilden gemeinsam die ‚Schließe' der Kette. ‚Steine' und ‚Glieder' wechseln einander ab. Auch die Aneinanderreihung der ‚Steine' selbst gehorcht dem Gesetz der Abwechslung: kleinere ‚Steine', die Strophen 2 und 6 (Silbenumfang der Verse: 10 bzw. 9 Silben), wechseln mit größeren ‚Steinen', den Strophen 4 und 8 (Silbenumfang: 11 bzw. 10 Silben). Dabei zeigt sich, dass nur ein einziger ‚Stein' (Strophe 8) symmetrisch ‚geschliffen' ist (Silbenumfang: 11, 10, 11, 10); die beiden kleineren Langstrophen enthalten im jeweils letzten Vers eine Silbe zuviel (Silbenumfang: 10, 9, 10, 10), sind in diesem Punkt aber immerhin identisch; in Strophe 4 fehlt im ersten Vers eine Silbe zum Erreichen der Symmetrie (Silbenumfang: 10, 10, 11, 10). Im Gegensatz zu den metrisch streng einheitlich gebauten Kurzstrophen eignet den Langstrophen somit ein gemäßigt chaotisches Moment. Das betrifft nicht nur den Umfang und die Verteilung der Silben, sondern auch die Verteilung der Tonstellen. Insgesamt kristallisiert sich im Textverlauf eine Tendenz heraus: die Entwicklung geht hin auf ein Quartett, das ausschließlich aus daktylischen Vierhebern besteht (Strophe 8). Im Unterschied dazu finden sich in die ersten drei Langstrophen anapästische Dreiheber eingestreut (Verse 5, 7, 13, 21, 23). Der Rhythmus wird infolge der Variation des Tempos unruhiger. Selbst Strophe 8 erscheint nicht restlos geglättet: der Widerspruch zwischen ‚natürlichem' und metrischem Akzent erzwingt in Vers 29 eine schwebende Betonung – ironischerweise just an der Stelle, wo von „wohlwollend[er]" Verbindung die Rede ist. Insgesamt sechs Verse weisen eine solche schwebende Betonung auf (Verse 7, 13, 22, 24, 27, 29). Die sprachliche Materie behauptet im lebendigen Gesang einen gewissen Eigensinn gegenüber allzu rigider Vereinheitlichung. Gebundene Rede ist nicht alles. Kein ‚Stein' in der Kette gleicht völlig einem der anderen. Am wenigsten ‚lupenrein' wirkt die 4. Strophe. Dafür ist vor allem die Zäsur im 15. Vers verantwortlich: inmitten des Verses tritt mit dem „Friede" ein Moment der Stille ein. Im ‚Stein' wird ein heimlicher Einschluss erkennbar. Was hier in den Gesang eingeschlossen ist, ist ein Moment des Gedenkens an andere Stimmen: die der Toten.

VII. Lichtzeichen – Zwischenräume

Der Volksglaube sagt, dass sich in nächtlichen Lichtern die Seelen (ungetauft) verstorbener Kinder zeigen, wobei das Licht bezeichnenderweise keinen *greifbaren* Körper hat, jedoch sehr wohl eine signifikante Erscheinung ist. Als Seelenfunken lassen sich solche ‚Irrlichter'[15] lesen. Die Seelen toter Kinder erscheinen den Lebenden und werden dabei gleichsam zu Vorboten ihrer neuerlichen Verkörperung. Das entscheidende Moment ist das der Erscheinung von Licht-Zeichen, die von der Ruhelosigkeit heimatloser Seelen zeugen und in denen sich die erneute *Wende* vom Toten zum Lebendigen ankündigt.

Mit der Wende ist jenes Prinzip bezeichnet, nach dem in *Sprich aus der Ferne* die vier Wenn-dann-Sequenzen ablaufen: eine phänomenale Gestalt in der Kette der Erscheinungen zieht buchstäblich eine bestimmte andere nach sich, die gleichsam ihre eigene Kehrseite bildet. Im Hin und Her zwischen den Sphären vor dem opaken Hintergrund der Nacht, im schwebenden, nebelhaften Changieren der Bilder, ihrem allegorischen Oszillieren zwischen zwei Polen besteht ihr geheimnisvoller poetischer Zauber. Wende (wenn-dann) und Allegorie (einerseits/andererseits) lassen sich als zwei komplementäre Verfahren zur Erzeugung *einer* komplexen Bewegung verstehen. Die zwei Bild-Dimensionen der Allegorie verhalten sich hier zueinander wie Vorder- und Rückseite einer ‚Münze'. Die Strophen 2–4 und 6–8 liefern eine (in der Mitte von Strophe 5 unterbrochene) Folge von vier Wenn-dann-Sequenzen. In jeder einzelnen dieser Sequenzen lässt das lyrische Ich jeweils eine ‚Münze' rotieren.

Was geschieht während der ersten Sequenz (Strophen 2, 3)? Erst wenn die Sonne untergegangen, der Tag sich in die Nacht verwandelt hat, dann wird das Licht der Sterne sichtbar. In Gestalt einer mythischen Personenallegorie werden Himmel und Erde als *zwei* in wechselseitigem Austausch befindliche Sphären miteinander verbunden. Es bleibt im Dunkeln, *wem* hier eigentlich der Sternenkranz um die Stirn geflochten wird: ist es die Nacht, die sich selbst mit diesem Kranz schmückt, oder schmückt sie jemand anderen – womöglich das lyrische Ich? Gleichviel: Mithilfe des Requisits des Sternenkranzes wird hier eine Szene aufgeführt, die sich als Allegorie einer Initiation zum Dichter lesen lässt. Von der Natur erhält ein nicht näher charakterisiertes Subjekt, an dessen Stelle sich sowohl die Nacht als auch das lyrische Ich eintragen lässt, die Lizenz zum Singen. Die Nacht wird im Rahmen der ersten Sequenz zum möglichen *alter ego* des sprechenden lyrischen Ichs. Dieses erfährt seine Bestimmung von der Natur – im mythischen Bild gesprochen: vom Licht, das die Sterne des Kranzes ausstrahlen. Deren „heiliger Sinn" durchdringt quasi die Stirn. Im Wissen um diesen Sinn versteht das lyrische Ich nunmehr im Buch der Natur zu lesen, d. h. den (leiblichen, physischen) Signifikanten ein (geistiges, metaphysisches) Signifikat zuzuordnen.

Die zweite Sequenz (Strophe 4) präsentiert eine weitere Szene: Ein weinender Mond sorgt als Auge des nächtlichen Körpers dafür, dass sich der Schmerz löst, indem er körperlich ausagiert, chemisch gesprochen: in Tränen aufgelöst und mit der Tränenflüssigkeit ausgeschieden wird. Der Schmerz verwandelt sich in friedliche Ruhe, die es den Geistern erlaubt, am Himmel zu erscheinen. Der „himmlische See" ist himmlisch aus der Perspektive des irdischen Betrachters; ein See

---

15 Vgl. Dieter Harmening: Wörterbuch des Aberglaubens. Stuttgart 2005, S. 234.

ist er jenen mythischen Gestalten, die ihn befahren. Dem Betrachter erscheinen die Sternbilder, den mythischen Gestalten sind sie „goldene Kähne". War es zuvor der Dichter, der allegorisch in der (personalisierten) Nacht gespiegelt wurde, so ist es hier nun die Oberfläche eines Sees, die sich im Himmel spiegelt. Das Pendant zum weinenden Mond ist das lyrische Ich, dessen Klage dieselbe kathartische Funktion hat wie dessen Tränen.

Erst die Entspannung infolge des Endes der Schmerzen macht es möglich, sich ganz auf die Musik als Musik zu konzentrieren, das hier veranstaltete Konzert ungestört genießen zu können – zumindest für eine kurze Weile (Strophe 5).

Nach der Verknüpfung/Konfrontation von Mythologie und Poesie, Körper und Geist, Schmerz und Heil, Himmel und Erde, werden im Verlauf der dritten Sequenz (Strophen 6, 7) nunmehr Ernst und Spiel, Dunkelheit und Licht miteinander verbunden bzw. einander gegenübergestellt. Zunächst scheint die Wahrnehmung von Angst geprägt, das passive Ich verharrt innerlich in Schrecken, während die äußere Umgebung von gesteigerter Aktivität gekennzeichnet ist. Das personifizierte „heilige[ ] Grauen" geht durch die Nacht, derweil das betrachtende Ich vom drohenden Unheil völlig gefesselt ist. Seinem defensiven Blick begegnen offensiv andere Blicke, sogar die Büsche haben Augen. Erscheint die belebte Natur zunächst feindlich, so schlägt die ernste Situation jedoch plötzlich in ein „[f]reundliches Spiel" um. Lichter erhellen das Dunkel, bieten ein „Ziel" und damit eine Orientierungshilfe, im eben noch „finster[en]" Raum zeichnet sich wieder ein Weg ab. Dem Umschlag von orientierungsloser Bewegungsunfähigkeit in zielgerichtete Dynamik korrespondiert die Metamorphose des wahrnehmenden Ichs vom passiven Zuschauer zum aktiven Mitspieler.

Die 8. Strophe ist nicht mehr ausdrücklich als Wenn-dann-Sequenz ausgezeichnet. Die Bewegung kommt zum Erliegen, ein statisches Bild scheint die Quintessenz des bisher Gesagten zu repräsentieren: „Alles ist ewig im Innern verwandt." Apodiktisch wird hier gesprochen, das Gesungene beansprucht Gesetzeskraft: das Ende des Lieds bildet eine All-Aussage, die prätendiert, eine allgemeingültige Vor-Schrift zu verkörpern, die den Zustand des Kosmos zutreffend beschreibt. Aber Vorsicht: All*verwandtschaft* ist hier definitiv nicht mit All*einheit* zu verwechseln.[16] „Alles" fließt in der Zeit durch das Lied. „Alles" wiederholt sich. Selbst die Struktur des ‚magischen' Rituals der dreimaligen Wiederholung lässt sich innerhalb des Lieds noch einmal finden: dem anaphorischen Dreigestirn des „Alles" (V. 24, 29, 32) korrespondiert das Dreigestirn der Infragestellung, das dreimalige „Wenn" (V. 5, 13, 21). Dabei ergeben sich ständig neue (Sinn-)Zusammenhänge und (sprachstrukturelle) Verwandtschaftsbeziehungen. Diese innere Dynamik treibt bestehende Analogien über sich selbst hinaus. Somit dürfte es sich auch bei

[16] Vgl. Heinrich Henel: Brentanos Gedicht *Sprich aus der Ferne*. Dazu etwas über Keats und Baudelaire. In: Gerhart Hoffmeister (Hg.): Goethezeit. Studien zur Erkenntnis und Rezeption Goethes und seiner Zeitgenossen. Festschrift für Stuart Atkins. Bern, München 1981, S. 313–330, hier S. 328.

der 8. Strophe um eine (verkappte) weitere Wenn-dann-Sequenz handeln. Eine Strophe, in welcher lautstark die Allverwandtschaft gepriesen wird, die sich jedoch gleichzeitig aus dem umfassenderen Liedzusammenhang herauskatapultiert, ist selbstwidersprüchlich. An dieser Stelle ist der Leser aufgerufen, sie (sym-poetisch) in den Kontext einzubinden. Nach dem Gesetz der Serie ließe sich die Sequenz analog zur 4. Strophe ergänzen: „[Wenn a]lles ist freundlich wohlwollend verbunden" / [...] / [Dann s]ind durch die Nächte die Lichter gewunden". Der Leser muss selbst ein (Mit-)Glied der (sym)poetischen Kette werden, damit sich der Kreis schließt.

Erst wenn man diese eigentümliche Kombination zweier Bewegungen wahrnimmt – die Kombination (1.) der Kreisbewegung des Gesangs mit (2.) der Eigenrotation einzelner seiner Bestandteile – kommt man einem komplexeren Modell auf die Spur, nach dem das Gedicht aufgebaut ist: dem planetarischen. Wie ein Planet um die Sonne kreist, so umkreist das lyrische Ich im Gesang einmal die „Heimliche Welt" – und lässt sich innerhalb dieses Zyklus' viermal dabei beobachten, wie es sich gleichzeitig um sich selbst dreht. Diese planetarische Umkreisung der Sonne, die im Zentrum des Systems steht, gibt sich nun aber vom Zeitrahmen des Gedichts her als eine bloß vorgestellte, als ein Produkt der Einbildungskraft, als Phantasievorstellung zu erkennen.

VIII. Dauernder Gesang

Das Gedicht weist über die eigenen Grenzen hinaus in den Raum der Transzendenz. Sein Weg entspricht einem nächtlichen Rundgang über den Friedhof, der draußen vor dem Tor beginnt und endet (Strophen 1 und 9). In der Mitte des Friedhofs steht die Kirche (Strophe 5) als der Ort der Kommunikation, wo die Gebete und Gesänge (der Gemeinde) sich (im Gottesdienst) mit den (vom Priester verkündeten) Botschaften des Himmels vermengen. Eine Beerdigung findet statt, die Trauergäste sind zahlreich, nach und nach erscheinen die Angehörigen der Familie. Wer ist gestorben? Es ist die Sonne, die „niedergesunken" ist (V. 5), und die ganze Natur betrauert ihren Tod. Alle nächtliche Natur beklagt dieses Ableben, angeführt vom Mond (V. 13, 14) als dem größten nächtlichen Himmelskörper; die kathartische Wirkung tritt ein, andere Himmelskörper werden als Mitglieder der Trauergemeinde sichtbar (V. 15, 16), es kommt zum Trauergottesdienst. Dann wird es Mitternacht, die Geisterstunde beginnt, der Friedhof erscheint in einem anderen Licht, schauerlich gewandelt (Strophe 6). Aber auch die Geisterstunde geht vorüber, die Szene beruhigt sich wieder, die Begräbniszeremonie geht ihrem Finale entgegen (Strophe 7). Am Schluss steht das heilige Sakrament, das Glaubensbekenntnis wird gesprochen (Strophe 8). Der Friedhof wird verlassen, nach dem Ende steht alles wieder vor dem Anfang, der Kreis ist geschlossen. „Alles ist ewig im Innern verwandt", bildet eine *Leidens*gemeinschaft. *Sprich aus der Ferne* ist ein vielstimmiger, abwechslungsreicher Gesang, aber eben alles andere als ein ungebrochenes Loblied auf die Harmonie. Es ist ein Chor der Hinterbliebenen, der hier am Grabe der Sonne singt. So lange das Lied dauert, ist und bleibt es – Nacht.

„Glänzender Lieder / Klingender Lauf" vermittelt zwischen Außen- und Innenraum. Was sich dabei als universale Konstante herausstellt, ist jedoch nicht etwa die ewige Einheit des Kosmos, sondern vielmehr die wechselseitige Sympathie seiner Bestandteile. Diese erwächst aus einem gemeinsamen Mangel infolge ihrer Vereinzelung: einem Mangel an Identität im Sinne autarker Ganzheit. Keines der einzelnen Naturwesen genügt sich selbst. Der allegorische Bezug auf das Planetenmodell, das den einzelnen Planeten in seiner Kreisbahn um die Sonne zeigt – jenem prominentesten aller Himmelskörper, der als unbeweglicher Beweger im Zentrum steht –, ist sprechend. Wenn es in der Natur des Planeten liegt, dauernd (1.) um sich selbst und dabei gleichzeitig (2.) um ein stabiles Zentrum zu zirkulieren, das er selbst *nicht ist*, so liegt es in der Natur des lyrischen Ichs, (I.) um sein eigenes Leben und dabei gleichzeitig (II.) um ein Zentrum zu kreisen, das sich nur mittels einer Zäsur (V. 15) vergegenwärtigen lässt: Sein Gesang dreht sich um den schweigsamen Tod. Woraus sich der Gesang speist, ist die Sehnsucht nach der Aufhebung aller zeitlichen Dynamik: nach Ewigkeit. Zwischen dem lyrischen Ich und der „Heimliche[n] Welt", die es adressiert, liegt die Zeit seines Lebens zum Tode. Todessehnsucht motiviert den lyrischen Gesang. Nachts, wenn das Licht der Mitte aus dem Blick gerät, wird sie besonders virulent. Es ist die Zeit der vielen kleinen Lichter, denen nichts anderes übrig bleibt, als einander „tröstend und traurend" die Hand zu reichen: geteiltes Leiden an der Zeit – gemeinsames Dauern verwandter Seelen. Geteiltes Leid ist dabei nicht etwa halbes Leid, sondern vielmehr gemeinsames Leiden an der Halbierung. Im Gesang des lyrischen Ichs spricht sich das Wir aller Naturwesen aus. Darin finden die lieben Seelen zwar keine Ruh – doch immerhin Trost.

IX. Auswahlbibliographie

1. Winfried Freund: Clemens Brentano: *Sprich aus der Ferne.* In: Ders.: Deutsche Lyrik. Interpretationen vom Barock bis zur Gegenwart. München 1990, S. 66–73.
2. Walther Killy: Gemüterregungskunst. Clemens Brentano. In: Ders.: Wandlungen des lyrischen Bildes. Göttingen ^{7}1978, S. 53–72.
3. Detlev Lüders: Clemens Brentano: „Alles ist ewig im Innern verwandt". Die Dichtung verändert das Weltverständnis. In: Ders. (Hg.): Clemens Brentano. Beiträge des Kolloquiums im Freien Deutschen Hochstift 1978. Tübingen 1980, S. 135–162 (überarbeitete Fassung in: Ders.: Welterfahrung und Kunstgestalt. Über die Notwendigkeit von Kunst und Dichtung. Würzburg 2004, S. 149–170).

Annette von Droste-Hülshoff (1797–1848): Der Knabe im Moor

von Margarete Fuchs

I. Gedicht

Der Knabe im Moor

O schaurig ist's über's Moor zu gehn,
Wenn es wimmelt vom Haiderauche,
Sich wie Phantome die Dünste drehn
Und die Ranke häkelt am Strauche,
Unter jedem Tritt ein Quellchen springt,
Wenn aus der Spalte es zischt und singt,
O schaurig ist's über's Moor zu gehn,
Wenn das Röhricht knistert im Hauche!

Fest hält die Fibel das zitternde Kind
Und rennt als ob man es jage;
Hohl über die Fläche sauset der Wind –
Was raschelt drüben am Haage?
Das ist der gespenstige Gräberknecht,
Der dem Meister die besten Torfe verzecht;
Hu, hu, es bricht wie ein irres Rind!
Hinducket das Knäblein zage.

Vom Ufer starret Gestumpf hervor,
Unheimlich nicket die Föhre,
Der Knabe rennt, gespannt das Ohr,
Durch Riesenhalme wie Speere;
Und wie es rieselt und knittert darin!
Das ist die unselige Spinnerin,
Das ist die gebannte Spinnlenor',
Die den Haspel dreht im Geröhre!

Voran, voran, nur immer im Lauf,
Voran als woll' es ihn hohlen;
Vor seinem Fuße brodelt es auf,
Es pfeift ihm unter den Sohlen
Wie eine gespenstige Melodey;
Das ist der Geigemann ungetreu,
Das ist der diebische Fiedler Knauf,
Der den Hochzeitheller gestohlen!

Da birst das Moor, ein Seufzer geht
Hervor aus der klaffenden Höhle;

Weh, weh, da ruft die verdammte Margreth:
„Ho, ho, meine arme Seele!“
Der Knabe springt wie ein wundes Reh,
Wär' nicht Schutzengel in seiner Näh',
Seine bleichenden Knöchelchen fände spät
Ein Gräber im Moorgeschwehle.

Da mählig gründet der Boden sich,
Und drüben, neben der Weide,
Die Lampe flimmert so heimathlich,
Der Knabe steht an der Scheide.
Tief athmet er auf, zum Moor zurück
Doch immer wirft er den scheuen Blick:
Ja, im Geröhre war's fürchterlich,
O schaurig wars in der Haide!

Annette von Droste-Hülshoff: Gedichte zu Lebzeiten. Text. Bearbeitet v. Winfried Theiss. In: Dies.: Historisch-kritische Ausgabe. Werke, Briefwechsel. Hg. v. Winfried Woesler. Bd. I,1. Tübingen 1985, S. 67 f. [Im Folgenden zitiert unter Verwendung der Sigle HKA].

II. Stellenkommentar

V. 12: Haage: Hag – ein durch Hecken und Gehölze eingegrenztes Wiesen-, Feld-, Garten- oder Waldstück; bezeichnet aber auch die Hecke selbst

V. 14: verzechen: Geld, Gut oder anderes durch Trinken verschwenden oder vertun

V. 24: Haspel: meist spulenförmige Vorrichtung zum Auf- und Abwickeln von Garnen, Fäden usw.

V. 32: Hochzeitheller: traditionell wurden Geldstücke als Geschenk zum Eheverlöbnis überreicht. Sie galten sowohl als Treuepfand als auch als Schutz vor Armut, solange sie im Besitz der Eheleute blieben

V. 40: Moorgeschwehle: von Schwelen: langsames, sauerstoffarmes Verbrennen ohne Flamme; Glimmen

V. 44: Scheide: Grenze zwischen Moor und festem Boden

III. Entstehung und Einordnung

In Meersburg im Winter 1841/1842 entstand das Gedicht *Der Knabe im Moor*. Annette von Droste-Hülshoff arbeitete parallel dazu an dem Westfalenroman *Bei uns zu Lande auf dem Lande,* der allerdings Fragment blieb.[1] In diesem setzt sie sich mit ihrer Heimat auseinander, markiert aber auch ihren eigenen poetologischen Ort, indem sie sich gegenüber romantischen Positionen deutlich abgrenzt. Das Gedicht erschien am 16. 2 1842 in Cottas renommiertem *Morgenblatt für gebildete Leser,* das von Droste-Hülshoff selbst zwar als zu konservativ und der tra-

[1] Die Unart, bei Droste-Hülshoff häufig despektierlich entweder von „*der* Droste“ oder gar nur von „Annette“ zu sprechen, findet sich leider bis in die jüngste Forschung hinein, etwa bei Beland 2003, Niggl 1986, Kunisch 1964, Weiß-Dasio 1996. Solche Betonung und damit Festschreibung von bestehenden Geschlechtertypologien bleibt allerdings nicht nur auf Droste-Hülshoff beschränkt, sondern ist weit verbreitet, etwa bei „Bettine“ (von Arnim), bei „*der* Bachmann“ usw.

ditionellen Bildungskonzeption zugehörig verurteilt wurde[2] – sie selbst sah sich nämlich als Vertreterin der Moderne –, das aber dennoch eine wichtige Stimme auf dem literarischen Feld der Biedermeierzeit war.

Nachdem Droste-Hülshoff das Gedicht zuvor in verschiedene Verzeichnisse aufgenommen hatte, nämlich in die *Landschaftsbilder* und in die *Vermischten Gedichte*, erschien dann 1844 *Der Knabe im Moor* eingebunden in eine eigenständige Sammlung von Gedichten, und zwar unter dem Titel *Haidebilder*. Die Anordnung und Reihenfolge der Gedichte hatte Droste-Hülshoff selbst vorgenommen, wobei sie den *Knaben im Moor* – das früheste Gedicht der Sammlung – als Schlussgedicht setzte, während das zuletzt entstandene Gedicht *Lerche* an den Anfang kam.

Als Gedichtzyklus entsprechen die *Haidebilder* einer in der Epoche des Vormärz[3] sehr beliebten Form, die bewusst eine romantische Tradition aufgreift, da die Zyklen die strengen Gattungsgrenzen auflösen und einen lyrisch-epischen Zwischenbereich schaffen – allerdings ohne dass dabei die theoretischen Implikationen der Romantik übernommen werden. Droste-Hülshoff hatte allerdings nicht von Beginn an den Plan für einen Zyklus, sondern erst im Frühjahr 1842, als schon eine große Anzahl der Gedichte geschrieben war, wird für sie die Anordnung als Gedichtkreis bedeutsam. Und erst ganz zuletzt, sozusagen im allerletzten Moment vor der Drucklegung, fügte sie den *Knaben im Moor* als Schlussgedicht ein.

Die Anordnung der *Haidebilder* scheint sich nach dem Tagesablauf zu richten: Zu Beginn steht ein Morgengedicht, die *Lerche*, am Ende dann die Nachtgedichte. Dazwischen liegt, so Hermann Kunisch, „eine reiche Fülle von Lebensstationen, die in diesem Rahmen Zusammenhang und Bedeutung erhalten. Morgen und Abend begrenzen einen Tag, dessen mögliche Daseinsformen in den Zwischenstücken erscheinen."[4] Damit ist *Der Knabe im Moor* nicht aufgrund von Gattungsmerkmalen, sondern thematisch in den Zyklus eingegliedert.

Es gehört in der Forschung inzwischen zum guten Ton, darauf hinzuweisen, dass das Gedicht keine Ballade ist,[5] wie früher so oft behauptet wurde – und wofür auch einige Merkmale sprechen, auf die später noch eingegangen werden soll. Denn Droste-Hülshoff selbst hat in ihrer Gedichtausgabe von 1844 den *Knaben im Moor* nicht in die Gruppe der *Balladen* aufgenommen, die achtzehn Stücke umfasst, sondern in den eben schon erwähnten Zyklus *Haidebilder*. Auch in den drei Gedichtverzeichnissen, die Droste-Hülshoff vorbereitend für das endgültige „Inhaltsverzeichniß nach der Folge" für ihre Gedichtsammlung erstellt, werden

---

2 Vgl. Weiß-Dasio 1996, S. 125.

3 Zur Problematik des Epochenbegriffs im Allgemeinen und dem Begriff ‚Vormärz' im Besonderen, wie auch seiner Beziehung zur Bezeichnung ‚Biedermeier' vgl. die übersichtliche Darstellung von Norbert Otto Eke: Einführung in die Literatur des Vormärz. Darmstadt 2005. Ebenso: Wolfgang Beutin u. a.: Deutsche Literaturgeschichte. Von den Anfängen bis zur Gegenwart. Sechste, verbesserte und erweiterte Aufl. Stuttgart, Weimar 2001.

4 Kunisch 1964, S. 310.

5 Etwa Weiß-Dasio 1996, S. 132; Beland 2003, S. 86; Kunisch 1964, S. 310 u. a.

den Gedichten Gattungsbezeichnungen zugeordnet und Ordnungsversuche erprobt. Dabei erhält *Der Knabe im Moor* die Gattungsbezeichnung „Landschaftsbild".[6] In der älteren Forschung wird stattdessen gern auf den ebenfalls aus der Malerei übernommenen Begriff des „Genrebildes"[7] verwiesen,[8] den Droste-Hülshoff selbst in den *Westphälischen Schilderungen* als Form der literarischen Darstellung aufgreift, um das „Tun und Treiben eines [...] Volkes"[9] zu beschreiben. Damit ist das literaturwissenschaftliche Problem der Gattungszuordnung nur scheinbar gelöst, auf das in Abschnitt V noch Bezug genommen werden wird. Zuvor soll allerdings nach dem Erzählten, nach dem, was im Gedicht dargestellt wird, gefragt werden, um dann in Abschnitt VI beide Ebenen, die der thematischen und die der formalen Analyse, miteinander zu verknüpfen.

IV. Thematische Analyse: Was wird dargestellt?

Der Titel des Gedichts benennt schon das Thema. Allerdings war dies nicht immer schon so deutlich, da sich im Manuskript des Gedichts drei Überschriften finden: Zunächst betitelte Droste-Hülshoff das Gedicht einfach *Im Moore*, dann änderte sie den Titel zu *Das Kind*, um schließlich beides, Naturszenerie und Mensch, im endgültigen Titel *Der Knabe im Moor* zusammenzufügen.[10]

Es ist jedoch keine harmlose Begegnung zwischen diesen beiden, die hier stattfindet, sondern ein Knabe, der kaum näher beschrieben wird, erlebt auf seinem Weg durchs Moor höchst Beängstigendes. Diese Erfahrung erwächst zunächst aus der sich im Zwielicht verändernden Natur, dann aus akustischen Naturphänomenen und entwickelt sich schließlich bis zur Projektion von Gespensterglauben auf diese Sinneswahrnehmungen. Doch mit Erreichen des festen Bodens und mit dem Aufleuchten des heimatlichen Lichtes schwinden die Bedrohungen.

V. Formale Analyse: Wie wird es dargestellt?

Das Gedicht besteht aus sechs Strophen zu jeweils acht Versen mit dem Reimschema ababccab. Die Kadenzen von a und c sind männlich und die entsprechen-

6 Im Verzeichnis Meersburger Nachlass. Staatsbibliothek zu Berlin, Preußischer Kulturbesitz, Depositum in der Universitätsbibliothek Münster I, 101,2. In der Aufstellung M VII, 17,2 wird das Gedicht unter „Vermischte Gedichte" aufgeführt.

7 Genrebild ist ursprünglich ein kunsthistorischer Begriff, der eine gemalte Abbildung einer Szene aus dem Alltag eines Volkes meint, eine Schilderung und Darstellung von Lebensformen in ihrer sozialen und natürlichen Umgebung. In der ersten Hälfte des 19. Jahrhunderts hatte diese Form der Malerei einen ihrer Höhepunkte.

8 Etwa bei Kunisch 1964, S. 310.

9 Droste-Hülshoff: Westphälische Schilderungen. In: HKA Bd. 5.1. Prosa, bearb. v. Walter Huge, S. 43–74, hier S. 61.

10 Vgl. ebd., S. 313 f.

den Verse vierhebig, die anderen, auf b gereimten Verse sind dreihebig und enden weiblich, wobei die Senkungen teils ein-, teils zweisilbig sind. Hinzu kommt, dass sämtliche Verse einen einfachen oder doppelten Auftakt haben. Gelegentlich bilden die einfachen Auftakte zusammen mit der nachfolgenden Silbe eine schwebende Betonung.

Doch diese formale Analyse hat letztlich keinen besonderen Aussagewert im Hinblick auf die Frage, inwiefern *Der Knabe im Moor* nun doch eine Ballade sei, da die Ballade keine feste metrische oder strophische Form zur Voraussetzung hat. Sie stammt ursprünglich aus der romanischen Tradition und ist zunächst ein von Tanzenden gesungenes Gedicht. Im 18. Jahrhundert wurde dann in England der Begriff Ballade auf solche Volkslieder übertragen, die ein dramatisches Geschehen erzählen und – so wird die Ballade seither oftmals definiert – dramatische, narrative und lyrische Elemente miteinander verknüpfen.[11] Der Bezug zum Volkstümlichen, Volksliedhaften und Traditionellen blieb jedoch zumeist erhalten, was auch ein Argument dafür ist, Droste-Hülshoffs Gedicht zwar in die Nähe der Ballade zu rücken, jedoch dabei deutlich auf eine Differenz zu bestehen, wie es ja durch ihre Selbsteinschätzung auch belegt wird. Ein weiterer Punkt, der eine Ähnlichkeit markieren könnte, ist, dass Balladen gattungsgemäß etwas Liedhaftes haben, d. h. sie können durch Refrains, Wiederholungen, wiederkehrende Formeln gekennzeichnet sein. Im *Knaben im Moor* gibt es genau genommen zwei Wiederholungen, einerseits nämlich die Wiederholung des Eingangsverses am Ende der ersten Strophe, andererseits die Variation dieses Verses ganz zum Schluss des Gedichts. Allerdings fällt hier gleich eine wichtige Differenz innerhalb der Wiederholung auf: Der Anfang des Gedichts ist im Präsens gehalten, diesem antwortet der Schluss jedoch im Präteritum.

Rhythmus und Tempo des Gedichts steigern sich nach und nach, von Strophe zu Strophe, werden drängender und nehmen damit die dargestellte Bewegung und Flucht des Kindes auf. Allerdings finden sich immer wieder Unterbrechungen und Stockungen, etwa ein doppelter Auftakt oder dreisilbige Takte, die jeweils die Alternation durchbrechen, oder etwa doppelte Hebungen oder schwebende Betonungen am Versbeginn, z. B. „Hohl über die Fläche“ (V. 11) oder „Fest hält die Fibel“ (V. 9), deren Bedeutung für die Interpretation noch nachgegangen werden soll. Metrum und Rhythmus werden aber auch noch an anderen Stellen markant unterbrochen, Zäsuren sind etwa bei dem fast gewaltsamen Bruch des Zeilenflusses in Vers 33 zu finden: „Da birst das Moor, ein Seufzer geht“, sowie in der Mitte der letzten Strophe, wo eine doppelte Hebung anstelle des Auftaktes den fliehenden Rhythmus stocken lässt: „Tief athmet er auf“ (V. 45).

11 Vgl. zur Ballade grundsätzlich: Gottfried Weißert: Ballade. 2. (V. 45), überarb. Aufl. Stuttgart, Weimar 1993. Dieter Burdorf: Einführung in die Gedichtanalyse. Stuttgart, Weimar 1997. Walter Müller-Seidel (Hg.): Balladenforschung. Königstein/Ts. 1980.

VI. Wie Angst erzeugt wird

Die Steigerung des Tempos, die sich in Rhythmus und Metrum findet, ist auch inhaltlich als Spannungssteigerung zu finden. Das Kind, das erst am Ende der zweiten Strophe als Knabe ausgewiesen wird, erlebt auf seinem Weg durch das Moor immer beängstigendere Dinge.

Doch genauer: Was ist denn nun überhaupt bedrohlich? Und warum ist es bedrohlich?

Gleich zu Beginn des Gedichts wird eine Behauptung aufgestellt: „O schaurig ist's über's Moor zu gehen", deren Grund in einem irgendwie gearteten, wirklich und dinghaft existierenden Schaurigen des Moors bei genauerem Hinsehen in den nachfolgenden ‚Erklärungen' nicht zu finden ist[12]. Es werden nämlich zunächst sechs Phänomene genannt oder vielmehr als Erklärung angeboten, und zwar ohne Unterbrechung, ohne Trennung und Satzschluss: der Heiderauch, die Dünste, die Ranke am Strauch, das Quellende unter den Tritten, die zischende Spalte und das vom Wind bewegte Röhricht. Doch so aufgezählt sind dies alles Phänomene, die an und für sich nichts Beängstigendes an sich haben, sondern in ein Moor gehören. Unheimlich werden sie erst durch kleine Verschiebungen in der Wahrnehmung des Kindes und zugleich in der sprachlichen Darstellung, durch eine höchst konkrete Metaphorik, die die Realität beängstigend verlebendigt, hauptsächlich durch Verben der Bewegung und des Tönens: wimmeln, drehen, häkeln, zischen, singen, knistern – Verben, die sonst nur auf lebendige Wesen und deren Aktivitäten zutreffen und die hier zusammen mit dem einleitenden und beängstigenden „O schaurig" das Grauen heraufbeschwören. Ebenso werden aber auch Vergleiche („wie") und Gleichsetzungen („das ist", V. 13) unauffällig vermischt, so dass man schon in der zweiten Strophe scheinbar ganz einfach, ohne jeglichen Realitätssprung, bei den Totengeistern landet. Mit der Formel ‚das ist' wird das Schaurige im Gedicht produziert, wird Unlebendiges lebendig gemacht, werden Wirklichkeit und die Realität der Einbildung gleichgesetzt.

Auf diese Weise wird auch der psychologische Mechanismus deutlich, der das Verängstigende und Schaurige bestimmt, unter dessen Vorgabe die rationale Urteilskraft außer Gefecht gesetzt wird. Und damit ist der Weg frei, um ab der zweiten Strophe an die Perspektive des Kindes immer dichter herangeführt zu werden. So können ganz einfach Verschiebungen der Sinneswahrnehmungen vorgenommen werden: Waren es in der ersten Strophe noch überwiegend visuelle Eindrücke, die ängstigend wirkten, sind es, je länger die Flucht des Kindes durchs Moor dauert, immer stärker akustische Phänomene. Und zugleich entspricht diese Verschränkung von Wahrnehmungsphänomenen und zunehmenden innerpsychischen Projektionen der einbrechenden Dunkelheit, die immer weniger eine Unterscheidung und Differenzierung der dinglichen Welt zulässt.

12 Vgl. hier und im Folgenden Beland 2003, S. 89 ff.

Die wahrgenommenen Geräusche verbinden sich mit den phantasmatischen Überblendungen des Knaben zur einzig gültigen Wirklichkeit – die auch diejenige des Rezipienten ist, denn es wird keine Möglichkeit der Distanz mehr zugestanden. Nun wird die Realität des Schaurigen nicht mehr über Vergleiche hergestellt, sondern sie ist die einzige und damit bestimmende Realität – und diese Wirklichkeit fordert auch reales Verhalten: Der Knabe rennt vor Angst, er rennt nicht ‚als ob'. Damit taucht auch zum ersten Mal die Jagdmetaphorik auf, die bis zum Ende das Gedicht durchzieht.

Diese wie auch der sich steigernde jagende Rhythmus des Gedichts und die dargestellte Situation lassen die Annahme zu, dass sich das Kind nicht auf einem alltäglichen Gang durch das Moor befindet. Obgleich das Gedicht kein Wort darüber verliert, ob das der reguläre Weg des Kindes ist oder ob es sich etwa verlaufen hat, wird doch die Ausnahmesituation spürbar.[13]

Der Knabe wird zu Beginn der Strophe als Schulkind kenntlich gemacht, angezeigt durch die Fibel, an die er sich klammert. Sie soll ihm Hilfe geben – nicht etwa, wie sich in solchen irreal anmutenden Situationen durchaus vermuten ließe, ein Stoßgebet zum dunkelnden Himmel; auch bekreuzigt der Knabe sich nicht noch ruft er irgendeinen Schutzheiligen der Moore an. Nicht der religiöse Glaube gibt hier Halt und Sicherheit vor der aufsteigenden und sich ausbreitenden Angst, sondern vielmehr der aufgeklärte „Glaube an die Vernunft, an die Beherrschung der Kulturtechniken Lesen, Schreiben, Rechnen und an ihre wissenschaftlichen Hochformen".[14] Diese letzte Sicherheit des Knaben zeigt sich auch in dem starken Anfang dieses Verses – „fest hält" –, in den zwei Hebungen, im ähnlichen Vokalklang und vor allem auch dadurch, dass beide Worte fest von Konsonanten umschlossen sind.

Und trotzdem: Diese aufgeklärte Fortschrittsgläubigkeit hilft nicht gegen die Angst, die, genau genommen, keine singuläre Angst des Knaben ist, sondern eine kollektive, eine kollektiv produzierte Angst. Denn sie beruht auf einem Glauben an Moorgespenster, der aus Zeiten stammt, die noch vor der Säkularisierung liegen, der aber alle Fortschrittsgläubigkeit und Aufklärung überlebt hat und noch immer wirksam ist. Dieser Glaube wird nicht etwa in der Schule gelehrt, sondern als Volksglaube, vor allem als Erzählungen in den Familien, über Generationen hinweg mündlich tradiert. Durch Erziehung wird diese Angst weitergegeben, es ist eine Erziehung durch und zur Angst. Das Prekäre daran ist jedoch – dies wird zumindest in der letzten Strophe angedeutet –, dass es zugleich die Familie ist, die vor dieser Angst zu retten verspricht.

Diese Angst beruht nun – im Gegensatz zu den akustischen oder optischen Phänomenen der ersten Strophe – auf der Kulturtechnik der Personifizierung. Es tauchen immer mehr unheimliche Figuren auf. Indem die Jagd durch das Moor sich steigert, wird allmählich jedes Naturgeräusch, das der Knabe wahrnimmt, gespenstisch gedeutet. Fast unmerklich verschiebt sich damit das Augenmerk von

[13] Vgl. Weiß-Dasio 1996, S. 128.

[14] Beland 2003, S. 92.

den Phänomenen auf die Phantome.[15] Diese erscheinen auch an einer anderen Stelle in Droste-Hülshoffs Werk. In den *Westphälischen Schilderungen* versucht sie, den münsterländischen Charakter zu bestimmen, wozu auch die Schilderung von landesspezifischen Gebräuchen und Anschauungen gehört. Und darin findet sich ein ironisch gefärbter Überblick über die wichtigsten Gespenster- und Hexengestalten, darunter auch der „Gräberknecht", die „Spinnlenor" und der „Geigenmann".[16]

Mit dem Volksglauben ist die letzte der drei Perspektiven eingeführt, die das Gedicht beherrschen. Die erste schildert die Bilder, Laute und Töne der Natur, die andere das Erleben und Verhalten des Knaben – und alle drei bestehen parallel. Und wie die im Gedicht dargestellte Dämmerung klare Unterscheidungen schwierig macht, so bleibt es auch durch diese Verschränkung der Perspektiven unklar, was nun genau den Knaben ängstigt: die Naturlaute oder der Gespensterglaube, innere oder äußere Wahrnehmung. Die Darstellungsweise des Gedichts lässt raffiniert beides nebeneinander stehen, ohne es miteinander zu vermischen, aber doch so, dass sich beides auf Augenhöhe begegnet und beim ersten Blick nur schwer zu unterscheiden ist. Es wird nicht klar, wo die Grenze verläuft zwischen Innen- und Außenperspektive, und ebenso schwierig ist es festzustellen, wer da nun gerade spricht oder auch, wessen Sicht der Dinge dargestellt wird: Die verschiedenen Realitäten vermischen sich.

In der fünften Strophe wird der Höhepunkt erreicht: Indem das Moor zerbirst, rückt das Unheimliche und Bedrohliche in greifbare Nähe, weil es nun nicht mehr nur ängstigende Geräusche sind, sondern diese durch Sprache ersetzt werden. Betont und verstärkt wird dies durch die Zäsur, die sich hier findet, nämlich durch die fast gewaltsame Unterbrechung des Zeilenflusses: „Da birst das Moor, ein Seufzer geht" (V. 33).

Die „verdammte Margreth" ist auch die einzige gespenstische Figur, die in dem oben erwähnten Abschnitt der *Westfälischen Schilderungen* nicht auftaucht. Viel wurde deshalb über sie geforscht, vor allem des Kindsmordes wird sie verdächtigt.[17] Sie ist jedenfalls – und das kann man jenseits aller mehr oder weniger berechtigten Spekulationen behaupten – die einzige Schreckensgestalt, über die ein Urteil, nämlich das der Verdammnis, gefällt worden ist. Die andern sind entweder nur „gespenstig" (V. 13), „unselig" (V. 22), „ungetreu" (V. 30) oder „diebisch" (V. 31). Der furchtbare Seufzer der „verdammten Margreth" ist allerdings nicht direkt an den Knaben gerichtet, es ist kein Locken, kein Drohen, sondern ein allgemeines Klagen. Dennoch werden hier, gerade weil das Seufzen aus den Untiefen der Erde hervorgeht, das Unheimliche, Natur und Mensch aufs Engste miteinander verzahnt. Waren es zuvor nur unheimliche Ahnungen und Andeu-

---

15 Vgl. Weiß-Dasio 1996, S. 131.

16 „Die häufigen Gespenster in Moor, Heide und Wald sind arme Seelen aus dem Fegfeuer, deren täglich in vielen tausend Rosenkränzen gedacht wird, und ohne Zweifel mit Nutzen, da man zu bemerken glaubt, daß die ‚Sonntagsspinnerin' ihre blutigen Arme immer seltener aus dem Gebüsche streckt, der ‚diebische Torfgräber' nicht halb so kläglich mehr im Moore ächzt und vollends der ‚kopflose Geiger' seinen Sitz auf dem Waldstege gänzlich verlassen zu haben scheint." HKA, Bd. 5.1, S. 71.

17 Plachta 1997, S. 212 ff.

tungen, so kommt es hier zur unmittelbaren Begegnung. Mit der Jagdmetaphorik, die hier wieder einsetzt, beginnen sich auch die Realitäten, die sich in dem Gedicht begegnen, zu verbinden: Der Knabe wird in seiner Angst zur verfolgten Kreatur, „springt" nun „wie ein wundes Reh" (V. 37).

Ab diesem Punkt kann das Gleichgewicht zwischen den verschiedenen Realitäten nicht mehr gehalten werden und der Modus ändert sich. Er verschiebt sich vom Indikativ hin zum Konjunktiv II, vom Realis zum Irrealis: „Wär' nicht [...] fände spät" (V. 38–39). Und hier, in dieser Bedrohung sowohl auf inhaltlicher als auch auf morphosyntaktischer Ebene, kann auch nur noch ein ebensolches nichtreales, fiktives Eingreifen helfen, das aber nicht weiter erklärt wird: das Einschreiten des „Schutzengels" (V. 38). Dieser stammt genauso wie die Moorgespenster aus voraufklärerischen Zeiten, ist ebenfalls tief verwurzelt im Volksglauben und hat ebenso alle Säkularisierungsversuche überlebt. Die Nähe zum Volksglauben und zu den Sehnsuchtsbildern der halbaufgeklärten Bevölkerung wird durch die Evokation von Volksliedhaftem, Schlafliedartigem noch verstärkt, indem im selben Satz mit dem „Schutzengel" auch ein Diminutiv auftaucht, wie er in solchen Liedern häufig ist.[18] Aber er löst keine Rührung aus, sondern erneut Unheimliches, weil der Diminutiv die „bleichende[n] Knöchelchen" (V. 39) kennzeichnet.

Wie die fünfte Strophe, in der der größte Schrecken dargestellt wird, so wird auch die sechste Strophe mit einem „Da" eingeleitet, allerdings geht es in dieser um die Rettung vom Unheimlichen. Indem der Boden nun fester wird, sich „gründet" (V. 41) und damit Sicherheit spürbar wird, öffnet sich eine Gegenwelt zum bisher erlebten Chaos, wird Distanz zum Moor für den Knaben und für den Leser physisch erfahrbar. Und auch die Blickrichtung ändert sich, vom Moor auf die „heimatliche Lampe". Die Oppositionen von Moor und Haus sowie von Dunkel und Licht, in denen sich der Knabe schon die ganze Zeit befand, werden hier nun als topographisch bestimmbarer Punkt bezeichnet, nämlich als „Scheide" (V. 44). Von der Seite des Heimatlichen, Hellen aus kann der Knabe zurückblicken, allerdings nicht mit dem Blick des Siegers oder Bezwingers des Unheimlichen, sondern „scheu" und noch immer unter dem Einfluss des eben Erlebten. Die Erleichterung ist dennoch, sogar metrisch, spürbar: „Tief athmet er auf" (V. 45) – die doppelte Hebung zum Versbeginn bremst und verlangsamt das Drängende, Jagende der vorangehenden Strophen. Und auch der lange Vokal des Wortes „tief" verlangsamt einerseits das Tempo und fängt andererseits durch seinen Klangwert in dem langen Vokal und in der Bedeutung die gehetzte Bewegung auf. Schließlich ändert sich sogar das Tempus im vorletzten Vers. Vom Präsens wird nun ins Präteritum gewechselt: „Ja, im Geröhr war's fürchterlich, / O schaurig wars in der Heide!" Das erschreckende Erlebnis ist vorbei und überstanden.

In der Forschung wird häufig die Opposition von Moor und wohl gegründetem Haus auch auf einer religiösen Ebene gedeutet, so dass das Moor für die gefähr-

[18] So etwa in: „Weißt du, wieviel Sternlein stehen" von Wilhelm Hey; „Guten Abend, gut Nacht"; „Kein schöner Land" von Anton Wilhelm Florentin von Zuccalmaglio usw.

liche und sündhafte Welt steht, das Haus aber göttliche Rettung verspricht.[19] Mit der heimatlich flimmernden Lampe als nicht mehr nur realem Bild passt dies in die christliche Lichtsymbolik, die im Werk von Droste-Hülshoff immer wieder auftaucht und die dann auch nicht in das Feld des hier beschriebenen Volksglaubens gehört, sondern letztlich den Deutungsrahmen des erzählten Geschehens abgibt. Damit „versinnbildlicht das Gedicht das Abenteuer des Menschen überhaupt, der durch Anfechtung und Bedrohung mit Hilfe der Gnade das Heile und das Heil gewinnt."[20] Günter Niggl weist darauf hin, dass das dem *Knaben im Moor* vorausgehende Gedicht des Zyklus, *Das Haus in der Heide,* auf einer religiösen Ebene angesiedelt ist, was dann – sofern man den *Knaben im Moor* christlich-religiös liest – die zeitgleiche Aufnahme der beiden Gedichte in den Zyklus erklären und zugleich die thematische Sonderstellung des vorletzten Gedichtes aufheben kann. Damit wäre dann auch das Prinzip der Steigerung in den *Haidebilder*-Zyklus eingeführt, so dass er keinen nur in sich ruhenden Zyklus mehr darstellt, sondern vielmehr einen Prozess. Darüber hinaus arbeitete Droste-Hülshoff gleichzeitig an anderen religiösen Dichtungen, etwa *Das Geistliche Jahr* und *Der Spiritus familiaris des Roßtäuschers,* was eine religiöse Deutung des Gedichtes zusätzlich stärkt.

Doch *Der Knabe im Moor* enthält keine endgültige Lösung, das Kind steht zum Schluss des Gedichts erst an der Scheide zwischen beiden Sphären. Und ist das heimatliche Ziel denn wirklich das wünschenswerte? Die Lampe „flimmert" nämlich nur ungewiss, sie leuchtet nicht. Denn an diesem sphärisch fast ebenso unklaren und unsicheren Ort, im Moor – wäre da nicht das Wort „heimatlich", das eine klare Grenze zu allem Unheimlichen zieht –, wird gerade das erzeugt, was den Knaben so ängstigte: der Gespensterglaube, die einzelnen unheimlichen Gestalten. Die „Spinnlenor", der „Gräberknecht" – sie alle und die Angst vor ihnen werden genau dort, im Schein der Lampe, geschaffen, damit die Lampen weiterhin und erst recht heimatlich leuchten können. Eine höchst ambivalente Situation wird so hergestellt: In den Häusern, um die Lampen und unter ihnen wird die Angst erzeugt, gegen die dann wiederum das Licht der Lampen trösten soll. Die Tradierung der Angst durch die Generationen ist damit notwendiger und festigender unbewusster Grund, der zugleich genauso bodenlos ist wie das Moor, vor dem er warnt.

VII. Auswahlbibliographie

1. Hermann Beland: Todesangst am Anfang des Lebens. Körperliche Getrenntheit und die Induktion von Angst. Psychoanalytischer Versuch über *Die Mergelgrube* und *Der Knabe im Moor.* In: Gisela Greve, Herta E. Harsch (Hg.): Annette von Droste-Hülshoff aus psychoanalytischer Sicht. Berlin 2003, S. 65–101.

[19] Vgl. hierzu etwa Kunisch 1964; Niggl 1986, S. 104 f.
[20] Kunisch 1964, S. 344.

2. Hermann Kunisch: Annette von Droste-Hülshoff: Der Knabe im Moor. In: Rupert Hirschenauer, Albrecht Weber (Hg.): Wege zum Gedicht II. Interpretation von Balladen. München, Zürich 1964, S. 309–345.
3. Günter Niggl: Die Heidebilder der Droste als Gedichtzyklus. In: Droste-Jahrbuch 1 (1986), S. 94–106.
4. Bodo Plachta: Der Verlust des festen Bodens. Sozialgeschichtlicher und literarischer Kontext des Droste-Gedichts *Der Knabe im Moor*. In: Jahrbuch des Freien Deutschen Hochstifts 1997, S. 206–231.
5. Manfred Weiß-Dasio: Heidewelt. Eine Einführung in das Gedichtwerk der Annette von Droste-Hülshoff. Bonn 1996.

Heinrich Heine (1797–1856): Carl I.

von Sikander Singh

I. Gedicht

Carl I.

Im Wald, in der Köhlerhütte sitzt
Trübsinnig allein der König;
Er sitzt an der Wiege des Köhlerkind's
Und wiegt und singt eintönig:

Eyapopeya, was raschelt im Stroh?
Es blöken im Stalle die Schafe –
Du trägst das Zeichen an der Stirn
Und lächelst so furchtbar im Schlafe.

Eyapopeya, das Kätzchen ist todt –
Du trägst auf der Stirne das Zeichen –
Du wirst ein Mann und schwingst das Beil,
Schon zittern im Walde die Eichen.

Der alte Köhlerglaube verschwand,
Es glauben die Köhlerkinder –
Eyapopeya – nicht mehr an Gott
Und an den König noch minder.

Das Kätzchen ist todt, die Mäuschen sind froh –
Wir müssen zu Schanden werden –
Eyapopeya – im Himmel der Gott
Und ich, der König auf Erden.

Mein Muth erlischt, mein Herz ist krank,
Und täglich wird es kränker –
Eyapopeya – du Köhlerkind
Ich weiß es, du bist mein Henker.

Mein Todesgesang ist dein Wiegenlied –
Eyapopeya – die greisen
Haarlocken schneidest du ab zuvor –
Im Nacken klirrt mir das Eisen.

Eyapopeya, was raschelt im Stroh –
Du hast das Reich erworben,
Und schlägst mir das Haupt vom Rumpf herab –
Das Kätzchen ist gestorben.

Eyapopeya, was raschelt im Stroh?
Es blöken im Stalle die Schafe.

Das Kätzchen ist todt, die Mäuschen sind froh –
Schlafe, mein Henkerchen, schlafe!

Heinrich Heine: Säkularausgabe. Werke, Briefwechsel, Lebenszeugnisse. Hg. v. der Klassik Stiftung Weimar und dem Centre National de la Recherche Scientifique in Paris. Bd. 3. Berlin, Paris 1970 ff., S. 20 f. [Im Folgenden mit der Sigle HSA zitiert].

II. Entstehungsgeschichte

Im Oktober 1846 erschien mit Angabe des fingierten Druckortes Borna und vordatiert auf das Jahr 1847 eine Anthologie mit sozialkritischen Dichtungen von Georg Weerth, Ferdinand Freiligrath, Anastasius Grün und Heinrich Heine, um nur diejenigen Beiträger anzuführen, denen in der Geschichte der deutschen Literatur über den Vormärz hinaus ein Name geblieben ist. Bereits im Februar des Vorjahres hatte Karl Marx den Versuch unternommen, einen Kontakt zwischen Heinrich Heine und Hermann Püttmann herzustellen, der Herausgeber dieser *Album* betitelten Sammlung von „Originalpoesien" war. Aber obwohl Marx in seinen Briefen herausstellte, dass die *Rheinischen Jahrbücher* zensurfrei erscheinen würden, fand sich der Dichter nicht bereit, Texte zur Verfügung zu stellen.[1] Dies geschah erst einige Monate später auf Vermittlung von Karl Grün.[2] Da die Zeitschrift jedoch in Preußen verboten wurde, veröffentlichte Püttmann die übersandten Texte in dem ebenfalls von ihm verantworteten *Album*.

In der Anthologie erschienen sieben Gedichte von Heinrich Heine. Das wirkungsmächtigste unter ihnen ist das bereits 1844 in der Zeitschrift *Vorwärts!* publizierte und in der Folge als Flugblatt verbreitete *Die schlesischen Weber*. Ihm vorangestellt war *Das Wiegenlied*, das später, im Jahr 1851 als Teil des Zyklus *Historien* in der Sammlung *Romanzero* veröffentlicht, den Titel *Carl I.* erhalten hat, der – als Paratext im Sinne Gérard Genettes – den Bezug zu dem englischen Monarchen überhaupt erst herstellt. Obwohl weder der Briefwechsel des Dichters noch die Aufzeichnungen seiner Zeitgenossen Anhaltspunkte für eine exakte Datierung liefern, konnten Eva und Michael Werner durch eine Untersuchung der Handschrift und der Papierbeschaffenheit seine Entstehung auf die Zeit zwischen Mitte 1844 und Januar 1846 eingrenzen.[3]

Nach der Veröffentlichung im *Romanzero* ließ Heine das Gedicht von Saint-René Taillandier ins Französische übersetzen. Diese Übertragung erschien im Jahr 1855 in dem Band *Poëmes et Légendes*, ergänzt um die Anmerkung: „Les berceuses de mon pays chantonnent, pour endormir leurs marmots, la chanson suivante: ‚Eyapopeya – Qu'est-ce qui s'agite dans la paille? – Le chat est mort – Les

1 Vgl. die Schreiben von Karl Marx vom 1. 2. 1845 (HSA Bd. 26, S. 126) und vom 24. 3. 1845 (HSA Bd. 26, S. 129).

2 Vgl. Heines Schreiben vom 31. 1. 1846 an Karl Grün (HSA Bd. 22, S. 183).

3 Eva und Michael Werner: Zur Praxis der Handschrifteninterpretation am Beispiel von Heines „Karl I." und „An die Jungen". In: Cahier Heine 1 (1975), S. 87–115, hier S. 88.

petites souris sont bien à leur aise!'"[4] Eine deutsche Fassung dieses Kinderreims, auf den Heines Dichtung gleich einem Prätext bezogen ist, ist aus der Zeit nicht überliefert.[5] In dem Anhang zu den drei Bänden der Sammlung alter deutscher Lieder *Des Knaben Wunderhorn* von Achim von Arnim und Clemens Brentano findet sich jedoch ein dreistrophiges *Wiegenlied*, mit dessen Eingangszeilen Heines Verse korrespondieren: „Eio popeio, was rasselt im Stroh, / Die Gänslein gehn barfus, / Und haben keine Schuh, / Der Schuster hats Leder, / Kein Leisten dazu, / Kann er den Gänslein / Auch machen kein Schuh."[6] Clemens Brentano entnahm das Lied dem ersten Band des *Holsteinischen Idiotikon*, das Johann Friedrich Schütze in Hamburg herausgegeben hat.[7] Ob Heine, der *Des Knaben Wunderhorn* im Februar 1824 aus der Göttinger Universitätsbibliothek entliehen hatte, das Lied durch die Bearbeitung Brentanos kannte oder durch die Sammlung Schützes, ist nicht zu bestimmen.[8] Zudem ist nicht auszuschließen, dass er während seiner Aufenthalte in Hamburg in den Jahren 1843 und 1844 mit einer der in Norddeutschland verbreiteten mündlich überlieferten Fassungen in Berührung kam.[9] Dass sein Gedicht erst nach diesen Reisen in die deutsche Heimat entstand, könnte jedenfalls als ein Indiz hierfür gewertet werden.

Damit verweist bereits die Entstehungsgeschichte auf die Bedeutung gattungs- und ideengeschichtlicher Fragen für das Verständnis des Gedichts, das deshalb vor diesem Hintergrund sowie im Kontext seiner intertextuellen Bezüge analysiert werden soll.

III. Gattungsdiskurse: Wiegenlied und Ballade

Die Kinder- und Wiegenlieder, die Arnim und Brentano im Jahr 1808 der Öffentlichkeit vorstellten, waren eine Provokation für die Zeitgenossen. Denn obwohl bereits der französische Philosoph Jean-Jacques Rousseau und in seiner Nachfolge Pädagogen wie Joachim Heinrich Campe oder Johann Heinrich Pestalozzi die Eigenart des Kindes als ein vom Erwachsenen distinktes menschliches Wesen thematisiert hatten, fanden Kindheitsdarstellungen in der Kunst des frühen 19. Jahrhunderts nur insoweit Interesse, als sie Züge und Aspekte des erwachsenen

4 HSA Bd. 13, S. 222.

5 Eine entsprechende Fassung dokumentiert die von Hans Magnus Enzensberger herausgegebene Sammlung *Allerleirauh. Viele schöne Kinderreime* (Frankfurt/M. 1974, S. 53), allerdings ohne Quellenangabe: „Eia popeia, was rappelt im Stroh? / S Kätzchen ist gestorben, das Mäusche ist froh."

6 Des Knaben Wunderhorn. Alte deutsche Lieder gesammelt von Achim von Arnim und Clemens Brentano. Kritische Ausgabe. 3 Bde. Hg. v. Heinz Rölleke. Stuttgart 1987, Bd. 3, S. 286.

7 Johann Friedrich Schütze: Holsteinisches Idiotikon. Bd. 1. Hamburg 1800–1802, S. 298 f.

8 Vgl. Walter Kanowsky: Heine als Benutzer der Bibliotheken in Bonn und Göttingen. In: Heine-Jahrbuch 12 (1973), S. 129–153, hier S. 133.

9 Vgl. Kinder- und Ammen-Reime in plattdeutscher Mundart. Bremen 1836, S. 2 und S. 6.

Lebens antizipierten oder widerspiegelten.[10] Mehr noch als das Kinderlied galt das Wiegenlied den Zeitgenossen als eine nur rezipientenbezogene Textsorte ohne literarischen Wert, was auch in dem metaphorischen Gebrauch des Wortes zum Ausdruck kommt, den das *Deutsche Wörterbuch* unter anderem belegt: Das Wiegenlied ist „etwas die aufmerksamkeit einschläferndes, illusionen erzeugendes“.[11]

Der weitgehende Verzicht auf Symbole und Allegorien, die einfache Sprache und der wenig kunstvolle, gleichförmige Rhythmus mögen zu diesem Urteil ebenso beigetragen haben wie seine die Prinzipien von Realität und Kausalität in Frage stellenden Inhalte und Handlungsschemata. In diesem Sinne ist auch die Anmerkung zu verstehen, die Friedrich Johann Schütze in seiner Sammlung zu dem *Wiegenlied* macht, das Brentano für das *Wunderhorn* bearbeitet hat: „Die Amme sucht das Kind dadurch zu stillen und einzuschläfern, daß sie ihm die Schwierigkeit des Ausgehens und Schuhtragens vorsingt, wobei sie sich des unpassenden Beispiels der Gänse und des Verlustes des Leistens bedient.“[12]

Auch das zwischen Mitte 1844 und Januar 1846 entstandene Gedicht Heinrich Heines spielt mit dem die Gattung kennzeichnenden Moment einer unpassend und rätselhaft scheinenden, hermetisch anmutenden Folge von Bildern und Ereignissen:[13] Welche Reihe von Begebenheiten mag den König in die Hütte eines Köhlers geführt haben? Warum wiegt er das Köhlerkind? Wo sind dessen Eltern? Und woher weiß der König, dass das Kind dereinst sein Henker sein wird? In dem Bild, das dem Leser hier entgegentritt, werden diese im Unerklärlichen verharrenden Motive des Wiegenliedes aufgenommen und mit Zügen des numinosen Irrationalismus der Romantik unterlegt.

Zugleich werden diese Elemente des Wiegenliedes, zu denen der Refrain „Eyapopeya“ ebenso gehört wie die in Variationen wiederkehrenden Motive des Raschelns im Stroh und des toten Kätzchens, überlagert von balladesken Zügen, weshalb das Bild des einsam wachenden Königs in der Köhlerhütte wie von fern an Szenen und Gestalten aus den Balladen Ludwig Uhlands erinnert. Heines Gedicht fehlt zwar die konflikthafte Handlung, die Kennzeichen der Ballade ist, durch den Titel *Carl I.* evoziert es jedoch die Erinnerung an jene tragisch-heroischen Stoffe aus der englischen Geschichte, die seit dem Sturm und Drang das Bild der Gattung in der deutschen Literatur wesentlich geprägt haben.

Indem Heine Merkmale der Ballade und des Wiegenliedes miteinander in Beziehung setzt, Traditionen aufnimmt, überformt und kommentiert, entsteht ein Text, der durch die Verschränkung distinkter Gattungsdiskurse als ein intertextuelles Spiel gekennzeichnet ist. Zugleich steht das Gedicht am Ende einer langen Reihe von Reflexionen über das gewaltsame Ende des englischen Königs

10 Vgl. hierzu Heinz Rölleke: Vorwort. In: Heinz Rölleke (Hg.): Wiegen- und Kinderlieder. Gesammelt durch die Brüder Grimm. Weimar 1999, S. 1 f.

11 Jacob und Wilhelm Grimm: Deutsches Wörterbuch. 16 Bde. In 32 Teilbänden. Leipzig 1854–1960, Bd. 29, Sp. 1552.

12 Holsteinisches Idiotikon, Bd. 1, S. 298.

13 Vgl. Werner 1975 sowie HSA Bd. 3K, S. 173 f.

Carl, die der Dichter von den späten 1820er bis in die frühen 1850er Jahre in seinen eigenen Schriften variiert hat. Der späte Heine zitiert damit auch auf inhaltlicher Ebene Gedanken und Bilder aus vorangegangenen Werken und überschreibt sie, eben jene Differenzen eines Gattungs- und Zeitenwechsels als Leerstellen und Zwischenräume einkalkulierend, welche die Bedeutung des Gesagten vervielfältigen.

IV. Geschichtsphilosophische Betrachtungen: Vergangenheit und Zukunft

Mit Charles Stuart, der seit 1625 König von Großbritannien und Irland war und im Jahr 1649, nach dem Ende des englischen Bürgerkriegs, als erster neuzeitlicher Herrscher der europäischen Geschichte hingerichtet wurde, hat sich Heine seit seiner England-Reise im Jahr 1827 wiederholt auseinandergesetzt. Bereits in der 1828 erschienenen Besprechung der *Deutschen Literatur* von Wolfgang Menzel thematisiert er die Puritanische Revolution, die mit der Gefangennahme und Enthauptung des Königs einen vorläufigen Abschluss fand, stellt die historischen Ereignisse aber durch eine Parallelisierung der Hinrichtung mit den kritischen Urteilen des Stuttgarter Literarhistorikers über Johann Wolfgang von Goethe in einen ironischen Kontext.[14] Ebenfalls über Carl I. reflektiert Heine in dem letzten Kapitel der *Englischen Fragmente*, die 1831 zum Beschluss der *Nachträge zu den Reisebildern* veröffentlicht wurden. Im Kontext dieser politischen Betrachtungen über die absolute und die konstitutionelle Monarchie thematisiert er zugleich das Schicksal des im Jahr 1793 ebenfalls enthaupteten französischen Königs Ludwig XVI.: „O, daß die Könige endlich einsähen, daß sie, als Könige des Volkes, im Schutze der Gesetze, viel sicherer leben können, als unter der Guarde ihrer adligen Leibmörder!“[15]

Die geschichtliche Analogie der englischen und der französischen Revolution dekuvriert das Historische in Heines Ballade als eine ‚Kulisse‘, welche die Funktion erfüllt, den politischen Bezug des Werkes auf das Zeitgeschehen vor möglichen Eingriffen der staatlichen Zensurbehörden zu verbergen.[16] Das Ende des absolutistischen Zeitalters gerinnt in dem Bild des greisen Königs, der an der Wiege des Köhlerkindes über den unaufhaltsamen Zerfall der Macht und seiner politischen Gestaltungsmöglichkeiten sowie die historische Folgerichtigkeit dieses in der Erhebung des Volkes endenden Prozesses nachdenkt: „Du hast das Reich erworben, / Und schlägst mir das Haupt vom Rumpf herab –“. Heine konstatiert die Unabwendbarkeit jener historischen Entwicklung, die mit dem englischen Bürgerkrieg des Jahres 1648 einsetzte, sich analog mit der Revolution des

[14] HSA Bd. 4, S. 248.

[15] HSA Bd. 5, S. 193.

[16] Hans-Peter Bayerdörfer: „Politische Ballade“. Zu den „Historien“ in Heines „Romanzero“. In: Deutsche Vierteljahrsschrift für Literaturwissenschaft und Geistesgeschichte 46 (1972), S. 435–468, hier S. 438.

Jahres 1789 auch in Frankreich vollzog und in den revolutionären Erhebungen der Jahre 1830 und 1848 eine Fortsetzung fand. Vor diesem Hintergrund hat Hans-Peter Bayerdörfer die Ballade im Kontext der lyrischen Werke des Vormärz gedeutet, welche die ‚Wiegenliedform' in den Bereich der politischen Dichtung überführen.[17]

Der Prozess einer Emanzipation von der feudalen Gesellschaftsordnung und die Teilhabe aller sozialen Schichten am politischen Diskurs, zwei der zentralen Themen im Werk Heines, werden jedoch in der Ballade durch die Fokussierung auf die Perspektive des Königs, der an der „Wiege des Köhlerkind's" sitzt und den drohenden Verlust seiner Herrschaft sowie die Unausweichlichkeit seines gewaltsamen Todes besingt, in elegischem Ton beleuchtet. Indem die Melancholie und die Einsamkeit des Königs, die am Beginn der ersten Strophe stehen, den Grundton des Gedichtes vorgeben („Im Wald, in der Köhlerhütte sitzt / Trübsinnig allein der König"), verliert die politische Konnotation des Bildes jede revolutionäre Emphase. Stattdessen erweist sich der Monolog des englischen Monarchen, der nach der einleitenden Strophe den Hauptteil des Gedichts ausmacht, als eine geschichtsphilosophische Reflexion über die Gefährdung und Zerbrechlichkeit weltlicher Macht, wie sie parallel auch in Percy Bysshe Shelleys *Ozymandias* dichterischen Ausdruck gefunden hat. Deshalb kommentiert die vierte Strophe den Niedergang der feudalabsolutistischen Ordnung mit der lakonischen Einsicht, dass der alte „Köhlerglaube" verschwunden sei und die „Köhlerkinder" weder „an Gott" noch „an den König" mehr glauben. Der unbefangene „Glaube an die Einheit von Gott und Welt", jener zunächst nur ideelle Machtverlust der Religion und des auf ihr gründenden monarchistischen Prinzips ist der Beginn eines historischen Prozesses, der schließlich in der physischen Vernichtung des Königs als Repräsentanten dieser überkommenen gesellschaftlichen Ordnung kulminiert.[18]

Die in dem Monolog Carls I. präsente Einsicht in die Vergeblichkeit menschlichen Strebens („Mein Muth erlischt, mein Herz ist krank, / Und täglich wird es kränker –"), die in einer leisen, durch den Reim ironisch herausgehobenen Resignation endet („Eyapopeya – du Köhlerkind / Ich weiß es, du bist mein Henker."), definiert eine Gegenposition zu dem Geschichtsbild, das Heines Denken in den 1820er und 1830er Jahren bestimmt hat und das er in der 1835 veröffentlichten Schrift *Zur Geschichte der Religion und Philosophie in Deutschland* entfaltet hat.

Walter Benjamin hat im *Ursprung des deutschen Trauerspiels* herausgearbeitet, dass die Geschichte für den barocken Allegoriker ein „Vorgang unaufhaltsamen Verfalls" war.[19] *Carl I.* und den *Historien,* in deren zyklischem Zusammenhang

---

17 Ebd., S. 451.

18 Spencer 1972, S. 384.

19 Walter Benjamin: Gesammelte Schriften. Hg. v. Rolf Tiedemann und Hermann Schweppenhäuser. Frankfurt/M. 1972–1989, Bd. I/1, S. 353. Die erste literarische Bearbeitung der Hinrichtung Carls I. stammt von dem Barockdichter Andreas Gryphius. Sie entstand in den Jahren 1649/50 und erschien 1657 unter dem Titel *Ermordete Majestät oder Carolus Stuardus König von Groß Brittannien. Trauer-Spil* in Breslau.

das Gedicht veröffentlicht wurde, ist in diesem Sinne eine Revision des optimistischen Glaubens an die Entwicklung des Menschen im historischen Prozess eingeschrieben, der die unter dem Einfluss Georg Wilhelm Friedrich Hegels herausgebildeten geschichtsphilosophischen Positionen Heines geprägt hat. Die Vorstellung, „wonach alle irdischen Dinge einer schönen Vervollkommenheit entgegen reifen", ist hier der Erkenntnis gewichen, dass die Geschichte ein „trostloser Kreislauf" ist, der „im Leben der Völker wie im Leben der Individuen" stets wiederkehrt, wie Heine in dem Aufsatz über verschiedenartige Geschichtsauffassungen – zyklisches und lineares Geschichtsmodell einander als These und Antithese gegenüberstellend – konstatiert.[20]

V. Poetologische Betrachtungen: Autonomie und Heteronomie

Neben der Analogie zwischen der englischen und der französischen Revolution und den Betrachtungen über den historisch folgerichtigen Niedergang der feudalen Ordnung hat Heine in seinen Werken jedoch noch eine andere Deutung der Figur des englischen Königs entwickelt. In zwei varianten Traumsequenzen – zu der *Einleitung* zu Robert Wesselhöfts *Kahldorf über den Adel in Briefen an den Grafen M. von Moltke* aus dem Jahr 1831 und zu der *Vorrede* zu den *Französischen Zuständen* aus dem Jahr 1833 – rückt die Person des englischen Monarchen zwar in der Hintergrund,[21] indem aber der „verlarvte Scharfrichter" in beiden Traumbildern zu einer Chiffre für den Zensor wird, setzt Heine den König mit dem Dichter gleich.[22] Die Hinrichtung Carls I. wird damit zu einem poetischen Bild, welches über das historische Ereignis hinausweist und als ein symbolisches Geschehen zu lesen ist. In der Reflexion über das Bild *Cromwell ouvrant le cercueil de Charles Ier* von Paul Delaroche, das Heine in der Gemäldeausstellung des Jahres 1831 im Salon Carré des Louvre betrachtete, verweist er explizit auf diese Deutung:

> Oder sind es etwa nicht die Helden selbst, sondern nur Schauspieler, denen vom Direktor der Welt ihre Rolle vorgeschrieben war, und die vielleicht, ohne es zu wissen, zwey kämpfende Prinzipien tragirten? Ich will sie hier nicht nennen, die beiden feindseligen Prinzipien, die zwey großen Gedanken, die sich vielleicht schon in der schaffenden Gottesbrust befehdeten, und die wir auf diesem Gemälde einander gegenüber sehen, das eine schmählig verwundet und verblutend, in der Person von Karl Stuart, das andere keck und siegreich, in der Person von Oliver Cromwel.[23]

Im Jahr 1838, in seiner Schrift über *Shakspeares Mädchen und Frauen*, benennt er diese beiden Prinzipien: „Mit dem Blute Karls des Ersten, des großen, wahren, letzten Königs, floß auch alle Poesie aus den Adern Englands". Heine sieht „jene

[20] HSA Bd. 8, S. 233.
[21] HSA Bd. 4K, S. 456 und Bd. 7K, S. 136 f.
[22] HSA Bd. 4K, S. 456.
[23] HSA Bd. 7, S. 40.

nivellirende Puritanerzeit" voraus, „die mit dem Königthum, so auch aller Lebenslust, aller Poesie und aller heitern Kunst ein Ende machen" wird.[24]

Das Bild des wachenden Königs und des schlafenden Kindes ist somit nicht nur eine Chiffre für das Nebeneinander von Vergangenheit und Zukunft, von restaurativen und revolutionären Tendenzen, das kennzeichnend ist für die Übergangsperiode der deutschen Geistesgeschichte zwischen der französischen Juli-Revolution des Jahres 1830 und den europäischen Erhebungen der Jahre 1848/49. Zugleich thematisiert die lyrische Reflexion über die wechselseitige Bezogenheit des Vergangenen und des Kommenden die Dialektik der bereits spätzeitlich gewordenen Ästhetik des klassisch-romantischen Zeitalters und des Dichtungsverständnisses einer jüngeren Generation, die in der Literatur ein Mittel erkannte, den gesellschaftlichen Emanzipationsprozess zu befördern. („Du trägst das Zeichen an der Stirn / Und lächelst so furchtbar im Schlafe.")

Heine hat wiederholt über diese, sein Schreiben wie die Wirkung seines Werkes wesentlich bestimmende Dichotomie von Autonomie und Heteronomie nachgedacht. So schreibt er in einem auf den 20. März 1843 datierten Artikel über die *Musikalische Saison in Paris*: „Die wahrhaft großen Dichter haben von je die großen Interessen ihrer Zeit anders aufgefaßt als in gereimten Zeitungsartikeln, und sie haben sich wenig darum gekümmert wenn man sie des Aristokratismus beschuldigt, weil sie die Rohheit der knechtischen Menge abstieß."[25] In dem in der *Allgemeinen Zeitung* veröffentlichten Bericht spiegelt sich die metaphorische Gleichsetzung der Dichtung und des aristokratischen Prinzips, die auch für die Ballade *Carl I.* bestimmend ist. Heine negiert die Vorstellung einer Zweckbestimmung der Literatur, welche die ästhetischen Diskurse in Deutschland in den Jahren vor dem März 1848 dominiert hat, und betont, im Sinne Friedrich Schillers, die Selbstbestimmung der Kunst als Mittel der Erziehung zur politischen Freiheit. Der englische König Carl I. ist damit, gleich Jehuha ben Halevy in dem Zyklus *Hebräische Melodien* des *Romanzero*, eine literarische Figuration des Dichters und versinnbildlicht das Prinzip ästhetischer Autonomie gegenüber den Forderungen der Tagesliteratur: „Solchen Dichter von der Gnade / Gottes nennen wir Genie: / Unverantwortlicher König / Des Gedankenreiches ist er. // Nur dem Gotte steht er Rede, / Nicht dem Volke – In der Kunst, / Wie im Leben kann das Volk / Tödten uns, doch niemals richten."[26]

Das Gedicht ist jedoch nicht nur vor dem Hintergrund der Rekurse auf die Figur Carl I. in den Schriften Heines als eine poetologische Betrachtung im Medium der Dichtung ausgewiesen. Das Bild des Königs, der „an der Wiege des Köhlerkind's" sitzt und „wiegt und singt" verweist einerseits ironisch auf die antiken Rhapsoden, die seit dem 18. Jahrhundert als Verkörperungen des dichterischen Genies galten und andererseits auf den jüdischen Sänger und König David. In den chiastisch

---

[24] HSA Bd. 9, S. 154.

[25] HSA Bd. 10, S. 189.

[26] HSA Bd. 3, S. 115.

aufgebauten Zeilen „Wir müssen zu Schanden werden – / Eyapopeya – im Himmel der Gott / Und ich, der König auf Erden“, gerinnt zwar die philosophische Einsicht in die Unentrinnbarkeit des historischen Prozesses, die Verse dieser fünften und zentralen Strophe des Gedichts sind jedoch zugleich eine Kontrafaktur der Anfangszeilen des 31. Psalms, der in der jüdischen Überlieferung zu jenem Zyklus von Stufen- oder Wallfahrtsliedern gehört, die zu den großen Pilgerfesten – Pessach, Schavuot und Sukkot – auf dem Weg nach Jerusalem gesungen wurden: „Herr, auf dich traue ich, laß mich nimmermehr zu Schanden werden; errette mich durch deine Gerechtigkeit!“[27] Der 71. Psalm greift diese Eingangszeilen des 31. Psalms erneut auf und variiert sie als ein „Gebet um Gottes Gnade bei herannahendem Alter“. Die Klage des alten Königs in Heines Ballade ist somit ein ebenso desillusionierter wie ironischer Kommentar zu den Liedern des jüdischen Königs: „Auch dichtet meine Zunge täglich von deiner Gerechtigkeit; denn schämen müssen sich und zu Schanden werden, die mein Unglück suchen.“[28]

Das zwischen Gesang und Monolog, ‚Wiegenlied‘ und ‚Todesgesang‘ changierende Soliloquium des (Sänger-)Königs erweist sich damit nicht nur als eine elegische Reflexion über das historische Kontinuum von Zerfall und steter „Wiederkehr des Gleichen“, sondern auch als eine Betrachtung über die Frage, welchen Beitrag die Dichtung in der Geschichte des Menschengeschlechts zu leisten vermag.[29] Am Ende, in der letzten Strophe, sind die geschichtsphilosophischen Gedanken deshalb in der Variation nicht ganz verklungen. Das Lied, das der König an der Wiege des Köhlerkindes singt, schließt zwar als Wiegenlied, betont jedoch durch den ironisch-verstörenden Diminutiv „Henkerchen“, dass auch die Literatur unter das Gesetz der Vergeblichkeit gestellt ist, dass auch die ästhetische Autonomie, welche die Ballade einfordert, dem Dichtungsverständnis einer neuen Zeit wird weichen müssen.

VI. Auswahlbibliographie

1. Hans-Peter Bayerdörfer: Heine: „Karl I.“ In: Walter Hinck (Hg.): Geschichte im Gedicht. Texte und Interpretationen. Protestlied, Bänkelsang, Ballade, Chronik. Frankfurt/M. 1979, S. 109–117.
2. Leslie Bodi: Kopflos – ein Leitmotiv in Heines Werk. In: Internationaler Heine-Kongreß Düsseldorf 1972, Referate und Diskussionen. Hamburg 1973, S. 227–244.
3. Walter Hinck: Geschichte und Gegenwart im ‚Brennpunkt‘ historischer Lyrik: Heine, C. F. Meyer, Fontane, Csokor, Brecht und Enzensberger. In: Gisela Brude-Firnau u.a. (Hg.): Fact and Fiction. German History 1848–1924. Tübingen 1990, S. 91–110.
4. Peter von Matt: Heine und der Henker. In: Ders.: Das Schicksal der Phantasie. Studien zur deutschen Literatur. München, Wien 1994, S. 149–158.
5. Hanna Spencer: Heinrich Heines „Karl I.“ In: Germanisch-Romanische Monatsschrift N. F. 22 (1972), S. 377–389.

[27] Ps. 31,2. Die gleiche Wendung findet sich auch in Jes. 45,16, Jer. 7,19 und Jer. 17,13.

[28] Ps. 71,24.

[29] Vgl. Gerhard Höhn: Heine-Handbuch. Zeit, Person, Werk. Stuttgart, Weimar 2004, S. 143–146, hier S. 144.

Theodor Storm (1817–1888): Oktoberlied

von Claudia Stockinger

I. Gedicht

Oktoberlied

Der Nebel steigt, es fällt das Laub;
Schenk' ein den Wein, den holden!
Wir wollen uns den grauen Tag
Vergolden, ja vergolden!

Und geht es draußen noch so toll,
Unchristlich oder christlich,
Ist doch die Welt, die schöne Welt,
So gänzlich unverwüstlich!

Und wimmert auch einmal das Herz, –
Stoß an, und laß es klingen!
Wir wissen's doch, ein rechtes Herz
Ist gar nicht umzubringen.

Der Nebel steigt, es fällt das Laub;
Schenk' ein den Wein, den holden!
Wir wollen uns den grauen Tag
Vergolden, ja vergolden!

Wohl ist es Herbst; doch warte nur,
Doch warte nur ein Weilchen!
Der Frühling kommt, der Himmel lacht,
Es steht die Welt in Veilchen.

Die blauen Tage brechen an;
Und ehe sie verfließen,
Wir wollen sie, mein wackrer Freund,
Genießen, ja genießen!

Theodor Storm: Sämtliche Werke in vier Bänden. Bd. 1: Gedichte. Novellen. 1848–1867. Hg. v. Dieter Lohmeier. Frankfurt/M. 1987, S. 11. [Im Folgenden zitiert unter Verwendung der Sigle SW 1].

II. Entstehungskontext

Das im ‚Revolutionsjahr' 1848 entstandene und im *Volksbuch für 1850* erstmals publizierte *Oktoberlied* gehört zu den frühen ernsthaften literarischen Veröffentlichungen Theodor Storms, und – nach eigenem Bekunden und der Publikationspolitik des Autors – zu seinen wichtigsten lyrischen Produkten: Seinem Freund

Brinkmann gegenüber habe Storm den Text als ein „unsterbliches Gedicht" bezeichnet, so Storms Tochter Gertrud nach Selbstzeugnissen des Dichters,[1] und die seit 1852 in regelmäßigen Abständen publizierten Separatausgaben der Gedichte Storms belegen, dass er den Text als eine Art Entree in die für ihn hochrangige Welt der Lyrik und damit der Poesie im engeren Sinn betrachtet hat. *Oktoberlied* eröffnet die Sammlungen – bis 1885 sind insgesamt sieben immer wieder veränderte und erweiterte Auflagen nachgewiesen.[2] Auch in der seit 1868 veröffentlichten Werkausgabe der *Schriften* hat Storm die Initialstellung des Textes beibehalten. Demnach entwerfen die von Storm selbst autorisierten Ausgaben eine chronologische Werkbiographie, für die der frühe Text einen Verständnisschlüssel bereitzustellen verspricht.

Das ist umso erstaunlicher, als der Lyriker Storm bis heute eher als Verfasser eines Liedes über jene „graue Stadt am Meer" erinnert wird, das unter der schlichten Überschrift *Die Stadt* eine zu Beginn der 1850er Jahre entstandene eigenwillige Liebeserklärung an die nordfriesische Heimat darstellt. Genauer geht es dabei um die Hafenstadt Husum, der sich Storm mit aller Leidenschaft und Liebe verbunden fühlte: „Doch hängt mein ganzes Herz an dir, / Du graue Stadt am Meer" – und damit einem Ort, der für den Außenstehenden so gar nichts Reizvolles zu haben scheint: ‚drückender' Nebel, das ‚[e]intönig brausende' Meer, der „harte[] Schrei" der Wildgans[3] – all dies verdichtet sich in Storms Wahrnehmung zu einem zentralen Erinnerungsort an die uneinholbaren Freuden der Jugendjahre, der die gedämpften Farben und die Härten des Lebens am Meer abmildert. Bereits in *Oktoberlied* wird dieses Verfahren auf den Punkt gebracht: Die Poesie ‚vergoldet' die Realität (V. 4, 16).

Anders gesagt: Der ‚verklärende Blick' auf das (eigene) Leben spielt in Storms Poetologie von Beginn an eine zentrale Rolle, und *Oktoberlied* macht dieses Programm explizit. In den 1850er Jahren musste Storm die geliebte Heimat verlassen, und dass das nicht freiwillig geschah, versteht sich von selbst. Weil er sich aktiv in die schon lange vor 1848 virulente Schleswig-Holsteinische Erhebung gegen die dänische Herrschaft eingemischt hatte, wurde dem studierten Juristen 1852 die Bestätigung seiner Zulassung als Rechtsanwalt verweigert. *Oktoberlied* gehört zu den wenigen Gedichten des Autors, die als eine Art behutsamer poetischer Kommentar zu diesen politischen Ereignissen gelesen werden können. Allerdings gehen weder *Oktoberlied* noch *Ostern, Im Herbste 1850* oder *1. Januar 1851*, die in diesem Zusammenhang u.a. ebenfalls zu nennen sind,[4] in den konkreten Lebensbezügen und in der politischen Kommentarfunktion auf. Vielmehr lässt sich gerade an diesen (frühen) Gedichten Storms Konzept einer an Goethe gebildeten Erlebnislyrik erschließen. Im Folgenden wird *Oktoberlied* deshalb – nach einer

---

1 SW 1, S. 763.

2 SW 1, S. 755.

3 SW 1, S. 14.

4 Regina Fasold: Theodor Storm. Stuttgart u. a. 1997, S. 25 f.

detaillierten Analyse des Gedichts, die auch auf dessen intertextuelle Allusionen eingehen wird – in unterschiedlichen Kontexten betrachtet: im Zusammenhang mit der Lyriktheorie Storms, mit der Poetologie des programmatischen Realismus sowie mit den politischen und weltanschaulichen Verhältnissen, in denen Gedicht und Autor zu situieren sind.

III. Genrewahl

Bereits der Titel markiert das Genre des Gedichts: Es handelt sich um ein ‚Lied'. Der Gegenstand fordert demzufolge zwei zentrale Merkmale: zum einen Regelmäßigkeit in Strophenform, Metrik und Reimschema, zum anderen sprachliche Musikalität, die sich als Effekt einer auf prinzipielle Sangbarkeit angelegten ‚liedhaften' Ordnung bereits beim Lautlesen des Textes einstellt. Die hierbei verwendete vierzeilige Strophe aus jambischen Vierhebern mit männlichem Versausgang (Kadenz) und jambischen Dreihebern mit weiblichem Versausgang im Wechsel gehört zu den meistverbreiteten Strophenformen im deutschsprachigen Raum. Besonders beliebt zunächst als Kirchenliedform, wird sie seit der anakreontischen Lieddichtung des 18. Jahrhunderts und der volkstümlichen Lyrik der Romantik für die Erzeugung ‚leichter', ‚heiterer' Effekte bevorzugt und hat zwischen 1830 und 1900 Konjunktur.[5] Der Überkreuzstellung von Versausgängen korrespondiert in den meisten überlieferten Beispielen das Kreuzreimschema (a b a b).

Storms *Oktoberlied* übernimmt diese Endreimung allerdings nur verkürzt, indem die jeweiligen zweiten und vierten Verse der Strophen einen Kreuzreim, teils unrein reimend, andeuten („holden" – „vergolden", „christlich" – „unverwüstlich", „klingen" – „umzubringen", „Weilchen" – „Veilchen", „verfließen" – „genießen"), wohingegen die jeweils ersten und dritten Verse entweder gar nicht („Laub" – „Tag", „toll" – „Welt", „nur" – „lacht", „an" – „Freund") oder identisch reimen („Herz" – „Herz"). Indem Storm eine bekannte Strophenform aufruft, aber nicht bis ins letzte Detail erfüllt, indem er also das vorgegebene stereotype Schema behutsam unterläuft, setzt er eigene Akzente. Offensichtlich legt er größeren Wert auf das einzelne Wort am Versende als darauf, ein korrektes Reimpaar zu finden. Darüber hinaus vermeidet er so die ‚leiernde' Rhythmik liedhafter Formen, die den Rezipienten von den Textinhalten abzulenken droht. Die vierte Strophe wiederholt die erste und implementiert eine Art Refrain in die Gedichtabfolge; der Liedcharakter des Gebildes wird dadurch noch verstärkt.

Schon mit dieser Genrewahl spielt Storm demnach auf jene Bedingungen an, unter denen im 19. Jahrhundert Gedichte massenhaft produziert, rezipiert und veröffentlicht wurden. Lyrik war wichtig für den Hausgebrauch und für das Ver-

---

5 Horst Joachim Frank: Handbuch der deutschen Strophenformen. Tübingen u. a. ²1993, S. 148–154.

einsleben; sie wurde von ‚höheren Töchtern' vorgetragen, von der männlichen (bürgerlichen) Jugend geschrieben, in Gesangszirkeln zu Gehör gebracht. Sowohl im Kleinen eines elitären Dichterbundes oder eines bürgerlichen Vereins als auch im Großen der sich im Prozess der Staatenbildung befindenden ‚deutschen Nation' übernahm die Lyrik insbesondere eine Funktion: Sie diente der „Gemeinschaftsbildung".[6] Dies wird bereits in der ersten Strophe deutlich, in der die Aufforderung an ein implizites, nicht näher benanntes ‚Du' erfolgt, den „holden" (im Sinne von ‚lieblichen') Wein einzuschenken, um dem „grauen Tag" im geselligen Beisammensein („Wir") eine erfreuliche Wendung zu geben. Thematisch lässt sich der Text damit genauer dem Genre der ‚Trinklieder' zuordnen. Der Adressat wird in Vers 23 näher benannt: Es handelt sich um einen ‚wackren' (also ‚tüchtigen', ‚tatkräftigen') „Freund", hinter dem sich von den Entstehungszusammenhängen des Textes her ein Kommilitone der Kieler Studienjahre verbirgt. Die erste handschriftliche Fassung des ursprünglich *Herbstlied* betitelten Gedichts findet sich nämlich in einem Brief an Tycho Mommsen vom 29. Oktober 1848,[7] mit dem (und mit dessen Bruder Theodor) Storm das *Liederbuch dreier Freunde* (1843) herausgegeben hatte.

Die Aufforderung an die 1. Person Plural in den Strophen 1, 4 und 6 („Wir wollen uns den grauen Tag / Vergolden" sowie „Wir wollen sie [...] / Genießen") imitiert die Sprechweise einer bekannten Vorlage, die es erlaubt, das hier verwendete Genre noch genauer zu spezifizieren. Sie orientiert sich am Hortativ der Verszeile „Gaudeamus igitur" („Wir wollen also fröhlich sein") und ruft damit eines der weltweit bekanntesten ‚Studentenlieder' auf, das nach Jahrhunderten der mündlichen Tradition im ausgehenden 18. Jahrhundert erstmals gedruckt worden war.[8] Die zweite Strophe malt die in der ersten Strophe eingeführte gesellige Szenerie weiter aus, indem die ‚befreundeten Trinker' jetzt zu einer exklusiven Gemeinschaft werden, die sich nach „draußen" (V. 5) hin abschottet und ihre eigene ‚innere Welt' schafft. Während die zweite handschriftliche Fassung den Zustand der ‚äußeren Welt' noch abschwächend als „bunt" (im Sinne von ‚vielfältig', ‚heterogen', ‚unübersichtlich') bezeichnet hatte,[9] verstärkt das Prädikativum „toll" (V. 5) deren bedrohliches Potential für den einzelnen. Auf diese Weise wird einmal mehr die Stabilität des zwischen den Freunden bestehenden gemeinschaftlichen Bandes motiviert, das sich nicht einmal durch Ängste und Traurigkeiten („Und wimmert auch einmal das Herz"; V. 9) erschüttern lässt.

Die refrainartige vierte Strophe gliedert das Gedicht in zwei Teile: Es leitet aus dem Studentenlied des ersten Teils (Strophen 2 und 3) in ein Naturgedicht über (Strophen 5 und 6). Der jahreszeitlich festgelegte Natureingang des Gedichts wird

---

6 Jürgen Fohrmann: Lyrik. In: Edward McInnes und Gerhard Plumpe (Hg.): Bürgerlicher Realismus und Gründerzeit 1848–1890. München u. a. 1996, S. 394–461, hier S. 443.

7 SW 1, S. 762.

8 Studentenlieder. Aus den hinterlassenen Papieren eines unglücklichen Philosophen Florido genannt, gesammlet und verbessert von C.[hristian] W.[ilhelm] K.[indleben]. o. O. 1781, S. 56.

9 SW 1, S. 762.

nochmals bestätigt („Wohl ist es Herbst"; V. 17). In Anbetracht des sich im Jahresverlauf wieder einstellenden Frühlings mitsamt seiner „Veilchen" (V. 20) sollten sich aber die erfreulichen Seiten des Herbstes umso unbeschwerter „genießen" (V. 24) lassen. Die Persuasionsstrategie des Gedichts zielt ganz auf die Schönheit des Lebens; der Winter bleibt deshalb – was in der Forschung als Defizit des Textes bewertet wurde[10] – aus rhetorischen Gründen ausgespart. In parallelistischer Verdopplung steht das „Genießen" dem „Verfließen" der „blauen Tage" (V. 21 f.) entgegen. Das Abtönungspartikel „ja" (V. 24) bestätigt und verstärkt das Gesagte, ebenso das Ausrufezeichen, das typographisch den ‚Schlusspunkt' des Gedichts markiert sowie den Aufforderungs- bzw. Wunschstatus des letzten Satzes zum Ausdruck bringt.

Von der letzten Strophe her gesehen irritiert die zeitliche Ordnung des Gedichts – dass sich dieses Problem nicht eindeutig klären lässt, kennzeichnet die Komplexität dieses scheinbar so einfachen Textes. Einige Indizien sprechen dafür, die „blauen Tage" (V. 21) auf ‚Frühling' zu beziehen: die unmittelbare Verbindung zum Naturbild im vorherigen Vers 20 etwa (die ebenfalls blauen „Veilchen") oder die Allusion an ‚das Blau' im wohl bekanntesten Frühlingsgedicht der deutschsprachigen Lyrikgeschichte des 19. Jahrhunderts, Eduard Mörikes *Er ist's* von 1829: „Frühling läßt sein blaues Band / Wieder flattern durch die Lüfte; / [...] / Veilchen träumen schon, / Wollen balde kommen".[11] Diese Anbindung scheint manchen Interpreten zufolge so eng zu sein, dass sie Storm nicht zuletzt deshalb mit Plagiatsverdacht belegen.[12] Dieser Vorbehalt ist m. E. allerdings gegenstandslos: nicht nur, weil keine wörtliche Übernahme vorliegt, sondern vor allem, weil die produktive intertextuelle Anverwandlung Literatur an sich kennzeichnet und die Kritik demnach auf methodisch fragwürdigen Originalitätsannahmen beruht. Bricht der Frühling in der letzten Strophe von *Oktoberlied* also bereits an? Die vorletzte Strophe legt es mit den Zeilen „Doch warte nur ein Weilchen! / Der Frühling kommt" nahe (V. 18 f.), die Präsensform des Verbs ‚anbrechen' in Vers 21 futurisch zu lesen (also im Sinne von ‚Die blauen Tage werden anbrechen'). Wie verhält sich dazu dann der folgende Vers (V. 22)? Immerhin ist hier davon die Rede, dass die „blauen Tage" bereits wieder zu „verfließen" drohen – und dass infolgedessen jetzt die Gunst der Stunde zum geselligen Beisammensein genutzt werden sollte („Wir wollen sie [...] genießen!").

Wie V. 22 sprechen auch andere Indizien dafür, die „blauen Tage" auf den in den ersten vier Strophen evozierten ‚Herbst' zu beziehen. Thematisch spielt die Bezeichnung ‚blau' auf jenen Zustand der Intoxikation an, den das ‚Trinklied' als erstrebenswert besingt. Die historische Semantik schließt bereits seit dem 16. Jahrhundert beide Bildbereiche zusammen, wenn für ‚blau' die Bedeutungsdi-

---

10 Müller 1975, S. 40.

11 Eduard Mörike: Werke und Briefe. Historisch-kritische Gesamtausgabe. Bd. 1: Gedichte. Ausgabe von 1867. Teil 1: Text. Hg. v. Hans-Henrik Krummacher. Stuttgart 2003, S. 41.

12 Silz 1970, S. 30; Müller 1975, S. 37.

mension ‚schwindlig' verbürgt ist, etwa in der Wendung „mir wirds blau vor den augen".[13] Intertextuell lässt sich Storms *Oktoberlied* nicht nur mit Mörikes Frühlingslied in Verbindung bringen, sondern auch mit (mindestens) zwei weiteren Vorlagen: zum einen mit einem Text Theodor Mommsens aus dem mit Storm veranstalteten *Liederbuch dreier Freunde,*[14] zum anderen mit einem Gedicht Emanuel Geibels, das unter der Überschrift *Herbstlieder* die Formulierung von den „blauen Tagen" ebenfalls explizit auf die dritte Jahreszeit bezieht.[15] Storm dürfte dieser Text aus Geibels 1848 veröffentlichter Sammlung *Juniuslieder* bekannt gewesen sein, zumal er im Besitz der Ausgabe gewesen ist.[16] Hinzu kommt, dass Storm sich zeitlebens an Geibel gerieben hat, der nach Auflagenzahlen und Verbreitung als der erfolgreichste Lyriker des 19. Jahrhunderts gilt. Geibels Popularität musste selbst Storm anerkennen; keinesfalls aber konnte er sich damit einverstanden erklären, dass sich an diesem Erfolg die poetische Qualität der Lyrik Geibels ablesen lasse, im Gegenteil: Nach einem ausführlichen Studium der Werke Geibels drängte sich Storm vielmehr der Eindruck auf, hohe Auflagen- und Absatzzahlen auf dem Markt kennzeichneten eher den ‚schlechten' Lyriker als den ‚guten'. Am 7. Mai 1851 schreibt er an seinen Freund Hartmuth Brinkmann: „Übrigens ist das Vertrauen in den Wert meiner lyrischen Poesie sowie mein Mißtrauen gegen das Publikum gestiegen, seit ich in den letzten Tagen viel in Geibels Gedichten (23. Auflage! und Mörike 2.!) gelesen habe". Insbesondere schmerzt ihn, dass (seiner Ansicht nach) Literarhistoriker wie Karl Goedeke Geibels lyrische ‚Schwächen' mit Professionalität verwechselten, genauer mit jener „Kraft, Tiefe und Innigkeit des Gefühls", die Storm doch in erster Linie seiner eigenen Produktion attestiert.[17]

IV. Storms Konzept der Erlebnislyrik und die Poetik des Realismus

Die Auseinandersetzung mit Geibel ist nicht zuletzt deshalb interessant, weil Storm u. a. in diesem Zusammenhang Maßstäbe für die Beurteilung von Lyrik erarbeitet und dadurch eine eigene Poetologie der Gattung ausbildet. Gerade das eigene *Oktoberlied* schätzte er höher ein als Geibels „ganze Lyrik".[18] Darüber hinaus führte ihn auch die oben angedeutete Popularität und Verbreitung der Gattung dazu, über die Merkmale ‚guter' Lyrik nachzudenken. Denn wie seine Zeit-

[13] Jacob und Wilhelm Grimm: Deutsches Wörterbuch. 16 Bde. In 32 Teilbänden. Leipzig 1854–1960, Bd. 2, Sp. 82.

[14] Liederbuch dreier Freunde. Kiel 1843, S. 62 (zit. nach Müller 1975, S. 38 / Anm. 14).

[15] Selbmann 1996, S. 122.

[16] Ebd., S. 120.

[17] Theodor Storm: Briefe an seine Freunde. Hartmuth Brinkmann und Wilhelm Petersen. Hg. v. Gertrud Storm. Braunschweig u. a. 1917, S. 15–18, hier S. 17.

[18] Storm an Gottfried Keller. 14. Juni 1884. In: Theodor Storm, Gottfried Keller: Briefwechsel. Kritische Ausgabe. Hg. v. Karl Ernst Laage. Berlin 1992, S. 118.

genossen fühlte sich Storm von der aktuellen lyrischen Massenproduktion geradezu überrollt.[19] Daher akzeptierte er einen ‚Dichter' erst dann, wenn dieser sich im Bereich der Lyrik hervorgetan hatte. Mit dem Gattungsverständnis seiner Zeit ging diese Position durchaus konform. Denn nur der ‚echte Dichter' – so Storm – vermag „sein *tiefstes* und mächtigstes Gefühl in lyrischen Gedichten [...] auszusprechen",[20] und auch Hegel zufolge sollte das lyrische Werk als ‚subjektive Gattung' einen Einblick in das „innere[] Leben" des Poeten geben, der zugleich die „ganze[] Menschheit" in sich trägt.[21] Dass man mit Lyrik zumeist kaum Geld verdienen konnte, steigerte den hohen Symbolwert der Gattung dabei noch.[22]

Aus dieser Perspektive wirft Storm insbesondere Geibels Texten klischeehaftes Sprechen, mangelnde Authentizität in der Evokation von Empfindungen sowie bloße Handwerklichkeit vor. Dagegen forderte er in einer Rezension der *Lieder der Liebe von M. Ant. Niendorf* (1854) von wirkmächtiger Lyrik, „eine Seelenstimmung derart im Gedichte festzuhalten, daß sie durch dasselbe bei dem empfänglichen Leser reproduziert wird".[23] Indem also der Text eine Lebenssituation unmittelbar abbildet, wird diese im sympathetischen Nachvollzug durch den Rezipienten erneut lebendig. Das „Fundament" des Gedichts bildet dabei „geradezu das *Erlebnis*" des Dichters.[24] Anders gesagt: ‚Gute' Lyrik lässt sich zum einen daran erkennen, dass sie auf „den unmittelbaren Ausdruck der Empfindungen" fokussiert ist,[25] der Leser und Leben gleichsam ohne poetische Vermittlung kurzschließt. Und sie lässt sich zum anderen daran erkennen, dass sie den Leser tatsächlich emotional bewegt. Denn nur darin bestätigt sich die sog. ‚Authentizität' des dichterischen Erlebnisses. Dieses muss sich allerdings nicht auf ein reales Ereignis beziehen, sondern kann ebensogut erfunden sein. Nach Storm genügt es nämlich, wenigstens den Eindruck von Erlebnishaftigkeit und emphatischer Teilhabe an einer Situation zu simulieren, etwa durch typographische Markierung (die Ausrufezeichen im *Oktoberlied*), durch Redundanzen und immer neue Anläufe (die Parallelismen) oder durch gezielte Abweichung von vorgegebenen literarischen Mustern (der nur halb vollendete Kreuzreim).

---

19 Vgl. Günter Häntzschel: Lyrik und Lyrik-Markt in der zweiten Hälfte des 19. Jahrhunderts. Fortschrittsbericht und Projektskizzierung. In: Internationales Archiv für Sozialgeschichte der deutschen Literatur 7 (1982), S. 199–246, hier S. 236.

20 Storm an Theodor Fontane, 25. Mai 1868. In: Theodor Storm, Theodor Fontane: Briefwechsel. Kritische Ausgabe. Hg. v. Jacob Steiner. Berlin 1981, S. 128.

21 Georg Wilhelm Friedrich Hegel: Die lyrische Poesie. In: Lyriktheorie. Texte vom Barock bis zur Gegenwart. Hg. v. Ludwig Völker. Stuttgart 1990, S. 171–180.

22 Joseph Jurt: Gattungshierarchie und Karrierestrategien im XIX. Jahrhundert. In: Lendemains. Études compareés sur la France 9 (1984), S. 33–41, hier S. 34.

23 Theodor Storm: Sämtliche Werke in vier Bänden. Bd. 4: Märchen. Kleine Prosa. Hg. v. Dieter Lohmeier. Frankfurt/M. 1988, S. 331 – im Folgenden zitiert unter Verwendung der Sigle SW 4.

24 SW 4, S. 332.

25 SW 4, S. 392 (aus dem Vorwort zur Sammlung *Hausbuch aus deutschen Dichtern seit Claudius*, 1870/1875).

In der wechselseitigen Verwiesenheit von Produktions- und Rezeptionsakt erhält die je individuelle Gefühlslage des Dichters einen ‚allgemeingültigen' Charakter. Diesem Ansatz korrespondiert das Konzept des programmatischen Realismus, den dessen ‚Cheftheoretiker' Julian Schmidt als eine „Technik" dafür versteht, die ‚charakteristischen' Seiten des Lebens abzubilden und den „wahren Inhalt" der Dinge aufzuzeigen.[26] Es geht dabei also weniger um die unverfälschte Wiedergabe alltäglicher Vorkommnisse als vielmehr um deren ‚Verklärung', die einen hinter den Dingen vermuteten Sinnzusammenhang transparent macht. Weil aber im kunsttheoretischen Verständnis der Zeit nur dem Schönen überhaupt Realität zukommt, sind alle hässlichen Elemente, mit Fontane: „die Lüge, das Forcierte, das Nebelhafte, das Abgestorbene",[27] in der Kunst auszusortieren.

Wie man sich dies literarisch vorzustellen hat, zeigt Storms *Oktoberlied* schon in der ersten Strophe. Es gibt sich von Beginn an als ein poetologisches Gedicht mit selbstreferentiellen Qualitäten zu erkennen – die Spitzenposition, die ihm Storm eingeräumt hat, lässt sich damit einmal mehr begründen. Der Text benennt nicht nur eine bestimmte, an der Natur gebildete literarische Wirklichkeit („Der Nebel steigt, es fällt das Laub"; V. 1), sondern er führt zugleich das eigene poetisch-realistische Verfahren zu deren Erzeugung vor. Denn: Nicht die Natur ‚vergoldet' die Realität und hellt, etwa durch ‚goldgelbes' Herbstlaub, „den grauen Tag" (V. 3) auf. Vielmehr gelingt dies denjenigen, die diesen Tag, inspiriert durch ‚geistige Getränke' („Schenk' ein"; V. 2), gemeinsam ‚besingen'.

V. Politik und Religion

Am 10. Dezember 1852 betont Storm in einem Brief an Brinkmann, *Oktoberlied* sei „in natürlichster Opposition gegen die Politik" entstanden[28] – ein Hinweis, der in der Forschung wiederholt als Absage an eine ‚politische' Ausrichtung des Gedichts gedeutet wurde.[29] Allerdings legt es dessen Entstehungsumfeld nahe, den Text auch als Kommentar zu den politischen Kämpfen der Zeit zu lesen. Storm hatte sich an der zunächst von Preußen unterstützten militärischen Auseinandersetzung der Schleswig-Holsteiner gegen dänische Eingemeindungsversuche aktiv beteiligt: u. a. als Sekretär des Anfang April 1848 gegründeten *Patriotischen Hilfsvereins*, vor allem aber als Korrespondent der *Schleswig-Holsteinischen Zeitung*, für die er von April bis November 1848 aus Husum berichtete.[30] Warum

---

26 Julian Schmidt: Wahrer und falscher Realismus. In: Theorie des bürgerlichen Realismus. Eine Textsammlung. Hg. v. Gerhard Plumpe. Bibliographisch ergänzte Ausgabe. Stuttgart 1997, S. 119–121, hier S. 120.

27 Theodor Fontane: Werke, Schriften und Briefe. Abt. III. Bd. 1: Aufsätze und Aufzeichnungen. Hg. v. Jürgen Kolbe. München 1969, S. 242.

28 SW 1, S. 763.

29 Löding 1985, S. 65 f.

30 Löding 1985, S. 60.

Storm die eigene Zeit für „toll“ (V. 5) und damit für ‚wahnsinnig‘ oder ‚unvernünftig‘ hält, lässt sich diesen journalistischen Arbeiten entnehmen. Seiner Einschätzung nach stehen beispielsweise militärische Härte und Widerstand der Husumer Bürger in keinem angemessenen Verhältnis.[31] Zum Zeitpunkt der ersten Niederschrift des Gedichts (sie datiert auf den „26. Oct. 48“[32]) war der Aufstand bereits in sich zusammengebrochen: Nach dem Waffenstillstandsvertrag von Malmö zwischen Preußen und Dänemark am 26. August 1848 hatten die landsmannschaftlichen Truppen keine Chance mehr. Bürger wie Storm konnten sich lediglich noch mit Petitionen gegen die Bedingungen des Vertrags wehren[33] – oder indem sie sich und ‚wackren Freunden‘ (V. 23) ihrer ‚rechten Gesinnung‘ (V. 11) versicherten, im Gestus des ‚Dennoch‘ eines gemeinsamen Lieds.

Inwiefern sich die Mitglieder dieser politischen Interessengemeinschaft dabei einer der christlichen Konfessionen oder überhaupt einer Religion zugehörig fühlten, ist zweitrangig: Ob „[u]nchristlich oder christlich“ (V. 6) spielt schon in Anbetracht der ‚äußeren‘ Turbulenzen keine Rolle. Demnach lässt sich auch die im Gedicht formulierte religiöse Indifferenz, die Storms Sozialisation entsprach und deshalb gelegentlich als atheistisches Bekenntnis interpretiert wurde,[34] zunächst einmal politisch motivieren. Darüber hinaus verweist der Text die in unsicheren Verhältnissen lebenden Zeitgenossen radikal auf das diesseitige Leben – transzendente Lösungen jedenfalls bietet er nicht an. Eins steht trotz aller gegenwärtiger Ungewissheiten fest: „die Welt, die schöne Welt“ ist „gänzlich unverwüstlich!“ (V. 7 f.) Der Frühling wird mit Gewissheit kommen, auf den Kreislauf der Natur ist Verlass. Der Text feiert den geselligen Augenblick, den er, in der Tradition der auf Horaz zurückgehenden Carpe-Diem-Motivik,[35] der Vergänglichkeit der Welt entgegenhält.

Bereits in *Oktoberlied* arbeitet sich Storm an der Frage nach dem ‚Sinn des Lebens‘ und der gegenwärtigen Einrichtung der Welt ab und damit an einem Thema, das ihn bis ins hohe Alter begleiten wird. In politischer Hinsicht wehrte er sich vor allem gegen die Vorherrschaft des Adels, in weltanschaulicher Hinsicht gegen die Abhängigkeit der Menschen von kirchlichen Disziplinierungselementen (wie Eheschließung oder Beichte). In seinem *Oktoberlied* setzte er die Geselligkeit eines ‚freien‘ Freundschaftsbundes an die frei gewordene Stelle der Religion; spätere Gedichte fügen hier die Liebe ein, die Seelenpartnerschaft von einander völlig genügenden Individuen (*Ein Sterbender*, 1864). Nach dem Tod von Storms erster Ehefrau Constanze (1865) erscheint die Liedhaftigkeit seiner Gedichte zunehmend reflexiv gebrochen, und auch inhaltlich geht den lyrischen Texten, etwa *Tiefe Schatten* (1868) oder *Geh nicht hinein* (1879), die selbstbewusst diesseitsbezogene Haltung des *Oktoberlieds* verloren.

31 SW 4, S. 320–322.
32 SW 1, S. 762.
33 Löding 1985, S. 65.
34 Vgl. den Überblick bei Selbmann 1996, S. 117 f.
35 Choi 1994, S. 53–69.

VI. Auswahlbibliographie

1. Walter Silz: Theodor Storm. Drei Gedichte. In: Schriften der Theodor-Storm-Gesellschaft 19 (1970), S. 25–34.
2. Harro Müller: Theodor Storms Lyrik. Bonn 1975.
3. Frithjof Löding: Theodor Storm und Klaus Groth in ihrem Verhältnis zur schleswig-holsteinischen Frage. Dichtung während einer politischen Krise. Neumünster 1985.
4. Byungje Choi: Realismus und Lyrik. Untersuchungen zum Gedichtwerk Theodor Storms. Passau 1994.
5. Rolf Selbmann: Vergoldeter Herbst. Storms „Oktoberlied“, Emanuel Geibel und der Realismus in der Lyrik. In: Schriften der Theodor-Storm-Gesellschaft 45 (1996), S. 117–126.

Theodor Fontane (1819–1898): John Maynard

von Volker Mergenthaler

I. Gedicht

John Maynard.

Von Theodor Fontane

John Maynard.
„Wer ist John Maynard?"
„John Maynard war unser Steuermann,
Aushielt er bis er das Ufer gewann,
Er starb für uns, er trägt die Kron',
Er hat uns gerettet, die Liebe sein Lohn.
John Maynard."

* * *

Die „Schwalbe" fliegt über den Erie-See,
Gischt schäumt um den Bug wie Flocken von Schnee,
Von Detroit fliegt sie nach Buffalo —
Alle Herzen aber sind frei und froh,
Und die Passagiere, Kinder und Frau'n,
Im Dämmerlicht schon das Ufer schau'n,
Und plaudernd an John Maynard heran
Tritt alles: „Wie weit noch, Steuermann?"
Der schaut nach vorn und schaut in die Rund':
„Noch 30 Minuten . . Halbe Stund'."

Alle Herzen sind froh, alle Herzen sind frei —
Da klingt's aus dem Schiffsraum her wie Schrei,
„Feuer" war es, was da klang,
Ein Qualm aus Kajütt' und Luke drang,
Ein Qualm, dann Flammen lichterloh,
Und noch 20 Minuten bis Buffalo.

Und die Passagiere, buntgemengt,
Am Bugspriet stehn sie zusammengedrängt,
Am Bugspriet vorn ist noch Luft und Licht,
Am Steuer aber lagert sich's dicht,
Und ein Jammern wird laut: „Wo sind wir? wo?"
Und noch 15 Minuten bis Buffalo.

Der Zugwind wächst, doch die Qualmwolke steht,
Der Kapitain nach dem Steuer späht,
Er sieht nicht mehr seinen Steuermann,
Aber durch's Sprachrohr fragt er an:
„Noch da, John Maynard?"
„Ja, Herr. Ich bin."
„Auf den Strand. In die Brandung."
„Ich halte drauf hin."
Und das Schiffsvolk jubelt: „Halt aus. Halloh."
Und noch 10 Minuten bis Buffalo.

„Noch da, John Maynard?" Und Antwort schallt's
Mit ersterbender Stimme: „Ja, Herr, ich halt's."
Und in die Brandung, was Klippe was Stein,
Jagt er die „Schwalbe" mitten hinein,
Soll Rettung kommen, so kommt sie nur so.
Rettung: der Strand von Buffalo.

* * *

Das Schiff geborsten. Das Feuer verschweelt.
Gerettet alle. Nur Einer fehlt!

* * *

Alle Glocken gehn, ihre Töne schwell'n
Himmelan aus Kirchen und Kapell'n,
Ein Klingen und Läuten, sonst schweigt die Stadt,
Ein Dienst nur den sie heute hat:
Zehntausend folgen oder mehr
Und kein Aug' im Zuge das thränenleer.

Sie lassen den Sarg in Blumen hinab,
Mit Blumen schließen sie das Grab,
Und mit goldner Schrift in den Marmorstein
Schreibt die Stadt ihren Dankspruch ein:

„Hier ruht John Maynard. In Qualm und Brand,
Hielt er das Steuer fest in Hand,
Er starb für uns, er trägt die Kron',
Er hat uns gerettet, die Liebe sein Lohn.
John Maynard."

In: Berliner Bunte Blätter. Originalbeiträge Berliner Künstler und Schriftsteller. München 1886, S. 22.

II. Topik der Forschung

Über Fontanes *John Maynard,* so scheint es, ist alles Wesentliche gesagt. Zu einer solchen Einschätzung gelangt zumindest, wer die literaturwissenschaftlichen Veröffentlichungen der vergangenen Jahrzehnte in Augenschein nimmt. Sie folgen einem weitgehend einheitlichen Schema: Den Ausgangspunkt bildet der Hinweis darauf, dass dem Text ein lebensweltliches Ereignis zugrunde liege, nämlich ein Schiffsunglück, das sich im Sommer 1841 auf dem Lake Erie ereignet hatte, in das Fontane allerdings selbst nicht involviert war, auf das hin aber die Ballade trotz signifikanter Abweichungen transparent sei. Damit tritt ein zweiter Verhandlungsgegenstand auf den Plan: die Frage nach der Vermittlung dieser Realie. Zwischen dem Schiffsunglück und der ersten Meldung in einer US-amerikanischen Tageszeitung, dem *Buffalo Commercial Advertiser,* liegen nur wenige Stunden, zwischen dieser Zeitungsmeldung und der mutmaßlichen Entstehungszeit der Fontaneschen Ballade über vier Jahrzehnte und, wie unermüdlich geführte Quellenstudien erbracht haben, eine Vielzahl von Texten, eine Vielzahl von Aneignungen und Transformationen, die ihrerseits auf das Unglück selbst, auf die erste Meldung oder auf spätere Aneignungsstufen Bezug nehmen.

Man hat diejenigen isoliert, die weichenstellende Um-Schreibungen vorgenommen haben, und überprüft, ob das je Spezifische Eingang gefunden hat in Fontanes Text. George Salomon[1] zufolge hat sich Fontane auf eine seit 1866 vor allem im angloamerikanischen Sprachraum zirkulierende Darstellung des Erbauungsschriftstellers John Bartholomew Gough bezogen. Manfred Fleischer[2] hat dafür plädiert, eine ebenfalls *John Maynard* betitelte, 1868 erstmals erschienene Ballade Horatio Algers als Quelle anzunehmen, auch hier, wie im Falle Goughs, mit dem Hinweis auf sachliche und formale Übereinstimmungen zwischen Fontanes Ballade und der vermeintlichen Quelle. Wenig später hat Horst Kirchner[3] eine 1871 in der *Gartenlaube* abgedruckte Ballade von Emil Rittershaus, *Ein deutsches Herz,* ins Spiel gebracht, worin ebenfalls die Lake Erie-Katastrophe verhandelt, ein tapferer Steuermann allerdings nicht erwähnt wird. Von dort habe Fontane den von der Empirie und von allen bekannten Darstellungen und Aneignungen abweichenden Schiffsnamen „Schwalbe" bezogen. Norman Barry schließlich hat eine Vielzahl britischer und amerikanischer Maynard-Texte ans Tageslicht befördert und nachgezeichnet, welche Wege das Maynard-Narrativ in Fontanes Gesichtskreis genommen haben könnte. Sie enden allerdings abrupt im Jahr 1871 bei dem Gedicht von Rittershaus und überbrücken die Kluft bis zur Entstehungszeit mit

1 George Salomon: „Wer ist John Maynard?" Fontanes tapferer Steuermann und sein amerikanisches Vorbild. In: Fontane-Blätter 1 (1965), S. 25–39.

2 Manfred P. Fleischer: John Maynard. Dichtung und Wahrheit. In: Zeitschrift für Religions- und Geistesgeschichte 16 (1964), S. 168–173.

3 Horst Kirchner: Weiteres zu „John Maynard": Der Schiffsname „Schwalbe". In: Fontane-Blätter 3 (1967), S. 153–156.

der Verlegenheitslösung, „dass die Ballade *John Maynard* einen für Fontane uncharakteristisch langen Werdegang mit sich zog".[4]

Aus den Befunden der Quellenforschung nun leitet die interpretierende Literaturwissenschaft weiteren, hermeneutischen Klärungsbedarf ab: Man sucht das vom intertextuellen Geflecht nicht Erfasste, Spezifische des Fontaneschen Textes zu bestimmen, das, was Fontane selbst ‚hinzugetan' hat, um, darauf fußend, die Ballade zunächst (1) als poetische Würdigung eines modernisierten Heldentums zu lesen,[5] wenig später (2) als so skeptischen wie subtilen Beitrag zum Verhältnis von technischem Fortschritt und dem Handlungsspielraum des einzelnen,[6] sodann (3) als gattungspoetisch aussagekräftigen, die Aktualisierbarkeit wie Aktualität der Balladenform demonstrierenden Text[7] und schließlich (4) als sozialkritische Stellungnahme zur Gesellschaft der Gründerzeit, in der der einzelne mehr und mehr seine eigenen und immer weniger die Interessen des Gemeinwohls im Blick habe.[8] Seit Karl Richter diese vier Perspektiven in einer wegweisenden Interpretation zusammengeführt hat, ist es – von wenigen Beiträgen abgesehen[9] – still geworden um *John Maynard.*

Zu Unrecht, wie ich meine. Eine ganze Reihe von Fragen nämlich ist nach wie vor unbeantwortet, zuvörderst die, weshalb Fontane Mitte der 1880er Jahre ausgerechnet auf ein vier Jahrzehnte zurückliegendes, im kulturellen Gedächtnis Deutschlands gar nicht verankertes lebensweltliches Ereignis und seine vorwiegend angloamerikanische Aneignungsgeschichte zurückgegriffen haben sollte, um die Freiräume menschlichen Handelns in einer mehr und mehr von technisierten Abläufen geprägten Welt auszuloten oder um Kritik zu üben an der Gründerzeitgesellschaft, deren Individuen den Sinn für das Gemeinwesen zu verlieren drohen. Ein Blick in die auflagenstarke *Leipziger Illustrirte Zeitung* vom 19. September 1885 hätte genügt, um auf mehr als nur ein „beklagenswerthes Schiffsunglück" aufmerksam zu werden. Von besonderem Interesse ist „der französische Dampfer Ville de Malaga", der „mit 66 Passagieren und 28 Mann Besatzung [...] auf der Reise von Genua nach Nizza in der Nähe von Savona am 6. September abends versunken" ist – ein Ereignis, das in herausragender Weise geeignet gewesen wäre, um fehlenden Gemeinsinn einzuklagen: „Die Schiffsmannschaft hatte" nämlich „die Passagiere ihrem Schicksal überlassen".[10] Warum also sollte Fontane sich auf ein historisch wie geographisch entlegenes Ereignis beziehen?

4 Barry 2008, S. 163.

5 So z. B. Walter Hinck: Die Deutsche Ballade von Bürger bis Brecht. Göttingen 1968, S. 95–97.

6 So z. B. Philipp Frank: Fontane und die Technik. Würzburg 2005, S. 52–57.

7 So z. B. Tanzer 2001, S. 166–169.

8 So vor allem Richter 1988.

9 Vgl. Wolfgang Rasch: Theodor-Fontane-Bibliographie. Werk und Forschung. Berlin 2006, S. 1591–1593, hier S. 1592 f.

10 Unfälle. In: „Illustrirte Zeitung", Nr. 2203, 19. 9. 1885, S. 273. Neben der „Ville de Malaga" sind ebenfalls im September 1885 gesunken: der englische „Dampfer Oaklands" und ein „Torpedoboot".

Wäre es dem 65jährigen tatsächlich darum gegangen, ein Schiffsunglück aufzugreifen, das auch in den letzten beiden Jahrzehnten des 19. Jahrhunderts noch präsent war, so wäre die bis dato folgenschwerste Havarie der Seefahrtsgeschichte, der Untergang der „S.S. Atlantic" im Frühjahr 1873, weitaus näher gelegen als ein Unglück, das im deutschsprachigen Raum keine nennenswerte Resonanz erzielt und sich 32 Jahre früher ereignet hatte, als Fontane, 21-jährig, noch als Apothekergehilfe tätig war. Das Movens der Aneignung ist daher wohl weniger in der nautischen Katastrophe zu suchen denn in der symbolischen Bedeutung, die der Rede vom Steuermann in dieser Zeit zukam. Und kaum jemand dieser Profession ist im Wahrnehmungshorizont der Zeitgenossen stärker präsent als John Maynard. Dafür allerdings die angloamerikanische Erbauungs- und Balladenliteratur in die Verantwortung zu nehmen, griffe zur mutmaßlichen Entstehungszeit des Fontaneschen Textes und mit Blick auf den deutschsprachigen Kulturraum erheblich zu kurz.

III. Der symbolische Tod der Steuerleute und die Begründung der Gemeinschaft

Den Weg, den das in den 1840er, -50er und -60er Jahren in Großbritannien und den Vereinigten Staaten formierte John-Maynard-Narrativ aus Wochenmagazinen, Kinder- und Schulbüchern, Anthologien erbaulichen oder pädagogischen Zuschnitts in das kulturelle Archiv des Kaiserreichs gefunden hat, konnte man bisher nur unter der Prämisse nachzeichnen, dass Fontane im Rahmen seiner Amerika-Studien oder über englische Bekanntschaften auf das Maynard-Narrativ aufmerksam geworden sei.[11] Ein *denkbarer*, von Fontanes Beziehungen zum angloamerikanischen Kulturraum gänzlich unabhängiger Transfer mag auf Samuel Smiles zurückgehen, einen schottischen Moralschriftsteller, der den Maynard-Stoff in seine 1880 veröffentlichte, kommerziell überaus erfolgreiche Abhandlung *Duty*[12] aufgenommen hatte. Zwei Jahre später erschien bei Johann Jacob Weber in Leipzig die erste deutsche Ausgabe – und was wäre treffender als eine Übersetzung, um ein Narrativ ‚überzusetzen' von den Vereinigten Staaten oder England ins deutsche Kaiserreich? Smiles' Abhandlung bietet „eine reiche Anzahl von Beispielen getreuer Pflichterfüllung aus dem Leben hervorragender Männer und Frauen",[13] darunter (ungeachtet seiner Fingiertheit) das Exemplum John Maynards. Der entsprechende Passus lautet:

> Ein Dampfboot auf dem Erie-See geriet in Brand; es hatte über hundert Personen an Bord. Alle rannten in Todesangst hin und her und sämtliche Matrosen verließen ihren Posten, nur der Steuermann, John Maynard, blieb ruhig und besonnen bei seinem Steuer, indem er bemüht war, das Schiff an das Ufer zu führen, damit die

[11] Vgl. hierzu Salomon 1965, S. 35 f.

[12] Samuel Smiles: Duty. With Illustrations of Courage, Patience and Endurance. London 1880, S. 176.

[13] Ders.: Die Pflicht. Deutsche, autorisierte Uebersetzung von C. Pelz. Leipzig 1882, S. 310.

> Passagiere gerettet werden könnten. Das Feuer breitete sich mehr und mehr aus und erreichte auch den tapfern Maynard, seine Kleider brannten ihm am Leibe, er war mit Brandwunden bedeckt, aber er wich nicht von seinem Posten, bis es ihm gelungen war, das Schiff an die Küste zu bringen. Die hundert Passagiere kamen alle mit dem Leben davon, nur der sich aufopfernde Steuermann erlag seinen Wunden.[14]

Eingang gefunden hat das Maynard-Narrativ zunächst allerdings nicht in die deutschsprachige Dichtung, sondern in religiöse Schriften wie das *Evangelisch-Lutherische Missionsblatt*,[15] in dessen Juli-Nummer des Jahres 1884 ein Gebet abgedruckt ist, das den Steuermann zwar nicht beim Namen nennt, seine Handlungsweise allerdings als im deutschsprachigen Raum bereits bekannt voraussetzt:

> Teurer Herr, Du Mann der Schmerzen, der Du den Kelch der Leiden für uns Zug um Zug geleert, der Du mehr für uns gethan hast, als jener edle Steuermann, der vom Steuer des brennenden Schiffes nicht eher wich, als bis alle gerettet waren und er tot zusammenbrach, und dem sie dann einen Stein setzten mit der Inschrift: „Er starb für uns" – ja der Du mehr gethan hast, denn Du hast durch deinen Tod das Schiff der Erde und ihr Geschlecht aus den Flammen der Hölle in den Hafen des Friedens gebracht [...].[16]

Ein ähnlicher Versuch, den aufopferungsvollen Einsatz Maynards mit dem Opfertod Christi in Verbindung zu bringen, findet sich schließlich auch in der ersten Quartalsausgabe der von Johannes Hesse herausgegebenen *Bibelblätter*. Die darin präsentierte Version ist für eine Lektüre der Fontaneschen Ballade von besonderem Gewicht, denn sie enthält nicht nur eine Fülle signifikanter Wendungen, weit mehr übrigens als die Versionen von Gough und Alger zusammen, sondern verfügt über eine dem Gedicht vergleichbare Architektur:[17]

Am augenfälligsten ist fraglos die Rahmenstruktur, die wie bei Fontane durch den Hinweis auf die Gemeinschaft der John Maynards Gedenkenden begründet wird. Und wie bei Fontane bildet den Ausgangspunkt der Darstellung eine Kommunikationssituation: die von Uneingeweihten aufgeworfene Frage nämlich nach demjenigen, dessen hier gedacht wird. Wie bei Fontane wird die Erinnerungsarbeit angesichts des Grab- und Denkmals von John Maynard und der darin mit goldenen Buchstaben eingelassenen Inschrift verrichtet. Wie bei Fontane heißt es mehrfach in Anlehnung an die neutestamentliche Wendung „Er starb für uns".[18] Und wie bei Fontane ist es „fast die ganze Stadt", die dem verstorbenen

---

14 Smiles 1882, S. 310.

15 Zur Plausibilisierung eines möglichen Transfers des Maynard-Narrativs in die deutschsprachige religiöse Literatur sei auf das Kapitel „Die Helden des Missionswesens" verwiesen; Smiles 1882, S. 544–595.

16 Jahresfeier der evangelisch-lutherischen Mission zu Leipzig am 4. 6. 1884. In: Evangelisch-Lutherisches Missionsblatt. Nr. 13 u. 14. Leipzig, den 1. u. 15. 7. 1884, S. 193–215, hier S. 203.

17 In: Evangelisches Missions-Magazin 29 (1885); Bibelblätter, H. 1, S. 5 f.

18 1 Thess 5,10. Es liegt zugrunde: Die Bibel oder die ganze Heilige Schrift des Alten und Neuen Testaments, verdeutscht von D. Martin Luther. Stuttgart 1872.

Er starb für uns.

Auf einem Gottesacker in Buffalo steht ein prachtvolles Marmorkreuz. Und auf der Bank ihm gegenüber sitzt ein alter Mann mit weißem Haar. Der hält seine Hände auf dem Schoß gefaltet und seine Augen auf das Kreuz gerichtet, und helle Thränen fließen ihm über die Wangen. Er sitzt oft da, und mancher andere auch mit tiefbewegtem Herzen. Und wenn du sie fragst, was das bedeute, dann weisen sie auf die Marmorplatte da unten am Sokkel. Da steht mit goldenen Buchstaben:

„Dem Steuermann John Maynard — die dankbaren Passagiere der ‚Schwalbe.' Er starb für uns!"

Und wenn du weiter fragst, dann erzählen sie dir mit zitternden Lippen und nassen Augen:

John Maynard war Steuermann auf einem Dampfer, der von Detroit nach Buffalo fuhr, und wir waren Passagiere. Es war an einem schönen Sommernachmittage und das ganze Schiff voll Menschen. Da stieg etwas Rauch von unten herauf, und der Kapitän rief: „Simpson, geh hinunter und sieh, was das ist."

Der kam wieder mit bleichem Gesicht und sagte: „Kapitän, das Schiff brennt," und bald klang überall der Schreckensruf: „Feuer an Bord! Feuer an Bord!"

Alle Mann wurden nun auf Deck gerufen und Ströme Wassers in's Feuer geschüttet — aber vergebens. Es befanden sich Mengen von Harz und Theer im Schiff, und daher blieb alle Mühe umsonst. Die Passagiere stürzten zum Steuermann und fragten:

„Wie weit sind wir noch von Buffalo?"

„Anderthalb Meilen."

„Wie lange währt's, bis wir's erreichen?"

„Dreiviertel Stunden, wenn wir so fahren."

„Ist irgend welche Gefahr?"

„Gefahr? — Seht, wie der Rauch herausbricht. Um Gottes willen geht nach vorne, wenn ihr euer Leben retten wollt!"

Alles stürzte nach vorne, Passagiere und Mannschaft, Männer, Frauen und Kinder. John Maynard aber stand am Steuerruder. Das Feuer brach durch in breiten Flammenzungen; Wolken von

6

Rauch erhoben sich; der Kapitän rief durch sein Sprachrohr: „John Maynard!"

„Hier, Herr!"

„Seid Ihr am Steuerruder?"

„Ja, Herr!"

„Welche Richtung?"

„Südost bei Ost, Herr."

„Wendet Südost und haltet auf's Ufer."

Die Küste kam näher und näher, und wieder rief der Kapitän: „John Maynard?"

Die Antwort kam schwach: „Hier, Herr!"

„Könnt Ihr noch fünf Minuten aushalten, John?"

„Ich will's versuchen mit Gottes Hilfe!"

Des alten Mannes Haar war bis auf die Hirnschale herunter gesengt, der ganze Leib verbrannt, die rechte Hand verkohlt. Aber mit der linken Hand am Steuer stand er wie ein Fels in Rauch und Flammen und führte das Schiff ans Land — alles gerettet, Mann, Weib und Kind; nur er selbst, John Maynard, sank am Ufer nieder und der Odem verließ die verbrannte Hülle — *er starb für uns*. Wir standen um die Leiche her mit tiefem Weh im Herzen und aller Augen voll dankbarer Thränen. Hier haben wir ihn begraben. Die ganze Mannschaft, alle Passagiere, fast die ganze Stadt folgte seinem Sarge nach: und als sie den Sarg ins Grab hineinsenkten, da war lautes Weinen. — Den Denkstein haben wir ihm gesetzt — der wird vergehen und verwittern. Aber sein Gedächtniß lebt in unsern Herzen, — o wir werden ihn nie vergessen; denn *er starb für uns*.

Theurer Leser! Schaue nach Golgatha, wo die drei Kreuze stehen und wo in der Mitte der Mann voller Krankheit und Schmerzen hängt, von dem der Prophet bezeuget: „*Fürwahr, er trug unsere Krankheit und lud auf sich unsere Schmerzen. Er ist um unserer Missethat willen verwundet und um unserer Sünde willen zerschlagen. Die Strafe liegt auf ihm, auf daß wir Frieden hätten, und durch seine Wunden sind wir geheilet.*" *Dessen* Gedächtniß lebe in unsern Herzen, *den* lasset uns nie vergessen; denn — *Er starb für uns!* (Ev. Mag.)

Steuermann des (wie bei Fontane „Schwalbe“ genannten) Dampfers unter „Thränen“ die letzte Ehre erweist.

Allem Anschein nach hat man es mit einer bisher noch gar nicht registrierten Hauptverdächtigen unter den Quellen zu tun. Mir geht es allerdings nicht darum, *die* Quelle Fontanes ausfindig zu machen, wenn es eine solche, einzige, überhaupt gegeben hat. Ich möchte vielmehr demonstrieren, dass Fontanes Ballade, als sie 1886 in der *Berliner Bunten Mappe* veröffentlicht wird, ihr Potential zunächst nicht im Dialog mit dem literarischen, sondern mit dem religiösen Diskurs zu entfalten vermochte – mit demjenigen Diskurs nämlich, der das John-Maynard-Narrativ bereits aufgenommen und in Zirkulation versetzt hatte. Eine Interpretation der Ballade hat daher, so meine ich, an diesem Dialog anzusetzen.

Eine auf die religiöse Dimension des Textes eingestellte Perspektive ist freilich nicht gänzlich neu. „Das Handeln des Steuermanns erhält“, so hatte bereits 1988 Karl Richter, von einschlägigen Motivbefunden, nicht vom religiösen Diskurs ausgehend, dargelegt,

> etwas von einer sakralen Würde, und einen Augenblick lang mag man sogar Parallelen zum stellvertretenden Opfer Christi wahrnehmen. Genau besehen freilich erkennen wir die religiösen Bezüge nicht nur säkularisiert, sondern in prägnanter Weise ins Soziale gewandt. Sie werden zum metaphorischen Kommentar des Dienstes in und an der Gemeinschaft [...]. Die Ballade wird zur Parabel einer sozialen Verpflichtung des einzelnen gegenüber einer Gemeinschaft, aber auch der Gemeinschaft gegenüber dem einzelnen.[19]

Ich meine allerdings, dass die Vorsicht, mit der Richter von „Parallelen zum stellvertretenden Opfer Christi“ spricht, vor dem Hintergrund der im religiösen Diskurs der 1880er Jahre zirkulierenden Verknüpfung von John Maynard und Christus im Zeichen des Steuermanns völlig unbegründet, dass die religiöse Komponente der Fontaneschen Ballade und ihrer zeitgenössischen Rezeption vielmehr unauslöschlich eingeschrieben ist und der Text auf diese Weise eine Wirkung entfaltet, die bisher nicht ausreichend gewürdigt worden ist.

Das von Richter vorgeschlagene Modell einer „Wechselseitigkeit des Engagements“[20] ist zu statisch gedacht, da es beide Komponenten, den „einzelnen“ wie die „Gemeinschaft“, als bereits gegeben voraussetzt. Fontanes Ballade beginnt zwar mit der Stimme eines im Possessivpronomen angezeigten Kollektivs – „John Maynard war *unser* Steuermann“ [Hervorhebung V.M.] –, doch ist dieses Kollektiv nur in der Anordnung der Textteile von Beginn an im Spiel, nicht aber nach Maßgabe der vorgestellten Entwicklung. In dieser Ordnung hat man es zunächst nur mit „Passagiere[n], Kinder[n] und Frau'n“ zu tun. Der daraus ableitbare Gemeinschaftsbegriff zielt im einen Fall auf einen Vertragsschluss, der mit der Erfüllung der Beförderungsvereinbarung gegenstandslos wird, im zweiten Fall auf die Sozialordnung Familie. Zusammengeschlossen sind sie „alle“, „Pas-

[19] Richter 1988, S. 356.

[20] Ebd.

sagiere, Kinder und Frau'n", allein dadurch, dass sie auf der „Schwalbe" über den Erie-See „fliegen", um von Detroit nach Buffalo zu gelangen. Sie bleiben als „Passagiere", wie zu Beginn der vierten Versgruppe eigens betont wird, selbst als das Feuer bereits ausgebrochen ist, „buntgemengt" und sind am Ende „gerettet alle". Im Unterschied zum „Schiffsvolk", worunter die Offiziere, Unteroffiziere und Mannschaften fallen, nicht aber die „Passagiere", werden sie nicht durch eine gesetzlich geregelte soziale Ordnung,[21] sondern durch das Indefinitpronomen „alle" und neuerdings auch durch die über die Fahrt hinaus wirksame Tatsache ihrer gemeinsamen „Rettung" zusammengehalten.

Ist dies allerdings das Kollektiv, das zu Beginn der Ballade so ostentativ als Kollektiv das Wort ergreift? „John Maynard war *unser* Steuermann", „Er starb für *uns*", „Er hat *uns* gerettet" [Hervorhebungen V.M.]. Ist dies die Stimme allein der vor dem Feuertod oder Ertrinken Geretteten? Die letzten drei Versgruppen sprechen eine andere Sprache: Den John Maynard zugedachten Trauerdienst verrichtet nämlich „die Stadt", mithin eine gesetzlich verankerte und von der allen gemeinsamen Trauer zudem noch affektiv zusammengehaltene soziale Gemeinschaft: „Zehntausend folgen oder mehr". Maynards Bestattung ist demnach als kollektiv ausgeführtes Ritual markiert, ja sie ist als solches geradezu überzeichnet: Beim Wort genommen, wären es „zehntausend [...] oder mehr", die den Sarg gemeinsam hinablassen, das Grab mit Blumen schließen und den „Marmorstein" mit dem „Dankspruch" versehen. Er lautet:

> Hier ruht John Maynard. In Qualm und Brand,
> Hielt er das Steuer fest in der Hand,
> Er starb für uns, er trägt die Kron',
> Er hat uns gerettet, die Liebe sein Lohn.
> John Maynard.

Wer also wird hier durch das Personalpronomen „uns" bezeichnet? Es sind bei weitem nicht nur die Geretteten selbst; es ist „die Stadt", die mal im Singular, mal im Plural für die nach dem Tod John Maynards vollzogenen rituellen Handlungen verantwortlich zeichnet. Im Singular „hat" sie „ein[en] Dienst", den Trauerzug nämlich, im Plural der „zehntausend [...] oder mehr" lässt sie den Sarg hinab und schließt das Grab mit Blumen, im Singular „schreibt" sie „ihren Dankspruch ein", im Plural schließlich benennt sie die Leistung John Maynards: „Er starb für uns". Es ist *ihr* Dankspruch, ausdrücklich wird das betont, nicht der Dankspruch der Geretteten. Und dieses so deutlich von den „buntgemengt[en]" Passagieren abgesetzte „Wir" nun entspringt dem Tod John Maynards. Fraglos, beide, John Maynard und die Stadt, hat es schon vor dem Unglück gegeben.

Fontanes Ballade nimmt in ihrem poetischen *discours* allerdings eine entscheidende Umakzentuierung vor: Sie präsentiert das Kollektiv ‚Stadt' als erst durch den Tod und die Bestattung John Maynards erreichtes Resultat. Deutlich ange-

---

[21] Vgl. (adressatenbezogen auf den Horizont des deutschen Sprachraums) Seemannsordnung vom 27. 12. 1872.

zeigt wird dies durch den eingespeisten christologischen Subtext: Wie der Tod Christi den neuen Bund begründet, die Gemeinschaft der Christen ermöglicht und hervorgebracht hat – man denke an die ekklesiologischen Überlegungen im ersten Petrusbrief oder im Johannesevangelium[22] –, so hat der Tod Maynards das Kollektiv der Stadt begründet. Und wie das Neue Testament die Identität der religiösen Gemeinschaft sicherstellt und überliefert, so verbürgt der „Dankspruch" auf dem „Marmorstein" und seine Dritten gegenüber vorgenommene Auslegung den Fortbestand der neu begründeten Gemeinschaft der Stadt. Es geht eben nicht um die Opposition von Individuum und Sozietät, sondern um deren Begründung.

Warum Fontane einen solchen Gegenstand Mitte der 1880er Jahre verhandelt, ist damit allerdings noch nicht geklärt. Dies gelingt erst dann, wenn man die Rede vom „Steuermann" etwas genauer in den Blick und nicht ausschließlich wörtlich nimmt. Zu einem solchen Schritt ermutigt die Kenntnis nautischer Terminologie. „Steuermann" heißt nämlich der erste Navigationsoffizier und Stellvertreter des Kapitäns, der gar nicht, „wie die unrichtige deutsche Benennung zu glauben verleitet, am Steuerruder" steht, „wozu gewöhnlich ein Matrose kommandirt wird".[23] Nichts liegt daher näher, als die Rede vom „Steuermann" auf weitere Bedeutungsebenen hin zu befragen.

Sie greift auf zwei Felder aus: zum einen auf das Feld des Religiösen. Aufgerufen wird (wie im *Evangelisch-Lutherischen Missionsblatt*, aus dem ich vorhin zitiert habe) der Topos von Christus als Steuermann, der die Gläubigen mit dem Schiff der Kirche ins Reich Gottes führt – ein Topos, mit dem Fontane übrigens, wie der ‚Wanderung' durch die Grafschaft Ruppin zu entnehmen ist, durchaus vertraut war.[24] Zum anderen greift die Rede vom „Steuermann" – auch hier bewegt sich Fontane in den 1880er Jahren auf gut ausgetretenen Pfaden – auf das Feld des Politischen aus und zielt, zumindest in deutscher Perspektive, auf Otto von Bismarck, der sein eigenes politisches Wirken an prominenter Stelle, nämlich vor dem Deutschen Reichstag in der Steuermannsmetapher zu fassen gesucht hat: „Für mich hat immer nur ein einziger Kompaß, ein einziger Polarstern, nach dem ich steuere, bestanden: Salus publica! Ich habe [...] mich immer der Frage unter-

---

22 In ekklesiologischer Perspektive einschlägig: 1 Petr 2,21: „Denn dazu seid ihr berufen. Sintemal auch Christus gelitten hat für uns, und uns ein Vorbild gelassen, daß ihr sollt nachfolgen seinen Fußstapfen" und 24–25: „Welcher unsere Sünden selbst hinaufgetragen hat an seinem Leibe auf das Holz, auf daß wir, der Sünde abgestorben, der Gerechtigkeit leben; durch welches Wunden ihr seid heil worden. Denn ihr waret wie die irrenden Schafe; aber ihr seid nun bekehret zu dem Hirten und Bischof eurer Seelen", sowie Joh 10,12: „Ich bin der gute Hirte. Der gute Hirte lässet sein Leben für die Schafe." Die Pro nobis-Formel findet sich in Mk 10,45, Mk 14,24, Röm 5,6–8, 1. Thess 5,10. Die soteriologische Komponente wird betont in den deuteropaulinischen Schriften: Kol 1,15–20, Eph 2,14.

23 Schiffsvolk. In: Das große Conversations-Lexikon für die gebildeten Stände. 2. Abth., Bd. 7. Hildburghausen u. a. 1851, S. 744 f., hier S. 745.

24 Vgl. Theodor Fontane: Werke, Schriften und Briefe. Hg. v. Walter Keitel und Helmuth Nürnberger. Bd. IX: Die Grafschaft Ruppin. München 1960, S. 560 f.

geordnet: Was ist für mein Vaterland, [...] was ist für die deutsche Nation das Nützliche, das Zweckmäßige, das Richtige?"[25]

Man hat Fontane zwar „ein niemals erlahmendes, leidenschaftliches Interesse" am Reichskanzler bescheinigt,[26] doch lässt sich daraus allein schwerlich eine Legitimation für die Auflösung der Rede vom Steuermann in *John Maynard* als ‚Link' in die Bismarck-Ikonographie ableiten. Nun verfügt Bismarck im Frühjahr 1885 allerdings nicht nur über hohe Popularität, er genießt darüber hinaus in einem bisher nicht gekannten Ausmaß das Interesse der Öffentlichkeit. Die Gründe für seine verstärkte Medienpräsenz liegen „angesichts der Gedenktage dieses Jahres, des siebzigsten Geburtstages" am 1. April „und des auf den 4. Juni fallenden fünfzigjährigen Amtsjubiläums" auf der Hand. „Im ganzen Deutschen Reiche" scharen sich daher „Männer aller Parteien zusammen, um in dem Reichskanzler den größten Staatsmann zu feiern, den Deutschland jemals gehabt hat".[27] Die Leser der *Vossischen Zeitung*, zu denen im übrigen Fontane als einer ihrer Autoren wohl auch zu rechnen ist, werden am 1. April ausführlich über die Berliner „Bismarckfeier" unterrichtet, insbesondere über einen „mehrere Stunden währenden Festzug". „Die Zahl der Teilnehmer ist auf circa 10 000 [...] zu schätzen".[28] Zum Jubiläum erscheinen Würdigungen des Kanzlers in großer Zahl, einige in Buchform, die Mehrzahl allerdings – darunter auch ein Gedicht Fontanes – in den einschlägigen Zeitungen und Zeitschriften. Für die Wahrnehmungssteuerung zeitgenössischer Leser von besonderer Bedeutung ist dabei der geradezu ubiquitäre Einsatz der Doppelmetapher vom Steuermann, der das Staatsschiff auf Kurs hält:[29] „Mit solcher Kunst hat Fürst Bismarck", so war 1885 in einer Ausgabe der *Preußischen Jahrbücher* über die Außen- und Kolonialpolitik des Kanzlers nachzulesen, „das deutsche Fahrzeug auf gefährlichem Klippenwasser und später auf der hohen See gelenkt".[30] In einem weiteren Beitrag wird in Erinnerung gerufen, „was Deutschland Bismarck zu danken hatte und welchen Werth es nach wie vor für Deutschland habe, daß" – nun in fast wörtlicher Übereinstimmung mit Fontanes *Maynard*-Ballade – „seine gewaltige Faust noch immer das Steuer hielt".[31] Den Zeitgenossen mag schließlich noch, als sie 1886, unmittelbar nach dem Jubiläumsjahr, in der *Berliner Bunten Mappe* auf Fontanes Ballade gestoßen sind, eine wenige Jahre zuvor im *Kladderadatsch* veröffentlichte

[25] 4. Sitzung des Deutschen Reichstags [24. 2. 1881]. In: Bismarck: Die gesammelten Werke. Bd. 12. Reden. 1878–1885. Berlin o. J., S. 188–195, hier S. 194.

[26] Fritz Gebauer: Eine unbekannte Quelle. Die „Vaterländischen Reiterbilder" und die Bismarck-Biographie Fontanes. In: Fontane-Blätter 51 (1991), S. 77–95, hier S. 77.

[27] Kommentar von Wilhelm Schüßler. In: Bismarck 1878–1885, S. 188.

[28] Die Bismarckfeier. In: Königlich privilegierte Berlinische Zeitung von Staats- und gelehrten Sachen. Vossische Zeitung, Nr. 153, 1. 4. 1885, o.P.

[29] Hierzu grundlegend: Irene Meichsner: Die Logik von Gemeinplätzen. Vorgeführt an Steuermannstopos und Schiffsmetapher. Bonn 1983, S. 11.

[30] Constantin Rößler: Fürst Bismarck. Zum 1. April 1885. In: Preußische Jahrbücher 35 (1885), S. 369–413, hier S. 413.

[31] Hermann von Holst: Friedrich Kapp. In: Preußische Jahrbücher 35 (1885), S. 217–264, hier S. 257.

ganzseitige Karikatur in Erinnerung gekommen sein, auf der Bismarck, souverän über die politischen Kräfte des Reiches verfügend, *Am Steuer* dargestellt ist.[32]

Im Horizont der Fontane-Leser des Jahres 1886 nun fallen die durch die Ballade ikonographisch aufgerufenen wörtlichen wie metaphorischen Steuerleute – John Maynard, Christus und Bismarck – unter die Bild- und Bedeutungsregie des Textes, gerade so wie ultramontan-katholische, reichskonservative und liberale Kräfte dem Kurs des fürstlichen Steuermanns unterworfen sind.

Was aber ist der Kurs, den die Ballade einschlägt mit dieser Überblendung dreier Steuerleute und ihrer jeweils übergeordneten Herren, Kapitän, Gott-Vater und Kaiser? Insbesondere denjenigen unter Fontanes Zeitgenossen, die 1871 die 38. Wochenausgabe der *Gartenlaube* aufmerksam gelesen haben, wird dieser Kurs bei der Lektüre von Fontanes *John Maynard* klar vor Augen gestanden haben. Die besagte *Gartenlaube* erschien nämlich zum Jahrestag der Kapitulation Napoleons III. nach der Schlacht bei Sedan, exakt ein Jahr nach dem für die Reichsgründung so wichtigen militärischen Erfolg, und sie enthält nicht nur

32 In: Kladderadatsch 32 (1879), Nr. 27, 15. 6. 1879, S. 108.

Emil Rittershausens Lake-Erie-Ballade über die „Schwalbe", sondern auch einen unmittelbar davor abgedruckten nationalpatriotischen Beitrag über *Deutsche Gräber in der Fremde,* und zwar über die Gräber derjenigen, die sich in herausragender Weise um die Nation verdient gemacht haben, von dieser aber – ohne heimatlichen Gedenkort – nicht gewürdigt werden können. Der Verfasser „zeichnete" deshalb „das bescheidene Denkmal" eines in der Fremde Bestatteten ab – „für die Gartenlaube und somit für das deutsche Volk. Es soll sich [...] seiner Todten [...] erinnern" können,[33] auch wenn sie nicht im heimatlichen Boden bestattet sind.

Worauf es mir ankommt, ist die performative Dimension, die Rödiger seiner Rede attestiert, indem er den in der *Gartenlaube* des Reichsgründungsjahrs abgedruckten textuellen Gedenkstein zum funktionstüchtigen Surrogat erklärt. Das Kollektiv, dessen Begründung Fontanes Ballade mit analytischer Präzision ausleuchtet, bleibt nämlich vom Leser nicht getrennt, er wird vielmehr in die Gemeinschaft der „Wer ist John Maynard?"-Fragenden miteinbezogen[34] und wie diese über Verdienst und Bedeutung des Steuermanns unterrichtet. Die Ballade schreibt auf diese Weise das Wissen um das Prinzip des Kollektivs in das kulturelle Gedächtnis des Kaiserreichs ein: Was auf der *histoire*-Ebene für „die Stadt" Bestattung und Grabmal sind, ist auf der Ebene des *discours* das Gedicht selbst. Woran der Leser sich angesichts des Balladen-Gedenksteins erinnern soll, ist nicht, wie man bisher betont hat, die persönliche Leistung John Maynards, sondern, wie am Christus- und am Bismarck-Narrativ deutlich wird, der funktionale Ort eines einzelnen im Begründungsmechanismus einer sozialen Ordnung. Eine solche Ordnung verdankt sich nicht der Opferbereitschaft eines einzelnen, nicht dem Tod John Maynards, sie verdankt sich vielmehr der Art und Weise, wie dieser Tod von vielen übereinstimmend mit Sinn angefüllt wird.

Auf dieser analytischen Ebene ist der „Tod" John Maynards, Christi und des 1885 noch recht lebendigen Bismarck freilich symbolisch zu nehmen: Steuerleute dieses Schlages müssen als das begründende Andere einer neuen sozialen Ordnung bestimmt und damit eben ausgeschlossen werden. Ermöglichungsbedingung der sozialen Gemeinschaft, des neuen Bundes, ist der symbolische Tod des Steuermanns. Die Gesetzestafel dieses Bundes ist der Gedenkstein, der Inhalt des Gesetzes die Verpflichtung auf Erinnerungsarbeit. Das vornehmste Medium dieser Erinnerungsarbeit ist – wie sonst sollte die performative Volte der Ballade zu bewerten sein – die Literatur.[35]

---

33 Fritz Rödiger: Deutsche Gräber in der Fremde. In: Die Gartenlaube 38 (1871), S. 633–635, hier S. 634.

34 Hierauf hat Richter 1988, S. 357, bereits aufmerksam gemacht.

35 Unterstützt wird eine solche Lesart durch die Tatsache, dass die Wissenden den Fragenden mit einer Narratio antworten.

IV. Auswahlbibliographie

1. Norman Barry: Fontanes John Maynard: Neue Entdeckungen der Quellenforschung. In: Fontane-Blätter 85 (2008), S. 150–171.
2. Karl Richter: Stilles Heldentum. Kritik und Utopie gesellschaftlicher Wirklichkeit im Zweiten Kaiserreich. Zu Theodor Fontanes *John Maynard*. In: Gunter Grimm (Hg.): Deutsche Balladen. Stuttgart 1988, S. 339–365.
3. Harald Tanzer: Einer für alle. Theodor Fontanes Ballade *John Maynard* und die Erinnerung an das Heldentum. In: Helmut Scheuer (Hg.): Interpretationen: Gedichte von Theodor Fontane. Stuttgart 2001, S. 164–181.

Conrad Ferdinand Meyer (1825–1898): Lethe

von Kai Köhler

I. Gedicht

Lethe

Jüngst im Traume sah ich auf den Fluten
Einen Nachen ohne Ruder ziehn,
Strom und Himmel stand in matten Gluten
Wie bei Tages Nahen oder Fliehn.

Saßen Knaben drin mit Lotoskränzen,
Mädchen beugten über Bord sich schlank,
Kreisend durch die Reihe sah ich glänzen
Eine Schale, draus ein jedes trank.

Jetzt erscholl ein Lied voll süßer Wehmut,
Das die Schar der Kranzgenossen sang –
Ich erkannte deines Nackens Demut,
Deine Stimme, die den Chor durchdrang.

In die Welle taucht' ich. Bis zum Marke
Schaudert' ich, wie seltsam kühl sie war.
Ich erreicht' die leise ziehnde Barke,
Drängte mich in die geweihte Schar.

Und die Reihe war an dir zu trinken,
Und die volle Schale hobest du,
Sprachst zu mir mit trautem Augenwinken:
„Herz, ich trinke dir Vergessen zu!"

Dir entriß in trotzgem Liebesdrange
Ich die Schale, warf sie in die Flut,
Sie versank und siehe, deine Wange
Färbte sich mit einem Schein von Blut.

Flehend küßt' ich dich in wildem Harme,
Die den bleichen Mund mir willig bot,
Da zerrannst du lächelnd mir im Arme
Und ich wußt' es wieder – du bist tot.

Conrad Ferdinand Meyer: Sämtliche Werke. Historisch-kritische Ausgabe. Besorgt v. Hans Zeller, Alfred Zäch. Bd. 1: Gedichte. Basel, Bern 1963, S. 213 f.

II. Stellenkommentar

Lethe: In der griechischen Mythologie ein Fluss in der Unterwelt. Sein Wasser zu trinken erlaubt die Erinnerung an das Leben zu vergessen.
V. 2: Nachen: Flaches Boot.
V. 15: Barke: Mastloses Boot, häufig für rituelle oder repräsentative Zwecke benutzt.

III. Entstehung

Meyers Werke liegen in einer historisch-kritischen Ausgabe vor; ein umfangreicher Kommentarband dokumentiert die Textüberlieferung und die wichtigsten Fassungen.[1] Dort ist festgehalten, dass *Lethe,* wie viele andere Gedichte Meyers auch, über einen langen Zeitraum hinweg entstand und bedeutende Änderungen erfuhr.

Eine erste Anregung war 1857 Meyers Besuch im Pariser Musée de Luxembourg, wo er unter anderem das Gemälde *Le soir* (*Der Abend*) von Charles Gleyre (1808-1874), auch bekannt unter dem Titel *Les illusions perdues* (*Die verlorenen Illusionen*), sah. Das Bild zeigt eine Gruppe junger Feiernder, die sich an einem Flussufer einschiffen. Das vom Wind geblähte Segel deutet darauf hin, dass das Boot in schneller Fahrt dahingleiten wird, während am rechten Bildrand ein etwas älterer Mann, in gebeugter Haltung sitzend, skeptisch den Fröhlichen nachblickt.

[1] Vgl. Conrad Ferdinand Meyer: Sämtliche Werke. Historisch-kritische Ausgabe. Besorgt v. Hans Zeller, Alfred Zäch. Bd. 4: Gedichte. Apparat zu den Abteilungen V, VI und VII. Bern 1975, S. 66–80.

Wesentliches Element der Bildgestaltung ist Gleyres Lichtregie: Der Betrachter blickt zwar auf den Sonnenuntergang, der im Bildhintergrund zu sehen ist, und folgerichtig ist von dem sitzenden Mann die Schattenseite zu sehen. Doch entgegen dieser Logik sind die Gesichter der Bootsfahrer scharf durch Licht- und Schattenkontraste gezeichnet, die durch Sonnenbeleuchtung nicht zu erklären sind. Es handelt sich also um keine realistisch wiedergegebene Szenerie, sondern um eine Entgegensetzung von Glück und Unglück.

Mit dem Tod hat das Gemälde freilich ebensowenig zu tun, wie Meyers erste Interpretation zeigt, die er aus Paris an seine Schwester Betsy schrieb, mit der er über Jahrzehnte sein Schaffen zu diskutieren pflegte: „Das Ergreifendste ist, daß sich die auf der seligen Fahrt auch gar nicht nach dem Armen umsehen, dessen Gäste sie waren.“[2] Das Verhältnis von fröhlicher Gruppe und traurigem Individuum ist hier konkretisiert – naheliegend bei einer sprachlichen Gestaltung, die sich nicht mit der optischen Suggestion, wie ein Bild sie bietet, begnügen kann.

Das erste aus diesem Umfeld überlieferte Manuskript[3] aus dem Herbst 1860 ist *Traumbild* betitelt und nimmt darin schon ein Motiv des späteren *Lethe*-Gedichts auf. Auch die Entgegensetzung der Fröhlichen, die „längst vergessen haben / Des Lebens Bitterkeit“, mit einem trauernden Ich wird wichtig bleiben.

Doch sind die folgenden Versionen sprachlich wie auch motivisch noch weit von dem später gedruckten Gedicht entfernt. Varianten, die nach Schriftführung und verwendeter Tinte in die Mitte der 1860er Jahre einzuordnen sind, weisen mit dem späteren Gedicht ebensowenig Ähnlichkeiten auf wie eine bereits *Lethe* betitelte Fassung, die zwischen Herbst 1873 und Herbst 1874 entstand und immerhin das Motiv des Vergessens entwickelt.[4] Eine weitere Manuskriptfassung aus ungefähr der gleichen Zeit entspricht freilich bereits der im April 1874 gedruckten *Lethe*-Fassung, die dann mit geringen Änderungen 1882 in die erste Auflage von Meyers gesammelten Gedichten übernommen wurde. Zu Lebzeiten Meyers gab es vier weitere Auflagen der Sammlung. Dabei kamen zahlreiche Gedichte hinzu, andere arbeitete der Autor grundlegend um. In *Lethe* änderte Meyer allerdings nur wenige Satzzeichen, was darauf verweist, dass er mit dem Gedicht außerordentlich zufrieden war. Die Werkausgabe, nach der das Gedicht hier abgedruckt ist, gibt wie bei allen anderen Gedichten den letzten von Meyer redigierten Druck von 1892 wieder.

Lethe gehört zu den Gedichten Meyers, die Eingang in mehrere Gedichtanthologien fanden, dem neben dem Schulunterricht lange Zeit wichtigsten Medium zur Verbreitung von Lyrik.[5] 1962 konnte *Lethe* als „berühmteste[s] Gedicht“[6] Mey-

2 Zitiert nach Meyer 1975, Bd. 4, S. 78.

3 Wiedergegeben in Meyer 1975, Bd. 4, S. 69.

4 Wiedergegeben in ebd., S. 72 f.

5 Vgl. etwa Wilhelm v. Scholz (Hg.): Das deutsche Gedicht. Ein Jahrtausend deutscher Lyrik. Berlin 1941, S. 383; Otto Conrady: Das große deutsche Gedichtbuch. Königstein/Ts. 1977, S. 546; Hans-Joachim Hoof: Deutsche Gedichte von Walther von der Vogelweide bis Gottfried Benn. Waltrop, Leipzig 1999; sowie bis 1993 in zahlreichen Auflagen der von Theodor Echtermeyer begründeten Sammlung: Deutsche Gedichte von den Anfängen bis zur Gegenwart. Auswahl für Schulen.

6 Karl Pestalozzi: Tod und Allegorie in C. F. Meyers Gedichten. In: Euphorion 56 (1962), S. 300–320, hier S. 313.

ers bezeichnet werden, was angesichts weitverbreiteter Dichtungen wie *Der römische Brunnen* oder *Die Füße im Feuer* gewagt ist, aber doch auf eine umfangreiche Rezeption hinweist.

IV. Zur Methode

Die gut dokumentierte Entstehungsgeschichte legt ein genetisches Interpretationsverfahren nahe: Man kann, so scheint es, dem Autor über die Schulter blicken und Schritt für Schritt nachvollziehen, was er tut. Das fertige Werk würde sich so aus dem erklären, was es nicht mehr ist: als Gegenteil dessen, was sein Autor weggelassen hat.

Dies aber geschieht hier nicht, und zwar aus zwei Gründen. Erstens soll es darum gehen, die Bedeutung dieser Dichtung zu zeigen, und das heißt auch: den sinnhaften Bezug der einzelnen Teile zu einem Ganzen. Wirkliche Verbesserungen geschehen nur im Hinblick auf das Ganze.

Hier erlaubt, zweitens, die Überlieferungslage zu *Lethe* gerade keine Erkenntnisse: Die wichtigsten Erfindungen geschehen offensichtlich sprungweise. Die früheste Interpretation des Bildbetrachters Meyer, dass der grübelnde Mann der verlassene Gastgeber der Bootsfahrer sei, dann die Erfindung der Elemente Tod und Traum und zuletzt, dass es sich bei dem Fluss um den Fluss des Vergessens handele: All das sind Setzungen, die sich nicht aus Mängeln einer früheren Textfassung, die es zu beseitigen galt, ableiten lassen. Zumal der Traum, der für die Endfassung zentral ist, lässt sich im Bild nicht als solcher zeigen. Nur mit einer Bildunterschrift könnte ein Künstler den Traumstatus des Gezeigten bezeichnen – sonst gilt das Gesehene für das (durch Kunst gesehene) Reale.

Daher orientiert sich die vorliegende Interpretation an der Endfassung. In einem ersten Durchgang (V.) soll ein „close reading", eine Lektüre eng am Text, wichtige Inhalte und formale Verfahrensweisen aufzeigen. Dabei wird hoffentlich deutlich, dass der oben genannte sinnhafte Bezug der Teile zum Ganzen keineswegs eine harmonische Einheit meint. Es sollen vielmehr Konflikte gezeigt werden, die sich aus dem Verhältnis der einzelnen Elemente des Texts zueinander ergeben. Diese Konflikte sind der besondere Gehalt eben dieses Gedichts – keineswegs in dem Sinne, dass Dichtung immer und im Gegensatz zu Sachtexten vieldeutig und ambivalent sei. Vielmehr soll der besondere Konflikt eben dieses Gedichts anschaulich werden.

Möglich wäre sodann ein weiterer Schritt zu Stil- oder Epochenbegriffen wie „Symbolismus" oder „Ästhetizismus" – als dessen Vorbereiter Meyer gerne gehandelt wird – und zu einer sozialhistorischen Einordnung der Widersprüche. Ersteres ist hier bewusst vermieden, denn starre literaturhistorische Kategorisierungen dienen meist dazu, allzu rasch eine vermeintliche Übersichtlichkeit herzustellen. Die sozialhistorische Einordnung dagegen ist wünschenswert, im hier vorgegebenen Rahmen aber nur fragmentarisch zu leisten (VI.).

V. Lektüre

Die erste Strophe etabliert zum einen das Reimschema, das Meyer im ganzen Gedicht durchhält – jeweils der erste und dritte sowie der zweite und vierte Vers reimen sich. Es handelt sich zum anderen ausnahmslos um trochäische Verse, also um Verse, in denen sich eine betonte und eine unbetonte Silbe abwechseln und die dabei mit einer Betonung beginnen. Es ist möglich, bis fast zum Ende, alle Strophen auf diese Weise regelmäßig betont vorzulesen. Allerdings wäre es nicht sinnvoll – der leiernde Ton, der sich so ergäbe, zöge das Gedicht ins Lächerliche. Doch kann man auf diese Weise feststellen, dass Meyer auffällige metrische Brüche vermeidet.

Allerdings gibt es scheinbar eine regelmäßige Unregelmäßigkeit: Jeweils der zweite und vierte Vers enden mit einer männlichen Kadenz (und mit Ausnahme des „durchdrang" in Strophe 3 auch mit einem einsilbigen Wort). Das führt dazu, dass an diesen Stellen jeweils zwei betonte Silben aufeinanderstoßen. Wenn dabei die Strophengrenzen – die alle auch Grenzen zwischen Sätzen sind – akzentuiert werden, so überrascht dies nicht. Verwunderlicher ist dagegen die auf den ersten Blick harte Fügung zwischen dem jeweils zweiten und dritten Vers. Allerdings gibt Meyer mittels der Zeichensetzung ein entgegengesetztes Signal: In den Strophen 1, 2, 6 und 7 bilden Kommata eine Überleitung zwischen vollständigen Hauptsätzen, die auch durch einen Punkt hätten getrennt werden können. Auf diese Weise ist sowohl ein zu hartes Aufeinandertreffen zweier betonter Silben durch eine minimale Pause vermieden als auch eine Satzzäsur innerhalb der Strophe. Auf die Ausnahmen in den Mittelstrophen 3 bis 5 wird zurückzukommen sein.

Die erste Strophe etabliert ein lyrisches Ich, das nicht mit dem Dichter Meyer gleichzusetzen ist – nicht nur, weil Meyer niemals mit dem Tod einer jungen Geliebten konfrontiert worden war, sondern vor allem, weil grundsätzlich die Sprecherposition im Gedicht ein ästhetisch bestimmter Standpunkt ist und kein empirisch-biographischer. Dieses Ich beginnt, einen Traum wiederzugeben. Mögen die „matten Gluten" auch noch an den Hintergrund von Gleyres Gemälde erinnern – dass die Tageszeit nun unbestimmt ist, zeigt die gewonnene Distanz, bestimmte der Maler doch schon im Titel *Le soir* seine Szenerie als abendlich.

Man kann zunächst zweifeln, ob die Situation überhaupt belebt ist; die erste Strophe erwähnt jedenfalls keine Menschen auf dem Nachen. Ebenso unbestimmt wie die Zeit, die nur als irgendein Dämmerzustand gefasst ist, bleibt anfangs der Ort: Die Rede ist von „den Fluten", die zwar durch den Gedichttitel festgeschrieben, doch im Bewusstsein des Träumenden wohl noch nicht als Lethe erkannt sind. Der Nachen hat keine Ruder, die für eine zielgerichtete Fortbewegung benutzt werden könnten; selbst das Segel, das das Boot bei Gleyre hatte, ist nun eliminiert. Einzig dass der Kahn dahinzieht, zeigt, dass es eine zeitliche Abfolge gibt.

Erst in der zweiten Strophe wird der Nachen bevölkert. Es handelt sich um junge Menschen – „Knaben" und „Mädchen" – und sie sind geschmückt und schön. Der Träumende, soweit er die „Fluten“ noch nicht als Lethe identifiziert hat, mag noch an ein Fest gedacht haben. Die Schale glänzt, und der Gesang am Beginn der dritten Strophe ist zwar von „Wehmut“ geprägt, doch ist diese Wehmut eben auch als süß bezeichnet.

Dass in der Mitte der dritten Strophe ein wichtiger inhaltlicher Einschnitt liegt, ist durch den Gedankenstrich nach ihrem zweiten Vers gekennzeichnet. Nach dieser spannungsvollen Pause, die man sich als länger denn die früheren vorzustellen hat, wird zum ersten Mal eine Beziehung zwischen dem träumenden Betrachter und der geträumten Szenerie hergestellt, die über bloße Wahrnehmung hinausgeht. Eine Person aus der Gruppe ist ihm bekannt; als weibliche Geliebte wird sie aber erst viel später, im zweiten Vers der letzten Strophe, grammatisch eindeutig identifiziert.

Die mittlere der sieben Strophen setzt das Erkennen in Handlung um. Gleichzeitig entsteht, indem das Ich sich bewegt, etwas wie Räumlichkeit: Anders als zuvor wird dadurch die örtliche Beziehung zwischen dem nun Handelnden und dem Nachen klar. Mit der Annäherung von Ich und Barke stellt Meyer jedoch auch indirekt das unterschiedliche Erleben dar: Das Gewässer, auf dem die Gruppe feiert, lässt das Ich erschaudern. Deutlicher noch ist – nach der gewaltsamen Unterbrechung durch den Punkt am Ende des zweiten Verses – der Kontrast zwischen der „geweihte[n] Schar“ und der als gewaltsam bezeichneten Bewegung des sich Hineindrängens.

Die „geweihte Schar“ scheint allerdings schon derart von den Auseinandersetzungen des Lebens entfernt zu sein, dass die brutale Aktion zunächst die Ordnung nicht stört. Wenn in der fünften Strophe die Geliebte trinken will, um das Irdische zu vergessen, so nicht, weil sie vom Ich gestört worden wäre. Sie hebt die Schale, weil an ihr die Reihe ist, und statt mit Zorn oder verzweifelt spricht sie „mit trautem Augenwinken“ zu dem Ich.

Dass sie an der Reihe ist, bedeutet gleichzeitig einen letzten indirekten Hinweis auf die Gruppe, der sie angehört. Von nun an geht es nur noch um die beiden Hauptpersonen; ein erster Hinweis auf die Logik des Traums, der Personen einführen und verschwinden lassen kann, ohne dies zu motivieren. War bis hierher der Vorgang in sich stimmig und durch eine immer weitergehende Verdichtung der Motive und wachsende Handlungsintensität gekennzeichnet, so ist das Folgende erklärungsbedürftig.

„Herz, ich trinke dir Vergessen zu!“ ist insofern eine paradoxe Aussage, als in der Mythologie das Glück oder Unglück des Vergessens eigentlich derjenigen zukommt, die trinkt. Für den so Angesprochenen, zumal wenn er deutlich die Trennung zu verhindern sucht, muss es umso schmerzlicher sein, die Geliebte nicht nur verloren zu haben, sondern auch noch aus ihrem Bewusstsein zu verschwinden. Doch der „traute“ gestische Blick wie auch die zärtliche Anrede verbieten die Deutung, die Geliebte wende sich hier gegen das Ich. Auch trägt einzig hier die Satzstruktur über die Zäsur in der Mitte der Strophe hinweg und verbindet so das Du und das Ich. Möglich ist die Erklärung, die Geliebte entbinde das

Ich von jeder Pflicht zur Treue und wolle es in ein neues, eigenständiges Leben entlassen – die frühere Fassung des Satzes von 1873/74: „Ich kredenze dir Vergessenheit“[7] akzentuiert das Vergessen in diesem Sinne als Geschenk an das Ich. Doch hat Meyer diese deutlichere Version zugunsten einer rätselhafteren Formulierung gestrichen.

Möglicherweise ist auch die Geliebte, die derart unbekümmert um die Gefühle des Angesprochenen das für diesen Schlimmste ausspricht, gemäß der Empfindung des Träumenden von weltlichem Eigensinn und egoistischem Fühlen schon derart frei, dass sie kein Gefühl mehr hat für den Schmerz, den sie bereitet. Das Ich hingegen reagiert rein weltlich und gewaltsam auf die Anrede. Die Bewegung des Sich-in-die-Gruppe-Drängens wird radikalisiert, und „in trotzgem Liebesdrange“ entreißt das Ich der Geliebten die Schale und wirft sie ins Wasser. Die Handlung, die gleichzeitig eine der Liebe wie der Gewalt ist, hindert die Geliebte am Vergessen des Irdischen, das die anderen „Knaben“ und „Mädchen“ zuvor genossen haben. Es bedeutet also ewiges Leid, damit ewige Fixierung auf den Geliebten und gleichzeitig dessen Pflicht, im Leben der Verstorbenen treu zu bleiben.

1873/74 goss das Ich lediglich die Schale aus und küsste die Geliebte „so flehend und so dringend / Dich zu wärmen mit des Lebens Glut“.[8] Die fürsorgliche Geste ist nun durch eine des Angriffs ersetzt, und folgerichtig ist der Reim Fluten / Gluten aus der ersten Strophe nicht wieder aufgenommen, sondern durch die brutalere Variante Flut /Blut ersetzt. Freilich sind die Glut wie das Blut rötlich, und das mag ein Hinweis darauf sein, dass optische Eindrücke vom ersten Impuls im Museum 1857 an das Gedicht strukturieren. Doch ist der „Schein von Blut“, der auf diesen Bereich verweisen mag, mehrdeutig. Es kann sich um einen Widerschein handeln, eine traumbedingt unerklärbare Lichtwirkung – oder aber um einen Anschein, um einen vielleicht nur täuschenden Eindruck. Das Ich in allen Druckfassungen will es träumend so genau nicht wissen.

Das kann auf Schuldbewusstsein verweisen, aber auch auf die als vergeblich erkannte und gleichwohl gepflegte Hoffnung, die Geliebte ins Leben zurückzuholen: Der „Schein von Blut“ auf den Wangen kann ja nicht nur auf eine Verletzung hinweisen, sondern auch – im Gegensatz zur bleichen Leiche – auf wiederkehrendes Leben. Diese Hoffnung akzentuiert das Ich, wenn es die Geliebte „Flehend“ und „in wildem Harme“ küsst (die flehende Geste aus der früheren Fassung ist also in einen späteren Vers versetzt). Der Mund der Geliebten freilich ist bleich, was alle Hoffnung auf lebensvolles Blut als Schein im Sinne der Täuschung entlarvt. Die Geliebte ist passiv – sie bietet den Mund „willig“ – und gleichzeitig unbesiegbar, indem sie nicht mehr kämpft, sondern „lächelnd“ im Arm des Gewalttäters zerrinnt.

---

7 Vgl. Meyer 1975, Bd. 4, S. 73.

8 Ebd.

Der letzte Vers akzentuiert einen Tempuswechsel: Von der Vergangenheitsform der Traumschilderung springt Meyer ins Präsens mit der ganz unmetaphorischen, kargen und desto erschreckenderen Erkenntnis: „du bist tot". Das Erwachen ist auch durch Stilmittel gekennzeichnet, die zwar keinen metrischen Bruch darstellen, ihm aber nahe kommen: Mit der Ausnahme des „wieder" sind alle Wörter im letzten Vers einsilbig. „Und", „wußt'", „es", „bist" und „tot" enden mit einem harten Auslaut – eine Häufung wie in keinem anderen Vers des Gedichts. Dies zwingt zur Betonung fast jeder Silbe, die einen Gegensatz zur sanften Sprechbewegung des Anfangs darstellt.

Weiterhin ist dies als Anrede an eine zweite Person Singular gestaltet, die dies, der Aussage entsprechend, nicht hören kann. Die Sprechsituation scheint paradox und bezeichnet doch das Verhältnis von Ich und Geliebter. Meyer ruft mit der Anlage seines Gedichts Geschlechterstereotypen von aktivem Mann und passiver Frau auf, wie sie auch die Traumhandlung gestaltet. Doch sind tatsächlich die Machtverhältnisse umgekehrt und geht der Versuch des Ich, die Geliebte in seinen Bereich zu bannen, im Traum wie in der Realität ins Leere. Die zustandsbedingte Widerstandslosigkeit der Toten lässt alles Bemühen scheitern, ihrer wieder habhaft zu werden. Das in den gesammelten Gedichten auf *Lethe* folgende Gedicht *Einer Toten* beginnt denn auch mit dem Vers: „Wie fühl ich heute deine Macht".

VI. Inszenierte Normüberschreitung

Dies zeigt, wie bewusst Meyer die Ausgabe seiner Gedichte komponiert hat. In vielen Fällen gewinnen die einzelnen Texte durch ihre Umgebung eine zusätzliche Dimension – was für *Lethe* an dieser Stelle nicht ausgeführt werden kann. Statt dessen soll es um die Bedeutung des Erinnerns und Vergessens gehen, wie sie schon der Gedichttitel exponiert. Das „ich wußt' es wieder" im Schlussvers artikuliert eine Rücknahme des wohltuenden Vergessens, wie es die antike Mythologie vorstellt. Das *Lethe*-Gedicht bezeichnet damit das Scheitern einer notdürftigen Glücksverheißung. Notdürftig ist die Verheißung, weil die früher einmal lebensweltlich etablierten christlichen Versuche einer Sinngebung des Todes nicht einmal mehr erwogen sind. Ein glückliches Wiedersehen im Jenseits als Belohnung für eine normgetreue oder gottgefällige Lebensführung fällt aus. Das Ich träumt antike Mythologie, die sich jenseits einer solchen Moral befindet, aber gleichfalls keinen Sinn zu vermitteln vermag. Traumimmanent verhindert ein Gewaltakt das Vergessen, das – wie ungeklärt bleibt – für ihn ein immerhin erträgliches Leben oder für sie eine wenigstens erträgliche Ewigkeit bedeuten könnte. Jenseits des Traums bleibt ein marterndes Wissen um den Verlust.

Was aber bedeutet die Gruppe der Knaben und Mädchen, die sich so plötzlich ins Nichts auflöst? Sie als Überbleibsel von Meyers Blick auf das Gemälde Gleyres zu deuten, verbietet die radikale Umdeutung, die der trauernde Betrachter im Bild zum aggressiv Handelnden im Gedicht erfährt: Soweit für seine Zwecke nötig, hat Meyer dies durchgreifend geändert. Tatsächlich steht die Gruppe für einen vorzeitigen Tod – Knaben und Mädchen sterben, bevor sie alle Stadien des Lebens gekannt haben. Insbesondere suggerieren sie einen nach dem Verständnis der Zeit „reinen", noch nicht durch Sexualität berührten Status. Der Angriff des Ich auf die Geliebte, die dieser Gruppe angehört, erhält so einen kaum überdeckten sexuellen Akzent, der freilich uneindeutig wird, sobald man ihn mit dem Komplex des Erinnerns und Vergessens in Beziehung setzt. Immerhin könnte der „Schein von Blut", der die Wange der Geliebten färbt, auch auf Scham und damit eine Schuld verweisen, die ein vorehelicher Sexualakt nach damaliger Auffassung bedeutet hätte.

Doch ist dies spekulativ; möglicherweise eine Spekulation, die Meyer suggeriert, ohne plump die Lösung zu liefern. So wird einerseits, indem eine unsagbare Schuld angedeutet ist, der Moralkodex bestätigt. Andererseits aber ist diese Moral dementiert, indem Meyer nicht nur eine Identifikation mit dem Ich nahelegt, sondern zudem einen Raum für Vermutungen eröffnet, der durchaus reizvoll ist. Es handelt sich also um eine historische Übergangssituation, in der die moralische Norm zwar noch besteht, die ästhetische Spekulation über die Normüberschreitung aber bereits genossen werden kann. Dies verweist zurück auf eine moderne Individualisierung: Konsequent tritt die stereotyp durch Kranz und Schlankheit umrissene Gruppe vor allem dazu auf, um abzutreten und der Konfrontation zweier besonderer Individuen Platz zu machen.

Das mit dem Titel genannte antike Motiv erweist sich so zuletzt als Mittel, eine moderne Problemstellung zu entwickeln. Es geht nicht einfach darum, Normen und Tabus zu brechen – eine befreiende Haltung, die heute freilich literarisch nicht mehr interessieren könnte. Vielmehr handelt es sich um ein Spiel mit Normen, die zu verletzen nur solange reizvoll ist, wie ihre Geltung erwogen werden kann. Das Gedicht, das im Schlussvers mit allen formalen Mitteln unmittelbar bewegendes Leid nachvollziehbar macht, entwickelt doch gleichzeitig eine Freude an der Ästhetisierung der Konflikte. Dieser Widerspruch bezeichnet die Qualität von Meyers *Lethe*.

VII. Auswahlbibliographie

1. Dieter Borchmeyer: Letales Symposium: Conrad Ferdinand Meyers *Lethe*. In: Olaf Hildebrand, Thomas Pittrof (Hg.): „... auf klassischem Boden begeistert". Antike-Rezeption in der deutschen Literatur. Freiburg/Br. 2004, S. 283–288.
2. Heinrich Henel: Conrad Ferdinand Meyer, *Lethe*. In: Benno v. Wiese (Hg.): Die deutsche Lyrik. Form und Geschichte. Interpretationen. Bd. 2: Von der Spätromantik bis zur Gegenwart. Düsseldorf 1956, S. 217–229.
3. Emil Staiger: Das Spätboot. Zu Conrad Ferdinand Meyers Lyrik. In: Ders.: Die Kunst der Interpretation. Zürich 1955, S. 239–273.

Arno Holz (1863–1929): Drei Tage lang

Von Dietmar Till

I. Gedicht

Drei Tage lang
fiel in den Fluss Fu ein Regen von Pfirsichblüten.

Aus ihren gelben Seidengewändern tauchten die Mädchen und sangen.

Sie wateten ins Wasser, spritzten, kreischten
und kitzelten die Schwäne.

Die Schönste,
lächelnd,
beide Arme unterm Kopf,
liess sich von der Strömung treiben.

Rot,
wie ein Flammenmantel,
floss um sie ihr Haar,
zwei kleine Tröpfchen perlten noch auf ihren Brüsten.

Leda lag nicht nackter.

Die bunten Wellen schaukelten sie an meine schwimmende Insel.

Oh!

Ein schwarzes Bocksgestell, ein Eselsbauch, ein altes, dickbehaartes Vieh mit Hörnern!

Ihre langen Wimpern schlossen sich,
um ihre weissen, zitternden Kniee drängten sich, wankten
Narzissen ...

Sie schlug die Augen auf. Ich liess sie nicht. Sie bettelte: Nicht kitzeln, nein?

Süsser!

Zehn zarte, rosenrote Finger
krallten
verliebt in meinen Zottelpelz.

Au! Racker! Du beisst ja! Ist das der Dank?

Sie kicherte.

Mein Bett aus Moos missfiel ihr nicht,
mein langer Bocksbart imponirte ihr,
die Temperatur, auch nachts, ist bereits ganz vorzüglich,
sie gedenkt also noch einige Zeit bei mir zu bleiben.

Arno Holz: Phantasus. Verkleinerter Faksimiledruck der Erstfassung. Hg. v. Gerhard Schulz. Stuttgart 1968, S. 61.[1]

II. Entstehung

Der Erstdruck des Textes von Arno Holz findet sich im zweiten Heft des *Phantasus*, das 1899 im Berliner Verlag von Johann Sassenbach erschien. Beide Hefte umfassen je 50, zusammen also 100 Gedichte.

Holz hat das Gedicht für spätere Auflagen des *Phantasus* deutlich überarbeitet. Das schlägt sich quantitativ nieder: Begnügte sich die Erstfassung mit 31 Zeilen, die der Großfolio-Ausgabe im Insel-Verlag 1916 mit 69 Zeilen, so wächst der Text in der Ausgabe von 1925 auf 2450 Zeilen an, die sich auf 74 Seiten verteilen. Die nachgelassene Fassung ‚letzter Hand‘ von 1929, die erst 1961/62 im Rahmen der Werkausgabe im Luchterhand-Verlag erschien, bringt es dann auf 3027 Zeilen, die im Druck 78 Seiten einnehmen. Gegenüber der Erstfassung hat sich der Umfang des Gedichts verhundertfacht. Man hat die Veränderungen als „innere Aufschwellung“ charakterisiert;[2] in rhetorischen Termini wäre er präziser als amplificatio zu bezeichnen. Erstmals erscheint der Text mit einer Überschrift: „Die schwimmende Liebeswunder-Zaubergarten-Toteninsel Tio-Tiu“.

Holz hat die Gedichte in späteren *Phantasus*-Fassungen neu gruppiert. In der Ausgabe von 1916 ist die Sammlung in sieben titellose Bücher untergliedert, die in der Ausgabe von 1925 in neun weiter unterteilt werden (durch Aufgliederung jeweils des ersten und letzten Buches). Damit ist die Intention verbunden, die Einzeltexte in eine entwicklungsgeschichtliche Ordnung zu überführen: „Der Bauplan war jedoch erkennbar, in sieben Büchern [der Ausgabe von 1916; D.T.] entfaltet sich die *Phantasus*-Existenz aus der Ewigkeit in die Ewigkeit hinein. Das persönlich Erfahrene und Erlebte ist eingebettet in einen überindividuellen weltgeschichtlichen, ja kosmischen Zusammenhang, und das Werk klingt aus in einer Apotheose des Dichtertums, das die Totalität des Seins in sich begreifen und von dieser Totalität aufgenommen und umgriffen werden soll.“[3] In Sonderdrucken der Ausgabe von 1925 (nicht aber in der Buchhandelsausgabe) versieht Holz die neun Bücher mit

[1] Im Beitrag werden für Werke und Werkausgaben von Arno Holz folgende Siglen verwendet: Ph = Phantasus. Verkleinerter Faksimiledruck der Erstfassung. Hg. v. Gerhard Schulz. Stuttgart 1968 [unter Bezug auf die im Reprint eingeführte Paginierung]; DW = Das Werk. Erste Ausgabe mit Einführungen von Hans W. Fischer. 10 Bde. Berlin 1924/25; W = Werke. Hg. v. Wilhelm Emrich, Anita Holz. 7 Bde. Neuwied, Berlin 1961–64.

[2] Geisendörfer 1963, S. 240.

[3] Schulz 1974, S. 183.

Titeln. Diese werden in der Nachlassausgabe von 1961/62 beibehalten, wo das Gedicht in das Buch VII *Götter und Götzen* eingerückt wird. Bereits in der Fassung von 1898/99 finden sich Ansätze zu einer thematischen Gruppierung. Das Gedicht ist Teil einer Serie von Texten am Beginn des zweiten *Phantasus*-Heftes, die sich den Themen Asien, Orient, Gottheiten und Mythologie widmen: Es ist die Rede von „Hinterindien", von „Gotamo Buddho" (Ph 60), also Buddha, vom „Gipfel des Fuyino-yama", von „Kijo Matija", dem „graue[n] Drache[n]" (Ph 62), und einem „Drachenleib" (Ph 63). In unmittelbarem Kontext finden sich Gedichte, die antike Mythologeme adaptieren: „Olymp", „Frau Venus", „Juno" (Ph 64); schließlich der „Vögel Phönix" (Ph 67). Ein Anordnungsprinzip, das schon mit Blick auf die Ausgabe von 1898/99 erlaubte, von einem *Zyklus* zu sprechen, ist nicht erkennbar.

Das Gedicht war bislang nicht Gegenstand einer Einzelinterpretation. Meist hat sich die – in den letzten zwei Jahrzehnten ohnehin nicht intensiv betriebene – Holz-Forschung auf jene Gedichte konzentriert, die entweder das Berliner Großstadtleben am Ende des 19. Jahrhunderts oder biographische Erinnerungen an Holz' Kindheit in Ostpreußen (Ph 75: *In unsrer alten Apotheke*) zum Thema haben. Zentral waren daneben jene Texte, in denen Ideen und Denkfiguren des zeitgenössischen Monismus und Darwinismus (Ernst Haeckel) verhandelt werden, die auch für die Makrostruktur des *Phantasus*-Zyklus eine wichtige Rolle spielen.

Das Erscheinen der *Phantasus*-Ausgabe von 1898/99 markiert einen Einschnitt in Holz' Entwicklung als Autor. Sie führt ihn von traditionellen Formen der Lyrik zu dem, was man mit Dieter Lamping *formal moderne deutsche Lyrik* nennen kann.[4] Holz hat als Verehrer und Nachahmer von Emanuel Geibel begonnen, dessen Gedichte spätromantische Formen, Motive und Themen aufgriffen und zu epigonaler Vollendung führten.[5] In der für die frühnaturalistische Lyrik zentralen Anthologie *Moderne Dichter-Charaktere* (1885) und in seinem *Buch der Zeit* (1886) schlägt Holz neue Töne an. Der Naturalismus wird zur Avantgardebewegung erklärt, unter dem Motto „Ich bin ein Dichter und kein Papagei"[6] die Epigonenlyrik der Geibel-Tradition verabschiedet:

Kein rückwärts schauender Prophet,
Geblendet durch unfaßliche Idole,
Modern sei der Poet,
Modern vom Scheitel bis zur Sohle.[7]

Dass die meisten Gedichte der Anthologie konventionell sind, tut der Programmatik keinen Abbruch. Im *Buch der Zeit*, Holz' erster Gedichtsammlung, ist Phanta-

4 Vgl. Dieter Lamping: Das lyrische Gedicht. Definitionen zu Theorie und Geschichte der Gattung. Göttingen 1989, S. 180 ff.

5 Vgl. Walter Hinck: Epigonendichtung und Nationalidee. Zur Lyrik Emanuel Geibels. In: Ders.: Von Heine zu Brecht. Lyrik im Geschichtsprozeß. Frankfurt/M. 1978, S. 60–82.

6 Arno Holz: Berliner Schnitzel. 1884. In: Wilhelm Arent (Hg.): Moderne Dichter Charaktere. Leipzig 1885, S. 148–150, hier S. 150

7 Holz 1885 (Berliner Schnitzel), S. 148.

sus der Held eines Gedichtzyklus, der formal völlig traditionell gestaltet ist. Holz resümiert später: „Mit der ersten Fassung des ‚Phantasus' schloß ich als Einundzwanzigjähriger mein ‚Buch der Zeit'. Sie war das Werk einer Woche und gab in einem kurzen Zyklus von dreizehn, abwechselnd acht- und neunzeilig, vierstrophigen Einzelstücken [...] die états d'âme [= Seelenzustände; D.T.] eines jungen Poeten in Liedern, der an der Trivialität seines Milieus zugrunde geht: hoch oben in Berlin N [= Nord, den Arbeitervierteln; D.T.] in irgend einer Dachstube".[8]

In der antiken Mythologie ist Phantasus der Sohn von Hypnos, dem Gott des Schlafes. In Ovids *Metamorphosen* (entst. 1/3-8 n. Chr.) verwandelt er sich im Traum in Unbelebtes und Seelenloses.[9] Das Verwandlungsmotiv ist für Holz zentral: Phantasus ist „der arme Dachstubenpoet, Herr über eine Welt von bunten Träumen [...]. In dreizehn Gedichten schildert Holz das Nebeneinander von Erhebung und Demütigung in der Existenz dieser empfindsamen Seele. Gefangen in seiner Mietskaserne, hungernd und frierend, von Tod und Elend rings umgeben, schwingt er sich doch immer wieder zum Traumflug um die Welt als Adler, zum Heldenleben als orientalischer Fürst oder als Geliebter der Aphrodite."[10]

III. Holz' Modernität: Zur ‚Wortkunst' des *Phantasus*

Was ist ‚modern' an Holz' *Phantasus*-Gedichten? Dieter Lamping nennt dafür zwei Kriterien: ‚Moderne Lyrik' sei neben „speziellen *Rede-Weisen*" vor allem „durch ihre neuartige *Versart* von der traditionellen Lyrik des 19. Jahrhunderts"[11] unterschieden. Konkret sind dies „Modifikationen"[12] auf der Ebene des *Reims* und des *Verses*, vor allem der „Bruch mit der traditionellen Quasi-Norm der Metrizität".[13] Lamping bezieht sich auf die Ende der 1880er Jahre in Frankreich aufkommende *vers-libre*-Bewegung.

‚Freie Verse' können im konventionellen System der Metrik überhaupt nicht mehr als Verse beschrieben werden:[14] Ihnen fehlt sowohl die definierte Zahl der Silben als auch der Wechsel von betonten/unbetonten (bzw. langen/kurzen) Silben. Damit wird das Prinzip, dass Verse aus einer geregelten Abfolge von Versfüßen und Strophen aus einer geregelten Abfolge von Versen bestehen, aufgegeben: „Gedichte in freien Versen unterscheiden sich deshalb schon äußerlich von Gedichten in metrisch regulierten Versen: nicht nur die Länge der

8 W V, S. 122.
9 Ovid: Metamorphosen XI, 642.
10 Schulz 1968, S. 131.
11 Lamping 1989, S. 180.
12 Ebd., S. 181.
13 Ebd., S. 182.
14 Zu unterscheiden sind ‚freie Verse' von den im 18. Jahrhundert (Klopstock) aufkommenden ‚freien Rhythmen' durch deren „Orientierung an klassischen Versmaßen" und den „hohe[n] Stil". Sabine Doering: Freie Rhythmen. In: Klaus Weimar u. a. (Hg.): Reallexikon der deutschen Literaturwissenschaft. Bd. 1. Berlin, New York 1997, S. 629–631, hier S. 629.

Zeilen kann zwischen sehr kurzen und sehr langen extrem schwanken, auch die Länge der Versgruppen und mit ihr die Länge der Gedichte insgesamt. Die Form solcher Gedichte in freien Versen ist daher völlig individuell: Sie ist, im Sinn der Metrik, nicht nur ohne globale, sondern, idealerweise, auch ohne jede partielle Bindung."[15]

Holz' *Phantasus* von 1898/99 ist die erste Sammlung von Gedichten in freien Versen in der deutschen Literatur. Expressionistische Lyriker des 20. Jahrhunderts wie August Stramm knüpfen daran an. In Bertolt Brechts Aufsatz *Reimlose Verse mit unregelmäßigen Rhythmen* (1938) wird das gesellschaftspolitische Potential freier Verse betont, die seit dem Zweiten Weltkrieg die Form moderner Lyrik dominieren. Holz selbst hat den innovativen Charakter seiner lyrischen Produktion in einer ‚Selbstanzeige', die 1898 in der Zeitschrift *Die Zukunft* erschien, und in einer poetologischen Programmschrift mit dem kämpferischen Titel *Revolution der Lyrik* (1899) herausgestellt. Die Selbstanzeige wird mit einem Generalangriff auf das traditionelle Lyrikverständnis eröffnet. Holz kappt die enge Bindung der Lyrik an die Musik, die auf die Etymologie von griech. *lyra*, einem Saiteninstrument, zurückgeht. Er propagiert eine Lyrik, „die auf jede Musik durch Worte als Selbstzweck verzichtet und die, rein formal, lediglich durch einen Rhythmus getragen wird, der nur durch das lebt, was durch ihn zum Ausdruck ringt."[16]

Holz dekliniert seine Kritik an drei Elementen des lyrischen Textes durch: *Reim*, *Vers- und Strophenbau* und die *druckgrafische Anordnung*. Er geht davon aus, dass die Form den Inhalt determiniert, weil der Reim den Dichter in seinen Ausdrucksmöglichkeiten einschränkt. Der Verzicht auf den Reim macht Kreativität möglich: „Wozu noch der Reim? Der erste, der – vor Jahrhunderten! – auf Sonne Wonne reimte, auf Herz Schmerz und auf Brust Lust, war ein Genie; der tausendste, vorausgesetzt, daß ihn diese Folge nicht bereits genierte, ein Kretin. Brauche ich denselben Reim, den vor mir schon ein anderer gebraucht hat, so streife ich in neun Fällen von zehn den selben Gedanken."[17] In Holz' *Blechschmiede* (1902) heißt es:

> Hört auf, hört auf mit euerm Reim!
> Um alles schmiert ihr ihn wie Schleim!
> Verkrüppelt seid ihr und verkrummt.
> Metrum verdummt![18]

Regelmäßiger Vers- und Strophenbau sind verzichtbar, weil der Mensch auf einer Entwicklungsstufe angelangt sei, die Wiederholungen störend macht: „Unser Ohr hört heute feiner. Durch jede Strophe, auch durch die schönste,

---

[15] Lamping 1989, S. 182.
[16] W V, S. 67.
[17] W V, S. 69.
[18] DW III, S. 95.

klingt, sobald sie wiederholt wird, ein geheimer Leierkasten."[19] Metrik wird durch Rhythmik ersetzt: „Die letzte ‚Einheit' der bisherigen Metrik war der Versfuß. Die letzte Einheit meiner ‚Rhythmik' ist eine ungleich differenziertere: die Zeile."[20]

Optisch hervorstechendes Merkmal der *Phantasus*-Dichtungen ist die Druckanordnung um eine „unsichtbare Mittelachse".[21] Sie soll „die jeweilig beabsichtigten Lautbilder [...] typographisch"[22] andeuten. Als Partitur drängt der Druck aber letztlich auf auditive Realisation: Holz verwendet den synästhetischen Ausdruck einer „typographische[n] Musik" und spricht vom „Ohrbild" eines Gedichtes.[23]

An die verstheoretischen Überlegungen knüpfen sich stilistische: Holz möchte den Worten ihre „ursprünglichen Werte" lassen. Alles soll „einfach und schlicht"[24] ausgedrückt werden: „möglichste Natürlichkeit" ist für Holz die „intensivste Kunstform".[25] Diese Simplizität ist in hohem Maße konstruiert und nutzt jene Freiheiten, welche aus dem Verzicht auf metrische Bindung folgen. In Auseinandersetzung mit Heines *Nordsee*-Zyklus (1826) hebt er hervor: Seine Gedichte sollen nicht ‚symbolisch' oder ‚allegorisch' verstanden werden. Sie verweisen auf nichts ‚hinter' dem Text Stehendes, das ihn dadurch erst mit Bedeutung ‚auflädt'. Vielmehr steht das unmittelbar und sinnlich Wahrnehmbare – die augenblickshafte Impression – im Zentrum. Holz hat den *Phantasus* deshalb als ein „universales Erlebnisgedicht"[26] bezeichnet.

IV. West-östlicher Mythen-Synkretismus

Alle von Holz proklamierten ‚revolutionären' Elemente finden sich in dem Gedicht *Drei Tage lang*: Die Anordnung um die unsichtbare Mittelachse ist augenfällig, ebenso der Verzicht auf Reim, auf regelmäßiges Metrum und geordneten Strophenbau. Die Zeilen – von Versen zu sprechen verbietet sich deshalb – sind unterschiedlich lang, von einer bis 21 Silben (Z. 10 und 16; Z. 17). Konsequent nutzt Holz die Länge der Zeilen und die durch den Verzicht auf Metrum und Reim gewonnene Freiheit, um spezifische Effekte zu erzielen – etwa durch syntaktische Inversion, durch die das ‚Rot' in Zeile 10 in eine prominente Position am Beginn der Zeilengruppe gebracht wird. Der Verzicht auf Metrum und Reim ermöglicht andererseits einen natürlichen und lebendigen Stil, der, sieht man von der typographischen Gliederung ab, Prosaqualitäten hat.

19 W V, S. 70.
20 W V, S. 92.
21 W V, S. 94.
22 W V, S. 72.
23 W V, S. 94.
24 W V, S. 71.
25 W V, S. 73.
26 DW X, S. 651.

Das Gedicht erzählt eine Geschichte.[27] Es entführt den Leser am Beginn in eine exotische Welt, die als räumlich-geographischer Rahmen fungiert: Genannt werden in den ersten drei Zeilen der „Fluss Fu", die „Pfirsichblüten" (Z. 2) und die singenden Mädchen in den „gelben Seidengewändern" (Z. 3), wie sie im Fluss baden. Das sind, vor allem in der Nennung des Flusses Fu, der eine realgeographische Entsprechung hat, Anspielungen auf China. Das Gedicht fokussiert dann die Wahrnehmung (Z. 6–13) auf eines der Mädchen, die „Schönste" (Z. 6 in pointierter Frontstellung innerhalb der Zeilengruppe), deren rotes Haar sie wie einen „Flammenmantel" (Z. 11) umfließt. Z. 14 bringt dann mit der Feststellung „Leda lag nicht nackter" einen Einschnitt. Spielte das Geschehen bislang im Orient, wird es nun durch den im Komparativ ‚nackter' gestalteten Vergleich explizit aus der Perspektive des Okzidents, präziser der griechischen Mythologie, gedeutet: Leda ist jene Frau des spartanischen Königs Tyndareos, die von Zeus, der sich ihr in Gestalt eines Schwanes nähert, geschwängert wird.[28] Vor diesem Deutungshorizont erscheinen rückblickend bereits die „Schwäne" in Z. 5 als bedeutungsvoll. Z. 15 führt dann ein lyrisches Ich ein, vorläufig in Gestalt eines Possessivpronomens („meine schwimmende Insel"); das Personalpronomen „Ich" taucht erst in Z. 21 am Beginn des letzten Drittels des Textes auf.

In der Mitte des Gedichtes kommt es zu einer Begegnung. Sie wird durch die zunächst noch ziellose „Strömung" (Z. 9) und die insgesamt kürzeren Zeilen, die beim Lesen Dynamik generieren, vorbereitet, welche das passive Mädchen an die „Insel" „schaukelten" (Z. 15). Durch die erotische Konnotation der „zwei kleinen Tröpfchen", die noch auf den „Brüsten" „perlten", erweist sich die Position, von der aus wahrgenommen wird, als klar männlich. Der Kontakt selbst wird nicht beschrieben, im Gegenteil wird er durch den einsilbigen Ausruf „Oh!" (Z. 16), der die kürzeste Zeile des ganzes Gedichtes bildet, semantisch ausgespart: Der Ausruf ermöglicht vielfältige Deutungen, die von Erschrecken und Angst bis hin zum Ausbruch erotischer Lust reichen können.

Die zweite Hälfte des Textes gestaltet die Begegnung als vordergründig unverfängliches Liebesspiel im Stil anakreotischer Poesie aus, wie sie das 18. Jahrhundert gepflegt hatte. Bei genaueren Hinsehen fällt die deutliche Macht-Asymmetrie auf, die das Verhältnis der beiden Geschlechter charakterisiert. Es ist die Rede von den „zitternden Kniee[n]" (Z. 19) der Frau, davon, dass das männlich kodierte ‚Ich' sie nicht gehen lässt (Z. 21). Schließlich: dass sie „bettelte" (Z. 21), nicht gekitzelt zu

27 Dass auch außerhalb der Gattung der Ballade lyrische Texte häufig narrative Elemente aufweisen, darauf hat die erzähltheoretische Forschung der letzten Jahre verstärkt hingewiesen. Die konventionelle Trias aus Lyrik, Epik und Dramatik hat den Blick auf das Gemeinsame der Gattungen verstellt. Vgl. exemplarisch Jörg Schönert, Peter Hühn, Malte Stein: Lyrik und Narratologie. Text-Analysen zu deutschsprachigen Gedichten vom 16. bis zum 20. Jahrhundert. Berlin, New York 2007.

28 Vgl. Steffen Schneider: Leda. In: Maria Moog-Grünewald (Hg.): Mythenrezeption. Die antike Mythologie in Literatur, Musik und Kunst von den Anfängen bis zur Gegenwart. Stuttgart, Weimar 2008, S. 408–412.

werden. Wirklich bedrohlich wird die Situation für das Mädchen nicht, auch weil sie am Ende ihren männlichen Gegenpart „beisst“ (Z. 26) und sich die ganze Szenerie in Kichern auflöst. Das Dialektwort „Racker“ (Z. 26) holt die exotistische Szenerie in den Berliner Alltag um 1900 zurück. Die letzten vier Zeilen, die typographisch eine Einheit bilden, sistieren durch die zunehmende Zahl der Silben (8/10/14/15) den Fortgang des Geschehens. Der Schluss des Gedichtes mündet in ein idyllisches, ja kitschiges Bild eines Liebespaares. Dazu passt, dass das Gedicht durch die Nennung der ansteigenden Temperaturen zeitlich klar als Frühlingsgedicht situiert wird.

Bleibt die Frage, was das überhaupt für ein ‚Ich‘ ist, das im Textverlauf sein offenbar erhebliches erotisches Potential ausspielt. Der Text wendet in der zweiten Hälfte durch die Einführung wörtlicher Rede, die zwar nicht durch Anführungszeichen markiert, aber doch deutlich zu erkennen ist (Mädchen: Z. 17 und Z. 21; männliches Ich: Z. 26) ein konventionelles Mittel zur Fremdcharakterisierung einer Figur an: „Ein schwarzes Bockgestell, ein Eselsbau, ein altes dickbehaartes Vieh mit Hörnern!“ (Z. 17) Weiter ist in dem Text die Rede von einem „Zottelpelz“ (Z. 25) und einem langen „Bocksbart“ (Z. 29). Damit ist klar, dass es sich nicht um einen ‚normalen‘ Mann handeln kann. Die mit der Nennung von ‚Leda‘ (Z. 14) bereits aufgerufene antike Mythologie ist ein Schlüssel. Holz selbst gibt in der Nachlassfassung des *Phantasus*[29] einen Hinweis, um wen es sich handelt: Es ist Pan, ein „ursprünglich arkadischer Hirten- und Naturgott mit theriomorphen Zügen (menschlicher Gestalt, doch Beinen, Füßen und Hörnern eines Ziegenbocks). Er durchstreift als rastloser Jäger in Gesellschaft der Nymphen singend und tanzend die wilde Natur.“[30] In der hellenistischen Bukolik des Theokrit (270 v. Chr.) wird Pan zum Liebhaber: „[E]r steht seither für eine obsessive, bisweilen auch aggressive Sexualität, die oft unerfüllt bleibt.“ Zur ikonographischen Ausstattung des Pan gehören seit der Antike Hörner, der Bart oder Ziegenbart; er trägt eine Panflöte (Syrinx), einen Hirtenstab oder ein Ziegenfell mit sich.[31]

Um 1900 wurde die Pan-Mythe intensiv rezipiert.[32] Das Titelblatt der 1895 gegründeten gleichnamigen Zeitschrift, in der auch Holz veröffentlicht hat, ziert ein Panbildnis des Münchner Malers Franz von Stuck (vgl. die Abb.). Für Holz ist vor allem die Interpretation Nietzsches relevant, der Pan in den ekstatischen Dionysoskult integriert und ihn als Medium der Kulturkritik funktionalisiert: Pan ist der eigentliche Mensch, den er dem degenerierten Kulturmenschen entgegen stellt.[33] In der Fassung von 1925 gebraucht Holz deshalb auch die Formel „Dionysos-Pan-Thanatos“.[34] Im *Phantasus* wird aus Nietzsches Opposition eine obsessive Flucht aus den Niederungen des Alltags, die immer wieder in Allmachtsphanta-

---

29 W I, S. 533.

30 Jörg Robert: Pan. In: Moog-Grünewald (Hg.) 2008, S. 539–544, hier S. 539.

31 Ebd., S. 539 f.

32 Vgl. zum Nachleben auch Reinhard Herbig: Pan. Der griechische Bocksgott. Versuch einer Monographie. Frankfurt/M. 1949, S. 70 ff.

33 Robert 2008, S. 542.

34 DW VIII, S. 830.

sien mündet: Imaginiert sich das Ich hier als Typus des erotischen Verführers, ist es an anderer Stelle ein orientalischer Potentat, Gott, Christus oder Buddha.[35] In späteren Fassungen des *Phantasus* hat Holz dieses lyrische Ich plakativ mit dem biographischen des Dichters Arno Holz gleichgesetzt.[36]

V. Impressionismus und China-Rezeption

Im Oktober 1898 erscheint in der Wiener *Zeit* ein Essay des Literaturkritikers Franz Servaes, der das eben erschienene erste Heft des *Phantasus* unter der Perspektive des Impressionismus bespricht.[37] Die „Erneuerung der Kunst" habe, so Servaes, „überall beim Impressionismus gelegen. Den momentanen Eindruck zu fixieren: keine Zeit hat in dem Grade diese Leidenschaft gehabt als unsrige."[38] In der Lyrik aber habe diese Bewegung bislang kaum Spuren hinterlassen. Servaes macht dafür die Form lyrischer Texte verantwortlich, die „starkes Gegengewicht" zum augenblickshaften Eindruck darstelle.[39] Das Erscheinen des ersten *Phantasus*-Hefts deutet Servaes als „principielle Wendung". Er ordnet Holz' Gedichte dem Impressionismus zu, dessen textuelle Verfahren durch einen chinesisch-deutschen Kulturtransfer begründet werden: Chinesische Lyrik wird zum Kronzeugen impressionistischer Ästhetik. Die Rezension zeigt, in welche weltliterarische Tradition die Zeitgenossen Holz' *Phantasus*-Dichtungen einrückten: Servaes nennt die chinesische Lyrik des Lǐ Tài Bái (im 19. Jahrhundert Li-Tai-Pe oder Li-Tau-Pe genannt), der bedeutendste Lyriker der Tang-Dynastie (8. Jh.).

Die Entdeckung der japanischen Kunst in Gestalt der Farbholzschnitte Hiroshiges und vor allem Hokusais, den Holz im *Phantasus* (Ph 86) nennt, und der chinesischen Lyrik Li-Tau-Pes und anderer war im letzten Drittel des 19. Jahrhundert ein kulturelles Ereignis ersten Ranges. China hatte sich nach dem Ende des

35 Schulz 1968, S. 138.
36 Arno Holz: Phantasus. Leipzig 1916, S. 7 ff., S. 12 ff.; vgl. Geisendörfer 1963, S. 241.
37 Franz Servaes: Impressionistische Lyrik. In: Die Zeit (Wien) 17 (1898), Nr. 212, S. 54–57.
38 Ebd., S. 54.
39 Ebd., S. 55.

Opiumkrieges 1842 zögerlich dem Westen geöffnet, Handelsbeziehungen mit Preußen bestanden erst seit 1861.[40] Auf der Weltausstellung 1862 in London erregten die japanischen Farbholzschnitte die Aufmerksamkeit impressionistischer Künstler wie Degas, Monet oder Toulouse-Lautrec. Die chinesische Literatur wurde in französischen Übersetzungen von Léon Marquis d'Hervey-Saint-Denis (*Poésies de l'époque des Thang*, Paris 1862) und Judith Gautier (*Livre de jade*, Paris 1867), der Tochter von Théophile Gautier, weit verbreitet. Die Anthologien bieten einen Querschnitt aus dem Werk Li-Tai-Pes und anderer Dichter. Ihre Texte wurden in Übersetzung und Nachdichtung produktiv rezipiert.

In Holz' Umfeld findet seit den 1890er Jahren eine intensive Auseinandersetzung mit diesen Gedichten statt. Otto Julius Bierbaum, der in Berlin selbst Sinologie studiert hatte, publizierte 1890 in der Zeitschrift *Die Gesellschaft* das Gedicht *Trennung* mit dem Untertitel *Chinesisches Lied. Nach dem Original des Li-t'ai-po aus den T'ang-Liedern. 8. Jhrh. n. Chr.*[41] Richard Dehmel folgte 1893 mit seinem *Chinesischen Trinklied. Nach Li-tai-po*; Julius Hart übersetzte 1894 Texte aus der Sammlung der *Poésies de l'époque des Thang* in reimlose Verse, die kein geregeltes Metrum mehr aufweisen.[42] In einem in der *Jugend* publizierten Gedicht schließlich nennt Holz, dessen Kenntnisse chinesischer Lyrik auf eine Parisreise 1887 rückführbar sind,[43] Li-Tai-Pe namentlich.[44] 1921 lässt er ein „bisher unveröffentlichtes Lied des Li-Tai-Pe aus dem Phantasus" in einer bibliophilen Ausgabe in der Berliner Alfred Richard Meyer-Presse erscheinen.[45] Neben den formalen Aspekten der Reimlosigkeit, der Prosanähe und des fehlenden Metrums, vor allem in den Übersetzungen des Sinologen d'Hervey-Saint-Denis, sind es die Wahrnehmungsstrukturen, welche die chinesische Poesie als bedeutsam ausweisen. Servaes schreibt über Li-Tai-Pe: „Hier wirkten namentlich die große Simplicität des Vortrags, die Natürlichkeit der Beobachtung und Empfindung und die künstlerische Feinheit der Gesinnung."[46]

Von dieser Charakterisierung ausgehend ließe sich die China-Rezeption in weitergehende Fragestellungen einbetten: Fanden die Zeitgenossen in Ernst Machs 1885 erschienener Schrift *Die Analyse der Empfindungen und das Verhältnis des Physischen zum Psychischen* ihre, wie es 1904 Hermann Bahr formulieren wird, „Philosophie des Impressionismus",[47] so ließ sich analog aus den Gedichten des

---

40 Ernst Rose: China in der deutschen Literatur. In: Ders.: Der Blick nach Osten. Studien zum Spätwerk Goethes und zum Chinabild in der deutschen Literatur des 19. Jahrhunderts. Bern, Frankfurt/M., Las Vegas 1981, S. 57–79, hier S. 70.

41 Ingrid Schuster: China und Japan in der deutschen Literatur 1890-1925. Bern, München 1977, S. 91.

42 Ebd., S. 92.

43 Vgl. Simone Winko: „Hinter blühenden Apfelbaumzweigen steigt der Mond auf". Japanrezeption und Wahrnehmungsstrukturen in Arno Holz' frühem *Phantasus*. In: Schiller-Jahrbuch 38 (1994), S. 171–206, hier S. 178.

44 Schuster 1977, S. 94. Im Abdruck des Gedichtes im ersten *Phantasus*-Heft entfällt der Name dann.

45 Arno Holz: Li-Tai-Pe. Berlin 1921, Kolophon.

46 Servaes 1898, S. 56.

47 Hermann Bahr: Impressionismus. In: Ders.: Zur Überwindung des Naturalismus. Theoretische Schriften 1887–1904. Hg. v. Gotthart Wunberg. Stuttgart u. a. 1968, S. 192–198, hier S. 198.

Li-Tai-Po eine ‚Poetik des Impressionismus' ableiten, deren eminente literarhistorische Wirkung mit Holz' *Phantasus* erst begann.

VI. Auswahlbibliographie

1. Karl Geisendörfer: Die Entwicklung eines lyrischen Weltbildes im *Phantasus* von Arno Holz. In: Zeitschrift für deutsche Philologie 82 (1963), S. 231–248
2. Gerhard Schulz: Nachwort. In: Arno Holz: Phantasus. Verkleinerter Faksmiledruck der Erstfassung. Hg. v. G. S. Stuttgart 1968, S. 129–155.
3. Gerhard Schulz: Arno Holz. Dilemma eines bürgerlichen Dichterlebens. München 1974.

Stefan George (1868–1933): Hyperion I-III

von Barbara Stiewe

I. Gedicht

Hyperion I-III

DEM SEHNENDEN WAR
DER WINK GENUG × UND WINKE SIND
VON ALTERS HER DIE SPRACHE DER GÖTTER[1]

I
Wo an entlegnem gestade
Muss ich vor alters entstammt sein
Brüder des volkes?
Dass ich mit euch wohl geniessend
Wein und getreid unsres landes
Fremdling euch bleibe?
So wie sich sondert des sohns
Ahnender stolz von geschwistern
Späterer heirat
Selbst unter freundlichen spielen
Innerlich fern und versichert
Besseren vaters.
Ihr die in sinnen verstrickten
Ihr die in tönen verströmten
Schlaff dann beim werke:
Klagend an ach welchen wassern
Weinend an ach welchen weiden
Nach – welchem glücke!
Lernt nicht des tanzenden schritte
Holde gebärde der freude
Roh da ihr schwank seid ·
Fruchtbarem bund nicht gefüge
Ihr auch zu zweien allein:
Ihr mit dem spiegel.

II
Ahnung gesellt mich zu euch
        kinder des Inselgebiets
Die ihr in anmut die tat

[1] Das dem Gedicht vorangestellte Motto ist Hölderlins Oden-Fragment *Rousseau* (1799/1800) entnommen. Die Stilisierung Rousseaus zu einem verkannten, einsamen Dichter-Seher nimmt das eigene Schicksal vorweg, auf das die vorliegende Trilogie zu beziehen ist.

bilder in hoheit ersannt
Spartas gebändigten mut
Ioniens süsse vermählt.
Jugendlich tanzt Der den chor
helden gestaltend als mann
Lieblichen gastmahls ist herr
lenker in staates gefahr
Eifernder stämme bewerb
einigte tempel und spiel
Und keine weisheit bis heut
hat dort die Gründer vertieft.
Was diese meere befuhr
was diese küsten durchzog!
Wo als die neige schon nah
unter zypressen des tals
Weitester lehrer der zeit
adligsten schüler geführt.
Ihr habt Erlesne des glücks
wo ihr auch griffet gesiegt
Die ihr von greisen den schatz
enkeln gesamt übertrugt
Die ihr in fleisch und in erz
muster dem menschtum geformt
Die ihr in reigen und rausch
unsere götter gebart.
Weh! ruft der tausende schrei:
dass dies musst untergehn!
Dass nach dem furchtbaren fug
leben am leben erstirbt!
Weh! auf des Syrers gebot
stürzte die lichtwelt in nacht.

III
Ich kam zur heimat: solch gewog von blüten
Empfing mich nie . . ein pochen war im feld
In meinem hain von schlafenden gewalten ·
Ich sah euch fluss und berg und gau im bann
Und brüder euch als künftige sonnen-erben:
In eurem scheuen auge ruht ein traum
Einst wird in euch zu blut der sehnsucht sinnen . . .
Mein leidend leben neigt dem schlummer zu
Doch gütig lohnt der Himmlischen verheissung
Dem frommen . . der im Reich nie wandeln darf:
Ich werde heldengrab · ich werde scholle
Der heilige sprossen zur vollendung nahn:
MIT DIESEN KOMMT DAS ZWEITE ALTER · LIEBE
GEBAR DIE WELT · LIEBE GEBIERT SIE NEU.

Ich sprach den spruch · der zirkel ist gezogen . .
Eh mich das dunkel überholt entrückt
Mich hohe schau: bald geht mit leichten sohlen
Durch teure flur greifbar im glanz der Gott.

Stefan George: Sämtliche Werke in 18 Bänden. Hg. v. der Stefan-George-Stiftung. Bearb. v. Georg Peter Landmann und Ute Oelmann. Bd. IX. Stuttgart 2001, S. 11–14 (Text); S. 131–134 (Kommentar). [Im Folgenden zitiert unter Verwendung der Sigle SW].

II. Entstehungs- und Wirkungsgeschichte

Stefan Georges *Hyperion*-Zyklus, bestehend aus drei aufeinander bezogenen Gedichten, entstand vermutlich im Frühjahr 1914;[2] unter dem Titel *Hyperion I-III* wurde er in die Sammlung *Das Neue Reich* (1928) aufgenommen. Hier steht der Zyklus an prominenter Stelle, nach dem Eingangsgedicht *Goethes lezte nacht in Italien*, das sich mit dem Zusammenspiel von Antikerezeption und nationaler Identität befasst. Die griechische Antike, die hier wie auch im *Hyperion*-Zyklus angerufen wird, bildet eine maßgebliche Sinnstiftungsinstanz im Werk und Leben Georges. Auf der Folie eines schönen, vitalen und ganzheitlichen Griechentums entwirft er die Utopie eines ‚Neuen (Jugend-)Reiches' deutsch-hellenischer Prägung.

Daneben sind die drei *Hyperion*-Gedichte in den Kontext von Georges Hölderlin-Rezeption einzuordnen. Dies signalisiert bereits ihr Titel, der neben dem Bezug auf den griechischen Titanen, den Sonnengott Hyperion, auch auf Friedrich Hölderlin anspielt, den Verfasser des Briefromans *Hyperion oder der Eremit in Griechenland* (1797–99). Hölderlin wurde von den Georgeanern ‚wiederentdeckt', nachdem der George-Anhänger Norbert von Hellingrath 1909 auf unbekannte Spätdichtungen Hölderlins gestoßen war. Diese Handschriftenfunde gaben den Anlass für eine Neubewertung des Werks und Revision des Hölderlin-Bildes:[3] Aus dem rückwärtsgewandten „liebenswürdigen schwärmer" wurde der politische Prophet, der bislang verkannte „grosse Seher für sein volk".[4] In dieser „nationalistisch präparierten" Variante wirkte Hölderlin in fachwissenschaftlichen und bildungsbürgerlichen Kreisen nachhaltig.[5] Im Zirkel um George genoss er ein besonderes Ansehen, weil er in seinen zeitkritischen Texten die griechische Antike als Muster für eine erneuerte Menschheit angeführt habe. Darüber hinaus habe er mit seiner Existenz den Deutschen den Weg zu einem ‚besseren' Dasein gewiesen, dem ‚Neuen Reich' der Zukunft.[6] Das auf Hölderlin projizierte Grie-

2 Vgl. SW IX, S. 131.
3 Vgl. Ute Oelmann: Norbert von Hellingrath. In: Johann Kreuzer (Hg.): Hölderlin-Handbuch. Stuttgart 2002, S. 422–425, hier S. 422 f.
4 Stefan George: Hölderlin. In: SW XVII, S. 58–60, hier S. 59.
5 Bothe 1992, S. 112.
6 Vgl. Hölderlin I. In: Blätter für die Kunst 10 (1914), S. 134.

chenbild avancierte im George-Kreis zur optimistischen Metapher für eine Lebenskraft, die dem diagnostizierten kulturellen Verfall entgegenwirken sollte. Hölderlin selbst wurde als „Verkörperung jener Idealverbindung von Deutsch- und Griechentum, von Moderne und Antike“[7] gefeiert.

III. Interpretation

Der Hyperion-Zyklus ist ein Beispiel für ein produktives Zusammenspiel von Griechenrezeption und Kulturkritik, das George als Grundlage einer erneuerten nationalen Identität dient. Vor dem Hintergrund von Jan Assmanns Mythenkonzeption, aber auch Michel Foucaults historischer Diskursanalyse soll gezeigt werden, wie George ein idealisiertes (Deutsch-)Griechentum zum Nationalmythos erhebt. Assmann versteht Mythos als erinnerte kollektive Vergangenheit, die zur Geschichte verfestigt, verinnerlicht und zur Wirklichkeit transformiert wird.[8] Dabei unterscheidet er „fundierende“ und „kontrapräsentische“ Funktionen: Während das Konzept „fundierender Mythos“ darauf abzielt, eine sinnvolle Kontinuität der Geschichte nachzuweisen, zeichnet den „kontrapräsentischen Mythos“ eine revolutionäre Dimension aus. In diesem Fall soll das Gegebene verändert werden, indem das Vergangene als eine politische und soziale Utopie beschworen wird.[9]

Vor der Assmannschen Deutungsfolie erscheint Georges Rückgriff auf Hellas als zugleich kontrapräsentischer und fundierender Mythos, der perspektivisch variiert werden kann. Die kontrapräsentische Dimension besteht in der Konstruktion einer rückwärtsgerichteten Utopie, die in der Vereinigung von Antik-Griechischem und Deutschem ein anderes, besseres Menschenbild verspricht. Die fundierende Dimension zeigt sich in dem Bestreben, an die Zeit um 1800 und ihre Repräsentanten anzuknüpfen.

Die Funktionsweise der „Mythomotorik“, „der orientierenden Kraft“ des Mythos[10] im konkreten historisch-kulturellen Kontext, erklärt über Assmann hinausgehend die historische Diskursanalyse Foucaults, indem sie Zusammenhänge und Abhängigkeiten zwischen unterschiedlichen mentalen, sozialen und politischen Bereichen aufdeckt. Dazu werden Texte in umfassende, transdisziplinäre Kontexte eingebettet, um damit die Mechanismen, die diese konstituieren und regulieren, freizulegen. Entsprechend fokussiert die folgende Interpretation die Aneignung von Denkmustern der Zeit um 1800, also der Zeit Hölderlins, in den bildungspolitischen Diskursen der Entstehungszeit der Gedichte.

[7] Ute Oelmann: Nachwort. In: Stefan George, Karl Wolfskehl (Hg.): Deutsche Dichtung. 3 Bde. Stuttgart 1991 (ED Berlin 1901), Bd. 2, S. 105–115, hier S. 106.

[8] Vgl. Jan Assmann: Das kulturelle Gedächtnis. Schrift, Erinnerung und politische Identität in frühen Hochkulturen. München [5]2005, S. 76.

[9] Vgl. ebd., S. 79.

[10] Ebd. S. 80, 79.

Georges Rückgriff auf das griechische Altertum als Sinnstiftungsinstanz vermitteln nicht ausschließlich inhaltliche Anspielungen und intertextuelle Verweise auf Hölderlin und sein Werk oder die Antike selbst: Bereits in der äußeren Form der Gedichttrilogie erfolgt eine Orientierung an antiken Traditionen. Wie die Verstexte dieser Zeit sind auch die vorliegenden Gedichte reimlos gehalten. Als Hymnen, also poetische Texte in hohem Stil, die dem Themenbereich der religiös-emphatischen Anrede einer göttlichen Instanz zugeordnet sind, weisen sie eine lyrische Form auf, die sich der antiken Dichtung annähert. Die ersten beiden *Hyperion*-Gedichte sind durch eine präzise, aber nicht streng alternierende Verteilung von Hebungen und Senkungen gekennzeichnet; ihre Verse sind daktylisch gehalten. Dagegen folgen im dritten Gedicht auf einen Auftakt jeweils fünf Jamben; der Versausgang ist abwechselnd weiblich und männlich. Demnach handelt es sich hier um kein antikes Versmaß, sondern um ein als genuin deutsch angesehenes: den von Shakespeare eingeführten Blankvers, der mit Lessings *Nathan der Weise* (1779) zu *dem* deutschen Dramenvers aufstieg.

George hat sich also im Verlauf des Zyklus von einem streng antiken, elegischen Metrum hin zu einem fröhlich-springenden, in der deutschen Literatur vertrauten bewegt. Diese Bewegung innerhalb des Zyklus, die anvisierte harmonische Verbindung von Antike und Moderne, deutet bereits das zweite Gedicht durch seine besondere Typographie an: Jeder zweite der dreihebigen Verse ist eingerückt. Bildet man daraus Verspaare und deutet die Enjambements als (überbetonte) Mittelzäsur, so ergibt sich eine Folge von 17 Pentametern,[11] einem antiken Versmaß, das fast nie allein vorkommt, sondern gewöhnlich mit einem vorausgehenden Hexameter (als Distichon) kombiniert wird. Das formal ungewöhnliche, ‚unvollständige' zweite Gedicht bedarf einer Ergänzung, die dann (auf inhaltlicher Ebene) durch das folgende dritte nachgetragen wird. Damit korrespondiert die *Hyperion*-Trilogie sowohl inhaltlich als auch formal mit den drei wesentlichen Stationen von Georges Antikebegegnung – von der Deutschenschelte (*Hyperion I*) über die Idee vom griechischen Gegenbild (*Hyperion II*) zur Sinn und Leben erzeugenden Utopie eines kommenden Deutsch-Hellas (*Hyperion III*).

In Anlehnung an die Charakteristik der Deutschen als rohes, egozentrisches und zerrissenes Volk, die Hölderlins Hyperion[12] vornimmt, steht auch zu Beginn des Georgeschen Zyklus das Leiden an der nationalen Gegenwart im Zentrum. Im ersten Gedicht knüpft George an die beißende Kulturkritik seiner Zeitgedichte im *Siebenten Ring* (1907) an. In diesen Texten wird der technische und wissenschaftliche Fortschritt für die Versachlichung und ‚Entzauberung der Welt' verantwortlich gemacht, die etwa in den 1850er-Jahren begann.

---

11 Vgl. Aurnhammer 1987, S. 13.

12 Der Neugrieche Hyperion leidet angesichts eines vermeintlich harmonischen Lebens im antiken Griechenland am zeitgenössischen Hellas und übt zugleich als Besucher Deutschlands eine harsche Kritik an den dortigen Zuständen. So entsteht sein Wunsch, ein neues ‚Goldenes Zeitalter' zu begründen, in dem die Menschen in Einklang miteinander und mit der (göttlichen) Natur leben.

Für den eigenen *Hyperion*-Zyklus setzt George diese Diagnose voraus: Sein lyrisches Ich ist ein deutscher Hyperion, der unter der als leblos empfundenen Gegenwart leidet. Er fühlt sich wie ein Spross einer glücklicheren Zeit und damit wie ein Fremdling unter den Deutschen der Gegenwart. Trotz Teilhabe am Volksleben, mit seinen Landsleuten „wohl geniessend / Wein und getreid unsres landes" (I, V. 4 f.), spürt er ihnen gegenüber eine gedankliche Distanz: ihn leitet eine konträre Lebensauffassung.

Deshalb stellt er sich die rhetorische Frage: „Wo an entlegnem gestade / Muss ich vor alters entstammt sein / Brüder des volkes? / Dass ich [...] Fremdling euch bleibe [...] / [s]elbst unter freundlichen spielen / Innerlich fern [...]" (I, V. 1–11)? Seine Antwort besteht darin, die ihn ausgrenzende innerliche Ferne auf seine vitalistische Anschauung zurückzuführen, die der Allgemeinheit noch fremd ist. Denn die Mehrzahl seiner Zeitgenossen ist dem positivistisch-historischen Denken des 19. Jahrhunderts verhaftet. Sie betrachtet das Sein geschichtlich-relativierend und kann so die Vergangenheit nicht zum sinnstiftenden Leitbild erheben.

Georges Hyperion dagegen hat als weitsichtiger Charakter den lebensphilosophischen Geist der Zeit um 1900 bereits verinnerlicht und fasst das Leben als Grundprinzip jeglichen Denkens und Handelns auf. Er deutet die idealisierte Vergangenheit, die er im zweiten Teilgedicht dem Hier und Jetzt als Spiegel vorhält, geistes- bzw. lebenswissenschaftlich im Sinne von Wilhelm Diltheys Theorie des Verstehens,[13] die auf einem empathischen Nachvollzug menschlicher Lebensäußerungen basiert.

Vor diesem Hintergrund kann er die konstatierte einseitige, rein geistig-distanzierende Auseinandersetzung seiner Zeitgenossen mit ihrer Lebenswelt nicht gutheißen, denn sie widerspricht einer ganzheitlichen Betrachtung und führt, indem sie alles Sinnlich-Körperliche vernachlässigt, zu Befangenheit, Lähmung und Unproduktivität. Derartig negativ gestimmt, klagt er seine Landsleute vorwurfsvoll an: „Ihr die in sinnen verstrickten / Ihr die in tönen verströmten / Schlaff dann beim werke:/ [...] / Lernt nicht des tanzenden schritte / Holde gebärde der freude" (I, V. 13–15; 19 f.).

Genau diese lebensfrohe Weltsicht beansprucht Hyperion für sich und führt sie auf eine verinnerlichende Auseinandersetzung mit dem Sein zurück. Dazu gehört, dass er als vorbildlich erachtete Lebensprinzipien vergangener Zeiten sich nicht äußerlich durch Kopie aneignet, sondern durch eigenes Nacherleben in ihrer Substanz erfasst. Denn nur so können gemäß George Denken und Handeln aufeinander abgestimmt und die verloren geglaubte Ganzheit und sinnhafte Lebensdeutung wiedererlangt werden. Hyperion trauert deshalb nicht wie seine angeblichen Landsleute der Gegenwart einem ‚Goldenen Zeitalter' nach: Er hat

---

[13] Grundlegend dargelegt in *Das Erlebnis und die Dichtung. Lessing, Goethe, Novalis, Hölderlin* (1906); mit dieser Essaysammlung initiiert Dilthey eine „Philosophie des Lebens", die als „Geisteswissenschaft" den empirischen Positivismus in der Geschichts- und Literaturgeschichtsschreibung der Gegenwart überwinden soll.

erkannt, dass er sich an der Überlieferung weiterbilden kann. Damit hat er in sich die Voraussetzung geschaffen für ein tätiges Handeln mit dem Ziel, einem harmonischen und ganzheitlichen Zustand möglichst nahe zu kommen.

Sein Vorwurf, die Zeitgenossen säßen lediglich „[k]lagend an ach welchen wassern / Weinend an ach welchen weiden / Nach – welchem glücke!“ (I, V. 16–18), kann als Kritik an ihrer vermeintlich realitätsfernen Antikerezeption gelesen werden. Denn anstatt an der Restitution des antiken Ideals im eigenen Leben mitzuwirken, beklagen sie wehmütig die verlorene Glanzzeit. Nur wenn die Menschen durch humanistische Bildung zu einer vitalistischen Lebensauffassung geführt würden, könnten die konstatierte Rohheit des Nationalcharakters überwunden und der anvisierte Zusammenschluss zu einem Volk mit Zukunftsmission realisiert werden. Mit Hyperions Schelte „[r]oh da ihr schwank seid · / Fruchtbarem bund nicht gefüge“ (I, V. 21 f.) wird auf ein Stereotyp angespielt, das Kulturkritiker um 1900 mit dem deutschen Nationalcharakter verbinden. Sie bezeichnen die Deutschen als formlos und ohne innere Einheit. Die konstatierte Gestaltlosigkeit führen sie auf das Fehlen eines einheitlichen Nationalstils zurück und fordern deshalb, eine verbindliche Lebens- und Weltanschauung zu begründen.[14]

Als Referenzpunkt für den zu prägenden Nationalstil bezieht sich Hyperion auf ein Kultur- und Gesellschaftsmodell der Vergangenheit, das sich in der Geschichte bewährt habe, dem ‚deutschen Sein‘ entspreche und Ausdruck wahren Lebens sei. Diese Voraussetzungen erfüllt seine Projektion des antiken Griechenlands. Im zweiten Teilgedicht deutet Hyperion daher den Rückgriff auf griechische Lebensprinzipien und Wertvorstellungen als Weg, die ersehnte ‚Gesundung‘ der deutschen Gesellschaft und Kultur – das (Wieder-)Erlangen von Liebe, Harmonie, Ganzheit, Vollkommenheit und Größe – zu garantieren.

Jedoch steht sein Hellas-Bild der historischen Realität entgegen: Das Gedicht zeichnet ein vereinfachtes Konstrukt, die Vorstellung von einer harmonischen, makellosen Kultur, die im Kulturellen, Staatlichen und Wissenschaftlichen als Exemplum herangezogen werden kann. Dabei verschmelzen Eigenschaften, die gemeinhin mit dem klassischen Kulturstaat Athen verbunden werden, mit Merkmalen, die einen Bezug zum frühen Kriegerstaat Sparta nahelegen. So enthält das Idealbild einerseits Aspekte wie attische Würde, Anmut und Schönheit, Kunst- bzw. Kultursinn, andererseits dorischen Heldenmut und Tatkraft, Gefolgschaftsdenken und Opferbereitschaft. Diese antagonistischen Kräfte werden durch ein als spezifisch griechisch gedachtes Harmonie- und Totalitätsprinzip im Gleichgewicht gehalten. So ist gewährleistet, dass sowohl ein organisches Individuum als auch ein organisches Volk entstehen können. Die dem ‚griechischen Wesen‘ zugeschriebene Fähigkeit zum Ausgleich lässt sich dem Tugendkatalog entnehmen, den Hyperion zum Lobpreis seiner wahren Brüder entwirft: „kinder des

---

14 Vgl. Esther Sophia Sünderhauf: Griechensehnsucht und Kulturkritik. Die deutsche Rezeption von Winckelmanns Antikenideal 1840–1945. Berlin 2004, S. 55 ff.

Inselgebiets / Die ihr [...] / Spartas gebändigten mut / Ioniens süsse vermählt" (II, V. 2 f.; 5 f.), deren „[e]ifernder stämme bewerb / einigte tempel und spiel" (II, V. 11 f.).

Die Vorstellung von Hellas als einem harmonischen und ganzheitlichen Organismus, die auf neuhumanistischen und idealistischen Theoremen beruht,[15] wird mit einer anderen Vorstellung der Zeit um 1800 verknüpft: mit der Idee, dass sich die Deutschen vornehmlich am griechisch-antiken Menschenbild zu Vollkommenheit formen könnten. So apostrophiert Georges Hyperion die Griechen als Menschenbildner, als „[d]ie ihr in fleisch und in erz / muster dem menschtum geformt / Die ihr in reigen und rausch / unsere götter gebart" (II, V. 25–28). Als ideologisches Fundament dieser Vorstellung fungiert der alte identitätsstiftende Mythos, dass der deutsche Nationalcharakter dem griechischen seelenverwandt sei, also ähnliche Vorlieben und Anlagen aufweise;[16] deshalb könnten sich die Deutschen auf effiziente Weise das griechische Menschenbild aneignen und sich an ihm bilden. Das Verbindungsglied für die angenommene verwandtschaftliche Beziehung zwischen antiken Griechen und modernen Deutschen bildet nach George das beide Völker auszeichnende Vermögen, intuitiv allgemeine Wesensgesetze erkennen und dadurch den menschheitlichen Fortschritt beeinflussen zu können. Diese Fähigkeit sei aber bei den meisten Deutschen noch nicht ausgeprägt, weil ihnen der stimulierende Zugang zum Altertum fehle; dieser sei erst durch lebenswissenschaftliche Bildung zu gewinnen.

Auf das Konstrukt der deutsch-griechischen Seelenverwandtschaft spielt Georges Hyperion an, wenn er zu Beginn seines Preisgedichts darauf verweist, eine „Ahnung" geselle ihn zu den antiken Griechen (II, V. 1), lasse ihn mit diesen vertraut sein. Das bedeutet, dass er sich – anders als seine Zeitgenossen – im griechischen Altertum, nicht im Deutschland der Gegenwart, heimisch fühlt, weil er nur hier auf eine ähnliche Geisteshaltung, einen gesunden und identitätsstiftenden Vitalismus, trifft. Damit hat er bereits den Bildungsprozess durchlaufen, der für die Allgemeinheit noch aussteht.

Doch bevor ihm im dritten Gedicht des Zyklus das Traumgesicht eines am ‚griechischen Wesen' gebildeten deutschen Volkes erscheint, muss Hyperion gegen Ende des zweiten erkennen, dass sein Griechenland eine vergangene Welt, ein illusionäres Konstrukt ist, das sich in der Realität nicht wiederherstellen lässt:

---

15 Über Hölderlins Werk hinaus lassen sich diese Gedanken auch bei Wilhelm von Humboldt finden – z. B. in: *Ideen zu einem Versuch, die Gränzen der Wirksamkeit des Staats zu bestimmen* (1792); *Geschichte des Verfalls und Unterganges der griechischen Freistaaten* (1807) – sowie bei Friedrich Schiller – z. B. in: *Ueber die ästhetische Erziehung des Menschen in einer Reihe von Briefen* (1793–95).

16 Vgl. Wilhelm von Humboldt: Geschichte des Verfalls und Unterganges der griechischen Freistaaten. In: Ders.: Werke in fünf Bänden. 2. Bd.: Schriften zur Altertumskunde und Ästhetik. Die Vasken. Hg. v. Andreas Flitner, Klaus Giel. Darmstadt [5]2002, S. 73–124, hier S. 87. Siehe hierzu auch Manfred Fuhrmann: Die ‚Querelle des Anciens et des Modernes', der Nationalismus und die Deutsche Klassik. In: Bernhard Fabian, Wilhelm Schmidt-Biggemann, Rudolf Vierhaus (Hg.): Deutschlands kulturelle Erfahrung. Die Neubestimmung des Menschen. München 1980, S. 49–67, hier S. 61 f.

„Weh! ruft der tausende schrei: / dass dies musst untergehn! / Dass nach dem furchtbaren fug / leben am leben erstirbt!“ (II, V. 29–32)

Trotz des Wissens vom Untergang der griechisch-antiken Welt bewahrt sich Hyperion einen zuversichtlichen Blick in die Zukunft, denn er ist überzeugt, dass die Wiederaneignung griechischer Lebensprinzipien unmittelbar bevorstehe. Sein Optimismus lässt sich vor dem Hintergrund einer zyklischen Geschichtsauffassung erklären, die die historische und kulturelle Entwicklung auf das Gesetz der periodischen Wiedergeburt allen Seins festlegt: Wie ein lebendiger Organismus durchlaufe die Geschichte die Zyklen Blüte – Reife – Verfall. Unter Bezugnahme auf das Perfektibilitätsdenken in Idealismus und Romantik kann er diesen Prozess als Fortschreiten begreifen; das griechische Erbe ist demnach ein dynamisches, durch das Leben selbst veränderbares Kulturgut, das immerwährend eine Verbindung mit der Gegenwart eingehe und damit stetig zur Weiterentwicklung beitrage.

Unterstellt man ein solches Geschichtsbild, dann folgt in Hyperions Projektion auf den Verfall des ursprünglichen, harmonischen und schönen Lebens eine Regenerationsphase, wie sie das dritte Gedicht beschreibt. Als eben diese Phase, die eine zukünftige Periode der Vollkommenheit vorbereitet, lässt sich die Zeit um das Wendejahr 1900 begreifen. Denn in ihr wird eine ganzheitliche und vitalistische Anschauung immer populärer: Die Sehnsucht nach Leben, Körperlichkeit und Jungsein findet in der Jugend- wie Lebensreformbewegung praktische Umsetzung und wird in Kunst und Literatur verstärkt thematisiert. Hier wie dort wird eine dynamische, handlungsorientierte und gegenwartsbezogene Auseinandersetzung mit der antiken Tradition vorgenommen mit dem Ziel, das Griechentum im eigenen Leben zu verankern.

In diesem Kontext kann Hyperion nun das sich wandelnde Deutschland, dem er einst den Rücken gekehrt hatte, wieder als „heimat“ (III, V. 1) anerkennen. Denn dort hat neues Leben Einzug gehalten, versinnbildlicht durch das „gewog von blüten“ (III, V. 1), das ihn empfängt, und das geschäftige „pochen [...] im feld“ (III, V. 2), das er erfreut wahrnimmt. Auch an seinen Landsleuten konstatiert er Veränderungen; im Charakter haben sie sich ihm, dem Sonnenzugewandten, derartig angenähert, dass er in ihnen nun „brüder“ und „künftige sonnen-erben“ (III, V. 5), ja „heilige sprossen“ (III, V. 12) erkennt. Er sieht die jungen Deutschen einen Bildungsprozess zu lebensfrohen, liebenden und tätigen Menschen durchlaufen. Damit gewinnt für Hyperion die Utopie eines ‚Neuen Reiches‘ an Realität, in dem sich griechisches und deutsches Erbe zu einem höheren Dasein vereinigen. So prophezeit er seinen Zeitgenossen: „In eurem scheuen auge ruht ein traum / Einst wird in euch zu blut der sehnsucht sinnen . . . / [...] Ich werde heldengrab · ich werde scholle / Der heilige sprossen zur vollendung nahn: MIT DIESEN KOMMT DAS ZWEITE ALTER“ (III, V. 6 f.; V. 11–13).

Als Auslöser und Antriebskraft für den Anbruch der neuen Ära gilt Hyperion – wie seinem *alter ego* in Hölderlins Roman – der schöpferische Eros: „LIEBE / GEBAR DIE WELT · LIEBE GEBIERT SIE NEU“ (III, V. 13 f.). Als Hölderlin-Zitat typographisch hervorgehoben, spielt dieser Ausspruch auf die besondere Relation an, die im Bildungsdenken der Georgeaner zwischen pädagogischem Eros und Leibphilosophie besteht, wonach nämlich im idealschönen Körper Inhalt und Form, Geist und Materie eine harmonische Verbindung eingehen. Die Konfrontation mit einer vollendeten Gestalt rufe ein ästhetisch-erotisch gefärbtes Erlebnis hervor, die „*Entzückung des Geistes* über die ‚höchste Schönheit'".[17] Diese Erfahrung soll erhöhend und bildend wirken, indem sie beim Betrachter schöpferische Kräfte mobilisiert, die die eigene und auch die nationale Entwicklung begünstigen.

Diese Zielvorstellung transportiert auch der *Hyperion*-Zyklus. Seine beiden letzten Verse können als Höhepunkt der Vision eines ‚Neuen Reiches' gelesen werden, an dem das Wunschbild in die Realität überführt wird: Hier verkündet Hyperion die „hohe schau: bald geht mit leichten sohlen / Durch teure flur greifbar im glanz der Gott" (III, V. 17 f.), der den kommenden Menschen als Leitbild fungieren soll.

Die von Hyperion geweissagte jugendliche Gottheit hat im George-Kreis bereits Einzug gehalten: in Gestalt des jugendlichen Maximin.[18] Auf sie werden alle Eigenschaften projiziert, die George mit dem „neuen" Menschen, dem kommenden Deutschen als Inkarnation des schönen Leibes und Lebens verbindet. Im Kult um Maximin erfährt die Idee eines jungen Heilbringers durch rauschhafte, erotisch-lustvolle Inszenierung eine Belebung. Das Erlebnis seiner körperlichen Schönheit wie geistig-ethischen Vollkommenheit wird zur gegenwartsbezogenen Erfahrung, die den Rezipienten erhöht und damit zur Errichtung des ‚Neuen Reiches' beiträgt.

Jedoch ist das von Hyperion prophezeite ‚Neue Reich' nicht mit konkreten, in dieser Zeit diskutierten Reichsutopien zu verwechseln. Vielmehr ist mit ihm ein übernationales, zeitenthobenes und räumlich nicht fixiertes Gebilde zu assoziieren. Zu suchen ist es in einem dem realen Sein zugrunde liegenden ‚geistigen' Deutschland, in restaurativen Kräften, in denen angeblich die erhabene Gestalt der deutschen Nation vorgeprägt ist.[19]

Auch Georges Hyperion gehört, wie sein Schöpfer Hölderlin, als vorbildliche Persönlichkeit diesem Geisterreich an, denn er versinnbildlicht ein geistiges Prinzip, das den Menschen als Leitbild dienen soll: einen gräkophilen Vitalismus, der die anvisierte Vervollkommnung des ‚deutschen Seins' zu unterstützen vermag. Insofern kann Hyperion im dritten Gedicht versöhnt aus dem Leben scheiden und sich selbst rühmend verkünden, „[m]ein leidend leben neigt dem schlummer

---

17 Werner Strube: Gestalt I. In: Joachim Ritter, Karlfried Gründer (Hg.): Historisches Wörterbuch der Philosophie. 13 Bde. Basel 1971–2007, Bd. 3, Sp. 540–548, hier Sp. 541.

18 Vgl. Stefan George: Vorrede zu Maximin. In: SW XVII, S. 61–66; ders.: Maximin. In: SW VI/VII, S. 89–111. Siehe auch Carola Groppe: Die Macht der Bildung. Das deutsche Bürgertum und der George-Kreis 1890–1933. Köln, Weimar, Wien 1997, S. 432–438, dort auch eine Zusammenfassung der unterschiedlichen Bewertungen des Maximin-Mythos durch die Forschung.

19 Vgl. Ernst Kantorowicz: Das Geheime Deutschland. Hg. v. Eckhart Grünewald. In: George-Jahrbuch 3 (2000/01), S. 156–175, hier S. 158.

zu / Doch gütig lohnt der Himmlischen verheissung / [...] Ich werde heldengrab · ich werde scholle / Der heilige sprossen zur vollendung nahn“ (III, V. 8 f., 11 f.).

Indem George seine Utopie eines kommenden Deutsch-Hellas von einem Hyperion vortragen lässt, der nahezu mit Hölderlin zu einer Person verschmilzt, legitimiert er die eigene Sichtweise. Zugleich überträgt er die vermeintlich prophetischen und pädagogischen Qualitäten der poetischen Figur auf sich. So geht die Würdigung des Dichterpropheten Hölderlin, der einer nicht unproblematischen Vergegenwärtigung unterzogen wird, in die eigene Selbstinszenierung als Volkserzieher und Vollender von dessen Denken über.[20]

IV. Auswahlbibliographie

1. Achim Aurnhammer: Stefan George und Hölderlin. In: Euphorion 81 (1987), S. 81–99.
2. Henning Bothe: ‚Ein Zeichen sind wir, deutungslos'. Die Rezeption Hölderlins von ihren Anfängen bis zu Stefan George. Stuttgart 1992.
3. Ernst Morwitz: Kommentar zu dem Werk Stefan Georges. München, Düsseldorf 1960.

[20] Vgl. Aurnhammer 1987, bes. S. 85–87; Bothe 1992, S. 202.

Else Lasker-Schüler (1869–1945): Weltende

von Ursula Kocher

I. Gedicht

Weltende

Es ist ein Weinen in der Welt,
als ob der liebe Gott gestorben wär,
und der bleierne Schatten, der niederfällt,
lastet grabesschwer.

Komm, wir wollen uns näher verbergen...
Das Leben liegt in aller Herzen
wie in Särgen.

Du, wir wollen uns tief küssen...
Es pocht eine Sehnsucht an die Welt,
an der wir sterben müssen.

Else Lasker-Schüler: Werke und Briefe. Kritische Ausgabe. Hg. v. Norbert Oellers, Heinz Rölleke, Itta Shedletzky. Bd. 1.1: Gedichte. Bearbeitet v. Karl Jürgen Skrodzki unter Mitarbeit v. Norbert Oellers. Frankfurt/M. 1996, S. 75.

II. Das Jahr 1903

Else Lasker-Schüler, geboren am 11. Februar 1869 in Elberfeld (heute Wuppertal), verfasste dieses Gedicht in einer turbulenten Zeit. 1894 war sie mit ihrem Ehemann, dem Arzt Berthold Lasker, nach Berlin gezogen und hatte sich vergeblich bemüht, in einem bürgerlichen Leben als Arztfrau jüdischer Herkunft heimisch zu werden. Im August 1899 brachte sie einen Sohn zur Welt, dessen Vater bis heute unbekannt geblieben ist, traf Peter Hille, einen eigensinnigen und unsteten Dichter, den sie von da an als Vorbild verehrte, und schrieb ihre ersten Gedichte. 1902 erschien ihr erster Gedichtband *Styx*. 1903 – das Jahr, in dem *Weltende* erstmals gedruckt wurde – war für Lasker-Schüler Abschluss und Neuanfang zugleich. Nachdem sie bereits zum Zeitpunkt der Geburt ihres Sohnes nicht mehr bei ihrem Mann wohnte, wurde sie im April 1903 offiziell von ihm geschieden. Auch die Freundschaft mit Peter Hille, die für ihre Entwicklung zur Autorin äußerst wichtig war, scheint in diesem Jahr eine Beeinträchtigung erfahren zu haben, ohne dass der genaue Umstand dieser Entfremdung vollkommen klar wäre. Else Lasker-Schüler wandte sich verstärkt Georg Levin zu, der wenig später unter dem Namen Herwarth Walden, den sie ihm gegeben hatte, berühmt werden sollte. Die beiden heirateten am 30. November 1903.

Das Jahr 1903: Eine Beziehung wurde offiziell beendet, eine tiefe Freundschaft gelockert und eine neue Verbindung eingegangen. Auch wenn sich nicht genau sagen lässt, wann Else Lasker-Schüler das Gedicht *Weltende* verfasst hat – für sie muss es eine Zeit des Umbruchs gewesen sein, in der Anfang und Ende nahe beieinander lagen, so nahe, dass sie manchmal nicht voneinander zu trennen gewesen sein dürften.

Weltende zählt zu den frühen Gedichten der Autorin und weist bereits wichtige Züge ihrer Lyrik und der Zeit, in der es entstanden ist, auf. Es stammt von einer Frau, die auf dem Weg war, Teil der literarischen Avantgarde zu Beginn des 20. Jahrhunderts zu werden. Bemerkenswert sind Lasker-Schülers Texte vor allem wegen ihres Zusammen- und Gegenspiels von Inhalt und Form, die gerade keine Harmonie und Einsinnigkeit erzeugen, sondern einander widersprechende Aussagen zu einem Ganzen zu verbinden in der Lage sind. Dieses Überschreiten sprachlicher Grenzen gerade durch Sprache zeichnet auch die seit dem Mittelalter präsente Mystik aus, bei der es um die Nähe zu Gott sowie um religiöse Erfahrung durch Sprache geht. Dies geschieht durch komplexe Satzkonstruktionen und Bildlichkeit. Es liegt daher nahe, in den Texten der Autorin mystische Züge zu erkennen. Aus diesem Grund hat eine Untersuchung des Gedichts *Weltende* in erster Linie am Text entlang zu arbeiten, rhetorisch-stilistisch zu analysieren, die Assoziationen, die Wörter auslösen, mitzubedenken und besonders die Bildfelder im Blick zu behalten.

III. Tröstende Trostlosigkeit – das Gemeinsame im Gegensätzlichen

Else Lasker-Schülers Gedicht *Weltende*, das zum ersten Mal 1903 in einer von Hans Benzmann herausgegebenen Anthologie mit dem Titel *Moderne deutsche Lyrik* abgedruckt wurde, beginnt mit einer unpersönlichen Feststellung. An dem „es ist" der ersten Zeile scheint nichts anzweifelbar zu sein. Der Tatsachencharakter und die Selbstverständlichkeit der Aussage werden verstärkt durch die Alliteration, die das substantivierte Verb „Weinen" und die „Welt" zusammenrücken lässt. Die erste Zeile führt auf diese Weise bereits vor, was der Titel benennt: Der Leser hat das Ende der Welt vor Augen – und das auf zehn Verszeilen. Das Gedicht umfasst drei Strophen, eine zu vier Zeilen, die beiden anderen zu je drei Zeilen. Rein optisch fällt dadurch das Gedicht, so wie es das Fallen der Welt beschreibt. Bemerkenswert erscheint in diesem Zusammenhang, dass sich das Verb „niederfällt" im dritten Vers auf „Welt" im ersten bezieht und dass es sich um einen unreinen Reim handelt: Der formale Bezug der Zeilen aufeinander suggeriert eine Verbindung, deren Harmonie gestört ist. Dies gilt umso mehr, als auch die beiden anderen Verse der Strophe (2 und 4) durch einen unreinen Reim aufeinander bezogen werden können. In Gedichten früherer Epochen vermittelte ein Kreuzreim in einer vierzeiligen Strophe den Eindruck gedanklicher Geschlossenheit. In der ersten Strophe von *Weltende* wird diese

Geschlossenheit nur anzitiert und sofort durch die Unreinheit der Reime wieder durchbrochen.

Noch gibt es aber eine bestimmbare, existierende Welt, denn immerhin ist es „ein“ Weinen (V. 1), das in „der“ Welt ist, und „der“ Schatten sorgt für allmähliche Dunkelheit. Syntaktisch handelt es sich zudem um einen durchaus vollständigen Satz, dessen Satzglieder mit den Verszeilen abschließen. Gleichwohl erzeugt all dies kein Gefühl der abgeschlossenen Einheit. Dazu ist die Botschaft zu deutlich: Das Weinen und der Schatten sind Teile desselben Vorgangs, der langsam, aber unaufhaltsam vonstatten geht. Der Eindruck, dass in der Strophe ein langsamer Prozess vor Augen geführt wird, ergibt sich insbesondere aus den Betonungen. Rhythmisch hervorgehoben werden alle Schlüsselworte der Strophe, wobei besonders entscheidend die Betonungen auf „blei“ (V. 3.) von „bleierne“, auf „nieder“ (V. 4) von „niederfällt“ und auf „grabes“ von „grabesschwer“ sind. Der Schatten fällt sozusagen auch rhythmisch schwer in drei abgestuften Etappen und endet abrupt auf der vermutlich untersten Ebene, der des Grabes. Die erste und die zweite Strophe münden in auffallend kurze, auftaktlose Verse.

Die Verbindung von Schatten und Schwere verwundert bei genauer Betrachtung, da der Schatten doch „eigentlich kein physikalisch messbares Gewicht besitzt“.[1] Ihre Verknüpfung durch die Wendung „der bleierne Schatten“ ermöglicht jedoch die assoziative Zusammenschau verschiedener Bildbereiche sowie die Assoziation, dass hier ein Prozess beschrieben wird. Es geht um ein allmähliches Hereinbrechen der Dunkelheit. Benennungen des Gewichts (bleiern, schwer) werden damit durch die Verbindung mit Worten des Todes („gestorben“, „grabes-“) und der Verdunklung („Schatten“) in das Bildfeld „Trauer“ überführt, wobei allen verwendeten Wörtern eine Bewegung nach unten gemeinsam ist. Das Schwere zieht nach unten, der Tote befindet sich unter der Erde und das zunehmende Dunkel markiert den Prozess des Übergangs. An dieser Stelle lässt sich sehr gut beobachten, dass Else Lasker-Schüler mit Wörtern ähnlich umgeht wie mit Reimen. Sie kombiniert an sich vertraute Wörter so miteinander, dass sie durch diese Kombination ihre ursprüngliche Bedeutung übersteigen, da die mit ihnen verbundenen Vorstellungen nicht reibungslos zusammenpassen.

Übersehen werden darf bei all dem aber nicht, dass der Nebensatz in der zweiten Verszeile konjunktivisch ist und durch ein „als ob“ eingeleitet wird – der Tod des ‚lieben Gottes‘ hat nicht stattgefunden, er wird zur Möglichkeit, die gerade durch das Weinen in greifbare Nähe rückt. Auffällig ist wiederum das doppeldeutige Adjektiv. Für sich genommen steht es einerseits in Opposition zu ‚nicht lieb/böse‘, es könnte also gemeint sein, dass es nur noch einen bösen und keinen lieben Gott mehr gibt. In Verbindung mit dem Substantiv ‚Gott‘ gehört die Phrase andererseits in den Bereich der Kindersprache und des kindlichen Gebets. Beide Betrachtungsweisen liegen insofern nahe beieinander, als dass sie jeweils

[1] Claudia Zeltner: Die Modernität der Lyrik Else Lasker-Schülers. Untersuchungen zur Struktur der Gedichte. Bern u. a. 1994, S. 82.

von einer bestimmten, nämlich naiven Gottesvorstellung ausgehen, die meist Kindern zugestanden wird. Gott erscheint personalisiert (sonst könnte er nicht sterben) und wird mit den Eigenschaften eines gütigen und liebenden Vaters versehen. Die Verdunklung der Welt wird auf diese Weise mit einem Verlust in Verbindung gebracht, dem der „ursprünglich erfahrenen Gotteskindschaft".[2] Naheliegend erscheint es in diesem Zusammenhang, einen intertextuellen Verweis auf Friedrich Nietzsche zu sehen. Einer direkten Kenntnisnahme seiner Werke durch Lasker-Schüler nachzugehen, ist dagegen weniger ergiebig, da spekulativ bleiben muss, ob sie ihn gelesen hat. Eine Klärung dieses Umstands ist aber auch gar nicht nötig, denn Nietzsche war zu jener Zeit, wie Sigrid Bauschinger feststellt, in seinen wesentlichen Aussagen, vor allem aber durch seine Sprache, allgegenwärtig: „Über allem aber schwebt der Geist Friedrich Nietzsches, und aus den Gedichten und Gesängen der freirhythmischen Prosa dieser Zeit klingen Zarathustra-Töne."[3]

Religion ist in den Gedichten Else Lasker-Schülers von Anfang an ein wichtiges Thema – wenn auch die offensichtlichen Anklänge an das Judentum zunächst nur in wenigen Gedichten zu finden sind. Von ihren Schriftstellerkollegen wird Else Lasker-Schüler bereits 1902 als jüdische Dichterin wahrgenommen. Diese Zuschreibung aber entspricht nicht einer tatsächlichen religiösen Nähe zum Judentum. Die sogenannte ‚Neue Gemeinschaft', der sich auch Peter Hille und Georg Levin (Herwarth Walden) angeschlossen hatten und bei der es sich um eine lebensreformerische Berliner Vereinigung von Künstlern handelte, hatte vermutlich einen sehr viel größeren Einfluss auf sie: „Else Lasker-Schüler bewegt sich zu Beginn des 20. Jahrhunderts im Kreis der ‚Neuen Gemeinschaft' und empfängt hier entscheidende pantheistisch-naturreligiöse Prägungen [...]. Diese Künstlergemeinschaft legt den Grundstein für Else Lasker-Schülers Verständnis von Ich und Welt, Einheit in Verschiedenheit, Harmonie und Versöhnung der Gegensätze."[4] Wenn also im Folgenden von mystischen Denkfiguren die Rede ist, geht es nicht darum, Else Lasker-Schüler in eine eindeutig jüdische Tradition zu stellen, es geht vielmehr um eine Denkbewegung, der unterschiedliche Quellen zugrunde liegen.

In ihrem zweiten Gedichtband *Der siebente Tag* von 1905 steht *Weltende* ganz am Ende des Bandes, als 33. Gedicht. Der Band spannt damit einen Bogen von der Schöpfung bis zum Weltende: „Grundsätzlich ist der siebente Tag für Else Lasker-Schüler also ein Symbol für die Erlangung des Wissens und ein Symbol für Vollendung der Schöpfung und des Menschen. Sie stellt die Sehnsucht nach vollständiger Erkenntnis in das Zentrum menschlichen Daseins."[5] Dabei spielen ihrer Meinung nach Gottferne und -nähe mehrfach eine wichtige Rolle, wobei der

[2] Weissenberger 1999, S. 99.
[3] Sigrid Bauschinger: Else Lasker-Schüler. Ihr Werk und ihre Zeit. Heidelberg 1980, S. 66.
[4] Henneke-Weischer 2003, S. 81.
[5] Reiß-Suckow 1997, S. 193.

Weg zu Gott „über die Liebe beschritten werden" könne.[6] *Weltende* deutet diese Möglichkeit, doch noch Gott nahe sein zu können, in Anknüpfung an die Denkfiguren der Mystik an: Der Mensch und Gott befinden sich in getrennten Sphären, wobei das Individuum in seinem Verlangen, der eigenen Weltverhaftetheit zu entkommen, ständig im Dualismus von Immanenz und Transzendenz gefangen bleibt. Diesen Dualismus gilt es zu erkennen und zu überwinden. Gottesnähe kann erreicht werden durch die Aufhebung einer der Welt eingeschriebenen Spaltung zwischen Subjekt und Objekt. Eine Möglichkeit, diesen Dualismus aufzuheben, stellt die Vereinigung von Liebenden dar, die auf diese Weise eine ‚unio mystica' auf irdischer Stufe simulieren. Eben dieser Übergang vom dualistischen Zustand zur transzendenten ‚unio' lässt sich in *Weltende* nachvollziehen.[7]

In der zweiten Strophe fordert der Sprecher eine andere Person auf, etwas zu tun. Damit wird zum einen die ohnmächtige Passivität der ersten Strophe durchbrochen, zum anderen aber markiert, dass es um zwei Individuen geht, die sich „näher verbergen" sollen. Die Aufforderung, die an ein an dieser Stelle noch nicht so genanntes ‚du' ergeht, ist paradox. Das Verb fordert einen Bezug insofern, als dass man sich stets ‚vor' etwas verbirgt. Ob dieses Etwas nah oder fern ist, spielt dabei keine große Rolle, Sinn des Verbergens ist die Distanz an sich. Das Wort ‚näher' impliziert aber eine bereits vorhandene Nähe zu etwas, die noch gesteigert werden soll. Was zunächst paradox zu sein scheint, ist aus mystischer Sicht einleuchtend: Der gemeinsame, vereinigende Rückzug führt zu einer Überwindung der Grenze zwischen ‚ich' und ‚du' – zu einem ‚wir' und damit letztlich näher zu Gott. Zugleich wird die vertikale Bewegung von oben nach unten, wie sie in der ersten Strophe festgestellt wurde, durch das Zusammenrücken des ‚ich' und des ‚du' wenn nicht aufgehoben, so doch verlangsamt. Die Vereinigung der Individuen enthebt sie zwar nicht vollständig ihrer Erdverbundenheit, aber Tod und Leben müssen sich nicht ausschließen.

Diese erste Aufforderung, die die zweite Strophe einleitet, endet mit drei Punkten. Die Sprecherinstanz befiehlt nicht, sie fordert auf und bleibt dabei scheinbar ohne Nachdruck. Dass das Gegenüber mit dem Vorschlag vermutlich einverstanden ist, unterstellt das Modalverb „wollen", das sich über die Alliteration mit dem „wir" (V. 5) verbindet. Die Punkte signalisieren allerdings auch eine Alternativlosigkeit, stehen für eine nicht beschriebene Handlung und könnten Signal für eine Umsetzung der Aufforderung sein.

Die konzentrierende Bewegung des gemeinsamen Verbergens führt in die Dunkelheit, verfolgt man den Reimbezug, sogar an einen Ort, der als dem eines Sarges nicht unähnlich gesehen wird. Schließlich gleichen selbst die Herzen der Menschen in dieser Situation den Särgen. Sie sind also tot und lebendig zugleich, das Leben, das laut Vers 6 in diesen Herzen liegt, scheint dem Tod äußerst nahe

---

6 Ebd., S. 209.

7 Vgl. zu diesem Komplex Klaus Weissenberger: Zwischen Stein und Stern. Mystische Formgebung in der Dichtung von Else Lasker-Schüler, Nelly Sachs und Paul Celan. Bern, München 1976.

zu sein. Leben und Tod, menschliche Nähe und Dunkelheit gehen in dieser zweiten Strophe ineinander über. Selbst die Positionierung eines Sprechers, eines Angesprochenen, vor allem aber eines „wir" kann den Prozess der Verschattung nicht aufhalten. Markus Hallensleben analysiert entsprechend: „Ein weiteres Paradox dieser Zeilen ist genauso unauflösbar. Liest man den Vergleich der ‚Herzen' mit den ‚Särgen' verkürzt, dann sind Leben und Tod ineinsgesetzt. Trotzdem bleiben zwei Zeilen mit zwei Bedeutungen simultan bestehen: ‚Das Leben liegt in aller Herzen' und es liegt gleichermaßen ‚in Särgen'. Es heißt nicht *in allen Herzen*. Die erste Zeile ist damit auch eine Abwandlung des Appells: Das Leben liegt in aller Hände. *Carpe diem* hätte es im Barock geheißen."[8]

Auch wenn Dunkelheit und Untergang das Gedicht zu bestimmen scheinen, signalisieren doch Wörter wie „Leben", „Herz", „küssen", „pochen" und „Sehnsucht" Lebendigkeit. Sie finden sich alle erst in der zweiten Hälfte des Textes (ab Vers 6) und bleiben zwar eng mit den Bildfeldern des ersten Teils verwoben, zeigen aber doch, dass es nicht nur eine dunkle Seite gibt. Vielmehr geht es darum, dass die Welt nicht in ‚hell' und ‚dunkel' aufgeteilt werden kann, alles ist immer zugleich das eine und das andere.

Dies inszeniert der Text in der eingangs bereits erwähnten Bewegungsdynamik, die sich auch am Verhältnis von ‚ich' und ‚du' zeigt: Während in Vers 5 das Personalpronomen ‚du' bei der Anrede fehlt, beginnt der achte Vers direkt mit einem „Du". Das Gedicht ist damit vom unpersönlichen ‚es' zum persönlichen ‚du' übergegangen. Gleichzeitig ist aus einem semantisch vertikal ausgerichteten Bildfeld (‚nach unten') ein horizontales (‚aufeinander zu') geworden. Erneut wird in dieser Zeile zu etwas aufgefordert. Diesmal aber geht es nicht um die Position eines ‚wir' zu etwas anderem, sondern ausschließlich um die Beziehung der Bestandteile des „wir" zueinander – das „Du" wird zu tiefem Küssen aufgefordert. Dem Adverb „tief" (V. 8), das man an dieser Stelle leicht überliest, weil es, anders als an anderen, bereits behandelten Stellen, semantisch zu passen scheint, kommt dabei besondere Bedeutung zu. Es bindet die ansonsten überaus positiv gefärbte Zeile an die Thematik des Weltendes und des Fallens zurück, bedient aber zugleich die horizontale Perspektive, da das tiefe Küssen eine innige Verbindung symbolisiert. Das Attribut ergänzt das Verb übrigens nicht so gut, wie es auf den ersten Blick scheint: ‚Tief' kann eigentlich nur der Kuss sein, nicht die Handlung des Küssens. Wieder werden Wörter miteinander kombiniert, das konnte bereits in der ersten Strophe am Beispiel des „bleierne[n] Schatten[s]" festgestellt werden, die bei genauerer Betrachtung in ihrer Kombination durchaus einen Sinn ergeben, aber nicht der Sprachnorm entsprechen. Insofern geht es bei dem Gedicht weniger um die Tatsache, dass Wörter Unterschiedliches gleichzeitig bedeuten können und daher gerade lyrische Texte intensiver interpretatorischer Arbeit bedürfen. Hier wird vielmehr signalisiert, dass scheinbar getrennte Bereiche und Bildfelder, die einander an sich diametral gegenüberstehen, in diesem Fall nicht

---

8 Hallensleben 2000, S. 128.

voneinander zu trennen sind. Am Ende bleibt sogar unklar, ob das Wort ‚Ende' zeitlich oder räumlich zu verstehen ist oder ob es in diesem Fall abermals nicht entschieden werden kann. Denkt man zu Beginn noch an eine zeitliche Ausrichtung des Textes, macht der vorletzte Vers stutzig, wenn „eine" Sehnsucht „an" die Welt pocht. Diese eine Sehnsucht – wieder wird mit der Mehrdeutigkeit des unbestimmten Artikels gespielt – befindet sich offensichtlich an der Grenze der Welt. Ob diese Sehnsucht sich allerdings innen oder außen befindet, lässt sich ebenso wenig sagen wie der Bezug des Verbs „sterben" in der letzten Zeile eindeutig ist. Muss das „wir" an der Welt oder an der Sehnsucht sterben?

Die Antwort lautet: Beides trifft zu. Die Verszeilen 1 und 9 beginnen identisch mit dem bereits angesprochenen, unpersönlichen „es" und enden mit „Welt". Unterschiedlich sind die Subjekte („Weinen" in 1 und „Sehnsucht" in 9) sowie die Präpositionen („in" vs. „an"). In den darauffolgenden Versen (2 und 10) geht es jeweils ums Sterben – in Vers 2 um das konjunktivische Sterben Gottes, in Vers 10 um das zwangsläufige des Paares, des „wir", das – nach dem Wunsch der Sprecherinstanz – versucht, eine Grenze zu überschreiten, wodurch es Gott näher käme, als das angesichts der räumlichen und zeitlichen Grenzen der Welt und des eigenen Seins möglich ist. Ihr eigenes Sein ist in einer Welt gefangen, die es zu überwinden sucht. Eben dieses Bestreben, diese Sehnsucht entbindet sie von allen Regeln des Lebens in der Welt. Ein Aufweichen der Grenzen ist nur möglich durch ein Unterlaufen und langsames Verändern der Regeln und Zuordnungen. Dazu gehören die anerkannten Sinnzuschreibungen.

Versuche, die gewohnte und dadurch erstarrte Semantik von Wörtern durch Neukombinationen und leichte Abweichungen vom Gewohnten zu dynamisieren, ziehen sich durch das ganze Gedicht. Interpretationen, die angeben, *Weltende* zeige, dass die Liebe die einzige Hoffnung des Menschen sei,[9] harmonisieren das Gedicht unangemessen und reduzieren es durch oberflächliche Inhaltsbetrachtung. Der Weltuntergang, der durch den Titel heraufbeschworen wird, ist eben zugleich ein Anfang. Der Journalist Heinrich Fischer nennt es „das trostloseste und das tröstlichste Gedicht, das ich kenne", denn: „Im Gedicht *Weltende* wird die Verzweiflung zu einem unabwendbaren und doch beglückenden Dualismus zweier Liebenden."[10]

IV. Zeugnis des Übergangs

Für die Deutung des Gedichts spielen biographische Informationen eine zentrale Rolle, und auf diese Lektürespur führt ein entscheidender Zusatz Else Lasker-Schülers. In der Sammlung *Der siebente Tag* von 1905 findet sich nämlich gegen-

9 Vgl. vor allem Reiß-Suckow 1997 und Bauschinger 2004.
10 Heinrich Fischer: Else Lasker-Schüler: Weltende. In: Dieter E. Zimmer (Hg.): Mein Gedicht. Begegnungen mit deutscher Lyrik. Wiesbaden 1961, S. 142 f., hier S. 142.

über der Erstpublikation der Namenszusatz *Herwarth Walden* über dem Text. In den Biographien wird die Beziehung zwischen Else Lasker-Schüler und Herwarth Walden als glücklich, vor allem aber als produktiv im künstlerischen, wenn auch als schwierig im privaten Bereich geschildert. Wie stets in ihrem Leben nach der Jahrhundertwende hatte Else Lasker-Schüler mit schweren Geldsorgen zu kämpfen. Die Ehe mit Walden wurde 1913 geschieden und blieb ihre letzte.

Es liegt nahe, dass man in dem Gedicht, das in den ersten Monaten der Ehe mit Walden neu herauskam, ein Zeichen der Liebe zum Geliebten erkennen wollte und dieses Zeichen auf den Inhalt des Gedichts übertrug. Einer genaueren Analyse hält diese Betonung der alles überwindenden Liebe aber, wie gezeigt wurde, nicht stand.

Nicht für alle Zeitgenossen Lasker-Schülers war dieses Spiel mit Sprache und Symbolik nachvollziehbar. So attestierte Hans Benzmann, der Herausgeber der Sammlung *Moderne deutsche Lyrik*, der Autorin von *Weltende* 1903, sie habe einen exaltierten Stil. Zudem urteilte er: „Ihre Lyrik wirkt mehr verstandesmäßig gekünstelt als etwa originell.“[11] Unter derartigen Urteilen hatte die Jüdin Else Lasker-Schüler, die 1933 ins Exil gehen musste und 1945 in Jerusalem starb, zeitlebens zu leiden. *Weltende* gilt als kanonisch und ist doch wenig analysiert und interpretiert worden – anders als das gleichlautende Gedicht Jakob van Hoddis' von 1911, das das Privileg genießt, ein Schlüsseltext des Expressionismus zu sein. Else Lasker-Schülers frühe Lyrik gilt als modern-avantgardistisch, da in ihr in der vorgestellten Weise mit Sprache experimentiert und das Subjekt als konstruiert ausgestellt wird, das in jede beliebige Rolle und in jedes Geschlecht schlüpfen kann, so dass Kunst und Realität ineinander übergehen. *Weltende* lässt sich bereits einem expressionistischen Stil zuordnen, insofern es eine Schwermut und apokalyptische Stimmung aufweist, die später zu einem Kennzeichen expressionistischer Lyrik werden sollte. Allerdings fehlt dem Text durch seine zeitliche und räumliche Unbestimmtheit jegliche gesellschaftskritische oder auf die Gegenwart der Verfasserin bezogene Note. Da es weniger um das ohnmächtige Leiden an der Gesellschaft, sondern um grundsätzliche, lebensphilosophische Fragen geht, erkennt man noch stark den Einfluss der bedeutenden Berliner impressionistischen und naturalistischen Schriftsteller, mit denen die Autorin in Kontakt stand. Das Gedicht *Weltende* lässt sich nicht eindeutig einer literarischen Strömung zuordnen, es selbst ist ein Zeugnis des Übergangs und daher im besten Sinn des Wortes eigensinnig.

V. Auswahlbibliographie

1. Sigrid Bauschinger: Else Lasker-Schüler. Biographie. Göttingen 2004.
2. Markus Hallensleben: Else Lasker-Schüler. Avantgardismus und Kunstinszenierung. Tübingen, Basel 2000.

[11] Hans Benzmann (Hg.): Moderne deutsche Lyrik. Leipzig 1903, S. 72.

3. Andrea Henneke-Weischer: Poetisches Judentum. Die Bibel im Werk Else Lasker-Schülers. Mainz 2003.
4. Christiane Reiß-Suckow: „Wer wird mir Schöpfer sein!" Die Entwicklung Else Lasker-Schülers als Künstlerin. Konstanz 1997.
5. Klaus Weissenberger: „Ein Mensch der ‚Liebe' kann nur auferstehen!" Else Lasker-Schülers Lyrik im Kontext von Liebesthematik und deren poetischer Konkretisation. In: Ernst Schürer, Sonja Hedgepeth (Hg.): Else Lasker-Schüler. Ansichten und Perspektiven/Views and Reviews. Tübingen u. a. 1999, S. 91–117.

Hugo von Hofmannsthal (1874–1929): Vorfrühling

von Konrad Heumann

I. Gedicht

Vorfrühling

Es läuft der Frühlingswind
Durch kahle Alleen,
Seltsame Dinge sind
In seinem Wehn.

Er hat sich gewiegt,
Wo Weinen war,
Und hat sich geschmiegt
In zerrüttetes Haar.

Er schüttelte nieder
Akazienblüten
Und kühlte die Glieder,
Die atmend glühten.

Lippen im Lachen
Hat er berührt,
Die weichen und wachen
Fluren durchspürt.

Er glitt durch die Flöte
Als schluchzender Schrei,
An dämmernder Röte
Flog er vorbei.

Er flog mit Schweigen
Durch flüsternde Zimmer
Und löschte im Neigen
Der Ampel Schimmer.

Es läuft der Frühlingswind
Durch kahle Alleen,
Seltsame Dinge sind
In seinem Wehn.

Durch die glatten
Kahlen Alleen
Treibt sein Wehen
Blasse Schatten

Und den Duft,
Den er gebracht,

Von wo er gekommen
Seit gestern nacht.

Hugo von Hofmannsthal: Sämtliche Werke. Kritische Ausgabe. Band I: Gedichte 1. Hg. v. Eugene Weber. Frankfurt/M. 1984, S. 26 f. [Im Folgenden zitiert unter Verwendung der Sigle SW].

II. Entstehung und Wirkung

Die erste der sechs überlieferten (Entwurfs-)Handschriften, in der das Gedicht noch *Frühlingswind* heißt, trägt das Datum „13. III.", zwei weitere sind auf „März 1892" datiert. Hofmannsthal war gerade 18 Jahre alt geworden, als er die Verse schrieb, und er stand noch vor der Matura. Im Sommer 1892 schickte er je eine Abschrift an Stefan George und Carl August Klein, die das Gedicht im Dezember desselben Jahres im zweiten Band der *Blätter für die Kunst*, der Keimzelle des George-Kreises, in der für Georges eigene Dichtung typischen Kleinschreibung druckten. Hofmannsthal hatte bei der Niederschrift mit der räumlichen Verteilung der Strophen auf dem Papier experimentiert, die vom Setzer jedoch falsch interpretiert wurde, so dass die abschließenden acht Verse im Erstdruck versehentlich in der Mitte des Gedichts zu stehen kamen.[1] George fiel der Irrtum offenbar nicht auf und auch Hofmannsthal bemängelte ihn nicht. Für die erste Ausgabe seiner Gedichte, die 1903 im Verlag der Blätter für die Kunst erschien, stellte er die Strophenfolge richtig und fügte eine weitere Strophe ein (die siebte als Wiederholung der ersten). In dieser wie auch in allen weiteren Gedichtausgaben zu Lebzeiten (1907, 1922, 1924) steht *Vorfrühling* ganz am Anfang. Damit wies Hofmannsthal dem Gedicht eine Schlüsselstellung innerhalb seines lyrischen Werks zu. Tatsächlich gehört es zum Bestand der vier oder fünf bekanntesten Gedichte Hofmannsthals, die seinen Ruf als einer der bedeutendsten Lyriker seiner Zeit begründeten und bis heute tragen.

III. Methodisches Vorgehen

Das Gedicht ist oft interpretiert worden. Seine intertextuelle Verwebung mit Mörikes *An eine Äolsharfe* wurde analysiert (Politzer[2], Rölleke), der Zusammenhang mit dem *Gespräch über Gedichte* (1903) hergestellt (Szondi) und die Fassung des Erstdrucks mit der autorisierten Fassung verglichen (Winko[3]). Die Form des Gedichts wurde mehrfach eingehend untersucht (Koch,[4] Kaiser, Strathausen), sein

[1] Vgl. die textkritischen Auskünfte in SW I/1, S. 154–158.

[2] Heinz Politzer: Hugo von Hofmannsthals ‚Vorfrühling'. In: Neue Zürcher Zeitung Nr. 43 (Fernausgabe Nr. 26) vom 27. Januar 1974, S. 52.

[3] Simone Winko: Kodierte Gefühle. Zu einer Poetik der Emotionen in lyrischen und poetologischen Texten um 1900. Berlin 2003, S. 362–368.

[4] Manfred Koch: ‚Mnemotechnik des Schönen'. Studien zur poetischen Erinnerung in Romantik und Symbolismus. Tübingen 1988, S. 172–177.

Stil insgesamt in den Jugendstil eingeordnet (Politzer). Unterschiedliche Themen wurden benannt und entfaltet, so die Dialektik von Sprache und Leben (Strathausen), die Symbolik der Jahreszeiten (Tarot) und die ‚Kodierung' von Trauer durch die Wahl einer distanzierten Sprecherperspektive (Winko). Schließlich wurde die Selbsthematisierung des Gedichts als seine poetologische Dimension beschrieben (Szondi, Kaiser). Es fehlt jedoch eine Rekonstruktion des Gesamtverlaufs. Wovon ist eigentlich die Rede? Welchen Status haben die zehn Bilder, die das Gedicht in seinem Mittelteil entfaltet, und wie stehen sie zur Wirklichkeit des Sprechers? Wie lässt sich auf dieser Folie der Bruch am Ende des Gedichts erklären, der verschiedentlich bemerkt (Kaiser, Koch), jedoch noch nicht gedeutet wurde?

Will man diese Fragen beantworten, so ist es ratsam, die erzählerische Abfolge des Gedichts ernstzunehmen. Hierzu bietet sich eine extreme Verlangsamung der Lesegeschwindigkeit an. Nur eine Lektüre, die den Bedeutungshof von Wörtern und Satzkonstruktionen Schritt für Schritt genau ausleuchtet und konkurrierende Lesarten als solche markiert, ohne auf spätere Stellen vorzugreifen, gibt die Möglichkeit, methodisch kontrolliert die Phasen des Textes nachzuzeichnen. Für ein solcherart mikrologisches Vorgehen, das von spezifischen Kontextinformationen absieht und nur der Sequenz des Textes folgt, hat sich in den Literaturwissenschaften der Begriff des close reading eingebürgert. Das Programm rigoroser Textnähe findet sich in ganz unterschiedlichen theoretischen Strömungen wieder, in der Werkästhetik und im New Criticism, aber auch im Russischen Formalismus und in der Dekonstruktion, wobei der Text entweder als geschlossene funktionale Totalität verstanden wird, deren ästhetische Stimmigkeit es zu erweisen gilt, oder als prinzipiell inkonsistentes Gebilde, dessen nur behauptete Einheit in sich gegenseitig unterwandernde Vielstimmigkeit aufzulösen ist. Die folgende Lektüre geht eher von der ersten Prämisse aus, wobei zu zeigen sein wird, wie dabei Lesarten entstehen, die im weiteren Textverlauf potenziert, invertiert oder gelöscht werden.

IV. „Vorfrühling"

Der Titel, der für das ganze Gedicht einzustehen hat, indem er einen Bedeutungshorizont aufspannt, vor dem das Folgende zu lesen ist, besteht nur aus einem Wort: „Vorfrühling". Das Wort benennt eine Phase im Zyklus der Jahreszeiten, die aus der Gliederung in vier Hauptphasen offenbar herausfällt. Es bezeichnet ein Nebenphänomen, das dem Frühling vorgeordnet ist: Es ist zwar noch Winter, doch kündigt sich der Frühling bereits an – zumindest für denjenigen, der die Zeichen zu deuten vermag. Vielleicht sind Zugvögel am Himmel zu sehen, vielleicht ist die Witterung frühlingshaft mild, vielleicht zeigt sich bereits erste Vegetation – die Phänologie, die Lehre von sichtbaren Veränderungen der Natur im Jahresverlauf, nennt für unsere Breiten Schneeglöckchen und die blühende Haselnuss als typische Künder des Vorfrühlings.

V. Die Geschichte eines Windes (V. 1–8)

Der erste Doppelvers des Gedichts irritiert zunächst: Vom „Frühlingswind" ist die Rede, obwohl als Thema doch „Vorfrühling" angekündigt war. Der Widerspruch löst sich auf, wenn man den Frühlingswind als jenes kontrafaktische Zeichen nimmt, das auf den kommenden Frühling verweist und so den eigenartigen Hybridzustand des Vorfrühlings erzeugt. Tatsächlich werden keine anderen Indikatoren benannt, die als das Neue im Alten fungieren könnten, die Alleen sind noch „kahl", sie zeigen nicht den Frühling, sondern den Winter an. Neu aber dürfte der Wind sein, der zunächst als reine Bewegung eingeführt wird („Es weht"), ehe er als „Frühlingswind" erkannt und benannt wird.

Wie kann es sein, dass ein Wind den Frühling mitbringt? Der folgende Doppelvers gibt einen ersten Hinweis: „Seltsame Dinge sind / In seinem Wehn". Im Gegensatz zur umgebenden Luft enthält die Luft des Windes etwas Irritierendes, etwas, was so heterogen ist, dass es sich nicht unter einfache Kategorien subsumieren lässt, wenn es auch in seiner Gesamtheit den kommenden Frühling bezeugt. Der Sprecher scheint für den vielgestaltigen Gehalt der Luft ein feines Sensorium zu haben. Vielleicht vernimmt er ihn im Säuseln und Pfeifen des Windes, vielleicht riecht er ihn oder spürt er ihn. In jedem Fall steht zu erwarten, dass er im Folgenden weiteren Aufschluss über die seltsamen Dinge gibt.

So ist es auch. Und doch überrascht die zweite Strophe, indem sie vom Präsens ins Perfekt wechselt, von der Beschreibung eines gegenwärtigen Erlebnisses in die Schilderung von Vergangenem. Der Sprecher benennt nicht direkt die ästhetische Qualität der Dinge, die er dem Wind entnimmt, etwa verschiedene Düfte, sondern er erzählt eine Geschichte – die Geschichte des Windes. Hier die ersten beiden Elemente: „Er hat sich gewiegt, / Wo Weinen war, / Und hat sich geschmiegt / In zerrüttetes Haar." Der Wind war Zeuge einer emotionalen Szene, die ihrerseits eine Geschichte haben muss, die aber nicht erzählt wird, wie auch das Zentrum der Szene, die weinende Person, kein Gesicht hat. Ähnlich verhält es sich mit dem zweiten Element: Scheinbar zärtlich und doch teilnahmslos hat sich der Wind in Haaren verfangen, in ‚zerrütteten' Haaren, wie es altertümlich heißt, so dass das Aufgelöste, Zerwühlte der Haare eine eigene Fremdheit und Würde erhält. Auch hier bleibt unklar, wodurch die Unordnung entstanden ist und um wessen Haare es sich handelt.

Die Zeugenschaft des Windes überträgt sich auf den Sprecher, er ist sozusagen ein Zeuge zweiter Ordnung, der die Bildfragmente sammelt, die ihm der Wind als Bote überbringt. Die Fragmente drängen Fragen nach dem Ausgesparten, nach dem Schicksal der beteiligten Personen auf, die den Sprecher aber ebensowenig zu interessieren scheinen wie seinen Gewährsmann, den Wind.

VI. Akazienblüten im Vorfrühling (V. 9 f.)

Die ersten beiden Verse der dritten Strophe entwerfen eine weitere Szene, in die diesmal keine Person involviert ist. Im Gegensatz zu den beiden ersten Szenen ist der Wind hier nicht nur Zeuge, sondern handelnde Instanz: „Er schüttelte nieder / Akazienblüten". Ein Baum ist nicht zu sehen, nur der Blütenregen, dem eine olfaktorische Komponente entsprechen könnte: der Duft blühender Akazien. Um der Eigenart des Bildes gerecht zu werden, ist es hilfreich, sich von der Kritik provozieren zu lassen, die ein Dichter der Gegenwart an den Versen formuliert hat. Robert Gernhardt beschäftigte sich im Jahr 2001 spielerisch mit der Frage, inwieweit Gedichte, im Besonderen wenn sie von natürlichen Gegebenheiten handeln, mit realen Weltverhältnissen in Konflikt geraten dürfen. Den Ausgangspunkt bildet der hier verhandelte Doppelvers. Gernhardt lässt seinen Sprecher A kritisieren: „Was immer der Vorfrühlingswind in den Alleen Wiens niedergeschüttelt haben mag, Akazienblüten können es auf keinen Fall gewesen sein. Die Akazie nämlich blüht und verblüht in unseren Breiten Ende Mai, Anfang Juni."[5] Hofmannsthal sei hier schlicht ein handwerklicher Fehler unterlaufen. Sprecher B gibt zu bedenken: „Im wirklichen Leben hat das wohl seine Richtigkeit. Aber gilt das auch für das Gedicht? Können in ihm nicht Akazien erblühn, wann sie wollen bzw. wann der Dichter es will – selbst im Winter?" Worauf Sprecher A repliziert: „Sofern sie eine Metapher für Schnee oder Hoffnung oder das Wunderbare sind – warum nicht? Aber im Falle des explizit *Vorfrühling* überschriebenen Gedichts gelten andere Maßstäbe." Das Argument leuchtet ein. Bei näherem Hinsehen geraten jedoch die Prämissen der Kritik ins Wanken und geben den Blick auf eine neue Dimension des Gedichts frei.

Richtig ist, dass der Handlungsort des Gedichts vielleicht nicht gerade in Wien, so doch nördlich der Alpen situiert ist,[6] und dass Akazien nicht im Vorfrühling blühen. Das wusste auch Hofmannsthal, als er am 30. Mai 1893 an seinen Freund Edgar Karg von Bebenburg schrieb: „Jetzt sind die Gärten wunderschön, mit duftenden Akazien und Flieder."[7] Zur selben Zeit skizzierte er ein Gespräch zweier junger Männer im Wiener Volksgarten, das auf seine Unterhaltungen mit Hermann Bahr am selben Ort im Jahr zuvor anspielt. Einer der Männer beschreibt die Umgebung wie folgt: „Ein leiser lauer Wind raschelt in den Wipfeln und wirft sich manchmal kopfüber herab, stößt über die Wiese hin und regt einen flüchti-

[5] Berührt, nicht gerüttelt. Warum der Leopard kein Jaguar sein kann. Der Dichter Robert Gernhardt entlarvt die Fehler seiner Kollegen. In: Die Welt v. 17. 11. 2001, Beilage: Die literarische Welt, S. 1–7. Wieder in: Robert Gernhardt: Was das Gedicht alles kann: Alles. Texte zur Poetik. Hg. v. Lutz Hagestedt, Johannes Möller. Frankfurt/M. 2009, S. 455.

[6] Der Sprecher ist von mehreren „Alleen" umgeben, er befindet sich also im Wegenetz einer architektonisch gestalteten Parkanlage und damit ziemlich sicher nördlich der Alpen.

[7] Mary E. Gilbert (Hg.): Hugo von Hofmannsthal. Edgar Karg von Bebenburg. Briefwechsel. Frankfurt/M. 1966, S. 33.

gen Duft von Jasmin und Flieder und Akazien auf.“[8] Hier ist botanisch alles in Ordnung, es ist Frühsommer und Jasmin, Flieder, Akazie blühen gemeinsam in einem Wiener Park. Der Wind fährt zwischen die niedergefallenen Blüten und trägt den Duft den beiden Männern zu – hier und jetzt.

Anders verhält es sich im Gedicht. Dort ist noch Winter, die Alleen sind ‚kahl‘, und es gibt keinen Hinweis, dass einige Meter weiter die Akazien blühen. Das Bild der fallenden Akazienblüten muss also von weiter her kommen, aus einem Gebiet, in dem der Zyklus der Natur bereits weiter fortgeschritten ist. Wo aber blühen die Akazien, wenn in Nordeuropa die Bäume noch kahl sind? In tropischen und subtropischen Gegenden, wo sie eigentlich zu Hause sind. Nur dort heißen sie übrigens wirklich Akazien, die nordeuropäischen ‚Akazien‘ (Robiniae pseudoacaciae) sind in Wirklichkeit Robinien und mit den Akazien nur entfernt verwandt. In Südfrankreich etwa blüht die Akazie Mitte Februar, wie Moritz August von Thümmels Roman *Reise in die mittäglichen Provinzen von Frankreich* (1791–1805) zu entnehmen ist, den Hofmannsthal 1892 las. Dort berichtet der Protagonist am 18. Februar 1786 über eine Landpartie in der Nähe von Toulon: „Unter hohen Akazienbäumen, die in diesem mit Bergen umzäunten Thale, wie in einem Treibhause, schon Schatten gaben und blühten, gelangten wir in die Wohnung meines lieben Begleiters [...]“. Der Begleiter fordert seinen deutschen Freund, den Erzähler, angesichts der Blütenpracht schließlich auf zu bekennen, „dass euer Wonnemonat nicht reizender sein kann als unser Hornung“.[9] Der nordeuropäische Mai ist bei Thümmel also das Analogon zum südfranzösischen Februar.

Das ist die Pointe der dritten Strophe, die Gernhardts Gesprächspartnern nicht in den Sinn kommt, so absurd scheint sie zu sein: dass der Wind von weither kommt, aus einem anderen Land in einer anderen Klimazone, sei es aus Südfrankreich, aus Afrika oder sonst woher; und dass der Sprecher in der Lage ist, die in zeitlicher und räumlicher Ferne niedergefallenen Blüten aus dem Luftgemisch des Windes zu extrahieren.

VII. Botschaft aus weiter Ferne (V. 11–24)

Der Eindruck, dass der Wind auf seinem Weg sehr große Distanzen überwindet, wird durch den folgenden Doppelvers noch verstärkt: „Und kühlte die Glieder, / Die atmend glühten.“ Auch dieses Bild ist stark fokussiert, man weiß nicht, wie

8 Das Gespräch ist Teil des halbautobiographischen Projekts *Roman des inneren Lebens*, der im Band XXXVII der Kritischen Ausgabe erscheinen wird. 1893 fügte Hofmannsthal Teile des Gesprächs, datiert auf „einen Juniabend“, in seinen Aufsatz über Alfred Bieses *Philosophie des Metaphorischen* ein, siehe Hugo von Hofmannsthal: Gesammelte Werke in zehn Einzelbänden. Hg. v. Bernd Schoeller in Beratung mit Rudolf Hirsch. Bd. 8: Reden und Aufsätze I. 1891–1913. Frankfurt/M. 1979, S. 193.

9 Moritz August von Thümmel: Werke. Bd. 3. Stuttgart 1880, S. 240 und 232.

viele Menschen im Spiel sind, da nur von erhitzten, sich im Luftstrom kühlenden Gliedmaßen die Rede ist. Etwas Lustvolles schwingt in der Formulierung mit: Hier wird nicht nach harter Feldarbeit gerastet, sondern nach freiwilliger Anstrengung die kühlende Frische der Luft genossen. Vielleicht ist jemand unter freiem Himmel gerannt und liegt nun leicht bekleidet im Gras, vielleicht spielt die Szene aber auch in einem Innenraum bei geöffnetem Fenster, durch das der kühle Wind über erhitzte, nackte Körper streicht. In jedem Fall ist es dort, wo die Szene spielt, bereits warm, da die Glieder sonst kaum ungeschützt dem Luftstrom ausgesetzt würden.

Die Stationen, die der Wind im Folgenden passiert, seien nur kurz benannt. Zunächst berührt er Lippen, als sei er angezogen von ihrem Lachen und wolle sie küssen. Die erotische Tönung schwingt in der Beschreibung seines weiteren Flugs durch die „weichen und wachen Fluren" noch mit, die er wie mit zärtlicher Hand „durchspürt", indem er tastend ihrer Formung folgt und ihre unbekannten Winkel erforscht. Die frühlingshaft erwachte Landschaft erscheint wie ein Körper, der sich nach Berührung sehnt, aufnahmebereit für die Liebkosungen der sie streichelnden Luft.

In der fünften Strophe tritt etwas Neues hinzu, kein Bild, sondern ein akustischer Reiz. Der Wind ‚gleitet' durch eine Flöte und erzeugt einen Ton. Ohne die Hilfe eines Menschen wird ihm das kaum möglich sein, zumal der Ton sehr laut ist.[10] Der Wind wurde eingeatmet und in eine Flöte geblasen, der er als „schluchzender Schrei" wieder entwich. Die Charakterisierung des Tons lässt an ein raues, obertonreiches Timbre denken, das von tiefen, warmen in höhere, schrille Register umbricht, an eine Melodieführung, die an keine strengen Vorstellungen von Tonalität und Rhythmus gebunden ist und an Intervallübergänge, die fließend gestaltet werden können. In Westeuropa sind solche Flötentöne nicht zu hören, eher zwischen dem Balkan und dem vorderen Orient, wo der Kaval und andere mundstücklose Flöten gespielt werden. Auch hier scheint der Wind vorbeigekommen zu sein. Verbunden mit den „Fluren" im Vers davor und der „dämmernden Röte" im Vers danach entsteht das Bild eines Hirten, der sich in weiter Landschaft dem Flötenspiel widmet. Auch die „Ampel", deren matter „Schimmer" in der folgenden Strophe vom Wind gelöscht wird, entstammt wohl nicht der „Wiener Werkstätte Kolo Mosers" (Heinz Politzer), sondern eher einer Umgebung im Stile der Märchen von Tausendundeiner Nacht.[11] Es ist kein Zufall, dass das Wort

---

[10] Anders die Äolsharfe, die tatsächlich vom Wind bewegt wird, so in Mörikes Gedicht *Auf eine Äolsharfe*: „Aber auf einmal, / Wie der Wind heftiger herstößt, / Ein holder Schrei der Harfe". Zu den intertextuellen Bezügen zu *Vorfrühling* vgl. Rölleke 2007.

[11] In Fontanes *Effi Briest* (1895) wirft die Mutter Briest ihrer schwärmerischen Tochter vor, dass sie sich „einen Bettschirm mit allerhand fabelhaftem Getier [...] im Halblicht einer roten Ampel" wünscht: „Es kommt dir vor wie ein Märchen, und du möchtest eine Prinzessin sein." Theodor Fontane: Werke, Schriften und Briefe. Hg. v. Walter Keitel, Helmuth Nürnberger. 20 Bde. in 4 Abt. Abt. 1: Sämtliche Romane, Erzählungen, Gedichte, Nachgelassenes. München 1966, Bd. 4, S. 30.

in Hofmannsthals Frühwerk nur einmal auftaucht, im Gedicht *Gülnare* von 1890, das mit dem Vers beginnt: „Schimmernd gießt die Ampel Dämmerwogen um Dich her".[12]

Alle diese ‚seltsamen Dinge' bringt der Wind. Sie wurden bis jetzt ‚Szenen' genannt, weil sie sich als Situationen und Abläufe mit starken bildlichen Anteilen und einigen akustischen Elementen beschreiben lassen. Tatsächlich könnte man sich einen Kurzfilm vorstellen, der im Wechsel von extremen Nahaufnahmen und Totalen den szenischen Gehalt der fünf Strophen umsetzt. Der Sprecher befindet sich jedoch nicht im Kino, sondern in einem Park, durch den der Wind geht. Da der Wind vielleicht Staub und Pollen, aber gewiss keine Bilder transportiert, muss der Sprecher sie aus anderen Wahrnehmungsmodalitäten erschließen. Es bietet sich das Fühlen an.

Tatsächlich ist auffällig, dass sich allen Szenen starke Gefühlsvalenzen zuordnen lassen, während alles andere konsequent ausgeblendet wird. So geht es bei „Weinen" und „Lachen" offenbar nicht um die beteiligten Personen und ihre Situationen, sondern nur um frei schwebende Gefühlsäußerungen. Reduziert und suggestiv zugleich ist auch die Vorstellung der atmenden, glühenden Glieder, die ganz auf die Regungen des eigenen Leibes konzentriert ist. Andere Szenen erweitern den Bereich des leiblichen Spürens zum atmosphärischen Gefühlsraum, so die Szene, in der die frühlingshaft erwachte Landschaft wie mit Riesenhänden betastet und vermessen wird, oder jene andere, in der der Wind in schnellem Flug die Dämmerungsröte und mit ihr den gesamten Horizont passiert. In beiden Fällen partizipiert die wahrnehmende Instanz an der Weite des Raumes, sie strömt gestaltlos durch die Landschaft, ist an mehreren Orten zugleich und wächst so wie in einem beglückenden Traum zu majestätischer Größe und Kraft. Der Gefühlsgehalt der weiten Landschaft kontrastiert wiederum mit der Enge der „flüsternde[n] Zimmer", durch die der Wind ‚schweigend' hindurch schleicht. Die Berührung mit fremden Intimsphären ist zweifellos erregend, zumal der Wind die ohnehin diffuse Beleuchtung löscht und seinen Weg durch die unbekannten Zimmer wie ein voyeuristischer Eindringling im Dunkeln fortsetzt. Über all dem liegt eine vage exotische Atmosphäre – von fremden Landschaften mit duftenden Akazien, fremden Innenräumen mit märchenhaftem Interieur und fremder Musik.

Diesen vielsagenden Gefühlswirrwarr aus disparaten Emotionen, leiblichen Empfindungen und ergreifenden Atmosphären hat der Sprecher im Park dem Wind entnommen. Die meisten sind durch sanfte Berührungen in die bewegte Luft gelangt, durch Anschmiegen, Streicheln und Umfächeln, die als zärtliche Gesten in den Beschreibungen noch nachklingen. Und alle gespürten Szenen drücken in ihrer Unterschiedlichkeit eine gesteigerte Lebendigkeit aus.

[12] SW I/1, S. 11.

VIII. Das Sagbare und das Unsagbare: blasse Schatten und Duft (V. 25–36)

Nachdem die siebte Strophe die erste wiederholt und damit das unverändert Seltsame des Phänomens bekräftigt hat, geschieht etwas Unerwartetes: Der Rhythmus wechselt von schwerelos gleitenden, durch unterschiedliche Silbenfüllung sanft in sich bewegten, auftaktigen Versen zu einem weitgehend einheitlichen Trochäus, der sich im Kontrast hart und stockend ausnimmt.[13] In dieser neuen, unbehaglichen Atmosphäre tauchen plötzlich visuelle Elemente auf, die offenbar hier und jetzt sichtbar sind: „Durch die glatten / Kahlen Alleen / Treibt sein Wehen / Blasse Schatten". Es besteht kein Zweifel: Die Schatten sind die Szenen aus der Geschichte des Windes. Die Szenen sind also nicht nur sprachliche Beispiele zur Bebilderung eines vielsagenden Gefühls. Der Sprecher sieht sie wirklich vor sich, wie Laub werden sie vom Wind durch die Parklandschaft getrieben.

Auffällig ist, dass der Sprecher die Szenen sieht und zugleich weiß, dass sie einen anderen Realitätsstatus als der Park haben, dass sie bereits vergangen sind, obwohl er sie vor Augen hat. Als „blasse Schatten" sind sie Schwundformen realer Phänomene, denen man ihren Abbildcharakter ansieht, so wie den bleichen, blutleeren Seelen (‚exsangues animae') der griechischen Totenwelt, durch die man hindurchgreift, wenn man ihrer habhaft werden will.[14] So bringt die siebte Strophe nach dem Fest gefühlsgeladener Bilder plötzliche Ernüchterung: Real sind nur die „glatten / Kahlen Alleen", wie es jetzt mit einem deutlich bitteren Unterton heißt. Wärme, Weichheit und zärtliche Berührung erweisen sich als Illusion.

Die Bitterkeit wird von der Schlussstrophe, die in den melodiösen Rhythmus der ersten Strophen zurückfindet, wieder verwischt. Neben dem realen Park und den Abbildern einer fernen Lebensfülle gibt es nämlich noch etwas Drittes: den „Duft", den der Frühlingswind mitgebracht hat. Was aber hat der Duft mit den Szenen des Mittelteils zu tun, die doch eine ganze Reihe der ‚seltsamen' Dinge, die der Wind in sich trägt, bereits ausgesprochen haben? Er bezeichnet die Quelle der Gefühle, die sich dem Sprecher von sich aus in Form bildlicher Assoziationen aufdrängen, wobei die endliche Reihe der Bilder die Quelle nicht auszuschöpfen vermag. So schiebt sich in der letzten Strophe, eingeleitet durch ein adversatives „Und", plötzlich das ungedeutete, unreduzierte Phänomen „Duft" vor alles andere. Es lässt sich nicht in Bilder und nicht in Sprache übersetzen.

Das Gedicht handelt somit vom Aussprechbaren und vom Unaussprechbaren der Empfindungen, das heißt zugleich: von der Kraft der Bilder und ihrem Ungenügen. Noch 1903 notierte Hofmannsthal zu seinem *Gespräch über Gedichte* unter dem Titel *Ein Hauch aber ist so viel*: „Das Athmen der Vorfrühlingsluft. wie gering ist das Schauen gegen das Athmen."[15] Das Schauen hält eine Distanz

---

[13] Vgl. die eindruckvolle Analyse des Formbruchs bei Koch 1988, S. 176.

[14] Ovid: Metamorphosen X 40 (Orpheus und Eurydike).

[15] Hugo von Hofmannsthal: Sämtliche Werke. Kritische Ausgabe. Bd. xxx. Erfundene Gespräche und Briefe. Hg. v. Ellen Ritter. Frankfurt/M. 1991, S. 326.

zwischen Betrachter und Gegenstand, während der Atem den Atmenden durchdringt, so dass er nicht nur Zuschauer ist, sondern Teil der ihn umschließenden Atmosphäre. Formulieren lässt sich das Beglückende am Atmen der Vorfrühlingsluft nicht, doch hat es immerhin einen Namen, der sich aussprechen lässt: „Duft".

IX. Auswahlbibliographie

1. Rolf Tarot: Hugo von Hofmannsthal. Daseinsformen und dichterische Struktur. Tübingen 1970, S. 385–388.
2. Peter Szondi: Der junge Hofmannsthal. In: Ders.: Das lyrische Drama des Fin de siècle. Frankfurt/M. 1975, S. 281–285.
3. Gerhard Kaiser: Geschichte der deutschen Lyrik von Heine bis zur Gegenwart. Ein Grundriß in Interpretationen. Erster Teil. Frankfurt/M. 1991, S. 129–133.
4. Carsten Strathausen: The Look of Things. Poetry and vision around 1900. Chapel Hill, London 2003, S. 154–166.
5. Heinz Rölleke: Vom Winde geschüttelt. Eduard Mörikes ‚Äolsharfe' im ‚Vorfrühling' Hugo von Hofmannsthals. In: Wirkendes Wort 57 (2007), S. 349–352.

Rainer Maria Rilke (1875–1926): Rose, oh reiner Widerspruch

von Jörg Schuster

I. Gedicht

Rose, oh reiner Widerspruch, Lust,
Niemandes Schlaf zu sein unter soviel
Lidern.

Rainer Maria Rilke: Werke. Kommentierte Ausgabe in vier Bänden. Bd. 2. Gedichte 1910 bis 1926. Hg. v. Manfred Engel, Ulrich Fülleborn. Frankfurt/M., Leipzig 1996, S. 394.

II. Aura letzter Worte?

Rainer Maria Rilke verfasste das Gedicht *Rose, oh reiner Widerspruch* im Oktober 1925, etwa ein Jahr vor seinem Tod. Die Verse blieben zu Lebzeiten unveröffentlicht, doch verfügte der Autor in seinen im gleichen Monat niedergeschriebenen „persönliche[n] Bestimmungen für den Fall einer mich mir mehr oder weniger enteignenden Krankheit“,[1] sie als seine Grabinschrift zu verwenden. Durch diese Aura ‚letzter Worte‘ hat das Gedicht „in der Wirkungs- und Auslegungsgeschichte des Rilkeschen Werks eine exzeptionelle Bedeutung erlangt“;[2] eine 1983 veröffentlichte Monographie verzeichnet bereits „über zwei Dutzend Interpretationen“.[3]

Wie häufig im Falle epigrammatischer, gnomischer und anderer ‚kleiner‘ lyrischer Formen, verbindet auch Rilkes Epitaph Kürze mit äußerster Komplexität.[4] Rilke selbst hat „Kondensierung und Verkürzung“ als spezifisches Merkmal für seine späte Lyrik benannt und hierfür den Begriff der „lyrische[n] Summen“ geprägt.[5] Es soll daher im Folgenden zunächst die unerhörte sprachliche Dichte des Gedichts untersucht werden, bevor in einem weiteren Schritt nach dem zentralen

---

1 Rainer Maria Rilke: Briefe an Nanny Wunderly-Volkart. Im Auftrag der Schweizerischen Landesbibliothek und unter Mitarbeit von Niklaus Bigler besorgt durch Rätus Luck. 2 Bde. Frankfurt/M. 1977, Bd. 2, S. 1192.

2 Rilke 1996, Bd. 2, S. 773.

3 Wolff 1983, S. 11.

4 Zum Genre ‚Epitaph‘ vgl. Karl S. Guthke: Sprechende Steine. Eine Kulturgeschichte der Grabschrift. Göttingen 2006, sowie Hermann Wiegand: Artikel ‚Epitaph‘. In: Klaus Weimar (Hg.): Reallexikon der deutschen Literaturwissenschaft. 3 Bde. Berlin, New York 1997, Bd. 1, S. 475 f. Auf die Bedeutung eines weiteren Genres, des japanischen Haiku, für den späten Rilke und insbesondere für den Grabspruch hat Herman Meyer 1987 hingewiesen.

5 Rainer Maria Rilke: Briefe. Hg. v. Rilke-Archiv in Weimar, besorgt durch Karl Altheim. Bd. 3. Frankfurt/M. 1987, S. 852.

Symbol der Rose und schließlich nach der konkreten Funktion der Verse *als Grabinschrift* zu fragen ist. Dieser pragmatische Aspekt wurde in der Forschung gegenüber strukturalistischen und – häufig eher material- als ertragreichen – synoptischen Ansätzen bislang weitgehend vernachlässigt.

III. Lust des Widerspruchs und Lust der Geometrie

Rilkes Gedicht umfasst lediglich drei Verse, wobei der letzte Vers nur aus einem einzigen Wort besteht. Die Zahl von zwölf Wörtern innerhalb des gesamten Gedichts unterstreicht den Anspruch der ‚Bedeutungsschwere' – werden mit dieser Zahl als kosmologisch-religiösem Symbol doch Vollkommenheit und Ganzheit assoziiert (12 Monate, 12 Tierkreiszeichen, 12 Stunden, 12 Stämme Israels, 12 Apostel, römisches Zwölftafelgesetz).[6] Aber nicht nur die Anzahl der Wörter, auch die syntaktische Struktur ist extrem verknappt – es handelt sich nicht einmal um einen grammatisch vollständigen Satz. Dass sich anstelle eines flektierten Verbs ein Infinitiv findet, ist zum einen als Hinweis auf die einem Grabspruch angemessene Zeitlosigkeit der Aussage zu verstehen. Zum anderen führt der elliptische Charakter zur Unklarheit der Bezüge innerhalb des Gedichts, aus der wiederum seine Vieldeutigkeit resultiert.

Dies beginnt bereits mit dem grammatisch-rhetorischen Status des ersten Wortes. Wird die „Rose" apostrophiert, oder werden hier monologisch oder an einen anderen Adressaten (etwa den Leser der Grabinschrift) gerichtet Aussagen über die Rose gemacht? Analog ist die Funktion der Interjektion „oh" – zumal in ihrem Bezug auf das eher negativ konnotierte Wort „Widerspruch" – nur schwer zu bestimmen, sie changiert zwischen Rühmen, Erstaunen und (resignativer) Klage. Die semantische Unentscheidbarkeit wird durch weitere formale Mittel unterstützt. So tragen die Zäsur nach dem ersten Wort und die Nebenbetonung auf der Interjektion dazu bei, den Gedichtanfang auch rhythmisch ‚in der Schwebe' zu halten. Die ersten beiden Phoneme, der Konsonant r und der Vokal o, werden im zweiten und dritten Wort des Gedichts („*o*h *r*einer") spiegelverkehrt, also in Form eines Chiasmus, wiederholt – in nuce wird hier somit, ganz wörtlich genommen, die für das Gedicht konstitutive ‚Lust des Widerspruchs' klanglich vorgeführt.

Auch im weiteren Verlauf des ersten Verses führt die freirhythmische Form mit jambischen und trochäischen Elementen und führen, zum Teil durch aufeinanderstoßende Hebungen oder Nebenhebungen („òh réiner", „-sprùch, Lúst") hervorgerufen, Zäsuren immer wieder zu einem Stocken, gewissermaßen zu Momenten des Schweigens zwischen den Worten.[7] Indem bis zur Mitte des zwei-

6 Vgl. Ulrich Ernst: Zwölf. In: Günter Butzer, Joachim Jacob (Hg.): Metzler Lexikon literarischer Symbole. Stuttgart, Weimar 2008, S. 442 f.

7 Vgl. Wolff 1983, S. 182.

ten Verses zumeist nur Substantive als hart aufeinanderstoßende Appositionen aneinandergereiht werden, evoziert das Gedicht den Eindruck eines staunenden Tastens und Suchens. Zudem hemmen die vielen Frikative, das alveolare s sowie das velare ch und das uvulare r, den Sprachfluss.

Seinen Höhepunkt erreicht der Eindruck des Stockens, der Unverbundenheit des sprachlichen Materials mit dem letzten, aus nur einer Silbe bestehenden Wort des Verses „Lust“, das metrisch und syntaktisch völlig isoliert ist und gerade dadurch einen Dreh- und Angelpunkt des Gedichts bildet. Der zuvor angeklungene Jambus („o réiner Wídersprúch“) kommt abrupt zum Stillstand; gleich drei Hebungen stoßen hier am Übergang zum folgenden Vers aufeinander, durch zwei Zäsuren ist das Wort „Lust“ dadurch von seiner Umgebung getrennt. Auch der semantische und syntaktische Bezug ist völlig unklar: Wie verhält sich „Lust“, ein zwar abstrakter Begriff mit jedoch überaus positiven körperlich-erotischen Implikationen, zum vorhergehenden, ein rein logisches Verhältnis ausdrückenden und das Moment der Negation enthaltenden Substantiv „Widerspruch“? Ist beides Teil einer Aufzählung, durch die die Rose näher bestimmt würde, oder wird durch „Lust“ präzisiert, worin der „Widerspruch“ besteht?[8]

Es sind somit am Beginn des Gedichts keine klaren syntaktischen Beziehungen festzumachen. An ihre Stelle treten andere, gewissermaßen abstrakt-geometrische Ordnungsmuster. So führen die beiden Zäsuren nach dem ersten und vor dem letzten Wort des Verses dazu, dass sich diese beiden Wörter, „Rose“ und „Lust“, symmetrisch gegenüberstehen; diese Symmetrie findet ihre Fortsetzung in klanglicher Hinsicht, indem am Beginn und am Schluss des ersten Verses dunkle Vokale (o bzw. u), in der Versmitte dagegen die hellen Vokale e und i stehen. Nicht zufällig ist der Zusammenhang zwischen den auf diese Weise hervorgehobenen beiden Wörtern „Rose“ und „Lust“ auch semantisch leicht herzustellen, da die Rose traditionell ein Symbol für Liebe ist, während der logisch-abstrakte Begriff „Widerspruch“ in der Versmitte hierzu im ‚Widerspruch‘ steht. Warum die Rose ein Widerspruch ist und inwiefern dieser – in der auch klanglich durch die Wiederholung der Laute „er“ prägnanten Formulierung „rein*er* Wid*er*spruch“ – „rein“ ist, bleibt zunächst enigmatisch.

Das Rätsel, um das es hier geht, wird in den nächsten beiden Versen entfaltet. Die freirhythmische Form des ersten Verses wird dabei fortgesetzt. Erst ganz am Schluss erlangt das Gedicht, dem Begriffsfeld von „Schlaf“ und „Lidern“ entsprechend, erstmals einen relativ ruhigen trochäischen Fluss, der allerdings durch die Nebenbetonung auf „viel“ und das Aufeinanderstoßen der zwei Konsonanten l leicht ins Stocken gerät („únter sóvìel / Lídern“). Unterstützt wird der fließende Charakter jedoch durch das Enjambement sowie durch das Überwiegen der Sonoranten n und l, zudem setzen sich ‚endgültig‘ die – im Gedicht insgesamt dominanten – hellen Vokale i und e durch.

[8] Für die zweite Lesart spricht unter anderem die Tatsache, dass in einem ersten Entwurf zwischen diesen beiden Wörtern ein Doppelpunkt stand. Vgl. Wolff 1983, S. 21.

Wie im ersten Vers, so besteht zum einen auch auf das gesamte Gedicht bezogen ein enger Zusammenhang zwischen dem ersten und dem letzten Wort („Rose", „Lider"). Diese beiden Wörter sind die beiden einzigen konkreten Ausdrücke innerhalb des sonst abstrakten Textes: Erst am Schluss des Gedichts wird die Rose als Gegenstand wieder aufgegriffen, da die „Lider" offensichtlich metaphorisch für die Blütenblätter stehen. Zum anderen ist auch das Verhältnis zwischen dem ersten und dem letzten Wort des *zweiten Verses* von Bedeutung: Beim substantivierten Indefinitpronomen „Niemand" und dem Adjektiv „soviel" handelt es sich um die zentrale Antithese des Gedichts – der „Widerspruch", den der Text der Rose zuspricht, scheint in der Diskrepanz zwischen der *Fülle* an lidartigen Blütenblättern einerseits und der Tatsache, dass diese „Lider" auf „*Niemandes* Schlaf" verweisen, andererseits begründet zu sein. Hiermit eng verbunden ist eine weitere Antithese: die Gegenüberstellung der Außenseite der Blütenblätter und des (geschützten) Rosen-Inneren. Aufgrund der unklaren, überdehnten syntaktischen Bezüge, aufgrund der Vielzahl der auf das erste Wort „Rose" folgenden Appositionen ist aber spätestens an dieser Stelle grundsätzlich zu fragen, über wen hier überhaupt etwas ausgesagt wird. Zwar sind die Lider/Blütenblätter das hervorstechende Merkmal der Rose; bezieht man aber die Aussage, „Niemandes Schlaf zu sein unter soviel Lidern", auf die Rose, so würde diese paradoxerweise synekdochisch auf das Innere ihrer Blüte reduziert.

Ein Widerspruch besteht schließlich jedoch nicht nur zwischen Außen und Innen, zwischen Fülle und Leere, ein Widerspruch *in sich*, ein Paradoxon ist vielmehr bereits in der Formulierung „Niemandes Schlaf" selbst zu sehen, da der Schlaf notwendig ein Subjekt voraussetzt. Dieses Oxymoron könnte ganz einfach aufgelöst werden: „Niemandes Schlaf" ist ‚kein Schlaf'. Die ‚Aussage' des Gedichts bestünde dann darin, dass ein äußeres Moment, die (geschlossenen) Lider/Blütenblätter, zwar scheinbar auf Schlaf (oder, dem Genre ‚Epitaph' gemäß, auf den seit der Antike als ‚Bruder des Schlafs' geltenden Tod) hinweisen, unter ihnen aber gerade ‚kein Schlaf', das heißt: Wachen, Leben herrscht. Doch findet sich eben nicht die Formulierung ‚kein Schlaf', sondern – durch die Großschreibung noch betont[9] – „Niemandes Schlaf". In einem zweiten Deutungsversuch könnte somit Schlaf (oder Tod) als anonymer Zustand, als überindividuelle Macht aufgefasst werden.[10] Die Antithese bestünde dann gerade umgekehrt zwischen dem anonymen Schlaf/Tod im Inneren und der ‚lebenden' Blume mitsamt ihrer Blütenblättern. Völlig überzeugend sind beide Deutungsmöglichkeiten nicht. Vielmehr, so scheint es, beharrt das Gedicht mit der Formulierung „Niemandes Schlaf" auf einem para-doxon – was es der Rose zuspricht, demonstriert es als Text selbst: den Wider-Spruch. Dabei resultiert schließlich gerade aus dem virtuosen Spiel mit Antithesen, Oxymora und unklaren syntaktischen und se-

9 Da Rilkes Gedichte nicht der Konvention folgen, Worte am Versanfang groß zu schreiben, handelt es sich hier um eine bewusste Großschreibung.

10 Vgl. Anneliese Volkmann-Schluck: Rilkes Grabspruch. In: Literatur für Leser 1985, H. 1, S. 27 f., hier S. 27.

mantischen Bezügen, aus dem zur Abstraktion geometrischer Figuren tendierenden Spiel mit Wörtern und Klängen nicht nur der Effekt des Unverständlich-Enigmatischen, sondern, in engem Zusammenhang damit stehend, die für das Gedicht konstitutive und für die späte Lyrik Rilkes generell kennzeichnende Umkehr-Leistung:[11] Das sprachliche Material wird so in der Schwebe gehalten, dass aus „Niemandes Schlaf" – was Tod bedeuten *könnte* – und „Widerspruch" *Lust* wird. Das Gedicht inszeniert somit selbst virtuos die poetische Lust am Widerspruch.

IV. Symbol der Symbolverweigerung: Rilkes Rosen

Was bedeutet vor diesem Hintergrund das Symbol der Rose? Es steht offensichtlich, ganz traditionell, für Lust, und es steht, ebenso traditionell, für Tod. Doch ist die Komplexität des Symbols damit bei weitem noch nicht erfasst. Um ihr gerecht zu werden, empfiehlt sich, wie dies bereits in vielen Interpretationen geschehen ist, ein intertextueller Vergleich, ein Blick auf die Rosen-Symbolik in Rilkes sonstigem lyrischem Werk und generell in der literarischen Tradition.[12] Dies kann hier nur andeutungsweise geschehen und unter dem Vorbehalt, dass ein solches Vorgehen ein Gedicht wie dieses zwar in gewisser Weise beleuchten, aber nicht *erklären* kann, da gerade seine extreme Verdichtung einen spezifischen Eigen-Sinn produziert.

Rilkes Verwendung des Symbols scheint auf den ersten Blick durch die Tendenz zur Anthropomorphisierung geprägt; insbesondere die Engführung zwischen der Rose und dem menschlichen Augenlid bzw. dem Schlaf findet sich häufig. So heißt es schon im Gedicht *Die Rosenschale* aus den *Neuen Gedichten* (1907) von den Blütenblättern, „daß eins sich aufschlägt wie ein Lid, / und drunter liegen lauter Augenlider, / geschlossene, als ob sie, zehnfach schlafend, / zu dämpfen hätten eines Innern Sehkraft."[13] Wie im Grabspruch stellt sich die Frage, was im Inneren der Rose überhaupt zu finden ist: Unter dem Lid befinden sich lediglich weitere Augenlider; das Vorhandensein „eines Innern Sehkraft" wird bloß im Modus des Konditional, des „als ob" erwogen. Es bleibt somit offen, ob die Blütenblätter auf etwas anderes als auf sich selbst verweisen – „daß eins sich aufschlägt", führt gerade nicht dazu, dass es das ‚Geheimnis' der Rose offenbart.

---

11 Zu denken ist insbesondere an das Gedicht *Gong*, das entstehungsgeschichtlich eng mit dem Grabspruch verbunden ist; vgl. Wolff 1983, S. 22. Zum poetischen Verfahren der Umkehrung und generell zur (späten) Lyrik Rilkes vgl. die noch immer grundlegende Studie von Beda Allemann: Zeit und Figur beim späten Rilke. Ein Beitrag zur Poetik des modernen Gedichtes. Pfullingen 1961 sowie Paul de Man: Rilke. Tropen. In: Ders.: Allegorien des Lesens. Frankfurt/M. [4]1994, S. 52–90.

12 Vgl. Bullock-Kimball 1987 und Sandbank 1997 sowie Jörg Schuster: Rose. In: Butzer, Jacob (Hg.) 2008, S. 301–304.

13 Rilke 1996, Bd. 1, S. 509, V. 24–27.

Im Gedicht *Heute will ich dir zu Liebe Rosen fühlen* (1914)[14] wird der „Schlaf der tausend Rosenaugenlider“ (V. 16) auf das lyrische Ich bezogen, doch wird die Rose (bzw. der Schlaf) zum aktiven Subjekt gegenüber dem schlafenden Ich, dessen Wesen sie – in bewusster Doppeldeutigkeit – „zu bestreiten“ (V. 21) hat. Sie selbst ruht dagegen ‚unbestreitbar‘ in sich: „Alle Schalen sind gefüllt; sie liegen / in sich selber, jede hundert Male“ (V. 5 f.).[15] An die Stelle der Anthropomorphisierung tritt somit – am deutlichsten im Gedicht *Wilder Rosenbusch* (1924), der „versunken in sein Rose-sein“, „von sich selbst unendlich übertroffen / und unbeschreiblich aus sich selbst erregt“ ist – die vollkommene selbstgenügsame Fülle und Schönheit.[16]

Auch dabei handelt es sich um einen traditionellen Aspekt der Rosen-Symbolik. „Die Ros’ ist ohn warumb / sie blühet weil sie blühet / Sie achtt nicht jhrer selbst / fragt nicht ob man sie sihet“, heißt es bereits in Angelus Silesius’ *Cherubinischem Wandersmann* (1675).[17] Und noch mehr als 150 Jahre später fragt Friedrich Rückert: „Was steht denn auf den hundert Blättern / Der Rose all?“ und beantwortet diese Frage damit, „daß Schönheit in sich selbst beschrieben / Hat einen Kreis“.[18] Das traditionelle Moment der Selbstbezüglichkeit wird von Rilke im Kontext der Poetik des Symbolismus aufgegriffen und transformiert. Der Sinn, das ‚Geheimnis‘ der Rose wird gerade nicht ausgesprochen, vielmehr wird der Effekt des Enigmatischen durch eine reine Responsionsstruktur (so in *Die Rosenschale*) oder durch die poetische Technik der Umkehrung (in *Heute will ich dir zu Liebe Rosen fühlen*) hervorgerufen. Bei genauerem Hinsehen wird das Moment der Anthropomorphisierung somit durch subtile poetische Verfahren aufgehoben. Die Rose hat, wie im *Requiem für eine Freundin* (1908) proklamiert wird, „unvermischt mit mir“[19] zu bleiben.

Am prägnantesten ist dieser Impuls im Prosagedicht *Cimetière*, das nicht zufällig entstehungsgeschichtlich aufs engste mit Rilkes Grabspruch verbunden ist.[20] Hier liegt nicht nur das gleiche sepulkrale ‚setting‘ vor, das diesem durch seine Funktion zukommt, vielmehr entspricht auch der letzte, als elliptische Frage formulierte Satz exakt dessen letzten beiden Versen: „Sommeil de personne sous tant de paupières?“[21] Einen entscheidenden poetologischen Hinweis geben aber die vorhergehenden Fragen: „Comment ne pas être *nos* fleurs? Est-ce de tous ses

---

14 Ebd., Bd. 2, S. 104.

15 Für das paradoxe Verhältnis zwischen Rose und lyrischem Ich im Bildfeld des Schlafs vgl. ferner *Les Roses* VII; Rainer Maria Rilke: Werke. Kommentierte Ausgabe in vier Bänden. Supplementband. Gedichte in französischer Sprache. Hg. v. Manfred Engel, Dorothea Lauterbach. Frankfurt/M., Leipzig 2003, S. 116, V. 3–6.

16 Rilke 1996, Bd. 2, S. 324, V. 4 und V. 7 f.

17 Heinke Wunderlich (Hg.): Diese Rose pflück ich Dir. Die schönsten Rosengedichte. Stuttgart 2001, S. 21.

18 Ebd., S. 43.

19 Rilke 1996, Bd. 1, S. 417, V. 108.

20 Vgl. Wolff 1983, S. 21.

21 Rilke 2003, Supplementband, S. 290.

pétales que la rose s'éloigne de nous? Veut-elle être rose-seule, rien-que-rose?"[22] Die sich völlig den Deutungsversuchen des Menschen entziehende „rose-seule, rien-que-rose" verweigert sich programmatisch der Symbolik, sie wird zum *Symbol des Nicht-Symbolischen*, ja zum „presque-mot qui se tait".[23]

Dem Schweigen nähert sich auch Rilkes Grabspruch – nicht allein durch seine zahlreichen Zäsuren, sondern insbesondere durch seine Inszenierung des „reinen Widerspruchs", durch den gewissermaßen der Sinn narkotisiert wird. Das ‚rein' kann dabei als Hinweis auf die *poésie pure*, auf die für den Symbolismus konstitutive Sprachautonomie verstanden werden.[24] Der Grabspruch widerspricht mit dem logisch nicht auflösbaren Oxymoron „Niemandes Schlaf" dem Verwenden und Deuten von Symbolen schlechthin – die Funktion des Gedichts beschränkt sich darauf zu demonstrieren, dass von als „Lider" anthropomorphisierten Blütenblättern nicht auf „Schlaf" geschlossen werden kann. Poetologisch ist das Symbol der Rose somit als Hinweis auf eine schöne Fülle der Oberfläche zu verstehen, die auf nichts ‚Inneres', ‚Tieferes' verweist.[25] Dass die Rose „Niemandes Schlaf" ist, bedeutet, sie von anthropomorphisierenden Deutungsansprüchen zu befreien.[26] Das Rosen-Innere ist so geschützt, dass es sich jedem Symbolisierungsversuch entzieht.

V. Ein symbolistisches Epitaph

Was den pragmatischen Aspekt, die Funktion des Gedichts als Grabspruch betrifft, so können abschließend nur noch einige Andeutungen gemacht werden.[27] Unüblich erscheint es, dass die Person, der er gilt, in ihm nicht vorkommt; nicht einmal vom Tod ist explizit die Rede. Viel eher könnte behauptet werden, Rilke habe sich mit dem Grabspruch auf metonymische Weise ein Denkmal gesetzt, indem er dem Symbolismus, zu dessen herausragenden deutschsprachigen Vertretern er gehör-

[22] Ebd. „Wie nicht *unsere* Blumen sein? Ist es mit allen ihren Blütenblättern, daß sich die Rose von uns entfernt? Will sie Nur-Rose sein, Nichts-als-Rose?" Übertragung von Rätus Luck. In: Ebd., S. 291.

[23] Rilke 2003, Supplementband, S. 290. „Beinah-Wort, das stillschweigt". Übertragung von Rätus Luck. In: Ebd., S. 291.

[24] Vgl. Wolff 1983, S. 119.

[25] Vgl. hierzu insbesondere Sandbank 1997, S. 200–202. Diese poetologische Umdeutung des Rosen-Symbols wird im weiteren Verlauf des 20. Jahrhunderts etwa von Paul Celan in seinem *Psalm* radikalisiert. Paul Celan: Gesammelte Werke. 5 Bde. Hg. v. Beda Allemann und Stefan Reichert. Frankfurt/M. 1986, Bd. 1, S. 225.

[26] Analog besteht die „Fülle [...[der]] Erfindung", „die Kraft [... [der]] Verwandlung" im Fall des ‚falschen Zaren' in Rilkes Roman *Malte Laurids Brigge* (1910) gerade darin, „niemandes Sohn mehr zu sein". Rilke 1996, Bd. 3, S. 587. Indem er nicht von außen – durch eine Elterninstanz – festgelegt wird, ist er völlig autonom, kann er sich, frei von Deutungsansprüchen, selbst erschaffen.

[27] Vgl. hierzu Selbmann 2002, der aber vor allem auf die emblematische Struktur von Rilkes Grabstein eingeht.

te, ein Denkmal setzte, das das spezifisch symbolistische Verfahren, durch die freigesetzte, autonome Sprache den Effekt des Bedeutungsvoll-Enigmatischen zu erzielen, ausstellt und reflektiert. Zugleich ist der Grabspruch in dem Sinne ein Vermächtnis, dass er durch das Oxymoron eines Symbols der Symbolverweigerung mahnt, Texten grundsätzlich ihre Deutungsoffenheit zu belassen.

Der biographische Bezug ist im Fall des Grabspruchs dennoch unverzichtbar – allerdings nicht in dem Sinne, dass die konkrete Biographie des Autors den Text erklären könnte oder umgekehrt. Das ‚authentische' Leben eines Dichters ist ohnehin nicht fassbar – zum einen weil es der Nachwelt selbst nur in Form von Texten zugänglich ist, zum anderen weil es immer schon durch Rolleninszenierungen geprägt ist. Dies gilt umso mehr, wenn es um ‚letzte Dinge' geht – um das Bild, das ein Dichter der Nachwelt hinterlassen möchte. Die Anordnungen, die Rilke in dieser Hinsicht getroffen hat, gehen weit über das Verfassen des eigenen Grabspruchs hinaus. Das Testament, das er am 29. Oktober 1925 seiner Schweizer Freundin Nanny Wunderly-Volkart zukommen lässt, enthält neben dem Gedicht ganz konkrete letzte Wünsche:

> Nun verabscheue ich die geometrischen Künste der heutigen Steinmetzen; es wird vielleicht möglich sein, einen *alten* Stein (etwa des Empire) zu erwerben [...]. Ebnet man die früheren Inschriften ab, so trage dieser dann: das Wappen
> (: in der, von meinem Urgroßvater geführten älteren Form [...]),
> den Namen
> und, in einigem Abstand, die Verszeilen:
> Rose, oh reiner Widerspruch, Lust,
> Niemandes Schlaf zu sein unter soviel
> Lidern.[28]

Das Prinzip des „Widerspruchs" wiederholt sich hier auf doppelte Weise, indem die Grabschrift einen Wider-Spruch zu den abgelehnten „geometrischen Künste[n] der heutigen Steinmetzen" und zu den abgetragenen alten Inschriften darstellt. Beim Palimpsest handelt es sich um ein ähnliches Verfahren wie im Falle von Rilkes Umgang mit der traditionellen Rosen-Symbolik: Es wird nichts völlig Neues geschaffen, vielmehr wird Altes verwendet, um in einem komplexen poetischen Verfahren etwas Neues darauf aufzutragen.

Neben der Grabschrift ist das graphische Element, das Wappen, von entscheidender Bedeutung. Es besitzt für Rilke, etwa auch als Petschaft, die Funktion, sich mit einer pseudo-aristokratischen Aura zu umgeben und somit die eigene tatsächliche Herkunft aus beklemmenden bürgerlichen Verhältnissen zu kompensieren. Da von einer grandiosen Familiengenealogie nicht die Rede sein kann, handelt es sich gewissermaßen um „Niemandes Wappen", um das Wappen eines Subjekts, das sich poetisch selbst erfindet.

Als ein solches sich selbst stets neu hervorbringendes fragiles Subjekt, das eben deshalb auf Schutz und Distanz angewiesen sei, hat sich Rilke zeit seines Lebens

[28] Rilke 1977, Bd. 2, S. 1192.

gerne inszeniert. Den nötigen Schutz versuchte er durch ein Geflecht von Beziehungen zu erlangen, die er durch zahllose Briefwechsel unterhielt – der Brief erlaubt als Medium der persönlichen, schriftlichen Kommunikation, den Kontakt zum ‚Leben', zu Mäzenen, Lesern und Freunden aufrechtzuerhalten und zugleich jene Distanz zu wahren, die für die poetische Produktion nötig ist. In diesem Sinne schreibt Rilke, die Bildlichkeit des Grabspruchs antizipierend, bereits im Dezember 1919 an Nanny Wunderly-Volkart: „Aus diesen Briefen, Liebe, möcht ich mir neue Augenlider machen, dichtere, innigere, und darunter alle meine Schlafe schlafen, geschützt – alle Schlafe meines Lebens."[29] Durch die Briefe der Freundin wie durch die eigenen entsteht ein schützendes Geflecht – auch in dem pragmatischen Sinne, dass Rilke mit Hilfe dieses Briefwechsels sein tägliches Leben bestreitet, ganz konkret in Form von Lebensmittelsendungen, dem Zusenden von Einrichtungsgegenständen und generell in der Organisation des Wohnens in von Mäzenen wie Nanny Wunderly-Volkart zur Verfügung gestellten Gütern und Schlösschen.[30]

In diesem Sinne soll auch das Testament als Teil des Briefwechsels gewissermaßen einen letzten Schutz erwirken, zur Konstruktion eines letzten Schutzraums beitragen. In beiden Fällen – im durch Briefwechsel organisierten Sich-Einpuppen in exklusiven Intérieurs wie in der nach seinen Verfügungen zu gestaltenden Grabstätte – schafft sich Rilke durch einen selbst gewebten Kokon, durch ein Geflecht von Texten (Briefe, Testament, Grabspruch) Räume, die so geschützt sind wie der Schlaf einer Rose unter ihren Blütenblättern und die auf diese Weise die poetische Selbsterfindung eines ‚Niemand' ermöglichen. Diese Räume sind jedoch zugleich so sehr vom Leben isoliert, dass sie immer schon totenhaft-artifizielle Räume sind. Auch im und durch den Grabspruch geht es schließlich um die Etablierung eines letzten autonomen, geschützten Innenraums, eines ästhetizistisch-symbolistischen *paradis artificiel.* Es handelt sich bei diesem Gedicht – und hierin besteht ein letztes Paradox – um einen abstrakten, selbstbezüglichen Text, der gleichwohl eine pragmatische Funktion als Epitaph erfüllt.

VI. Auswahlbibliographie

1. Beatrice Susanne Bullock-Kimball: The European Heritage of Rose Symbolism and Rose Metaphors in View of Rilke's Epitaph Rose. New York u. a. 1987.
2. Herman Meyer: Rilkes Begegnung mit dem Haiku. In: Ders.: Spiegelungen. Studien zu Literatur und Kunst. Tübingen 1987, S. 147–186.
3. Shimon Sandbank: The Sign of the Rose: Vaughan, Rilke, Celan. In: Comparative Literature 49 (1997), S. 195–205.
4. Rolf Selbmann: Rainers Widersprüche. Zu Rilkes Grabspruch „Rose, oh reiner Widerspruch". In: Blätter der Rilke-Gesellschaft 24 (2002), S. 165–175.
5. Joachim Wolff: Rilkes Grabschrift. Manuskript- und Druckgeschichte, Forschungsbericht, Analysen und Interpretation. Heidelberg 1983.

29 Ebd., Bd. 1, S. 50.

30 Vgl. zu diesem Themenkomplex Jörg Schuster: „Als ob Du bei mir eintreten könntest". Rainer Maria Rilkes epistolare Intérieurs. In: Zeitschrift für Germanistik 19 (2009), S. 19–34.

Gottfried Benn (1886–1956): Bitte wo –

von Jochen Strobel

I. Gedicht

Bitte wo –

Wenn du noch Sehnsucht hättest
(bitte wann, bitte wo),
dich noch mit Küssen kettest
(amour – bel oiseau),

wenn du noch flügelrauschend
über den Anden schwebst
dich in zwei Meere tauschend
ahnungslos, wen du lebst,

wenn noch die Qualen sprechen,
Tränen durch bel oiseau
dich stürzen und zerbrechen –
bitte wann – bitte wo? –

Gottfried Benn: Sämtliche Werke. Stuttgarter Ausgabe. Bd. I: Gedichte 1. Hg. v. Gerhard Schuster in Verbindung mit Ilse Benn. Stuttgart ²2002, S. 298. [Die Stuttgarter Benn-Ausgabe wird künftig mit der Sigle SW I–VII zitiert].

II. Stellenkommentar

Lesarten der datierten und signierten Handschrift (H) im Vergleich zum Erstdruck (in Auswahl):[1]

V. 3: mit Küssen: in H verbessert aus: an Frauen
V. 8: ahnungslos: in H verbessert aus: erahnend
V. 11: dich stürzen und zerbrechen: H: u dann das Tiefe zerbrechen
V. 12: bitte wann – bitte wo? – : H: bitte wann, bitte wo?

III. Benn und die Form

„Heute kann man keine Literaturseite mehr aufschlagen, keine Nachtsendung mehr einschalten, ohne daß dieser exklusive Dichter hervortritt, dessen einsames und unzugängliches Werk sich selbst in den freiesten Zeiten höchstens an eine Handvoll Menschen richtete.“[2] Um 1950 vollzieht sich das seltene Ereignis, dass

---

[1] Gottfried Benn: Bitte wo –. Lesarten. In: SW I, S. 553.

[2] Friedrich Sieburg: Ein Abendländer ohne Angst. In: Peter Uwe Hohendahl (Hg.): Benn – Wirkung wider Willen. Dokumente zur Wirkungsgeschichte Benns. Frankfurt/M. 1971, S. 238 f., hier S. 238.

der Literaturbetrieb ausgerechnet einen Lyriker zum Erben der Moderne hochstilisiert, einen Künstler, der Form „als exklusive Geisteshaltung verstanden“[3] wissen will. Doch der Formbegriff und eine darauf aufbauende Literaturkritik haben Hochkonjunktur.[4]

Benns Formwille wird immer wieder auch vor dem Hintergrund seines ‚Sündenfalls‘ interpretiert, hatte er doch 1933, anders als fast alle der Moderne verpflichteten Künstler, dem nationalsozialistischen Regime gehuldigt. In der ‚Inneren Emigration‘ zieht sich Benns Lyrikproduktion von eindeutigem Wirklichkeitsbezug zurück, gipfelnd in dem 1948 erschienenen Band *Statische Gedichte*, der Benns Renommee, um nicht zu sagen: Ruhm, in der frühen, restaurativen Bundesrepublik begründet. Seine Poetologie eines Rückzugs auf Maß und Form, Gleichgewicht und Objektivität verzichtet auf erkennbare kommunikative Bezüge. Als Agent einer monologisch-asozialen, politisch unbekümmerten und zugleich intellektuell und handwerklich hochrangigen Kunst wird Benn in seinen letzten Lebensjahren zum Vorzeigedichter. Dem herrschenden „Nihilismus der Werte“ will er nach eigenem Bekunden „die Transzendenz der schöpferischen Lust“ entgegenhalten.[5]

Ich werde zunächst (IV.) das 1955 entstandene, in Benns letztem zu Lebzeiten erschienenen Gedichtband *Aprèslude* erschienene Gedicht textnah analysieren, dabei einerseits die Form, andererseits anhand einer knappen Isotopienanalyse die Semantik besonders fokussieren und Mehrdeutigkeiten herausarbeiten, sodann auf die œuverimmanente Intertextualität des Gedichts zurückkommen (V.) – damit aber auch auf eine literaturgeschichtliche Einordnung im Horizont von Expressionismus und Nachkriegszeit. Ein letzter Fragehorizont (VI.) überschreitet nochmals die Grenzen des Texts, beginnend mit der im Gedicht präsenten Metapher des Tauschs, und richtet sich genauer auf die eingangs schon behauptete Modernität.

IV. Textnahe Lektüre

Formstrenge ist nur *eine* Seite des Gedichts – zurückgenommen wird diese Strenge durch die Brüche sowohl auf der Ebene von Klang und Rhythmus als auch auf der Ebene der Semantik. Zwar vertrat Benn in seiner Marburger Rede *Probleme der Lyrik* von 1951 noch unumwunden den an den Ästhetizismus der Jahrhundertwende gemahnenden Formprimat, doch sah seine Praxis anders aus, war seine Lyrik der 50er Jahre längst wieder, wie die der expressionistischen Anfänge, an Referenzen gebunden, ja sogar an „Alltagserlebnisse“ oder gar Triviales. Das lyrische Ich definiert sich „nun nicht mehr durch jene Exklusion, die für die expres-

3 Kampmann 2006, S. 207.
4 Vgl. ebd., S. 212 ff.
5 Gottfried Benn: Probleme der Lyrik. In: SW VI, S. 9–44, hier S. 14.

sionistische Generation kennzeichnend war."[6] In *Bitte wo* – sind es zitathafte, montagehafte Passagen, die direkt aus dem Alltag des Sprechers zu kommen scheinen – die aber ein Spannungsfeld eröffnen im Hinblick auf die Metaphysik der Liebe, die seit dem 18. Jahrhundert als ‚Leidenschaft', als säkulare Variante der Passion Christi gedacht wird und die das Gedicht durchzieht.

Das sehr regelmäßig geformte Gedicht zeichnet sich durch drei gleich gebaute Strophen aus je vier Versen aus, durch den bis zur volksliedhaften Lyrik zurückzuverfolgenden Kreuzreim, durch Zeilenstil und ein Alternieren von männlicher und weiblicher Kadenz. Parallelismen von Vers zu Vers (gleichzeitig syntaktische Analogien), Strophenanaphern und Alliterationen runden den Eindruck einer traditionell-regelmäßigen Gedichtform ab.

Die wichtigsten Isotopieebenen des Gedichts[7] lassen sich bezeichnen mit ‚Liebe', ‚Zeit/Altern' und ‚Raum'. ‚Liebe' sind, einschließlich „bel oiseau" (was zunächst als personificatio gelesen werden soll), ambivalente, positiv und auch negativ konnotierte Bedeutungsmerkmale bzw. Substantive zuzuordnen: Sehnsucht, Küsse, Zukunftsungewissheit („ahnungslos", V. 8), dann: Schönheit, Freiheit, Fliegenkönnen, aber auch Ketten, Qualen, Tränen, stürzen, zerbrechen, also Gefangenschaft, Schmerz, (Selbst-) Zerstörung. Selten, aber doch stark markiert sind Zeitdeiktika, das viermalige „noch" und das „wann" der Frage. Impliziert Ersteres ein Handeln des angesprochenen Du, das noch nicht zu Ende sein, dessen Ende aber bevorstehen könnte – so richtet sich das „bitte wann" jeweils auf einen unbestimmten Zeitpunkt in der Zukunft. Die Ebene „Raum" ist vertreten durch topologische Oben-unten-Relationen: oben, stürzen – sowie durch geographische Spezifika: Anden, zwei Meere (womit zunächst der Atlantische und der Pazifische Ozean gemeint sind) und das dreimalige „wo". Die Überschrift nimmt die Schlussfrage auf, die Frage nach dem „wo" umrahmt also den Rest des Gedichttexts.

Syntaktisch auffällig ist nicht nur, dass das gesamte Gedicht keine Satzgrenzen kennt, sondern auch dass auf den langen, vielgliedrigen konditionalen Nebensatz („wenn ...") keinerlei Hauptsatz folgt. Das anaphorische dreifache „wenn" jeweils zu Strophenbeginn leitet nicht nur einen grundsätzlichen Parallelismus des Strophenbaus ein, sondern erzeugt eine zunehmende Spannung, die ihre Entladung in einem erlösenden „dann" nicht zu finden vermag. Vielmehr endet dieser lange Nebensatz, dessen Schluss durch Parenthesen (V. 2 und 4) und eine Apposition (V. 8) noch einmal hinausgezögert wird, elliptisch in der Doppelfrage nach Ort und Zeit, mit Fragezeichen und Gedankenstrichen, die als Regieanweisungen für ein zeitweiliges Schweigen des Sprechers gelesen werden können.

Unter anderem die Beschränkung auf Zeitdeiktika und das vielleicht sehnsüchtige, vielleicht bloß höfliche „bitte", also der Verzicht auf Subjekt, Prädikat und

---

[6] Petersdorff 2007, S. 27 f.

[7] Zur Methode der Semanalyse bzw. der strukturalen Semantik bei der Gedichtinterpretation vgl. Jochen Schulte-Sasse, Renate Werner: Einführung in die Literaturwissenschaft. München [4]1986, S. 63–89. – Vgl. auch den Beitrag von Thomas Anz in diesem Buch.

Objekt, erzeugen eine mehrdeutige Aussage. Konnten die in Klammern gesetzten, zitathaft wirkenden Textpartikel der Verse 2 und 4 noch vom Konditionalgefüge der ersten Strophe unabhängig gelesen werden, etwa als im Bewusstseinsstrom des Sprechers vorüberziehende banale, irgendwo aufgeschnappte Vokabeln – so werden diese in der zweiten und in der dritten Strophe für die weiteren Glieder des Konditionalsatzes fruchtbar gemacht, als ob sich diese Phrasen nun im Ich, passend zu seiner gegenwärtigen Verfassung, festgesetzt hätten und es mit ihnen nun weiterspräche. Es scheint, als würden die Zitate selbst mächtig, als übernähmen sie die Rede und skizzierten das zu assoziierende Bildfeld des über den Anden schwebenden, von Ozean zu Ozean fliegenden Vogels. Am Ende macht sich das rhythmisch eingängige, schlagerhafte „bitte wann, bitte wo“ gleichsam selbstständig und ersetzt die längst erwartete positive Aussage eines Hauptsatzes, der nicht mehr kommt.[8] Metrum und Rhythmus des Gedichts heben die besagten Verse 2, 4 und 12 sowie 11 besonders heraus.

Neben erheblichen syntaktisch bedingten Verständnisproblemen oder Polyvalenzen ist auf semantischer Ebene zumindest zweierlei rätselhaft: das zitathafte französischsprachige Einsprengsel „(amour – bel oiseau)“ (V. 4) sowie die Nennung der Anden (V. 6). Als Vogel wird die Liebe in George Bizets Oper *Carmen* personifiziert: „L'amour est un oiseau rebelle“.[9] Benn zitiert, wie so oft in seinen späteren Gedichten, aus den Archiven der Unterhaltungsindustrie. Der dänische Naturalist und Impressionist Herman Bang hatte in seine 1912 ins Deutsche übersetzte Novelle *Die vier Teufel* den Text eines *Liebeswalzers* „mit seinen schläfrig schmachtenden Rhythmen“[10] insgesamt dreizehnmal eingebaut: „Amour, amour, / oh, bel oiseau, / chante, chante, / chante toujours.“[11]

Die Wahl dieser Personifikation ist erklärlich, wenn man sich die wichtigsten semantischen Merkmale des Vogels vergegenwärtigt: ein Objekt des Begehrens, doch frei, ungreifbar und im Wortsinn unfassbar ‚über' der Erde und damit dem menschlichen Alltag schwebend – hinzu kommt in Bangs Zitat die stimmliche Artikulation, das Singen, das die genannten Eigenschaften unterstreicht und nicht nur mit positiven Empfindungen konnotiert ist, sondern auch traditionell dem ästhetischen Bereich zugeordnet ist: Für ‚Liebe' sind Lieder, sind Gedichte gleichsam zuständig. Im Bild des Vogels können ‚Liebe' und konkretes Liebesobjekt metonymisch ineinandergeblendet werden. In Benns Gedicht ist der Gesang des Vogels freilich ersetzt durch ein *Aussprechen* der Qualen, die die Liebe verursacht. Die Beobachtung von Artikulation ist verschoben von der personifizierten Liebe auf das Objekt, man könnte sagen: das Opfer der Liebe. Es findet also eine metonymische Ersetzung statt, die den Prozess des Souveränitätsverlusts des Du ab-

---

8 Zahlreiche späte Gedichte Benns nehmen Zitate von Produkten der Unterhaltungsindustrie auf, so *Spät, Destille, Bar, Impromptu*.

9 George Bizet: Carmen. Paris 1998, S. 21.

10 Herman Bang: Die vier Teufel und andere Novellen. Berlin o. J. [ca. 1912], S. 9.

11 Ebd., S. 8, 11, 17, 40, 41, 65, 65, 69.

schließt, welcher mit der Diagnose der Ahnungslosigkeit beginnt und in der dritten Strophe dann unübersehbar wird.

Liebeswalzer ist als Titel einer Kunstform zugeordnet, die in einem durch den Höhenkamm geprägten Kulturbetrieb randständig war, als Ausdruck eines trivialen Interesses an anspruchsloser Unterhaltung gebrandmarkt wurde, nämlich der Operette.[12] Benns Gedicht ruft die Assoziation hervor, ‚Liebessehnsucht' sei mit operettenhaftem Kitsch verrechenbar, habe als authentisches Gefühl abgewirtschaftet. Präziser: ‚Sehnsucht' sei sprachlich artikulierbar nur noch zusammen mit trivialen Formen, an die niemand mehr glaube. *Bitte wo* – würde demnach die in die Massenunterhaltung mündende Liebeslyrik der Romantik und des 19. Jahrhunderts ironisieren. Am bekanntesten wurde ein *Liebeswalzer* betiteltes Stück des Ende des 19. Jahrhunderts erfolgreichsten Salonkomponisten Moritz Moszkowski, eines Chopin-Epigonen.[13] Hatte Carl Michael Ziehrer eine *Liebeswalzer* betitelte Operette komponiert, so gibt es Stücke gleichen Namens von Franz Lehár, Carl Zeller und Franz von Suppé. 1930 drehte das damalige UFA-Liebespaar schlechthin, Willy Fritsch und Lilian Harvey, eine seinerzeit erfolgreiche musikalische Liebeskomödie mit demselben Titel. Bangs Novelle handelt im Zirkusmilieu.

Der romantische Zentralbegriff der Sehnsucht ist bei Benn in der Regel erotisch konnotiert, damit also vom Idealen ins Körperliche ‚profaniert'. Hier ist mit ihm eine vielleicht pathetisch, vielleicht sentimental zu nennende Liebesapostrophe verknüpft, die durch die Parenthesen geradezu konterkariert wird. Klammern und Gedankenstriche grenzen diese Verse vom Rest des Gedichts formal und syntaktisch ab, sie verweisen auf die Auslassung syntaktisch und semantisch notwendiger sprachlicher Elemente, aber auch auf die Offenheit der getroffenen Aussagen, die Ungeklärtheit gestellter Fragen.

Spätestens in Vers 12 treffen rhythmischer Bruch und Anakoluth zusammen, holt das Gedicht zu einer Klimax aus, einem offenen Schluss in Gestalt einer verhallenden Frage. Die Letztstellung der Frage dementiert die bereits gegebenen Antworten, hält auch die Vertikale des vorausgegangenen Verses („stürzen", V. 11) noch einmal auf – trotz allem scheint sich jetzt, am Ende, die Frage noch einmal zu lohnen.

Hingegen hatte die Frage nach dem Wann und dem Wo in der Parenthese des Verses 2 den walzerhaften Rhythmus des Gedichts gestört, wirkte dort wie ein halb bewusstes Gemurmel, das die zaghaft im Irrealis formulierte Bedingung im ersten Vers sogleich zu durchkreuzen droht: „Selbst wenn du noch Sehnsucht hättest, so gäbe es doch weder Raum noch Zeit dafür!" So sind die ersten beiden Verse zu paraphrasieren, falls man die Aussagen der Verse 1 und 2 syntaktisch verkoppelt lesen möchte. Das vielfache „noch" korrespondierte dem „wann", wäre

[12] Vgl. Operette. In: Musiklexikon in vier Bänden. Dritter Band. Stuttgart, Weimar ²2005, S. 523 f.

[13] Vgl. Fabian Kolb: Moritz Moszkowski. In: Die Musik in Geschichte und Gegenwart. 2. Ausgabe. Personenteil. Bd. 12. Kassel, Stuttgart u. a. 2004, Sp. 541–543.

also eine Bitte um Klarheit. Aus dem Irrealis des ersten Verses wird ab dem zweiten ein Konditional Realis. Das Ich hält nun alles das, was es anspricht, beim angesprochenen Du noch für möglich: die Abhängigkeit, die den Übergang von bloßer Sehnsucht zu einer durch die Vereinigung der Körper gekennzeichneten Beziehung bedeutet („mit Küssen"), die nun bildlich vorstellbare Unentschiedenheit der personificatio, ja des Liebessymbols „Vogel", schließlich die von Vers zu Vers zunehmende Passivität, der Opferstatus des liebenden Du, das zum Objekt zu werden, das zerstört zu werden droht. Die letzten beiden Verse lassen sich entweder als Frage nach Ort und Zeit dieses Sturzes und Zerbrechens, des Todes, lesen – sie lassen sich aufgrund ihrer syntaktischen Verknappung gerade auch davon losgelöst verstehen. Die dritte Strophe wäre zu paraphrasieren: „Wenn du noch fähig bist zu lieben (wozu auch Leidensfähigkeit und die Bereitschaft zum Untergang zählen), dann nenne mir Ort und Zeit unserer Begegnung."

Die Verführungsgewalt des Alltagssprachlichen in den zitathaften Abschnitten ist so groß, dass sich als überragende Lesart des „bitte wann – bitte wo" die Verabredung zum ‚Date' als Akt der Liebeswerbung anbietet. Rhythmisch und metrisch stürzen das Pathos und die Sentimentalität der „Wenn"-Sätze im letzten Vers in der Tat ab – es bleibt die Lebenspraxis, die das Ich auf den Boden der Transzendentalien des Alltags, Raum und Zeit einer erhofften Begegnung, zurückholt.

Beide Lesarten (‚Was sind Zeit und Ort des Untergangs?' versus: ‚Wann und wo werden wir uns wiedersehen?') sind gleichermaßen plausibel, ja zwingend. In ihrer Unentschiedenheit sind sie durchaus modern – auch in ihrer Nähe zu einem Alltag, der allemal zwischen endgültigem Verzagen und plötzlicher neuer Hoffnung schwankt, weit entfernt von formaler Kälte und Strenge. Gewiss ist mit dieser offenen Frage kein metaphysischer Ausweg aus der Sprach- und Erkenntniskritik der Moderne bezeichnet, es sei denn, man dächte noch einmal an die Metaphysik einer Liebe, die Stürzen und Zerbrechen gleichermaßen provozierte und einen neuen Steigflug zuließe. Von ihm ist in diesem Gedicht jedoch nicht die Rede, nur vom Schweben, dann vom Absturz des Vogels Liebe. Offen bleibt folglich, welche Rolle eigentlich der Sprecher spielen möchte: Ist er distanzierter Beobachter oder möchte er Liebeskommunikation herbeiführen? Die Polyvalenz des „bitte wann – bitte wo?" erlaubt keine Festlegung.

Der elegische Charakter, der Benns später Lyrik gern zugeschrieben wird, die „Diskrepanz zwischen Ideal und Wirklichkeit", kennzeichnet auch dieses Gedicht.[14] Eine bisher noch nicht berücksichtigte Deutung der Sprechsituation stützt das ‚Elegische', denn keineswegs ist klar, dass sich hier ein Sprecher (ein explizites lyrisches Ich gibt es nicht) an ein an- oder auch abwesendes Liebesobjekt wendet: Das „du" kann auch eine Selbstapostrophe sein, die der Selbstbefragung und möglicherweise auch der Selbstermutigung dient.[15] Dabei ist zu beachten, auf

[14] Vgl. Karcher 2006, S. 219 ff., hier S. 235.

[15] Vgl. oben die Lesart zu Vers 3: „dich noch an Frauen kettest" – einen männlichen Sprecher einmal vorausgesetzt.

welch wechselhafte Weise die Liebespersonificatio „Vogel“ in die Sprechakte eingebaut wird, womit die Ungreifbarkeit dieses begehrten Vogels nur noch unterstrichen wird. Tritt das parenthetische „bel oiseau“ in der ersten Strophe gleichsam als Assoziation erstmals auf, so wird es, in einer durch Anapher und Parallelismus als Fortsetzung gekennzeichneten zweiten Strophe zum Bild ausgebaut: Das Du ist nun konkret als dieser Vogel vorstellbar – ist also die Liebe schlechthin angesprochen oder aber, synekdochisch oder metonymisch, eine einzelne Person, ein Liebender? In der dritten Strophe ist das Du wieder vom „bel oiseau“ unterschieden im Sinn eines Kausalverhältnisses: ‚die Liebe‘ verursacht die Schmerzen des Du, das nun nicht mehr Agens ist und mit ‚der Liebe‘ identifiziert wird, sondern als deren Objekt oder gar Opfer. Die damit verbundene Bedeutungsminderung des Du, das vom Liebesobjekt des Sprechers zum leidenden Objekt ‚der Liebe‘ geworden ist, korrespondiert der schwebenden Betonung zu Beginn von Vers 11, in dem die Hauptakzente jeweils auf der ersten Silbe der Verben liegen.

V. Œuverimmanenz und Intertextualität (I)

Die Anden lassen sich diesseits aller kulturellen Referenzen auf ein typisch Benn'sches Rezeptionsmuster der Philosophie Nietzsches beziehen, den sogenannten ‚Südkomplex‘: Ist für Benn generell der Süden mit seinem ‚Blau‘ Raum der Erlösung aus der körperfernen Intellektualität, so repräsentieren die Anden einen Ort des extremen, in seinem Wert schon zweifelhaften Südens. In dem 1925 entstandenen Gedicht *Stunden – Anthropophagen* heißt es: „Ein Palmenmorgen, / Der Anden Schall: / Das Nichts anborgen – / Verfall, Verfall.“[16]

Unser Gedicht ist in vielerlei literarische und literaturgeschichtliche Kontexte eingebettet. Genannt seien hier nur Anklänge an die Sprache der expressionistischen Lyrik, an der der junge Benn teilhatte und deren Modernitätsemphase er sich zeitlebens bewahrte. Die zerbrochene Syntax des Gedichts und seine Abweichungen von den Regeln der Grammatik nehmen Formprinzipien des Expressionismus auf: Ungewöhnlich ist in Vers 7 der reflexive Gebrauch von ‚tauschen‘, der aber als bewusster, vielfacher Wechsel, als ‚Pendeln‘ des Vogels vorstellbar ist. Die transitive Konstruktion des Verbs ‚leben‘ in Vers 8 ist schwerer nachvollziehbar; zu denken ist an die Heteronomie des Liebenden, die nicht den ‚Vogel‘, sondern einen Dritten meint, dessen Leben von der Liebe gleichsam regiert und beherrscht wird.

Die dem Bürgertum seine Apokalypse prophezeiende Rede der Moderne hatte die Ortlosigkeit und das zeitliche Ende, den Untergang des modernen Subjekts behauptet, ob man an Oswald Spenglers fast sprichwörtlich gewordenen *Untergang des Abendlandes* denkt oder an Benns eigenes Diktum: „Der bisherige Mensch ist zu Ende, Biologie, Soziologie, Familie, Theologie, alles verfallen und ausge-

[16] Benn: Stunden – Anthropophagen. In: SW II, S. 100.

laugt, alles Prothesenträger."[17] Raum und Zeit als Ordnungsraster schienen verloren, waren aber in einer autonom gedachten, von der Referenz auf eine (eben raumzeitlich verfasste) Welt absehenden Dichtung auch verzichtbar. Doch kann die Lyrik der Moderne von Bezügen auf die ‚reale Welt' absehen?

Benns Apotheose des modernen Gedichts fand in der Literaturwissenschaft sein Echo etwa in dem heute noch gültigen und lesenswerten, 1956 erschienenen Bändchen des Romanisten Hugo Friedrich *Die Struktur der modernen Lyrik*, das die europäische Moderne, ausgehend von der ‚Dreifaltigkeit' Baudelaire, Rimbaud und Mallarmé, nachhaltig bei den deutschen Lesern kanonisierte. Benn selbst ist in einem kleinen Leseanhang mit dreien seiner *Statischen Gedichte* vertreten. Zu Friedrichs Kanonisierung gehört eine kategorische Verrätselung der modernen Lyrik: Sie muss dunkel, unverständlich, geheimnishaft und ‚dissonant' sein. Friedrichs Metaphorik stellt also das Gedicht in die Nähe der musikalischen Komposition, sollen doch seine Klangeffekte dem modernen Bedürfnis nach Sinnfreiheit im Kunstwerk genügen. Es ist verletztes Ganzheitsempfinden, das aus diesen Kategorien spricht, eine Lektüre, die das Metaphysische im Kunstwerk gern erhalten wissen möchte, aber darum weiß, dass dies nicht mehr möglich ist. Entsprechend wird moderne Lyrik vielfach ex negativo definiert – als ob es ihr am positiv Gegebenen fehle, als ob man ein sprachliches Kunstwerk immer von der angeblich verlorenen Fülle aus angehen müsse.[18] Ob Mehrdeutigkeit durch syntaktische Leerstellen („bitte wann – bitte wo? –"), durch Heterogenität, ja Widersprüchlichkeit der Kotexte (Vogelsemantik) oder Brüche der Isotopien (Liebe) erzeugt wird – geschult an der französischen Moderne, scheint sich dieses Gedicht durch Setzung *und* Durchkreuzung romantischer Motivik auszuzeichnen.[19]

Traditionell wird mit dem Flug der Vögel der weissagende Blick in die Zukunft verbunden.[20] Die Frage nach der Zukunft ist in diesem Gedicht das Schlusswort. Das Bild des über den Anden schwebenden Vogels, die durch Wort- und Satzfiguren geleisteten formalen Korrespondenzen, die Montage von Zitatfragmenten sowie eigentümliche Klang- und Rhythmuseffekte prägen das Gedicht stark. Das „bitte wann – bitte wo" schickt den Leser jedoch auf die Suche nach einer plausiblen Aussage, nach einer Zukunftsoption für den Sprecher, nach Dynamik an Stelle der früheren Benn'schen Poetologie der Statik. Selbst auf das ‚Noch' einer Spätzeit, in der mit der Individuation von ‚Ich' und ‚Du', wie vom Expressionismus verheißen, Schluss sein könnte, darf etwas folgen. Fragen provozieren Antworten, regen einen Dialog an, der das Monologische des Gedichts ablösen könn-

---

17 Benn: Doppelleben. In: SW IV, S. 83–176, hier S. 168.

18 Vgl. Hugo Friedrich: Die Struktur der modernen Lyrik. Von Baudelaire bis zur Gegenwart. Hamburg 1956.

19 Vgl. Rainer Warning: Schwellenerfahrung und Epochenschwelle. Hugo, *Soleils couchants* und Baudelaire, *Les deux crépuscules de la grande ville*. In: Ders.: Lektüren romanischer Lyrik. Von den Trobadors zum Surrealismus. Freiburg 1997, S. 179–218.

20 Vgl. Vogel. In: Handwörterbuch des deutschen Aberglaubens. Band VIII. Berlin, Leipzig 1936/37, Sp. 1673–1679.

te.[21] Erst die Antwort wird erweisen, ob eine Rettung der Sprache in elegischem Ton, an Ort und Zeit gekoppelt, denkbar ist.

Der offene Schluss des Gedichts fügt sich zum Sprachoptimismus jenes Buches, in dem *Bitte wo* – 1955 erschien, Benns letztem Gedichtband *Apreslude*, dessen Texte sich vielfach durch melancholische Alltagsnähe, einen durch allerlei Zitate aus Medien und Umgangssprache angereicherten Parlando-Stil auszeichnen, durch „saloppe Schnoddrigkeit neben Formvollendung".[22]

VI. Intertextualität (II): Doppel und Tausch

Bei der Lektüre von *Apreslude* ist eine Reminiszenz an das rege Liebesleben des neunundsechzigjährigen Benn angebracht. Die mehr oder weniger glücklichen Affären, die er 1954/55 mit Astrid Claes (die über die Sprache seiner Gedichte promoviert hatte) und mit der jungen Autorin Ursula Ziebarth hatte, sind in den Briefwechseln dokumentiert.[23] Benn hielt mit seiner Auffassung, sexuelle Erfüllung stärke die Produktivität des alt werdenden Künstlers, nicht hinter dem Berg.[24] Auch das Titelgedicht des Bandes schlägt dem Alternden im Bild des Tauchens die immer wieder aufs neue zu vollziehende, durch keinerlei goethische Entsagung getrübte Rückkehr ins Elementare vor. Als am 9. April 1955 *Bitte wo* – entsteht, versucht Benn gerade zwischen seinen beiden Geliebten zu lavieren, ist die angestrebte Dreiecksbeziehung in ihre finale Krise geraten[25] – er zehrt selbst also von der Unentschiedenheit des „bel oiseau", der zwischen den Ozeanen hin- und herschwebt.

Die Moderne liebt Sprachspiele, vertauscht gern Signifikanten und erzeugt mittels minimaler Verschiebungen maximale Bedeutungsunterschiede. Ist man nicht versucht, statt „tauschend" (V. 7) vielmehr „tauchend" zu lesen, statt „wen du lebst" (V. 8) „wen du liebst"? Einem „Vogel" mit verdoppeltem Liebesleben wird der Leser zutrauen, jeweils auch „über der Andern" zu schweben, nicht nur „über den Anden" (V. 6).

Der sich tauschende, doppelt existente Vogel nimmt auch ein anderes Bild Benns auf, nämlich das in seiner 1950 erschienenen Autobiographie *Doppelleben* geprägte von dem Dichter, der immer in mehreren Parallelwelten zugleich lebt, ohne sich doch auf eine festlegen zu können[26] – ein Versuch, sich und anderen

[21] Zum Dialogischen in der Lyrik des späten Benn vgl. Petersdorff 2007, S. 34, der die ironische Brechung der ‚kalten', formstrengen Moderne im Spätwerk Benns der Postmoderne zurechnet.

[22] Dieter Liewerscheidt: Gottfried Benns Lyrik. Eine kritische Einführung. München 1980, S. 15.

[23] Gottfried Benn: Briefe. Band 6: Briefe an Astrid Claes 1951–1956. Stuttgart 2002; Ders.: Hernach. Gottfried Benns Briefe an Ursula Ziebarth. Mit Nachschriften zu diesen Briefen von Ursula Ziebarth und einem Kommentar von Jochen Meyer. Göttingen 2001.

[24] Vgl. Gottfried Benn: Altern als Problem für Künstler. In: SW VI, S. 123–150.

[25] Vgl. Gunnar Decker: Gottfried Benn. Genie und Barbar. Biographie. Berlin 2008, S. 468–476; vgl. die Briefe an Ursula Ziebarth vom März/April 1955: Benn an Ziebarth 2001, S. 260–326.

[26] Benns Psyche, seine Anlage zur Schizophrenie, wird gern als biographische Folie seiner Poetologie herangezogen. Vgl. Decker 2008, S. 285 f.

Rechenschaft über seine nationalsozialistische Phase abzulegen. So fraglich Benn die Einheit der Persönlichkeit ist, so leicht wird es ihm, zwischen seinem Beruf des Stabsarztes und der von Belastungen freizuhaltenden Dichterexistenz zu trennen. Die Ahnungslosigkeit des Du im Gedicht vollendet ein Wunschbild des späten Benn. Diese selbstreflexive, von intellektueller Selbstbeobachtung wie Skepsis geprägte Haltung folgt Friedrich Schlegels Begriff der (romantischen) Ironie und überschreitet längst die Grenze der Liebesmotivik.

Handelt es sich also überhaupt um ein Liebesgedicht – auch eingedenk der Tatsache, dass das Wort ‚Liebe' überhaupt nicht fällt und auch nicht eigentlich durch sein französisches Pendant, sondern ein Schlagerzitat höchstens surrogathaft vertreten ist? Der exklusive Lyriker Benn, der vor allem die Klangwirkung des Gedichts rühmte, „akustisch und emotionell", versuchte 1951 im Marburger Vortrag *Probleme der Lyrik* seine Hörer von der Unübersetzbarkeit von Gedichten zu überzeugen: „Darum ist oublier nie Vergessen."[27] Dann wäre ‚amour' auch nicht Liebe, sondern ein wohlklingendes, zu Assoziationen anregendes Zitat aus einem Walzerlibretto, eingebaut in ein Gedicht, das seine Künstlichkeit nicht verleugnet.[28]

VII. Auswahlbibliographie

1. Walter Delabar, Ursula Kocher (Hg.): Gottfried Benn (1886–1956). Studien zum Werk. Bielefeld 2007.
2. Elisabeth Kampmann: „Form, isoliert, ist ein schwieriger Begriff". Erfolgsbedingungen und Karriere von Benns Poetologie der Form in den 1950er Jahren. In: Heinz Ludwig Arnold (Hg.): Gottfried Benn. Text + Kritik. Heft 44. 3. Aufl. Neufassung. München 2006, S. 206–220.
3. Simon Karcher: Sachlichkeit und elegischer Ton. Die späte Lyrik von Gottfried Benn und Bertolt Brecht – ein Vergleich. Würzburg 2006.
4. Dirk von Petersdorff: Benn in der Bundesrepublik. Zum späten Werk. In: Friederike Reents (Hg.): Gottfried Benns Modernität. Göttingen 2007, S. 24–37.
5. Moritz Schramm: Gottfried Benn (1886–1956). In: Ursula Heukenkamp, Peter Geist (Hg.): Deutschsprachige Lyriker des 20. Jahrhunderts. Berlin 2007, S. 108–126.

27 SW VI, S. 24.

28 Vgl. ebd. das berühmt gewordene Diktum, ein Gedicht sei „etwas Gemachtes" (S. 10), auch wenn ihm „Substanzen von Leidenschaft, Natur und tragischer Erfahrung" zugrunde liegen (S. 36).

Georg Trakl (1887–1914): Helian

von Iulia-Karin Patrut

I. Gedicht

Helian

In den einsamen Stunden des Geistes
Ist es schön, in der Sonne zu gehn
An den gelben Mauern des Sommers hin.
Leise klingen die Schritte im Gras; doch immer schläft
Der Sohn des Pan im grauen Marmor.

Abends auf der Terrasse betranken wir uns mit braunem Wein.
Rötlich glüht der Pfirsich im Laub;
Sanfte Sonate, frohes Lachen.

Schön ist die Stille der Nacht.
Auf dunklem Plan
Begegnen wir uns mit Hirten und weißen Sternen.

Wenn es Herbst geworden ist
Zeigt sich nüchterne Klarheit im Hain.
Besänftigte wandeln wir an roten Mauern hin
Und die runden Augen folgen dem Flug der Vögel.
Am Abend sinkt das weiße Wasser in Graburnen.

In kahlen Gezweigen feiert der Himmel.
In reinen Händen trägt der Landmann Brot und Wein
Und friedlich reifen die Früchte in sonniger Kammer.

O wie ernst ist das Antlitz der teueren Toten.
Doch die Seele erfreut gerechtes Anschaun.

Gewaltig ist das Schweigen des verwüsteten Gartens,
Da der junge Novize die Stirne mit braunem Laub bekränzt,
Sein Odem eisiges Gold trinkt.

Die Hände rühren das Alter bläulicher Wasser
Oder in kalter Nacht die weißen Wangen der Schwestern.

Leise und harmonisch ist ein Gang an freundlichen Zimmern hin,
Wo Einsamkeit ist und das Rauschen des Ahorns,
Wo vielleicht noch die Drossel singt.

Schön ist der Mensch und erscheinend im Dunkel,
Wenn er staunend Arme und Beine bewegt,
Und in purpurnen Höhlen stille die Augen rollen.

Zur Vesper verliert sich der Fremdling in schwarzer Novemberzerstörung,
Unter morschem Geäst, an Mauern voll Aussatz hin,
Wo vordem der heilige Bruder gegangen,
Versunken in das sanfte Saitenspiel seines Wahnsinns,

O wie einsam endet der Abendwind.
Ersterbend neigt sich das Haupt im Dunkel des Ölbaums.

Erschütternd ist der Untergang des Geschlechts.
In dieser Stunde füllen sich die Augen des Schauenden
Mit dem Gold seiner Sterne.

Am Abend versinkt ein Glockenspiel, das nicht mehr tönt,
Verfallen die schwarzen Mauern am Platz,
Ruft der tote Soldat zum Gebet.

Ein bleicher Engel
Tritt der Sohn ins leere Haus seiner Väter.

Die Schwestern sind ferne zu weißen Greisen gegangen.
Nachts fand sie der Schläfer unter den Säulen im Hausflur,
Zurückgekehrt von traurigen Pilgerschaften.

O wie starrt von Kot und Würmern ihr Haar,
Da er darein mit silbernen Füßen steht,
Und jene verstorben aus kahlen Zimmern treten.

O ihr Psalmen in feurigen Mitternachtsregen,
Da die Knechte mit Nesseln die sanften Augen schlugen,
Die kindlichen Früchte des Hollunders
Sich staunend neigen über ein leeres Grab.

Leise rollen vergilbte Monde
Über die Fieberlinnen des Jünglings,
Eh dem Schweigen des Winters folgt.

Ein erhabenes Schicksal sinnt den Kidron hinab,
Wo die Zeder, ein weiches Geschöpf,
Sich unter den blauen Brauen des Vaters entfaltet,
Über die Weide nachts ein Schäfer seine Herde führt.
Oder es sind Schreie im Schlaf,
Wenn ein eherner Engel im Hain den Menschen antritt,
Das Fleisch des Heiligen auf glühendem Rost hinschmilzt.

Um die Lehmhütten rankt purpurner Wein,
Tönende Bündel vergilbten Korns,
Das Summen der Bienen, der Flug des Kranichs.
Am Abend begegnen sich Auferstandene auf Felsenpfaden.

In schwarzen Wassern spiegeln sich Aussätzige;
Oder sie öffnen die kotbefleckten Gewänder
Weinend dem balsamischen Wind, der vom rosigen Hügel weht.

Schlanke Mägde tasten durch die Gassen der Nacht,
Ob sie den liebenden Hirten fänden.
Sonnabends tönt in den Hütten sanfter Gesang.

Lasset das Lied auch des Knaben gedenken,
Seines Wahnsinns, und weißer Brauen und seines Hingangs,
Des Verwesten, der bläulich die Augen aufschlägt.
O wie traurig ist dieses Wiedersehn.

Die Stufen des Wahnsinns in schwarzen Zimmern,
Die Schatten der Alten unter der offenen Tür,
Da Helians Seele sich im rosigen Spiegel beschaut
Und Schnee und Aussatz von seiner Stirne sinken.

An den Wänden sind die Sterne erloschen
Und die weißen Gestalten des Lichts.

Dem Teppich entsteigt Gebein der Gräber,
Das Schweigen verfallener Kreuze am Hügel,
Des Weihrauchs Süße im purpurnen Nachtwind.

O ihr zerbrochenen Augen in schwarzen Mündern,
Da der Enkel in sanfter Umnachtung
Einsam dem dunkleren Ende nachsinnt,
Der stille Gott die blauen Lider über ihn senkt.

Georg Trakl: Dichtungen und Briefe. Historisch-kritische Ausgabe. Salzburger Ausgabe. Hg. v. Walther Killy, Hans Szklenar. Bd. 1. Salzburg 1969, S. 69–73.

II. Stellenkommentar

Helian: ein männlicher, wahrscheinlich von Trakl erfundener (Vor-)Name, der in der Forschung u. a. in Verbindung gebracht wird mit dem „Helios“ in Hölderlins Gedicht *Der Mensch*, dem „pauvre Lélian“ Paul Verlaines sowie der altsächsischen Evangelienharmonie *Heliand*. In der vorliegenden Interpretation wird Helian gedeutet als Mischwesen: Halb Sonnengott Helios, halb Pan.

V. 5: Pan: verweist auf Rimbauds Prosagedicht *Antike*. Der Wald- und Weidegott besitzt in der griechischen Antike keinen Sohn.

V. 60: Kidron: der Name für den im Alten Testament erwähnten Fluss zwischen Jerusalem und dem Ölberg, der auf Hölderlins Gedicht *Der Winkel von Hart* verweist.

III. Entstehungsgeschichtlicher Hintergrund

Dem um die Jahreswende 1912/1913 verfassten und erstmals im Januar 1913 im *Brenner* veröffentlichten Gedicht *Helian* kommt ein zentraler Platz im Werk Trakls zu – allein schon aufgrund der viel zitierten Aussage Trakls, „[e]r [Helian] ist mir das teuerste und schmerzlichste, was ich je geschrieben.“[1] Auch die Urteile der

[1] Brief Georg Trakls an Erhard Buschbeck vom 23.-26. 1. 1913. Vgl. Georg Trakl: Helian. In: Sämtliche Werke und Briefwechsel. Innsbrucker Ausgabe. Hg. v. Eberhard Sauermann, Hermann

Zeitgenossen fielen positiv aus, von Karl Borromäus Heinrichs Prophezeiung, dass *Helian*, der „jeden Europäer irgendwie angeht", vielleicht erst „in hundert und zweihundert Jahren"[2] in seiner überragenden Bedeutung entdeckt und gewürdigt würde, über Ludwig von Fickers Urteil über den *Helian* als einer „der erschütterndsten Offenbarungen, welche die deutsche Lyrik aufzuweisen hat",[3] bis hin zu Rainer Maria Rilkes großem Interesse an dem Text, den er als maßgebliche poetologische Selbstaussage Trakls auffasste.

Werkgenetisch betrachtet markiert das Gedicht die Wende von der mittleren zur späten Werkstufe; mit *Helian* und *An den Knaben Elis* erschloss sich Trakl ein neues Register seiner Dichtung, und dies gilt für die Form der freien Rhythmen ebenso wie für die verhandelte Problematik. Die im vorliegenden Aufsatz entwickelte Interpretation versucht, über die Simultaneität christlicher und arkadischer Elemente als semantischer Achse, wie sie etwa Bernhard Böschenstein vorgestellt hat,[4] hinauszugehen. *Helian* wird auch nicht, wie zuletzt bei Barbara Neymeyr, als poetologisches Manifest einer „desaströsen Décadence"[5] gedeutet. Das Gedicht greift vielmehr bereits in der Frühromantik formulierte Fragen nach der Befindlichkeit des Ich in der Welt und in der Kunst auf und codiert sie neu, indem es sie mit Nietzsches Kategorien des Apollinischen und Dionysischen, aber auch mit Rimbaudschen Chiffren des Verfalls in Zusammenhang bringt. *Helian* geht auf die zeitgenössisch verbreitete Narzissmus-Thematik und auf ästhetizistische Ängste vor unausweichlicher Selbstbezüglichkeit ein und setzt ihnen Vitalismus-Phantasien entgegen, deren einziger Bezugspunkt das Ästhetische ist: ein ‚Kunst-Arkadien'. Dennoch ist *Helian* nicht der Dekadenz verschrieben: Es geht hier nicht nur um Selbstbeschau, sondern auch um eine Auseinandersetzung mit der Welt und einem Gegenüber (den Schwestern).

Wenn Helian im fünften Teil des Gedichts seine Seele „im rosigen Spiegel" (V. 83) erkennt, so wird hier nicht das Todesurteil über einen Narziss gefällt; diese Passage lässt vielmehr – ebenso wie die Vision von dem ‚schönen Menschen', der am Himmel mit den Gestirnen geht (V. 30) – offen, in welchem Verhältnis hier Selbst(be)spiegelung und Welt-Schau stehen.

IV. Zum Aufbau

Helian ist als fünfteiliger Zyklus aufgebaut; es überwiegen die freien Langverse. Sowohl das Klang- als auch das Schriftbild erinnern an Friedrich Hölderlins gro-

Zwerschina. Bd. II. Sommer 1912 bis Frühjahr 1913. Basel 1995, S. 230–263, hier S. 235 (im Folgenden zitiert als Trakl 1995).

2 Karl Borromäus Heinrich: Briefe aus der Abgeschiedenheit II. Die Erscheinung Georg Trakl's. In: Der Brenner 3 (1912/13), S. 508–516, hier zitiert nach: Trakl 1995, S. 236.

3 Brief Ludwig von Fickers, des Herausgebers des *Brenner*, an Georg Trakl vom 8. 2. 1913, hier zitiert nach: Trakl 1995, S. 236.

4 Böschenstein 1999, S. 93.

5 Neymeyr 2002, S. 530.

ße Dichtungen der Spätzeit:[6] Inhaltlich bestehen Bezüge insbesondere zu den Oden *Dem Sonnengott* (1797), *Der Mensch* (1798), *Abendphantasie* (1799), zum Hexameter-Hymnus *Der Archipelagus* (1800) sowie zur Elegie *Brod und Wein* (1800/1801). Dem, der – wie Trakl – Friedrich Nietzsches *Geburt der Tragödie* kennt, fällt auf, dass die dort skizzierten Prinzipien des Apollinischen (hier als Individuierung, helle Lebenswelt des Tages, Schönes, Erkenntnis des nüchternen Verstandes) und Dionysischen (hier als Schmerz, unkontrolliertes Begehren, rauschhafte Erkenntnis, Entgrenzung, Entindividuierung, Wahnsinn und Todeserfahrung) im Gedicht aufgegriffen, variiert und schließlich in der tragischen Gestalt des Helian zusammengeführt werden, analog zur Synthese von Helios und Pan im Namen Helian. Trakls ästhetische Auseinandersetzung mit den Prinzipien Nietzsches steht in dem ersten, zweiten und vierten Teil des Gedichtes besonders im Vordergrund. Der Ton von *Helian* ist zuweilen hymnisch, zuweilen elegisch, wobei dieser Wechsel nicht immer mit jenem von apollinischen und dionysischen Bildern übereinstimmt, wie zu erwarten wäre; vielmehr entsteht eine neue, Trakl-spezifische Synthese inhaltlicher und formaler Gestaltungselemente. Die fünf Teile sind vielfach aufeinander bezogen, zum einen, indem einzelne Motivreihen quer durch das Gedicht zyklischen Abläufen (etwa den Jahreszeiten oder dem Tag-und-Nacht-Wechsel) folgen, zum anderen, indem eine gleichbleibende Grundthematik in allen fünf Teilen aufgegriffen und variiert wird. Dazu gehört die Schau der Innen- wie der Außenwelt, des Selbst wie des Gegenübers. Im Mittelpunkt steht die wiederkehrende Frage nach dem Schönen, die bereits in V. 2 aufkommt. Im dritten und vierten Teil wird parallel dazu die Liebe thematisiert (mit den Schwestern, V. 47, und dem Hirten, V. 75), und auf dieser Suche kommt es in allen fünf Teilen jeweils zu einer künstlerischen Anschauung oder sogar zum „Gesang“ (V. 76). Subjekte dieser Anschauung sind Gestalten junger männlicher Suchender, die sich offenbar in einem unaufhörlichen Übergang befinden; sie kommen weder an ein Ziel noch an ein Ende, es wäre jedoch auch falsch zu behaupten, ihre „Pilgerschaften“ (V. 49) seien sinnlos, vielmehr bedingen sie offenbar die gesuchte ästhetische Anschauung. Unter diesen Voraussetzungen erscheint es sinnvoll, die Interpretation auf jene thematischen Aspekte auszurichten, die Auskunft über die poetologische Gesamtaussage des Gedichts erteilen.

V. Halb Helios, halb Pan: Helian als poetologisches Mischwesen

Der erste Teil, der sechs ungleich lange Strophen umfasst (V. 1–21), setzt ein mit der apollinischen Vision eines Spaziergangs inmitten einer harmonisch geordne-

[6] Vgl. auch Bernhard Böschenstein: Hölderlin und Rimbaud. Simultane Rezeption als Quelle poetischer Innovation im Werk Georg Trakls. In: Walter Weiss, Hans Weichselbaum (Hg.): Salzburger Trakl-Symposion. Salzburg 1978, S. 9–27 sowie das Kapitel *Novalis als Dichterideal Trakls* bei Esselborn 2000, S. 289–299.

ten Gartenlandschaft, in der sich in den „einsamen Stunden des Geistes“ (V. 1) das ‚Schöne‘ ereignet. Schönheitsempfinden und Erkenntnis stehen zu Beginn im Zeichen des Helios, „in der Sonne“ (V. 2). Die „Schritte im Gras“ fügen sich „leise“ (V. 4) in das Gartenbild und evozieren durch ihr ‚Klingen‘ ein synästhetisches Erleben des Schönen. Mit den „Mauern“ (V. 3) sind allerdings auch schon die Grenzen des Gartens und des damit verbundenen ‚schönen Scheins‘ angesprochen. Der dritte Vers thematisiert zwei komplementäre Dimensionen und besitzt auch metrisch betrachtet eine herausragende Stellung in der ersten Strophe, denn er sprengt den bis dahin überwiegenden Anapäst und weist mit seinen sechs Hebungen doppelt so viele betonte Silben wie jeweils der erste und der zweite Vers auf. Auf den hellen Wachzustand des erlebenden Subjekts folgt nun der Schlaf des Sohns des Pan, und damit kommt all das zur Darstellung, was unter dem sonnenbestrahlten Gras liegt: die Nacht, der Tod, aber auch Schlaf und Rausch als besondere Modi der (künstlerischen) Erkenntnis. Helian vereint beides in sich. Der titelgebende, von Trakl erfundene Name lässt sich damit als Amalgamierung von Helios und Pan verstehen, und damit wird das Gedicht als Reflexion über die Möglichkeit einer ‚tragischen Lyrik‘ im frühen zwanzigsten Jahrhundert deutbar.[7]

Mit dem unterirdischen, toten Sohn des Pan kommt eine Gestalt ins Spiel, die seit der Antike metonymisch für das Natur- und Welt-Ganze gebraucht und dem Dionysischen zugerechnet wurde. Für Trakl *muss* der tote Pan auch tot bleiben – sogar dessen „Sohn“ „schläft“ unter marmornem Grabstein „immer“ (V. 4), denn die zeitgenössische Euphorie über den auferstandenen Pan schien ihm für die Beschreibung des Status quo der Kunst ungeeignet.[8] Mit dem Marmorstein auf dem Grab des Panschen Geschlechts, der als schöne Form in den Helios-Garten hereinragt, wird die Kunst im Grenzbereich von Apollinischem und Dionysischem verortet. Das Schöne offenbart sich im Gedicht stets an Grenzen, etwa in der Gestalt des ‚schönen Menschen‘ (V. 30), der als apollinisch-klare Form aus der dunklen Nacht erscheint.

Die allgemeine Verbundenheit und Umwertbarkeit der metaphorischen Pole, sobald sie in anderem Licht und aus anderem Blickwinkel betrachtet werden, erinnern an Novalis, insbesondere an seine *Hymnen an die Nacht*, ebenso wie die Anschauung der „teueren Toten“ (V. 20) als Moment ästhetischer Transzendenzerfahrung und Selbsterkenntnis. Möglicherweise ist also nicht nur Hölderlin, sondern auch Novalis als Vorgängerfigur gemeint, wenn im vierten Teil „das Lied auch des Knaben“ (V. 77) gedenken soll.[9]

---

7 Zur Diskussion des Namens vgl. auch die anders lautenden Auslegungen bei Sauermann 1997, S. 266 f.

8 Trakl soll die Formel von dem ‚erwachten Pan‘ in Theodor Däublers Lesung aus seinem Epos *Das Nordlicht* am 22. 11. 1912 sogar so geärgert haben, dass er den Raum verließ. Vgl. Methlagl 1989, S. 73.

9 Vgl. hierzu Esselborn 2000, S. 290 f.

VI. Der ‚schöne Mensch' als ‚Universalwesen': schillernde Offenbarung

Im zweiten Teil treten jene suchenden Gestalten in Erscheinung („Novize", V. 23, „Fremdling", V. 33 und „heilige[r] Bruder", V. 35), die im dritten Teil in dem „Schauenden" (V. 40), dem „tote[n] Soldat[en]" (V. 44), dem „Engel"-„Sohn" (V. 45 f.) und dem Jüngling (V. 58) ihre Fortsetzung finden. Während die Figuren des zweiten Teils noch im verwüsteten Garten (V. 22), im Diesseits der „Novemberzerstörung" (V. 33) weilen, befinden sich jene des dritten Teils offenbar (vor allem aufgrund der Allgegenwärtigkeit der Toten) in einem Jenseits. Alle bleiben sie jedoch unterwegs, gleichsam den Sonnen-Spaziergang der ersten Verse in dunkleren Spielarten weiterführend (der Fremdling „verliert sich", V. 33, und der heilige Bruder ist „vordem [...] gegangen", V. 35). In diesen orphischen Zyklus sind auch künstlerische Anschauung und Gesang eingebunden. Voraussetzung für das Gelingen von Kunst bleibt die Dialektik von Entgrenzung und Individuierung, die im gesamten Gedichtverlauf bedroht ist – dies äußert sich metaphorisch in den vorhandenen und zugleich zerfallenen Mauern (V. 34 und 43), vor allem aber in dem gleichzeitigen Für-sich-Sein und Ineinander-Verschmelzen des Novizen, heiligen Bruders, Fremdlings, Schauenden, Sohn und Jünglings. In *Helian* ist ihnen allen gemeinsam, dass sie in privilegierter Verbindung zum Transzendenten stehen, das sie in sich aufzunehmen vermögen, wie die ‚Gold'-Metapher nahe legt: „Trinkt" der „Odem" des Novizen „eisiges Gold" (V. 24), so „füllen sich die Augen des Schauenden / Mit dem Gold seiner Sterne" (V. 40 f.). Dies weist sie als Auserwählte und Initiierte aus und rückt sie in die Nähe der Jesus-Gestalt, die mit dem sterbenden „Haupt im Dunkel des Ölbaums" (V. 38) aufgerufen wird. Allein schon diese Einreihung Jesu unter die suchenden Gestalten resignifiziert die christologische Symbolik, wertet das Suchen nach der ‚gerechten Anschauung' auf in Richtung einer Substitution religiöser Offenbarung durch eine ästhetische. Walter Methlagl[10] hat nachgewiesen, dass Trakl den von Nietzsche entworfenen Gedanken der Verschiebung einer religiös gedachten Offenbarung hin zu einer ästhetischen aufgegriffen hat – ein Gedanke, den vor Nietzsche bereits die Frühromantiker, darunter Novalis (den Trakl auch direkt rezipiert hatte), in anderer Form ausarbeiteten. Zu Ende geführt wird dieser Aspekt dann am Schluss des fünften Teils, wenn die „Kreuze am Hügel" (V. 88) schweigen und verfallen, während „[d]es Weihrauchs Süße im purpurnen Nachtwind" (V. 89) offenbar Helian gilt, der zur gerechten Anschauung seiner eigenen Seele „im rosigen Spiegel" (V. 83) gelangt und zugleich eine poetische Sprache für diese Erfahrung findet. Dies alles sind Themen und Fragen, die bereits die romantische Kunstreligion an die Dichtung herangetragen hat, und Trakl, der mit frühromantischer Dichtung und Philosophie vertraut war, greift sie hier bewusst

[10] Walter Methlagl: Nietzsche und Trakl. Zur bleibenden Erinnerung an Eduard Lachmann. In: Rémy Colombat, Gerald Stieg (Hg.): Frühling der Seele. Pariser Trakl-Symposion. Innsbruck 1995, S. 81–118, insb. S. 83 und 92.

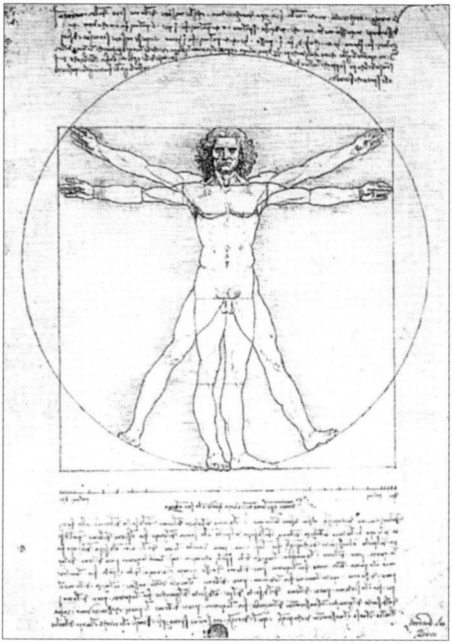

auf. Die vielschichtige Gleichung, deren Haupttermini Individuum, Natur, Sprache und Kunst sind und deren Auflösung Auskunft über das Wesen des Welt-Ganzen in Aussicht stellt, wird unter den Vorzeichen der klassischen Moderne und des Ästhetizismus modifiziert; d. h. hier vor allem, dass die Enttäuschung in Anbetracht der Begrenztheit und Relativität aller Einsicht und der menschlichen Ohnmacht im Mittelpunkt steht. Kulminationspunkt des zweiten Teils ist das Erscheinen des ‚schönen Menschen' (V. 30), der visionenhaft am nächtlichen Himmel sichtbar wird: „Schön ist der Mensch und erscheinend im Dunkel" (V. 30). Der ‚schöne Mensch' trägt hier Züge eines Universal-Wesens, das am nächtlichen Himmel als Lichtgestalt erscheint. Die Bewegung der Gliedmaßen verweist zurück auf den Gang in der ersten Strophe; man könnte aber auch an Leonardo da Vincis berühmte Zeichnung des vitruvianischen Menschen (1492) denken, dessen Arm- und Bein-Bewegungen Kreis und Quadrat und damit Transzendenz und Immanenz im menschlichen Körper in eins fallen lassen. In diesem Sinne würde das Gedicht auf diesen zeichnerisch entworfenen ‚schönen Menschen' anspielen, auf eine Kreation der Renaissance, die auf die Antike zurückverweist.

Dieser erste Kulminationspunkt potenziert sich noch einmal, wenn der ‚schöne Mensch' selber zum Schauenden wird und etwas zu sehen bekommt, wenn seine Augen „in purpurnen Höhlen" „rollen" (V. 32). Eine vergleichbare, weitere Potenzierung findet dann in Helians Schau der eigenen Seele im „rosigen Spiegel" (V. 83) statt. In diesem Sinne sind auch die „Stufen des Wahnsinns" (V. 81) als Stufenfolge ästhetischer Erkenntnis deutbar: So wie dem suchenden Novizen der ‚schöne Mensch' mit den rollenden Augen erscheint, so sehen diese rollenden Augen Helian, dessen ‚Selbstbespiegelung' dann all diese Stufen in ein All-Eines überführt. Das Gedicht thematisiert damit also eine selbstreflexive Kunst, die ihre Bezeichnungs- und Aussagekraft über Innen- und Außenwelt keineswegs verliert, sondern sie in sukzessiven, einander spiegelnden Entwürfen erhält oder steigert. Helian bleibt als Schauender bestehen, wie auch der Rückblick des Enkels auf ein überstandenes (da in der Vergangenheit liegendes) Ende am Schluss des Gedichtes (V. 91–93) stehen bleibt. Bereits V. 59 beschließt den dritten Teil des Gedichts nur auf den ersten Blick im „Schweigen des Winters"; am Schluss steht ein elliptisches „folgt". In V. 85–86 erlöschen einem lyrischen Subjekt die Lichter der Erinnerung und der Verheißung, wenig später „sinnt" schon ein (vielleicht zukünftiger) „Enkel" einem (von ihm aus betrachtet vergangenen) Ende nach. Erinnerung, ästhetische Anschauung und ihre poetische Verdichtung scheinen sich über die Generationen hinweg fortzusetzen – es wächst allerdings auch das Grauen, das von allem Verlorenen und Verstummten ausgeht (V. 90).

VII. Selbstbespiegelung, Gedenken und ästhetische Weltschau

War im dritten Teil das „Haus [der] Väter" (V. 46) leer und regierte der Tod, so wird im vierten Teil der Traum ewig lebendiger Immanenz geschildert. Ein heilender, „balsamische[r] Wind" weht vom „rosigen Hügel" (V. 73), in arkadischen Szenen rankt sich nicht mehr brauner (wie in V. 6), sondern „purpurner Wein" um „Lehmhütten" (V. 67), und reifes Korn sowie das „Summen der Bienen" (V. 69) zeugen von weltlichem Wohlergehen. Stellte sich im dritten Teil die Frage nach einer dem Tod und der Gewalt angemessenen Kunst, die mit den apokalyptischen Psalmen (die in erster Linie auf Trakls eigene *Psalm*-Dichtungen und, vermittelt darüber, auch auf die biblischen Gesänge anspielen) beantwortet wird, so kreist der vierte Teil um die Frage paradiesischer Versprechungen der Kunst. Christliche Symbolik wird hier aufgerufen, aber von den Bildern im Gedicht mehrfach durchkreuzt, denn immer wieder erhält Lebendiges wie Totes Attribute des ‚Heiligen' und Transzendenten, und zwar nach anderen Regeln als jenen der christlichen Dogmen – eher nach dem dionysischen Prinzip des All-Einen.[11] ‚Aussätzig' (V. 71) sind jene, die sich selbst in schwarzen, das heißt nicht spiegelnden Wassern beschauen, ohne dabei auch die Welt zu sehen – eine Welt, die im Zeichen der Verbindung und Entsprechung, aber auch des Leids (V. 66, 74) steht. Wenn dagegen die Welt als Ganzes gesehen und erfahren wird, „tönt" „in den Hütten sanfter Gesang" (V. 76), und die Kunst des Gesangs vermag es, Gegenwart und Vergangenheit zu verbinden, indem sie der Verstorbenen gedenkt. Alle Präteritalformen im Gedicht hängen mit dionysischen Elementen (Rausch, Liebe, Leid, Erinnerung, Vergessen) zusammen (V. 6, 47, 48, 54, 85). Passend dazu wird in diesem vierten Teil das Gedenken an exponierter Stelle angesprochen: Das (wie von selbst aufkommende) Lied soll „des Knaben gedenken" (V. 77), die rauschhafte Vereinigung in eine künstlerisch klare Form bringen. So gesehen ist dieser Gesang als Poetik der tragischen Kunst deutbar, die an Nietzsches Synthese von Apollinischem und Dionysischem erinnert, und noch darüber hinausragt, durch das Maß und die Art, in der das Hässliche, die Gewalt und der Tod einbezogen werden.

[11] Carl Dallago veröffentlichte am 1. 5. 1911 im *Brenner* – wo auch Trakls Gedichte regelmäßig erschienen – einen Aufsatz, in dem er Jesus, Gott Vater und Dionysos gleichermaßen als Symbolgestalten des All-Einen betrachtete. Vgl. Methlagl 1989, S. 69.

Der kurze fünfte Teil, der aus lediglich zwölf Versen (V. 81–93) besteht, ist als Quintessenz ästhetischer Welt- und Selbstschau deutbar; in ihrem Mittelpunkt steht Helians Spiegel-Vision. Während in den Versen 20 und 21 das Antlitz und die Seele der Schwester(n) angeschaut werden, ist diese Begegnung mit dem Gegenüber zunächst eine Schau der eigenen Seele. Kunst erscheint damit als Aporie von Selbstbespiegelung und Welt-Schau; Letztere misslingt bei den ‚Aussätzigen' (V. 71–73), die vergeblich den ‚rosigen' Wind der Welt herbeiwünschen.

Mit dem „Gebein der Gräber", das dem „Teppich" (V. 87) entsteigt, kommt ein drittes Bild diesseitiger Auferstehung ins Spiel (neben V. 56 und V. 70) – und auch hier geht es wieder, über das Motiv der künstlichen Textur des Teppichs, um Kunst.[12] Die allgegenwärtige „Süße des Weihrauchs" verleiht der Verlagerung des Heiligen ins Ästhetische Legitimität. Ähnlich ist die Metaphorik der Farbe Blau angelegt, die dem toten Dichter-Knaben, „der bläulich die Augen aufschlägt", (V. 79; ähnlich auch in V. 62 und 25) ‚Heiligkeit' verleiht. Die Farb-Metaphorik unterstützt insgesamt die Deutung als Suche nach heilsamer ‚ästhetischer Offenbarung'. Diese bleibt aber stets als Konstrukt und als mögliche Selbstprojektion markiert.

Das Zusammentreffen von Transzendentem und Immanentem im ‚schönen schauenden Menschen' Helian ist von jener Relativität geprägt, die schon (in einfacher Form) dem vitruvianischen homo ad quadratum/homo ad circulum eingeschrieben ist. Auch die ‚gerechte Anschauung' (V. 32, 73 und 83) ist in diesem Sinne eine subjektive. In dieser zwangsläufigen Subjektivität und in der Bedrohung durch den Tod und das Abjekte liegt der tragische Zug der Suche nach einer allen Dingen ‚gerecht' werdenden Poetik.

Diese Ambivalenz hinsichtlich der (künstlerischen und philosophischen) Bezugnahme auf ‚Welt' und die Gewissheit des prekären Charakters aller Selbst- und Weltvergewisserung sind in dieser Ausprägung spezifisch für ein modernes Kunstverständnis. Spezifisch für die expressionistisch und symbolistisch geprägte Moderne ist ferner die ausdrückliche Thematisierung des grundlegend prekären Charakters aller Repräsentationsakte und die Markierung (noch deutlicher als in frühromantischer Konzeption) des Dichters/Erlösers als Imagination, deren Wirkungsmacht dahin steht. Die Gesamtaussage zielt aber nicht etwa auf die grundsätzliche Obsoletheit von Kunst, nicht auf einen ganz ausweglosen Kurzschluss von Signifikat und Signifikant und von Ich und Welt an einem semantischen Nullpunkt hin; vielmehr entwickelt *Helian* eine Art (programmatisch subjektives) Koordinatensystem des künstlerisch Aussagbaren – insbesondere der Auseinandersetzung mit Tradition und Geschichte sowie der künstlerischen Vermittlung zwischen Selbst und ‚Welt' – im Bewusstsein der radikalen Ungewissheit aller Referentialität.

---

12 So auch Neymeyr 2002, S. 542 f., allerdings im Dekadenz-Kontext.

VIII. Auswahlbibliographie

1. Bernhard Böschenstein: Arkadien und Golgatha. In: Hans-Georg Kemper (Hg.): Gedichte von Georg Trakl. Stuttgart 1999, S. 84–95.
2. Hans Esselborn: Novalis-Rezeption in der Moderne. In: Herbert Uerlings (Hg.): Blüthenstaub. Rezeption und Wirkung des Werks von Novalis. Tübingen 2000, S. 289–309.
3. Walter Methlagl: Der Mythos vom All-Einen in der Lyrik Georg Trakls. In: Fausto Cercignani (Hg.): Studia Trakliana. Georg Trakl 1887–1987. Milano 1989, S. 63–80.
4. Barbara Neymeyr: Trakls lyrische Quintessenz. Poetologische Décadence-Reflexion und Hermetik in seinem Gedicht „Helian“. In: Zeitschrift für deutsche Philologie 121 (2002), S. 529–547.
5. Eberhard Sauermann: Zyklische Strukturen in Trakls „Helian“. In: Károly Csúri (Hg.): Zyklische Kompositionsformen in Georg Trakls Dichtung. Szegeder Symposion. Tübingen 1996, S. 169–187.

Jakob van Hoddis (1887–1942): Weltende

Von Thomas Anz

I. Gedicht

Weltende

Dem Bürger fliegt vom spitzen Kopf der Hut,
In allen Lüften hallt es wie Geschrei.
Dachdecker stürzen ab und gehn entzwei
Und an den Küsten – liest man – steigt die Flut.

Der Sturm ist da, die wilden Meere hupfen
An Land, um dicke Dämme zu zerdrücken.
Die meisten Menschen haben einen Schnupfen.
Die Eisenbahnen fallen von den Brücken.

Jakob van Hoddis: Dichtungen und Briefe. Hg. v. Regina Nörtemann. Zürich 1987, S. 15.

II. Karriere eines Gedichts

Liest man dieses bekannteste Gedicht des Expressionismus, sieht man sich auch auf das eigene Lesen verwiesen: „Und an den Küsten – liest man – steigt die Flut." (V. 4) In der handschriftlichen Fassung des vermutlich Anfang 1910, also zu Beginn des ‚expressionistischen Jahrzehnts' entstandenen Gedichts steht noch „sagt man".[1] Im Erstdruck, der in der Zeitschrift *Der Demokrat* vom 11.1.1911 erschien, und in allen späteren Nach- und Neudrucken ist „sagt" durch „liest" ersetzt. Diese geringfügige Änderung trug maßgeblich zur Modernität dieses Gedichts bei und vielleicht sogar zu seinem Erfolg. Sie liefert einen Schlüssel zum Verständnis der acht auf den ersten Blick ziemlich zusammenhanglos wirkenden Verse.

Kanonisiert, also in den Rang eines der wichtigsten Texte seiner Zeit erhoben, wurde das Gedicht spätestens, als Kurt Pinthus es an den Anfang seiner 1919 erschienenen Anthologie expressionistischer Lyrik mit dem bezeichnenden, in der apokalyptischen Bedeutung dem Wort „Weltende" nahen Titel *Menschheitsdämmerung* stellte. Die Anthologie war eine Art Bestandsaufnahme der damals jüngsten Lyrik. *Weltende* wurde seither unüberschaubar häufig nachgedruckt. Von der emotionalen Wirkung, die das Gedicht schon vor dem Erscheinen in dieser Anthologie im Kreise der Expressionisten auszuüben vermochte, von einer Art Glücksrausch, den es auslöste, berichtete Jahrzehnte danach ein Zeitgenosse des

1 van Hoddis 1987, S. 246.

Autors, der expressionistische Lyriker (und spätere Kulturminister der DDR) Johannes R. Becher:

> Alles, wovor wir sonst Angst oder gar Schrecken empfanden, hatte jede Wirkung auf uns verloren. Wir fühlten uns wie neue Menschen [...]. Wir standen anders da, wir atmeten anders, wir gingen anders, wir hatten, so schien es uns, plötzlich einen doppelt so breiten Brustumfang, wir waren auch körperlich gewachsen, spürten wir, um einiges über uns selbst hinaus, wir waren Riesen geworden.[2]

Wenn man ein Gedicht analysiert und interpretiert, sollte man mit solchen Aussagen ähnlich vorsichtig umgehen wie mit Äußerungen, die Autoren selbst über ihre Texte gemacht haben. Aber sie können durchaus wichtige Anhaltspunkte für die Analyse und Interpretation geben. Die dabei im Folgenden verwendeten Ansätze sind weitgehend an Entwicklungen des Strukturalismus, der Linguistik, der Narratologie und der Kognitionspsychologie orientiert.

III. Kommunikationssituation: Orientierungsgrundlagen beim Lesen

Nicht nur die Analyse von Gedichten, sondern auch von Texten anderer Gattungen kann zunächst bewusst zu machen versuchen, was vermutlich jeder Leser bei der Lektüre, oft ohne es zu wissen, leisten muss: sich zu orientieren und nach Anhaltspunkten zu suchen, wer mit einem Text und in einem Text mit wem und bezogen auf welche Situation über was mit welchen Absichten kommuniziert.[3] ‚Mit einem Text und in einem Text' meint dabei die Sachverhalte, dass (1) ein in der Realität existierender Autor, in diesem Fall also Jakob van Hoddis, einen Text geschrieben hat, der von ebenso real existierenden Personen später gelesen wird; und dass (2) in den durch den Text evozierten Vorstellungen Figuren kommunizieren. Im Zusammenhang damit steht die Orientierung in Zeit und Raum. Bei der Analyse von Erzähltexten spielt sie in der Regel eine größere Rolle als bei der von Gedichten. Trotzdem ist es sinnvoll, narratologische Begriffe auch in der Lyrikanalyse zu verwenden.[4] So gibt es beispielsweise Figuren selbstverständlich auch in der Lyrik, in *Weltende* den Bürger, Dachdecker, jemanden, der liest, und verschnupfte Menschen. Der „Bürger", dem in *Weltende* der Hut vom Kopf fliegt, ist in diesem Gedicht wie in vielen anderen Texten um 1910 kein Repräsentant eines Standes oder einer Klasse, sondern steht für einen sozialen Habitus, der den Expressionisten verhasst war.

In *Weltende* bleiben diese Figuren stumm, und auch ein lyrisches Ich oder eine figürliche Instanz, der man das im Gedicht Ausgesagte zuordnet, ist schwer iden-

---

2 Nachdruck ebd., S. 408.

3 Vgl. zum Folgenden Thomas Anz: Textwelten. In: Ders. (Hg.): Handbuch Literaturwissenschaft. 3 Bde. Stuttgart 2007, Bd. 1, S. 111–130; Ders.: Inhaltsanalyse. In: Ebd., Bd. 2, S. 55–69.

4 Vgl. Jörg Schönert, Peter Hühn, Malte Stein: Lyrik und Narratologie. Text-Analysen zu deutschsprachigen Gedichten vom 16. bis zum 20. Jahrhundert. Berlin, New York 2007.

tifizierbar. Die Frage nach zeitlichen und räumlichen Umständen, unter denen und über die hier kommuniziert wird, hat sich damit jedoch nicht erledigt.

In der Narratologie unterscheidet man zwischen Erzählzeit und erzählter Zeit. In der Terminologie der Lyrik-Analyse fehlen entsprechend gut eingeführte Begriffe, obwohl es auch da immer eine Sprech- oder Lesezeit und häufig Hinweise auf ein zeitlich begrenztes Geschehen gibt, von dem die Rede ist. In dem Gedicht von van Hoddis ist dieses Geschehen vage und ironisch mit dem Titel umrissen. Welche Dauer man da beim Lesen auch immer imaginieren mag, Stunden, Tage oder Wochen, dem Zeitraum eines ‚Weltendes' sind einigermaßen feste Grenzen gesetzt.

Die Orientierung darüber, zu welchem Zeitpunkt im literarischen Text etwas ausgesagt wird und wann sich das Erzählte oder Dargestellte ereignet, fällt in *Weltende* relativ schwer. „Eisenbahnen" (V. 8) geben aber immerhin den Hinweis, dass die Zeit des ‚Weltendes' nicht vor der Verbreitung dieses Verkehrsmittels liegt.

Wie zum fiktiven Zeitpunkt des Dargestellten gibt das Gedicht von van Hoddis auch zum fiktiven Zeitpunkt der Darstellung keine ausdrücklichen, aber doch wiederum indirekte Hinweise. Die grammatische Verwendung des Präsens kann in literarischen Texten zwar der Vergegenwärtigung von lange Vergangenem dienen, sie kann aber, wie in diesem Gedicht, auch suggerieren, dass der Zeitpunkt des Sprechens und der Zeitpunkt des ‚besprochenen' Geschehens dicht beieinander liegen, wenn nicht sogar identisch sind. Die Mini-Geschichten über mehr oder weniger gravierende Unglücksfälle, die das Gedicht Satz für Satz aneinanderreiht, beschreiben Ereignisse, die in einem Zeitraum stattgefunden haben, der dem Zeitpunkt, in dem darüber berichtet wird, nahe steht oder der noch gar nicht abgeschlossen scheint, weil die angesprochenen Unglücksfälle nur Beispiele für eine ganze Kette ähnlicher Ereignisse sind, die bis in die Gegenwart hineinreichen und sich in ihr wiederholen.

Ein Orientierungssignal für den fingierten Zeitpunkt des Erzählens, Sprechens oder Schreibens, das nicht im literarischen Text selbst, aber oft in den Paratexten steht, die einen Text als ‚Beiwerk' umgeben und dessen Wahrnehmung beim Lesen vom Autor zum angemessenen Verständnis seines Textes bei seinen Adressaten unter Umständen vorausgesetzt wird, ist das Datum der ersten Veröffentlichung oder auch das der Entstehung. Informationen darüber lösen beim Lesen gleichsam Suchprogramme aus, die beim literaturwissenschaftlichen Interpretieren nicht grundsätzlich anders, nur professioneller und meist bewusster ablaufen als bei ‚normaler' Lektüre.

Die professionelle Rekonstruktion jener historischen Kontexte, in denen Jakob van Hoddis sein Gedicht geschrieben hat und in denen es zunächst gelesen wurde, hat entdeckt, was der Autor und seine Leser um 1910 vermutlich gelesen haben, und zwar in Zeitungen. „Der orkanartige Sturm" oder „Die Sturmflut auf dem Wattenmeer" lauteten Überschriften im *Berliner Tageblatt* vom Dezember 1909. Die Ausgabe vom 16. 12. 1909 berichtete gleich von zwei Eisenbahnunglücken. Bei dem einen stürzte die Bahn „von einem fünfzig Fuß hohen Damm hinunter", in dem anderen heißt es: „Ein Zug der Southern Railway Company stürzte in North Greensboro (North Carolina) aus einer Höhe von 25 Fuß von einem Brückenkopfe in einen schilfreichen Fluß hinab". Im Januar 1910 konnte der in Berlin lebende Autor in der gleichen Zeitung, im Zusammenhang mit der bevorstehenden Wiederkehr des Halleyschen Kometen, einen Artikel über den „Weltuntergang" lesen.[5]

Die wahrnehmende und sprechende Instanz im Gedicht ist dabei am etwa gleichen Zeitpunkt situiert wie der reale Autor beim Schreiben des Gedichtes, der damalige Rezipient bei der Lektüre in der Zeitschrift *Der Demokrat* und die Ereignisse, über die in damaligen Zeitungen berichtet wurde. Der Literarhistoriker wiederum, der die historischen Kontexte des Gedichts zu einem späteren Zeitpunkt rekonstruiert und die Ergebnisse an heutige Leser vermittelt, verschafft ihnen die Möglichkeit, die damalige Lektüre solcher Leser, an die der Text adressiert war, in Ansätzen zu simulieren.

IV. Stil- und Strukturanalyse: Abweichungen, Ähnlichkeiten, Kontraste, Kohäsionen

Das Gedicht enthält etliche Formulierungen, die auffällig sind, weil sie semantischen Regeln nicht entsprechen. Einem Kopf würde man normalerweise nicht das Attribut ‚spitz' zuschreiben, Dachziegel können entzweigehen, aber nicht Dachdecker. Und das Verb „hupfen" passt nicht zum Subjekt „Meere". Bei literaturwissenschaftlichen Versuchen, Unterscheidungsmerkmale zwischen literarischen und nicht literarischen Texten zu bestimmen, hat das Poetizitäts-Merkmal der Abweichung von standardsprachlichen Regeln und Normen einen dominanten Stellenwert. Eine der Stärken des Abweichungskonzepts besteht darin, dass es ein vielfach gut anwendbares Instrumentarium zur Analyse von Texten liefert. Mit Beschreibungen, wo und wie ein Text von der Normalsprache abweicht, lassen sich viele stilistische und strukturelle Eigenarten eines Textes bewusst machen und beschreiben. Auffällig ist an *Weltende* vor allem auch das Fehlen dessen, was in der Textlinguistik als ‚Kohäsion' bezeichnet wird. Damit sind vor allem grammatisch explizite oder implizite Anknüpfungen in einzelnen Sätzen an vorangehende Sätze gemeint, die einen Zusammenhang zwischen den Sätzen erkennen lassen, etwa durch Wiederaufnahmen zuvor gebrauchter Nomina, die Verwendungen von Pronomina, Pronominaladverbien oder Konjunktionen (und, denn, weil, oder). ‚Kohäsion' meint zum Teil die gleichen Phänomene, die vom literaturwissenschaftlichen Strukturalismus unter dem Terminus ‚syntagmatische Beziehungen' oder ‚Kontiguitätsbeziehungen' (von lat. contiguus: berührend, angrenzend) beschrieben werden.[6] Damit sind Beziehungen zwischen einzelnen Textteilen und den ihnen unmittelbar vorangehenden oder nachfolgenden Textteilen bezeichnet. Wel-

---

5 Vgl. van Hoddis 1987, S. 246–250.

6 Vgl. Roman Jakobson: Poetik. Ausgewählte Aufsätze 1921–1971. Hg. v. Elmar Holenstein, Tarcisius Schelbert. Frankfurt/M. ³1993.

che Probleme literarische Texte der Suche nach Kohäsion bzw. syntagmatischen (Nachbarschafts-)Beziehungen gelegentlich bereiten, zeigt *Weltende* in exemplarischer Form. Der letzte Satz hat kein Element, das grammatisch oder semantisch an den vorangehenden anknüpft. Der vorletzte Satz wiederum knüpft nicht an den drittletzten Satz an. Aus narratologischer Perspektive könnte man sagen, dass fast jeder Satz die Vorstellung eines ereignishaften Geschehens evoziert, dass diese Ereignisse aber zeitlich oder kausal nicht koordiniert sind, also keine Geschichte ergeben. Die Eisenbahnunglücke sind keine Folgen des verbreiteten Schnupfens. *Weltende* enthält Kausalattribuierungen nur bei der Darstellung einer einzigen Ereignisfolge: „Der Sturm ist da, die wilden Meere hupfen / An Land, um dicke Dämme zu zerdrücken." (V. 5 f.) Die chronologisch dicht aufeinanderfolgenden, fast gleichzeitigen Ereignisse (Sturm – Überschwemmung – Dammbruch) sind leicht als Verkettung von Ursachen und Wirkungen zu erkennen. Der diese Verkettung beschreibende Satz weicht auch mit zwei weiteren Merkmalen von den Regeln ab, denen der Text sonst folgt. Er ist der einzige, der einen Nebensatz enthält und (in Form eines Enjambements) die Versgrenze überschreitet (um die Überschreitung der durch Dämme gesetzten Grenzen zwischen Meer und Land formal zu simulieren). Ansonsten ist *Weltende* mit der (scheinbar) zusammenhanglosen Aneinanderreihung kurzer Hauptsätze, die (sieht man von ihrer Integration in ein Reimschema ab) gegenseitig austauschbar sind, ein typisches Beispiel für das parataktische ‚Reihungs'- bzw. ‚Simultangedicht' im Expressionismus.[7]

Unauffälligere, weil gängigen literarischen Mustern entsprechende Abweichungen von den Regeln und Normen standardsprachlicher Texte sind in *Weltende* neben und zum Teil im Zusammenhang mit den künstlichen Zeilenumbrüchen, die für Verstexte generell konstitutiv sind, regelmäßige Wiederholungen ähnlicher oder kontrastiver Textbestandteile, die dem Gesamttext trotz der Kohäsionslosigkeit eine strukturierende Ordnung (in der Textlinguistik: ‚Kohärenz') geben. Für die Analyse dieser Ordnung hat der literaturwissenschaftliche Strukturalismus, orientiert an Konzepten der Linguistik und Semiotik, in den 1970er Jahren ein durchdachtes und zum Teil immer noch mit Gewinn verwendbares Instrumentarium etabliert.

Die strukturale Textanalyse ist durch ein bestimmtes Suchprogramm gekennzeichnet, durch die Suche nach Textelementen, die durch Ähnlichkeiten und Kontraste (Äquivalenz- und Oppositionsrelationen) aufeinander bezogen sind, und zwar auf allen sprachlichen Ebenen. Sie betreffen das Versmaß als Wiederholungen der Zahl und des Wechsels von betonten und unbetonten Silben (hier 5-hebige Jamben), den Reim als Wiederholung gleicher Laute nach bestimmten Regeln (hier umarmende, einsilbige Reime in der ersten Strophe, zweisilbige Kreuzreime in der zweiten), syntaktische Wiederholungsmuster (hier einfache Hauptsätze, wobei die Versgrenzen auch Satzgrenzen sind) und semantische Wiederholungsmuster.

---

7 Vgl. Anz 2002, S. 173–178.

Semantische Wiederholungsmuster sind kennzeichnend für ein Textphänomen, das in der strukturalen Semantik als ‚Isotopie' bezeichnet wurde.[8] Gemeint sind damit Textelemente, die, unabhängig von ihrer Platzierung im Text, durch einen gemeinsamen Bedeutungsaspekt miteinander verbunden sind. Man kann in der literaturwissenschaftlichen Inhaltsanalyse einem Text verschiedene Isotopien zuschreiben, die zueinander in unterschiedlichen Relationen stehen. Bilden in *Weltende* alle beschriebenen Unglücksfälle zusammen eine Isotopie mit dem gemeinsamen semantischen Merkmal ‚vom Sturm verursacht', so gibt es einzelne Textbestandteile, die durch ein anderes dominantes semantisches Merkmal verbunden sind. „Hut", „Dach" und ‚Damm' beispielsweise haben die Gemeinsamkeit, dass sie den Menschen vor Einflüssen des Wetters schützen können. Alle drei Lexeme wiederum haben mit „Bürger", „Dachdecker" und „Eisenbahnen" gemeinsam, dass man sie dem Bereich der Zivilisation zuordnen kann. „Sturm", „Meere" und „Flut" haben dagegen das Merkmal ‚zur Natur gehörend' oder ‚Naturgewalt'. So beschrieben, enthält das Gedicht also zwei zueinander in Opposition stehende Isotopien, denen eine große Zahl von Textbestandteilen zugeordnet werden kann:

Isotopie 1: Zivilisation (Bürger, Hut, Dach, Dachdecker, Damm, Eisenbahnen)
Isotopie 2: Natur (Flut, Sturm, Meer)

Alle aneinandergereihten Ereignisse lassen sich als ungefähr gleichzeitige Auswirkungen einer gemeinsamen Ursache an verschiedenen Schauplätzen erklären: des schlechten, stürmischen Wetters.

V. Interpretation: Autorintentionalität, Informationsverarbeitung und Emotionalisierung

Die strukturale Textanalyse bleibt tendenziell auf die rekonstruktive Deskription semantischer Strukturen beschränkt. Was in der Literaturwissenschaft als Interpretation bezeichnet wird, ist darum bemüht, aus dem Textganzen eine zentrale Botschaft bzw. eine Autorintention herauszulesen, den Willen zu erkennen, mit literarischen Techniken und Strategien bestimmte (ethische, religiöse, politische oder ästhetische) Einstellungen, Normen oder Werte und damit verbundene Emotionen zu vermitteln, Fragen zu bestimmten Themen zu stellen und mögliche Antworten darauf zu reflektieren.

Interpretationen[9] sind durch einen Typus von Aussagen gekennzeichnet, die nicht nur die mit Texten ausdrücklich vergebenen Informationen verarbeiten, sondern Schlussfolgerungen (‚Inferenzen') aus den Informationen ziehen, den

---

[8] Vgl. Algirdas Julien Greimas: Strukturale Semantik. Methodologische Untersuchungen. Braunschweig 1971.

[9] Zur Unterscheidung von Analyse und Interpretation vgl. auch Oliver Jahraus: Analyse und Interpretation. Zu Grenzen und Grenzüberschreitungen im struktural-literaturwissenschaftlichen Theorienkonzept. In: IASL 19 (1994), H. 2, S. 1–51.

von Texten vermittelten Bedeutungen also weitere hinzufügen. Interpretierende Aussagen beziehen sich dabei nicht nur auf den Text, sondern auch auf diejenigen, die mit Texten umgehen, und auf Bestandteile der Situation, in der sie mit dem Text umgehen.

Die so beschriebenen Merkmale interpretatorischer Tätigkeit entsprechen einigen essenziellen Annahmen der linguistischen Pragmatik und einem kognitionswissenschaftlich orientierten Modell des Textverstehens, wie es, zunächst auf Lyrik bezogen, die ‚Cognitive Poetics'[10] entwickelt haben. Nach der klassischen Unterscheidung von Semantik und Pragmatik befasst sich die Semantik mit der Beziehung zwischen Zeichen und Bedeutungen, die Pragmatik mit der Beziehung zwischen Zeichen und Zeichenbenutzern. Und auf die Zeichenbenutzer, also Autoren und Leser, rekurrieren wiederum jene wahrnehmungspsychologischen, linguistischen und literaturwissenschaftlichen Konzepte, die, wie ansatzweise schon die Rezeptionsästhetik, das Zusammenspiel von textuellen Informationsangeboten und kognitiven wie emotionalen Aktivitäten beim Lesen im Blick haben. Sie begreifen Lesen als einen Prozess der Informationsverarbeitung, bei dem Informationen, die Autoren mit ihren Texten anbieten, mit Hilfe mental gespeicherter Schemata ergänzt und in zusammenhängende Vorstellungsmuster integriert werden.

Am Titel *Weltende* lässt sich dies exemplifizieren. Ein einziges Wort evoziert kollektiv verbreitete Vorstellungsmuster (in kognitionswissenschaftlicher Terminologie: ‚scripts') über einen komplexen Geschehensablauf, die im kollektiven Gedächtnis tief verankert sind und mit denen die vom Text beschriebenen Einzelereignisse versuchsweise in einen Zusammenhang gebracht werden können. Mental verankert wurde das ‚script' ‚Weltende' in diesem Fall nicht auf der Basis von strukturierten Realitätserfahrungen (weil noch niemand ein faktisches Weltende erleben konnte), sondern durch zahlreiche mit Texten und Bildern evozierten Phantasien, wie sie in der westlichen Kultur maßgeblich von der biblischen Apokalypse des Johannes, also im Medium eines Textes und eines narrativen Zukunftsszenarios, geprägt wurden. Ein vollkommen negativer Weltzustand A wird im Verlauf dieses Geschehens durch die völlige Zerstörung der Welt in einen neuen Zustand B überführt. Dabei wird die Vorstellung eines „letzten Kampfes evoziert, nämlich des Erzengels Michael, der zusammen mit seinen Engeln in der Apokalypse den Drachen, d. h. die Schlange/Satan, besiegt".[11] Die Antagonisten des Kampfes sind in den von van Hoddis dargestellten Zerstörungsprozessen, nach diesem Muster gelesen, Natur und Zivilisation.

Ob diese Lesart die vom Autor intendierte und die von damaligen Lesern realisierte ist, lässt sich schwer nachweisen. Sie ist jedoch immerhin kompatibel mit

---

10 Vgl. den Überblick von Tilmann Köppe und Simone Winko in Anz 2007, Bd. 2, S. 332–336.

11 Andrea Geier: ‚Gewalt' und ‚Geschlecht'. Diskurse in deutschsprachiger Prosa der 1980er und 1990er Jahre. Tübingen 2005, S. 183. Zur Geschichte apokalyptischer Narrationen vgl. vor allem Klaus Vondung: Die Apokalypse in Deutschland. München 1988.

der eingangs zitierten Erinnerung Bechers an den kollektiven Glücksrausch, den das Gedicht unter den Expressionisten hervorgerufen haben soll. Begeistert konnten sie sich so stark wie die im Sturm entfesselte Macht der Natur fühlen (eine ihrer wichtigsten Zeitschriften hieß *Der Sturm*) und in der antibürgerlichen Identifikation mit ihr die Beseitigung von Schutzvorrichtungen und Symbolen der Zivilisation genießen.

Das apokalyptische ‚script' wird von dem Gedicht jedoch auch in vielfacher Hinsicht unterlaufen. Kognitionswissenschaftlich orientierten Ansätzen der Literaturwissenschaft fehlt vielfach noch die Einsicht, dass es zu den Funktionen von Literatur gehören kann, mentale Schemata zu irritieren und umzustrukturieren. Autoren kennen sie, setzen deren Kenntnis auch bei ihren Lesern voraus und spielen mit ihnen. Abweichungen als Kennzeichen von Poetizität können auch Abweichungen von mentalen Schemata sein, die von literarischen Texten zunächst evoziert und dann partiell destruiert werden. Auch dafür ist *Weltende* ein Beispiel. Die Kombination des Titels mit der disparaten Auswahl ‚apokalyptischer' Ereignisse (Schnupfen, Eisenbahnunglücke) und den gewählten Formulierungen („Dachdecker [...] gehn entzwei"; V. 3, „Meere hupfen"; V. 5) zielt auf grotesk-komische Effekte, die sowohl dem bedrohlichen Ernst als auch dem verheißungsvollen Pathos apokalyptischer Texte zuwiderlaufen. Der groteske Effekt beruht nicht zuletzt darauf, dass die Disparatheit und Turbulenz der Ereignisse in die Ordnung eines festen Versmaßes, eines einfachen Reimschemas und syntaktischer Parallelismen gebracht werden. Die Tonbeugung, also die Abweichung des Wortakzents vom metrischen Akzent, in „Dachdecker", der Zeilensprung dort, wo das Meer an Land „hupft", sowie die Modifikation des Reimschemas in der zweiten Strophe demonstrieren freilich spielerische Leichtigkeit im Umgang mit der formalen Ordnung.

Das Thema dieses Textes, so lässt sich mit einigen guten Argumenten behaupten, ist gar nicht die Kette der durch das schlechte Wetter verursachten Unglücksfälle. Und das vom Autor mit den Informationen seines Gedichts beim Adressaten evozierte dominante ‚script' ist weniger ein apokalyptisches: es ist der Akt des Lesens, die Art der Wahrnehmung von Unglücksfällen im Medium von Zeitungen. Nur ein einziger Textbestandteil, „liest man", regt dazu an, alle Bestandteile des Gedichts im Zusammenhang des Szenarios von Zeitungslektüren zu verstehen, in das auch die fiktive Sprecher- und Wahrnehmungsinstanz (wie ein homodiegetischer, also an der dargestellten Welt beteiligter Erzähler) involviert ist. Es leuchtete durchaus ein, wenn ein Interpret schon vor etlichen Jahrzehnten meinte, dass „ein Querschnitt durch die Morgenzeitung Grundlage dieser skurrilen Bildmontage zu sein" scheine.[12] Aber die interpretatorischen Schlussfolgerungen auf der Basis des Skripts ‚Zeitungslektüre' können weitergehen: *Weltende* simuliert und reflektiert eine disparate Wahrnehmung der Welt, wie sie in der Moderne durch die Massenmedien geprägt wird.[13] Wie dieses Gedicht besteht auch eine

---

12 Hermann 1971, S. 60.

13 Vgl. Riha 1983.

Zeitung aus einer Reihung von relativ unzusammenhängenden und austauschbaren Berichten über mehr oder weniger gravierende Ereignisse, bevorzugt über vergangene oder drohende Unglücksfälle.

In der ursprünglichen Bedeutung sind Apokalypsen wie die des Johannes ‚Offenbarungen', sind ‚Enthüllungen' einer verborgenen Wahrheit. Apokalypsen sind Texte mit einem gleichsam hermeneutischen Blick, der die Welt selbst als einen Text liest, als ein System von Zeichen, die es zu entziffern gilt, um Einsichten in den göttlichen Plan der Unheils- und Heilsgeschichte zu gewinnen. Das Verstehen dieser Zeichen verleiht zunächst zufällig und unverständlich erscheinenden Naturkatastrophen, Seuchen, Himmelserscheinungen und dergleichen einen Sinn. Die Apokalypse des Jakob van Hoddis liest die Zeichen freilich nicht direkt aus der Natur, sondern massenmedial vermittelt aus der Zeitung, profanisiert sie damit und nimmt ihnen zugleich ihre heilsgeschichtliche Bedeutung.

Evoziert der Titel *Weltende* zunächst apokalyptische Ängste, wie sie seinerzeit nicht nur von Zeitungen, sondern auch von literarischen Texten vielfältig vermittelt wurden, so setzen die beiden Strophen solche Ängste mit grotesker Komik außer Kraft. Die apokalyptischen Schreckenserwartungen können sich in erleichtertes Lachen auflösen.

Auch das macht die Erinnerung Bechers an die befreiende Wirkung des Gedichts verständlich. Zusammen mit der grotesken Komik, die das Weltende auf das Format eines destruktiven Kinderspiels verkleinert,[14] ist es die evozierte Situation des Lesens, die eine befreiende Distanz zum Schrecklichen ermöglicht. Für den in die Rolle des Zeitungslesers versetzten Gedichtleser ist der Schrecken der Katastrophen nicht unmittelbar präsent. Die Distanz durch die Lektüre, die hier durch deren zusätzliche Thematisierung noch vergrößert wird, versetzt die Lesenden in jene Position, die schon Lukrez in seinen Versen über den ‚Schiffbruch mit Zuschauern' reflektierte:

> Süß ist's, anderer Not bei tobendem Kampfe der Winde
> Auf hochwogendem Meer vom fernen Ufer zu schauen;
> Nicht als könnte man sich am Unfall andrer ergötzen,
> Sondern dieweil man es sieht, von welcher Bedrängnis man frei ist.[15]

Diese Erklärung der merkwürdigen Lust am Schrecklichen setzt die von Peter Rühmkorf einmal so genannte „Westentaschenapokalypse"[16] des Jakob van Hoddis im Blick auf den katastrophensüchtigen Zeitungsleser der Moderne in Szene. Dieser gleicht dem Zuschauer eines sich in der Ferne ereignenden Katastrophenszenarios, an dem er sich ergötzen kann, weil er nicht wirklich davon betroffen ist.

---

14 Vgl. Rühmkorf 1976.

15 T. Lucretius Carus: Über die Natur der Dinge. Deutsch von Karl Ludwig von Knebel. Frankfurt/M., Hamburg 1960, S. 47.

16 Rühmkorf 1976, S. 62.

VI. Auswahlbibliographie

1. Thomas Anz: Literatur des Expressionismus. Stuttgart 2002.
2. Helmut G. Hermann: Jakob van Hoddis. Weltende. In: Horst Denkler (Hg.): Gedichte der Menschheitsdämmerung. München 1971, S. 56–69.
3. Karl Riha: „Dem Bürger fliegt vom spitzen Kopf der Hut“. In: Harald Hartung (Hg.): Gedichte und Interpretationen. Vom Naturalismus bis zur Jahrhundertwende. Stuttgart 1983, S. 118–125.
4. Peter Rühmkorf: Bemerkungen zu Jakob van Hoddis' „Weltende“. In: Ders. (Hg.): 131 expressionistische Gedichte. Berlin 1976, S. 61 f.

Bertolt Brecht (1898–1956): Über Schillers Gedicht ‚Die Glocke'

Von Imke Kimpel

I. Gedicht

Über Schillers Gedicht ‚Die Glocke'

Ich les, daß Feuer eine Wohltat ist
Solang der Mensch es zähmet und bewacht
Daß es ihn aber, ungezügelt, frißt.
Ich frag mich: an was hat der gedacht?

Was ist es, das er euch zu zähmen bittet?
Dies Element, das er so nützlich nennt
Gesittung fördernd, selber nicht gesittet –
Was für ein Element ist wohl dies Element?

Dies Feuer, diese Tochter der Natur
Die, ihrer Zügel los, durch eure Gassen wandelt
Mit roter Mütze auf, wer ist das nur?

Das ist nicht mehr die gute alte Magd!
Ihr habt wohl die Person zu mild behandelt?
Ich seh, sie hat euch nach dem Lohn gefragt.

Bertolt Brecht: Werke. Große kommentierte Berliner und Frankfurter Ausgabe in 30 Bänden. Hg. v. Werner Hecht [u. a.]. Bd. 11. Frankfurt/M. 1998, S. 271. [Im Folgenden zitiert unter Verwendung der Sigle GBA].

II. Entstehung

Bertolt Brechts Sonett *Über Schillers Gedicht ‚Die Glocke'* ist Teil einer Sonettreihe von zunächst sieben, später acht Gedichten, die während seiner Zeit im dänischen Exil in den Jahren 1934 bis 1940 entstanden. 1938 werden drei Sonette, darunter die beiden Akte produktiver Rezeption der Schillerschen *Glocke* und der *Bürgschaft,* in die Reihe integriert und gehen so als vierte Lektion in Brechts *Hauspostille* ein.

Als Studien angelegt und erschienen bieten die Sonette zumeist kritische Auseinandersetzungen mit Texten verschiedener Genres von Dante, Shakespeare, Kant, Lenz, Schiller, Goethe und Kleist. Die Gedichte in ihrem weitreichenden intertextuellen Bezugsfeld sind auf sprachlicher Ebene durch Schlüsselwörter und -begriffe und auf inhaltlicher Ebene durch thematische Beziehungen miteinander verknüpft. In einem Brief deutet Brecht seine Gedichtreihe als „literaturkritische Sonette“,[1] die in der 4. Lektion nur „für die wenigen Leser bestimmt [sind], welche niedrige Motive noch in den erlesensten Kunstgebilden zu schätzen wissen, für Leser, welche imstande sind, Werke der Vergangenheit nicht zu verstehen.“[2] Der ironische Unterton und die implizierte Kritik an der Kritiklosigkeit seiner Zeitgenossen erhalten sich allerdings nicht über die Jahre. Zum ersten Druck der acht Sonette in den Studien des 11. Hefts der *Versuche* betont Brecht im Vorwort, dass die Texte „natürlich den Genuß an den klassischen Werken nicht vereiteln, sondern reiner machen“ sollen,[3] und zeigt sich hier wohlwollender gegenüber einem Autor wie Schiller als noch in seinen Jugendjahren.

Friedrich Schiller schrieb das *Lied von der Glocke* 1799. Unter dem Eindruck der Französischen Revolution entstand so ein Lobpreis des bürgerlichen Lebens und der bürgerlichen Gemeinschaft, das auf Sittlichkeit, Patriotismus und einer Gesinnung wider die Revolution beruhte. Schiller vereinigte so in seiner *Glocke* „Pathos, Biedersinn, Moralisieren, Affirmation bestehender Verhältnisse, gepaart mit versteckter Angst vor selbstbewussten und selbständigen Frauen.“[4] Die politischen und vor allem auch sozialen Missstände billigte er in Anbetracht erneut drohender revolutionärer Bestrebungen. Schiller bot späteren Bearbeitern wie Brecht eine Angriffsfläche auf inhaltlicher Ebene wie auch auf der Ebene seiner Sprachwahl.[5] Während Parodien der *Glocke* im 19. Jahrhundert noch im Horizont der Poetologie der Weimarer Klassik liegen, ändert sich dies im Verlauf des 20. Jahrhunderts. Knapp 30 Jahre nachdem Brecht sein Gedicht über die *Glocke* schrieb, entschließt sich Hans Magnus Enzensberger 1966 Schillers Lied nicht in seine für den Insel-Verlag herausgebrachte Auswahl an Schiller-Gedichten mit aufzunehmen, sodass Schillers *Glocke* erst durch diesen Versuch aktiver Ent-Kanonisierung wieder ins Gespräch kam.

III. Brecht und Schiller

Die im Traktat- und Essaystil der europäischen Moralistik formulierten Überschriften von Brechts Studien-Sonetten beginnen mit dem einleitenden „Über“ und weisen die Texte damit als quasi-wissenschaftliche und kritische Abhandlungen aus.[6] Die ältere Forschung verstand die Sonettreihe meist als summarische Abhandlung über Brechts Verhältnis zu seiner literarischen Tradition, der deutschen Klassik.

---

1 Bertolt Brecht an Peter Suhrkamp im September 1948. In: GBA 29, S. 470 f., hier S. 470.

2 Jörg Wilhelm Joost: Studien. In: Knopf (Hg.) 2001, S. 313–322, hier S. 315.

3 Ebd., S. 314.

4 Michael Hofmann: Das Lied von der Glocke. In: Matthias Luserke-Jaqui (Hg.): Schiller-Handbuch. Leben – Werk – Wirkung. Stuttgart 2005, S. 287–289, hier S. 287.

5 Vgl. hierzu Segebrecht 2005, S. 147 f.

6 Vgl. Joost 2001, S. 317.

Innerhalb der Interpretation, welche in eine stilistische und eine semantische Ebene unterschieden wird, steht die enge Verknüpfung mit dem Prätext im Vordergrund, so dass zunächst ein Vergleich beider Texte mit interpretatorischer Perspektive den Analyseteilen vorangestellt wird. Die nachstehende Interpretation ist demnach klar von einem klassischen Gedichtvergleich zu unterscheiden. Über die formale und inhaltliche Analyse hinaus soll die Interpretation in Ansätzen auch Text-Kontext-Probleme, wie etwa die Expressionismus-Debatte im Exil, anschneiden.

Brecht beschränkt sich bei der produktiven Rezeption von Schillers *Glocke* lediglich auf den Themenschwerpunkt der revolutionären Bedrohung der bürgerlichen Ordnung[7] und reduziert entsprechend die direkten Übernahmen aus dem Original auf wenige Verse. Das Friedenssymbol der ‚Glocke' findet bei Brecht keine weitere Beachtung. Die Übernahmen aus dem Original Schillers werden durch grammatikalische und wortsemantische Verschiebungen[8] verändert und beschränken sich hauptsächlich auf das erste Quartett des Sonetts, wie im Folgenden kontrastiv gegenübergestellt ist:

Brecht:	Schiller:
Ich les, daß Feuer eine Wohltat ist	Wohltätig ist des Feuers Macht,
Solang der Mensch es zähmet und bewacht	Wenn sie der Mensch bezähmt, bewacht,
	[...]
Daß es ihn aber, ungezügelt, frißt.	Doch furchtbar wird die Himmelskraft,
	Wenn sie der Fessel sich entrafft,
Dies Feuer, diese Tochter der Natur	Die freie Tochter der Natur.
Die, ihrer Zügel los,	durch eure Gassen wandelt

Innerhalb der ersten beiden Verse scheint Brecht Schiller zu zitieren, doch ergeben sich aufgrund geringfügiger Veränderungen große Bedeutungsunterschiede mit der Tendenz, die ursprünglichen Aussagen Schillers zu Nebensätzen zu degradieren. Während Schiller mit der Prämisse des Bezähmens eine überzeitliche, konditionale Aussage trifft, beschränkt sich Brecht auf einen Nebensatz, der mit dem einleitenden „solang" eine temporale Eingrenzung liefert. Damit äußert Brecht keine von Dauer geprägte Bedingung, sondern eine temporal beschränkte. Auch indem Brecht den ersten Vers mit dem lyrischen Ich eröffnet, wird Schillers Hauptsatz bei Brecht zum Nebensatz, „daß Feuer eine Wohltat ist". Die indirekte Rede, also die Verlagerung des sinngemäßen Zitats in einen Nebensatz, bedingt eine neue, distanzierende Akzentuierung.

Eine weitere Akzentverschiebung vollzieht sich auch bei der Verwendung der Worte „zähmen" und „bezähmen". Während Schillers „[B]ezähmen" der Macht eine moralische und ethische Kategorie aufgreift – eine verbale Fügung in präfi-

---

7 Vgl. Schulz 1972, S. 161.

8 Die ‚figura etymologica' wird für Brecht zu einem intertextuellen Werkzeug, welches funktionieren kann, da Brechts Lesern Schillers *Glocke* hinlänglich aus dem Schulunterricht bekannt war. Vgl. zur Wirkungsgeschichte: Michael Hofmann: Wirkung. In: Luserke-Jaqui (Hg.) 2005, S. 561–581.

gierter Form –, weicht die Silbe bei Brecht.[9] Passend zur temporalen Bedingung umschreibt auch der Gebrauch des Wortes „zähmen“ eine nur temporär bedingte Ausübung von Kontrolle, wohingegen Schillers verbale Fügung wiederum einen dauerhaften Zustand anstrebt.

Auch die Idee des ungezügelten Feuers, das sich seiner Fesseln entledigt, erfährt einen Bedeutungswandel bei Brecht. Schillers konditionaler Nebensatz, „Himmelskraft, / wenn sie der Fessel sich entrafft“, wird bei Brecht auf ein Wort, nämlich „ungezügelt“, reduziert und darüber hinaus noch attributiv von Kommata getrennt mitten in den ohnehin schon untergeordneten Nebensatz gestellt. ‚Ungezügelt‘ durchkreuzt Brecht so seine Struktur. Die Idee des feurigen Elements wird dann in Vers neun noch einmal aufgegriffen, indem das Feuer, die „Tochter der Natur“ – ein von Schiller unverändert übernommenes Bild –, wiederum attributiv als „ihrer Zügel los“ bezeichnet wird, um einmal mehr die Abweichung vom Prätext zu verstärken.

Im Entstehungsprozess des Sonetts über Schillers *Glocke* verbessert Brecht die präteritale Vorlage „Er schrieb“ zunächst zu „Ich las“ und später mit der Präsensform zu „Ich les“.[10] Für den Leser ergibt sich daraus eine größere Distanz zur literarischen Vergangenheit und zum Autor Schiller, die dabei die Funktion Brechts als kritischer Betrachter akzentuiert. Mit der Betonung des Schreibens als Rezeptionsakt bricht das lyrische Ich kritisch-verfremdend einzelne Stellen aus dem als Ganzem im kulturellen Gedächtnis präsenten Text heraus. Damit insinuiert er die Befreiung von einer auf die deutsche bildungsbürgerliche Mythologie von nationaler Bildung und Kultur zentrierten Klassiker-Rezeption.

Brecht bedient sich der traditionsreichen Form des Sonetts, das eine klare Gliederung und Struktur von Argumenten fordert. Die Wahl des Sonetts dient bei Brecht zur Artikulation eines kritischen Vorbehalts gegenüber dem Klassizismus. Während die Expressionisten vom Sonett häufig Gebrauch machten, taucht es als romanische Form in der Weimarer Klassik verhältnismäßig selten auf. Als hochgradig artifizielle Gedichtform liefert das Sonett adressatenbezogene und kalkuliert eingesetzte Momente der ästhetischen Vermittlung und bietet im Falle der Schiller-Rezeption einen ironischen Ausblick auf Schillers ästhetische Ideale.

IV. Inhaltliche Analyse: Freiheit, Gleichheit, Brüderlichkeit

Für die inhaltliche Analyse des Sonetts erscheint es sinnvoll, sich an den Gegebenheiten des Gedichts, das heißt: seiner Struktur, zu orientieren. Dabei bilden die fünf Leitfragen des lyrischen Ichs, die auch die Argumentation und Metaphernauflösung des Feuers widerspiegeln, ein passendes Gliederungsprinzip.

9 Vgl. Schulz 1972, S. 160 f.
10 Vgl. ebd., S. 162 f.

Die erste Frage in Vers 4 steht für den formalen Abschluss des ersten Quartetts. Gekleidet in ein selbstreferentielles „Ich frag mich“ reflektiert der Beginn des Verses den Anfang des Gedichts „Ich les“ und schließt daran eine indirekte Frage an den Leser an. Das pejorativ gebrauchte Pronomen „der“ bezieht sich dabei auf Schiller und unterstreicht die Distanz, die das lyrische Ich zwischen sich und Schillers Vorlage bringt, indem es den Leser in eine kritische Position drängt.

Brecht polarisiert Schillers homogen gedachtes Bürgertum. Die Apostrophe in „Was ist es, das er euch zu zähmen bittet?“ richtet sich an diejenigen, welche das Feuer zähmen, wohingegen die „alte Magd“ personificatio des Feuers ist. In dieser Analogie ergibt sich eine Differenzierung zwischen Bürgertum und unterbürgerlicher Schicht, wobei sich letztere, indem sie sich ihrer Klassenlage bewusst wird, gewaltsam gegen eine ‚Zähmung‘ erheben wird. Die Trennung beider Schichten bei Brecht streicht die Distanz zwischen Prätext und Rezeption heraus, wobei das Personalpronomen „er“ in beiden Fällen als Rückbezug auf Schiller zu lesen ist. Bis hin zum achten Vers behält die Art der Fragestellung einen den (meist wohl bürgerlichen) Leser vorführenden und ironisierenden Charakter. Das Partikel „wohl“ in „Was für ein Element ist wohl dies Element?“ verdeutlicht dies.

Vers 6 und 7 nehmen sich dann der Natur dieses Elements genauer an. „Er“, Schiller, bezeichnet es als nützlich, und auch wenn es „selber nicht gesittet“ ist, so mag es doch Gesittung fördern. Der kulturell beziehungsweise gesellschaftlich und moralisch aufgeladene Begriff der „Gesittung“ taucht bei Schiller nicht auf, klingt in „Ordnung“ und „Sitten“ jedoch an.

Mit der personificatio des Feuers als „Tochter der Natur“ nimmt er die revolutionäre Weiblichkeit der ‚Dienstmagd‘ am Ausgang des Sonetts vorweg. Das Feuer ist in diesem Zusammenhang als Symbol der Rebellion und der Emanzipation des Menschen zu verstehen.[11] So handelt es sich nicht um ein Element, das, indem es „durch eure Gassen wandelt“, lediglich eine deiktische Bestimmung des Ortes liefert, sondern die symbolhafte Aufnahme und Verarbeitung einer Idee widerspiegelt. Auch die „roten Mützen“ gehören zu dieser Assoziationskette vom Feuer bis hin zur gewaltsamen Befreiung der Unterdrückten. Als Träger und Anführer der Revolution waren es die Jakobiner, die für die Terrorherrschaft der Revolution verantwortlich waren. Die immer noch fordernde Frage „wer ist das nur?“ beginnt den Wandel vom Abstraktum zum Konkretum langsam aber sicher nachzuzeichnen. Die Frage, die Brecht seinem Leser immer wieder stellt, zielt darauf, was hinter dem Element Feuer, welches sich ungezügelt seinem unbedingten Drang nach Freiheit einen Weg bahnt, wirklich steckt. Die Antwort folgt im Schlussterzett, das die Auflösung der Metaphorik des Gedichts bietet.

In Vers zwölf weicht Brecht vom Rhythmus seiner an den Leser gerichteten Fragen ab und stellt in Form einer Exklamation fest: „Das ist nicht mehr die gute alte Magd!“ Das Element roher Gewalt wird aufgelöst in eine einfache Bedienste-

---

11 Vgl. Andrea Hübener: Feuer / Flamme. In: Günter Butzer, Joachim Jacob (Hg.): Metzler Lexikon literarischer Symbole. Stuttgart, Weimar 2008, S. 101–103.

te, welcher der Segen und Schutz von und durch ihren Herren nicht mehr genügt und die nun nach ihrem Lohn fragt. Das entfesselte Feuer meint ein entfesseltes Volk, das schlussendlich das einfordert, was ihm gebührt – ganz zum Leidwesen Schillers und ganz zur Freude Brechts. Der Schlag der Friedensglocke symbolisiert für Schiller demnach eine harmonische und vor allem friedfertige Gesellschaft, während die revolutionäre Kraft, die zu Schillers Unbehagen historisch in den Terror mündete, bei Brecht mit den berechtigten Forderungen unterständischer Schichten, der Ausgebeuteten, in Verbindung gebracht wird.[12]

Die ‚gute alte' Dienstmagd, sozusagen das gezähmte Element, entwickelt sich zu einer ungezügelten, revolutionären Kraft, da sie auf einmal ein Bewusstsein für ihre gesellschaftliche Stellung und ihren Wert entwickelt, indem sie nach ihrem Lohn fragt. In ihr keimt die Erkenntnis eines gesellschaftlichen Missverhältnisses zwischen Herrschenden und Bediensteten.[13] Insbesondere die letzten beiden Verse „Ihr habt wohl die Person zu mild behandelt? / Ich sehe, sie hat euch nach dem Lohn gefragt" evozieren dieses Verhältnis. Die Apostrophen „ihr" und „euch" können dabei erneut als u.a. an Schiller gerichtet aufgefasst werden, erscheinen allerdings in einem größer gefassten Kontext weitaus sinnvoller. Angesprochen sind diejenigen, welche aus herrschender Position heraus ihre ‚Magd' zu mild behandelt haben und nun mit den Konsequenzen leben müssen. Die hieraus resultierende Ironie spielt nicht zuletzt auf die von Schiller in der *Glocke* implizierte Angst vor selbstbewussten und selbstständigen Frauen an.

Die literarische Kritik intensiviert sich im Verlauf des Sonetts von abstraktem Gedankengut hin zu konkreten und gerechtfertigten Forderungen. Die Quartette des Sonetts haben demzufolge einen eher referierenden Charakter, indem sie Schillers Thesen verfremdend zitieren und sich an den Leser richten. Die darauf folgenden Terzette übernehmen synthetisch die Beantwortung der Fragen und lassen die in den Quartetten aufgestellten Thesen als haltlos erscheinen. Den absoluten Harmoniegedanken Schillers versteht Brecht nach Hans Mayer „als bloßen Überbau im Dienste von Ausbeutern".[14]

Die freien Rhythmen Schillers zwingt Brecht in einen Endecasillabo, der als Etikettierung fungiert,[15] das heißt als schlichtes Präsentationsmedium für den Inhalt. Dieser Elfsilbler folgt in den Quartetten einem regulären Kreuzreim abab cdcd und in den Terzetten weder der französischen noch der italienischen Sonetttradition mit efe gfg. Während also die Quartette noch an das Schillersche Paar- und Kreuzreimschema erinnern, weichen die Terzette in ihrer Form gänzlich von diesem ab. In einer semantischen Relation referieren die Quartette, wohingegen die Terzette in die Offensive übergehen. Brechts konzentrierte Auswahl aus den thesenartigen, ethisch fragwürdigen Passagen des Prätexts findet Ausdruck in der

---

12 Schiller entwickelt sich vom Revolutionsbegeisterten zum Revolutionskritiker. Vgl. hierzu Johannes Lehmann: Unser armer Schiller – eine respektlose Annäherung. Biographie. Reinbek 2005.

13 Vgl. Segebrecht 2005, S. 160.

14 Mayer 1971, S. 67.

15 Vgl. Schulz 1972, S. 159.

Verteilung der Betonungen im metrischen Schema, so dass lediglich zwei Worte, „Element" und „ungezügelt", zwei Hebungen tragen und damit als einzige metrische Besonderheit zu verzeichnen sind.

Die historische Form von Schillers Lied wird bei Brecht eingeschmolzen und durch das Sonett, ein dezidiert anti-antikisches Element, und innerhalb des Sonetts den Endecasillabo ersetzt. Brecht erreicht durch die Auflösung seiner Assoziationskette eine zunehmende Distanzierung seiner Leserschaft von Schiller. Der drängende und fließende Rhythmus bei Schiller, der den Leser immer wieder auf die bewegende Arbeit der Menschen wie auch den nahenden Glockenschlag horchen lässt, ist in Brechts Gedicht kaum wiederzuerkennen. Brechts Schiller-Rezeption ist weniger eine parodistische Verarbeitung, wie sie Schillers *Glocke* mehrfach erfahren hat, sondern vielmehr ein politisch engagierter, dabei poetischer Text über Schillers Lied. Auch die Tatsache, dass Brecht den Titel seiner Vorlage von „Lied" auf „Gedicht" reduziert, drückt einmal mehr die Distanz aus, die diese nüchtern-kritische Betrachtungsweise mit sich bringt.

Zieht man Aspekte der formalen und inhaltlichen Analyse zusammen, so ergibt sich keine schlüssige Korrespondenz zwischen Form und Inhalt. Der Bruch, der hier zu Tage tritt, wird für Brecht Mittel zum Zweck. Die traditionsreiche Kunstform des Sonetts wird zur Akzentuierung des Inhalts degradiert. Das Sonett referiert innerhalb der Quartette und kontrastiert innerhalb der Terzette. Es dient dazu,

> alle Idealisierungen der von Brecht ausgewählten klassischen Werke auf den Boden des banalen Alltages zurückzuholen, seien es die Idealisierungen in den Werken selbst, oder seien es die Idealisierungen, die sie durch ihre überlieferten Deutungen erhalten haben.[16]

Es erscheint also an dieser Stelle denkbar, dass Brecht nicht nur die Kritik am eigentlichen Text Schillers intendiert, sondern auch die Kritik an der Rezeption dieses Textes.[17] Insofern ergibt sich eine Sequenz von Sonetten, die, wenngleich auf inhaltlicher Ebene kritisch, auf formaler Ebene sehr ansprechend wirken.[18]

Brechts Wahl der Sonett-Form versteht sich darüber hinaus als eine Strategie, die im Sinn der von ihm reflektierten *Fünf Schwierigkeiten beim Schreiben der Wahrheit* im literarischen Diskurs erprobt wurde. Diese literarische Strategie sollte sich unter anderem auch in der kulturpolitischen Auseinandersetzung Brechts mit Georg Lukács in der Expressionismus-Debatte bewähren, die 1937/38 unter den ins Exil verschlagenen antifaschistischen deutschen Literaten in der Zeitschrift *Das Wort* geführt wurde. Im Wesentlichen wurde über die Frage diskutiert, ob und inwiefern sich eine zeitgenössische literarische Darstellung der Realität – im Sinn eines politisch-parteiergreifenden Schreibens für den Sozialis-

---

16 Joost 2001, S. 319.

17 Brecht kritisiert insbesondere den bildungsbürgerlich-nationalen Schiller-Kult. Vgl. zur Wirkungsgeschichte Hofmann 2005: Wirkung, S. 561–581.

18 Vgl. Joost 2001, S. 314.

mus – alter kanonischer Formen vormodernen Erzählens bedienen dürfe oder ob im Angesicht einer immer komplexer werdenden Wirklichkeit neue literarische Ausdrucksmöglichkeiten gefunden werden müssten.[19] Es stellte sich also die Frage nach der Legitimität expressionistischen Schreibens. Auch wenn sich Brecht zuweilen konträr zu der durch Lukács geforderten Übernahme eines tradierten Formenkanons äußerte, so tangiert dies nicht seine kritische Auseinandersetzung mit den deutschen Klassikern. In poetologischer Hinsicht wird der Adressatenkreis für Brechts Sonett-Studien mit Lukács erweitert, da Brechts Sonette als ironische Seitenhiebe auf den formtreuen Lukács verstanden und in den Kontext der Expressionismus-Debatte eingebettet werden können.

> Es sind acht Sonette, die sich mit dem literarischen Erbe beschäftigen und einen poetischen Kommentar zur Debatte von 1937/38 darstellen. Die Studien kritisieren die vorbehaltlose, unkritische Übernahme auch des progressiven bürgerlichen Erbes. Brecht markiert die Widersprüche und vor allem den Idealismus, dem das bürgerliche Erbe gehuldigt hat und der den Realismus, den Lukács sich mit der Propagierung dieser Vorbilder versprach, verhinderte. [...] Und so lassen sich denn diese Gedichte auch als verschmitzter Kommentar zu Lukács lesen.[20]

Erst der ältere Kritiker Brecht sieht in Schillers *Glocke* nicht mehr ausschließlich das gegenüber der Französischen Revolution reaktionäre Element. Dennoch war eine menschliche Emanzipation unter Umgehung einer politischen Emanzipation, also eine rein ästhetische Erziehung des Bürgertums, in Brechts Sicht als politisches Programm untauglich und bot demnach entsprechend viel Raum für Ideologiekritik an Schillers Bild eines homogenen Bürgertums.[21] Bei aller Kritik und Opposition zeugt jedoch auch Brechts Werk von einer Klassiknähe, die seine Kritik erst produktiv werden lässt. Die sozialkritischen Sonette, welche den reineren Genuss der klassischen Werke fördern sollen, wie Brecht im Vorwort zur Druckfassung von 1952 schreibt, beerben die klassischen Texte auf kämpferische Weise.[22]

V. Auswahlbibliographie

1. Jan Knopf (Hg.): Brecht-Handbuch. 5 Bde. Bd. 2: Gedichte. Stuttgart, Weimar 2001.
2. Hans Mayer: Brecht in der Geschichte. Frankfurt am Main 1971.
3. Hans Mayer: Bertolt Brecht und die Tradition. Stuttgart 1961.
4. Gudrun Schulz: Die Schillerbearbeitungen Bertolt Brechts. Eine Untersuchung literarhistorischer Bezüge im Hinblick auf Brechts Traditionsbegriff. Tübingen 1972.
5. Wulf Segebrecht: Was Schillers Glocke geschlagen hat. Vom Nachklang und Widerhall des meistparodierten deutschen Gedichts. München 2005.

---

19 Vgl. ebd., S. 320.
20 Ebd., S. 321.
21 Vgl. ebd., S. 176.
22 Vgl. Schulz 1972, S. 159.

Paul Celan (1920–1970): HAFEN

von Carolina Kapraun und Per Röcken

I. Gedicht

HAFEN

Wundgeheilt: wo-,
wenn du wie ich wärst, kreuz-
und quergeträumt von
Schnapsflaschenhälsen am
Hurentisch

– würfel
mein Glück zurecht, Meerhaar,
schaufel die Welle zuhauf, die mich trägt, Schwarzfluch,
brich dir den Weg
durch den heißesten Schoß,
Eiskummerfeder –,

wo-
hin
kämst du nicht mit mir zu liegen, auch
auf die Bänke
bei Mutter Clausen, ja sie
weiß, wie oft ich dir bis
in die Kehle hinaufsang, heidideldu,
wie die heidelbeerblaue
Erle der Heimat mit all ihrem Laub,
heidudeldi,
du, wie die
Astralflöte von
jenseits des Weltgrats – auch da
schwammen wir, Nacktnackte, schwammen,
den Abgrundvers auf
brandroter Stirn – unverglüht grub
sich das tief-
innen flutende Gold
seine Wege nach oben –,

hier,
mit bewimperten Segeln,
fuhr auch Erinnrung vorbei, langsam
sprangen die Brände hinüber, ab-
getrennt, du,
abgetrennt auf

den beiden blau-
schwarzen Gedächtnis-
schuten,
doch angetrieben auch jetzt
vom Tausend-
arm, mit dem ich dich hielt,
kreuzen, an Sternwurf-Kaschemmen vorbei,
unsre immer noch trunknen, trinkenden,
nebenweltlichen Münder – ich nenne nur sie –,

bis drüben am zeitgrünen Uhrturm
die Netz-, die Ziffernhaut lautlos
sich ablöst – ein Wahndock,
schwimmend, davor
abweltweiß die
Buchstaben der
Großkräne einen
Unnamen schreiben, an dem
klettert sie hoch, zum Todessprung, die
Laufkatze Leben,
den
baggern die sinn-
gierigen Sätze nach Mitternacht aus,
nach ihm
wirft die neptunische Sünde ihr korn-
schnapsfarbenes Schleppseil,
zwischen
zwölf-
tonigen Liebeslautbojen
– Ziehbrunnenwinde damals, mit dir
singt es im nicht mehr
binnenländischen Chor –
kommen die Leuchtfeuerschiffe getanzt,
weither, aus Odessa,

die Tieflademarke,
die mit uns sinkt, unsrer Last treu,
eulenspiegelt das alles
hinunter, hinauf und – warum nicht? *wundgeheilt, wo-, wenn* –
herbei und vorbei und herbei.

Paul Celan: Atemwende. Historisch-kritische Ausgabe (Bonner Ausgabe). Bd. 7.1. Frankfurt/M. 1990, S. 51–53 [Im Folgenden zitiert unter Verwendung der Sigle BCA].

II. Interpretationstraditionen: Zugänge zu Celans Lyrik

Rein quantitativ, aber auch was die syntaktische Komplexität der Textgestaltung und die auf den ersten Blick esoterische Metaphorik angeht, stellt Paul Celans Gedicht *Hafen* eine erhebliche Herausforderung an Leser wie professionelle Interpreten dar. Schon der Ausdruck des „[w]undgeheilt"-Seins (V. 1) gibt aufgrund seiner Mehrdeutigkeit und als paradoxer Neologismus zu denken. Der oft schwer verständlichen, ‚dunklen'[1] und anspielungsreichen Sprache Celans ist es geschuldet, dass seine Dichtung gemeinhin als ‚hermetisch' charakterisiert wird. In der Interpretationspraxis führte dieser Befund allzu oft dazu, seine Gedichte – angeblich nicht verstehbar, sondern eher assoziativ erfühlbar – nur selten einer regelgeleiteten Interpretation und Analyse zu unterziehen. Im gegebenen Rahmen kann es auch uns hier nicht um eine erschöpfende Deutung des Gedichts gehen, es sollen jedoch einige konkrete Hinweise zu Möglich- und Schwierigkeiten des Zugangs gegeben werden.

Vorausgeschickt sei eine historische Einordnung des Autors, denn ungeachtet anhaltender theoretischer Debatten um ‚Tod' und ‚Rückkehr des Autors'[2] scheint eine historisch stimmige Deutung Celanscher Dichtung kaum von den biographischen und poetologischen Bedingungen ihrer Entstehung absehen zu können. Bei keinem anderen Lyriker des 20. Jahrhunderts sind individuelle Daten und kollektive (auch literarische) Geschichte so eng miteinander verwoben und derart omnipräsent wie bei Celan (1920–1970), dessen Eltern im Holocaust ermordet wurden und der zeitlebens – zuletzt psychisch tief verstört und schließlich den Freitod wählend – mit seiner Identität als deutsch schreibender jüdischer Dichter zu kämpfen hatte. Celans Selbstverständnis als Autor, seine seismographische Wahrnehmungsdisposition als Leser und Zeitzeuge prägen – als eine Art Filter oder Eindrücke bündelnde Linse – nachdrücklich die Gestalt seiner Texte, in denen scheinbar Unzusammenhängendes, zeitlich und räumlich Auseinanderliegendes miteinander assoziiert wird: Erlebtes und Gelesenes werden verschränkt und in eine spezifisch poetische ‚Erkenntnis', in Orientierung und Verortung, überführt.

Unsere zentrale These besagt entsprechend, dass das semantische Strukturprinzip des Gedichts eine Verschränkung und In-eins-Setzung von mehreren Raum- und Zeitebenen in Form einer komplexen, spezifisch poetischen ‚Chronotopographie' darstellt. Wir gebrauchen den Ausdruck bewusst unspezifisch in

1 Die metaphorische Rede von der ‚Dunkelheit' der Dichtung ist – nicht nur in der Celan-Philologie – ein feststehender Topos. Vgl. z. B. Aris Fioretos: Finsternis. In: Axel Gellhaus, Andreas Lohr (Hg.): Lesarten. Beiträge zum Werk Paul Celans. Köln 1996, S. 153–176, sowie allgemein Carlos Spoerhase: Philologie als Verteidigung des Schwierigen. In: Geschichte der Germanistik. Mitteilungen 33/34 (2008), S. 23 f.

2 Vgl. zur ersten Orientierung Torsten Hoffmann und Daniela Langer: Autor. In: Thomas Anz (Hg.): Handbuch Literaturwissenschaft. Bd. 1: Gegenstände und Grundbegriffe. Stuttgart, Weimar 2007, S. 131–170.

wörtlicher Übersetzung (also ungefähr: ‚Herstellen einer Ort-Zeit-Verschränkung im Akt des dichterischen Schreibens') und nicht als terminus technicus.[3]

III. Beschreibung und Analyse des Textes

Das Gedicht *Hafen* entstand im August 1964. Die überlieferten Manuskript- und Typoskript-Entwürfe sind vom Autor mit Orts- und Datumsangaben versehen worden: „Moisville, 2. VIII. 64"; die ersten Wortnotizen datieren vermutlich – dies ist der unmittelbare Erlebnishintergrund – von einer Hafenrundfahrt während Celans Hamburg-Aufenthalt (24. bis 26. 6. 1964). Nach dem Erstdruck des Textes[4] und weiteren Überarbeitungen wurde die hier infrage stehende Textfassung als letztes Gedicht im zweiten Zyklus des Bandes *Atemwende* (1967) veröffentlicht.

Auffällig ist zunächst die im Gedicht verankerte *Personen- bzw. Redekonstellation*. Obgleich die Sprecherinstanz des ‚lyrischen Ich' relativ einfach, wenn auch nicht unbedingt eindeutig, zu bestimmen ist, lässt sich die personale Wiederaufnahmerelation des angesprochenen ‚lyrischen Du' nicht ohne weiteres nachvollziehen. An wen richtet der Sprecher seine Rede? Handelt es sich um einen klagenden Monolog? Ein Zwiegespräch? Bereits die Charakterisierungen in der ersten Strophe sind semantisch wie syntaktisch ambig: Eine Bezugnahme auf die eingeschobenen Präzisierungen „Meerhaar" oder „Schwarzfluch" sind ebenso denkbar wie die auf „Eiskummerfeder". Auf der anderen Seite ließe sich einwenden, das ‚Du' werde erst wieder nach dem (nicht präzisierenden sondern nebengeordneten, autonomen) parataktischen Einschub, mit dem nächsten expliziten ‚Du' (V. 14) also, angesprochen. Demnach gäbe es mehrere vom ‚Ich' angesprochene Instanzen. Beide Versionen sind grammatisch denkbar und zumindest solange plausibel, bis nicht die Metaphorizität der hier verwendeten Neologismen zweifelsfrei aufgelöst werden kann.

Ebenfalls unklar ist die spezifische *Relation* zwischen ‚Du' und ‚Ich'. Zeitlich wie räumlich scheinen beide verbunden zu sein, worauf das inkludierende „wir" im zweiten Teil hinweist. Eine auch schon in der Vergangenheit bestehende Verbindung von „Ich" und „Du" zeigt der Tempuswechsel an („schwammen wir", V. 25). Das einschränkende „wenn du wie ich wärst" (V. 2) macht indes bei aller Nähe auf eine gleichzeitige Differenz beider Instanzen aufmerksam. Grundsätzlich sind daher mehrere – für die Celan-Forschung typische – Möglichkeiten der Referenz denkbar: (1) auf eine textinterne, explizit genannte Instanz, (2) auf eine konkrete Person, (3) den angesprochenen Leser, (4) die Sprache an sich. Eindeutig zu beantworten jedoch ist diese Frage aufgrund der parataktischen, konjunktionsarmen Struktur des Gedichts nicht.

---

3 Als solchen gebraucht in: Michail Bachtin: Chronotopos. Frankfurt/M. 2008.

4 In: Die Neue Rundschau 75.4 (1964), S. 554–556.

Disparat sind auch die angesprochenen Orte und Zeiten – „jenseits" (V. 24), „hier" (V. 31), „jetzt" (V. 40), „bis drüben" (V. 46), „weither" (V. 69). Die sich in der *Raum- und Zeitstruktur* spiegelnde ‚Gleichzeitigkeit des Ungleichzeitigen' lässt sich allerdings über die Attribuierungen des weltimmanenten, technisch-mechanischen, dunklen Hafens auf der einen und eines zeitlich wie räumlich jenseitigen, weithin unbestimmten, idyllischen Ortes der Natur auf der anderen Seite – „Erle der Heimat" (V. 20), „Ziehbrunnenwinde damals" (V. 65) – in zwei einander entgegenstehende Bereiche trennen und als erstes tragendes Strukturprinzip des Gedichts ausweisen.

Gestützt und weiter präzisiert wird diese grammatische Perspektive durch eine Untersuchung der *Isotopieebenen*.[5] Der scheinbare Mangel einer logisch-narrativen, auch zeitlich nachvollziehbaren Struktur, in der „die Metaphern ineinander übergehen, ohne durch grammatisch korrekte Bestimmungen aufeinander bezogen oder voneinander abgegrenzt zu werden",[6] kann durch den Ausweis von Wiederholungen *semantischer* Elemente im Text (Seme) behoben werden. Sie situieren die heterogene ‚hermetische' Rede auf einer homogenen semantischen Ebene und bilden eine Grundlage der Bewertung auch syntaktisch-logischer Zusammenhänge und eine Möglichkeit des Zugangs für die Interpretation. Es lassen sich zahlreiche Isotopien ausmachen. Die wichtigsten seien hier kurz genannt: Wasser und dessen Aggregate, Hafen und Schifffahrt, Gastronomie, Körper/Erotik/Sexualität, Bedrohung und Tod, Wahnsinn, Erinnerung, Schreiben/Dichten, Bewegung und deren Richtung (z. B. oben/unten), Zeit und Raum, Natur oder die Isotopie der Lasten. Ein Beispiel: Zur Wasserisotopie zugehörig sind „Hafen", „Meerhaar" (V. 7), „Welle" (V. 8), „Eiskummerfeder" (V. 11), „das tiefinnen flutende Gold" (V. 28/29) oder „Ziehbrunnen" (V. 65). Damit zieht sie sich durch den gesamten Text und hält das Gedicht semantisch zusammen.

Rekurrenz wie Verschränkung der einzelnen Isotopien spiegeln ferner die thematische Komplexität wider. Im Begriff der „blauschwarzen Gedächtnisschuten" (V. 37 ff.) etwa findet sich die semantische Verzahnung von Erinnerung und Last. Gleichzeitig ist die Farbsymbolik auffallend, die das dem Hafen und der Gegenwart zugeordnete Schwarz mit dem Blau („heidelbeerblaue", V. 19) des in der Vergangenheit liegenden ‚Gegenortes' – eines unbestimmten Natürlichen – vermengt. Ähnlich funktionieren Ausdrücke wie „Eiskummerfeder" (V. 11) oder „Ziehbrunnenwinde" (V. 65). Sie legen eine Koinzidenz des zeitlich wie inhaltlich Disparaten nahe, die durch die syntaktische Struktur des Gedichts – es besteht aus einem einzigen, alles integrierenden und umgreifenden Satz –, die Personenkonstellation sowie die Tempusverwendung gestützt wird. Die ungewöhnliche Kombination verschiedener Vorstellungsbereiche kann textimmanent nur schwer

---

[5] Vgl. hierzu François Rastier: Systematik der Isotopien. In: Werner Kallmeyer (Hg.): Lektürekolleg zur Textlinguistik. Bd. 2: Reader. Königstein/Ts. 1974, S. 153–190; sowie zur weiteren Orientierung: Thomas Eicher, Volker Wiemann (Hg.): Arbeitsbuch: Literaturwissenschaft. Paderborn [3]2001, Kap. 1.5.

[6] Bünde 1994, S. 57.

aufgelöst werden und erfordert für die Interpretation schließlich einen weiteren Bezugsrahmen, vor dessen Hintergrund sie genauer eingeordnet werden können. Im Folgenden wird das Gedicht daher in einem größeren Rahmen kontextualisiert.

IV. Interpretationskontexte

Zunächst sind im Rückgriff auf Hilfsmittel wie Lexika und Wörterbücher, Konkordanzen, digitale Volltexte oder Stellenkommentare unbekannte Wörter und Sachverhalte zu klären. So steht einem wörtlichen Verständnis einzelner Textstellen in *Hafen* nicht nur das Vorliegen nicht lexikalisierter Neologismen wie „Abgrundvers" (V. 26) oder „Liebeslautbojen" (V. 64) entgegen, sondern auch die Unkenntnis bestimmter Wörter und Sachverhalte: Was etwa sind „[S]chuten" (V. 39), was ist eine „Laufkatze" (V. 55), was eine „Tiefladomarke" (V. 70)? Handelt es sich auch hier um Neologismen – womöglich um ‚absolute Metaphern' – oder sind diese Wörter in einem Lexikon nachweisbar? Was hat es mit „Odessa" (V. 69) auf sich? Was sollte ein Interpret über die ukrainische, am Schwarzen Meer gelegene Hafen-Stadt wissen? Vor dem Hintergrund der Biographie Celans scheint (als Auswahl aus allen verfügbaren Informationen über Odessa) bedeutsam, dass gegen die „vor dem Krieg bedeutende[] jüdische[] Bevölkerung [...] im Oktober 1941 eines der blutigsten Pogrome des Zweiten Weltkriegs"[7] stattfand.

Obschon im Rahmen der Interpretation prinzipiell eine Vielzahl textexterner Informationen berücksichtigt werden könnte – etwa poetologische Texte Celans, idiomatische Motivkorrespondenzen und Parallelstellen,[8] Selbstzitate oder Bezüge zu Quellen und Prätexten – werden wir uns im Folgenden exemplarisch auf zwei (allerdings eng miteinander zusammenhängende) Interpretationskontexte beschränken, nämlich auf die Biographie des Autors, soweit sie sich als ‚Datum'[9] im Text niedergeschlagen hat, und die Textgenese, also die aus Notizen und Entwürfen rekonstruierbare Arbeit am Gedicht, die Entstehung des Textes.[10]

---

7 Paul Celan: Die Gedichte. Kommentierte Gesamtausgabe. Hg. v. Barbara Wiedemann. Frankfurt/M. 2003, S. 733.

8 Vgl. Dieter Burdorf: Einführung in die Gedichtanalyse. Stuttgart, Weimar ²1999, S. 228–232.

9 Vgl. Axel Gellhaus: Das Datum des Gedichts. Textgeschichte und Geschichtlichkeit des Textes bei Celan. In: Gellhaus, Lohr 1996, S. 177–196.

10 Im französischen Sprachraum hat die *critique génétique* die Arbeitsmanuskripte programmatisch zum *avant-texte* zusammengefasst und gegenüber dem abgeschlossenen Produkt den Prozess der Textentstehung als Untersuchungsgegenstand sui generis exponiert. Einen guten Überblick hierzu gibt Almuth Grésillon: Literarische Handschriften. Einführung in die „critique génétique". Bern 1999; zur Rezeption dieser Forschungsrichtung im deutschen Sprachraum ist einschlägig Klaus Hurlebusch: Den Autor besser verstehen: aus seiner Arbeitsweise. Prolegomenon zu einer Hermeneutik textgenetischen Schreibens. In: Gunter Martens, Hans Zeller (Hg.): Textgenetische Edition. Tübingen 1998, S. 7–51.

Die schwierige Frage, ob die konkreten biographischen Entstehungsbedingungen eines Textes zu dessen Verständnis grundsätzlich erforderlich oder hilfreich seien, wurde in der Celan-Philologie kontrovers diskutiert.[11] Abgesehen davon, dass der Ausdruck ,Verständnis' hier näher zu spezifizieren wäre, gibt es durchaus einige legitime Fragestellungen, zu deren Klärung besagte Informationen (so sie zu ermitteln sind) beitragen können; unerlässlich sind sie etwa, wenn untersucht werden soll, wie Celan das Erlebte poetisch *transformiert* hat.[12]

Wie eingangs erwähnt, lässt sich ein konkreter *Anlass* für die Textproduktion von *Hafen* plausibel rekonstruieren, da sich in einem Heft mit Reisenotizen eine Auflistung von Wörtern findet, die offenbar während oder nach einer Hafenrundfahrt in Hamburg am 24./25. Juni 1964 entstanden ist.[13] Eine vergleichende Gegenüberstellung dieser Bleistiftnotizen mit der Endfassung des Gedichts zeigt, dass hier wörtliche und sinngemäße Übernahmen in einzelne Entwürfe bzw. den späteren Gedichttext stattgefunden haben. Übereinstimmend sind ganze Wörter („Uhrturm", „ausbaggern", „Laufkatze", „Leuchtfeuerschiffe", „Tiefladermarke") oder Wortbestandteile („Hafenschuten" – vgl. V. 38 f.: „Gedächtnis-/schuten", „Portalkräne" – vgl. V. 52: „Großkräne" oder „Abschleppseil" – vgl. V. 61: „Schleppseil"); auch gibt es ähnliche Formulierungen wie „aus Prag" (vgl. V. 69: „aus Odessa"). Es wird deutlich, dass Celan bei seiner poetischen Gestaltung des Ortes Hafen auf eine Auswahl optischer Eindrücke zurückgreift, die allerdings bereits in den Wortnotizen *sprachliche* Form besitzen. Bestimmend ist eine spezifische Wahrnehmungsprädisposition: Motive der Schwere und Belastung, des Ziehens, Hebens und Senkens überwiegen und charakterisieren den von Celan registrierten und versprachlichten Hafen primär als einen Ort des Verladens, des Transports und allgemein der Bewegung schwerer Lasten.

Bemerkenswert ist auch, dass sich Celan in gleichem Zusammenhang auch den Schiffsnamen „Marius Magureanu-Sidago" notierte, der sich auf die Verse 31–33 „hier,/ mit bewimperten Segeln,/ fuhr auch Erinnerung vorbei" beziehen lässt, sobald man weiß, dass „eine enge Freundin Celans der Bukarester Zeit" ebenfalls den Namen ,Magureanu' trug.[14] Der Hafen wird damit zugleich als Ort der Erinnerung – als Gedächtnisraum – konzipiert, in dem eine ,Verzeitlichung des Ortes' ebenso exemplifiziert wird wie eine ,Verortung des Zeitlichen'. Sehr viel konkreter auf die Topographie des *Hamburger* Hafens, namentlich auf den von Grünspan verfärbten Turm der Landungsbrücken, lässt sich die Rede vom

11 Jean Bollack: ,Eden' nach Szondi. In: Celan-Jahrbuch 2 (1988), S. 81–105; sowie ders.: Voraussetzungen zum Verständnis der Sprache Paul Celans. In: Gerhard Buhr, Roland Reuß (Hg.): *Atemwende.* Materialien. Würzburg 1991, S. 319–343, hier S. 338 f.

12 Vgl. dagegen John M. Ellis: The Relevant Context of a Literary Text. In: Ders.: The Theory of Literary Criticism. A Logical Analysis. Berkeley 1974, S. 104–154, hier S. 114–116.

13 Vgl. Paul Celan: Atemwende. Vorstufen. Textgenese. Endfassung (Tübinger Ausgabe). Bearb. v. Heimo Schmull, Christiane Wittkop. Frankfurt/M. 2000, S. 82 (Im Folgenden zitiert unter Verwendung der Sigle TCA); BCA 7.2, S. 122.

14 Vgl. Wiedemann 2003, S. 732.

„zeitgrünen Uhrturm" (V. 46) beziehen; auch hat das „Schwimmdock" der Wortnotizen eine Entsprechung in den Hamburger Werftanlagen.[15] Der kontingente Realitätsbezug bildet demnach – wenngleich das Gedicht sich gerade nicht in der mimetischen Abbildung erschöpft – einen integrativen materiellen Wahrnehmungskern, von dem ausgehend eine komplexe imaginative Topographie entwickelt und poetisch gestaltet wird.

Abgesehen davon, dass der Rekurs auf die Textgenese in diesem Fall den Erlebnishintergrund des Gedichts nachvollziehbar macht, wird gemeinhin angenommen, der Rekurs auf partiell variante Entwürfe könne irgendwie zur Interpretation der (schwerer verständlichen) Endfassung (oder von Teilen derselben) beitragen bzw. allgemein „aufschlußreiche Hinweise zum Verständnis des Gedichts geben".[16] Im Falle von *Hafen* ist Celans Arbeit am Text außerordentlich gut dokumentiert.[17]

Die Textgenese zeigt sowohl syntagmatische Konstanz im Allgemeinen wie paradigmatische Varianz im Einzelnen. Das Gros des Textbestands bleibt während des Überarbeitungsprozesses unverändert, woraus wohl immerhin zu folgern ist, dass Celan von Anfang an eine relativ feststehende, präzise Vorstellung vom Gegenstand der Darstellung und damit von der sprachlichen Gestalt des fertigen Gedichts hatte. Aufschlussreich sind indes die Veränderungen einzelner Textsegmente sowie die als deren Summe zu erschließende Tendenz einer Transformation und Verfremdung.

Hierzu ein Beispiel: Analog zum schwer verständlichen Bild „schaufel die Welle zuhauf, die mich trägt, Schwarzfluch" (V. 8) schrieb Celan – bei strukturell gleicher kontextueller Einbettung – im ersten handschriftlichen Entwurf zunächst „schaufel die Welle zuhauf/ Atomkahn". Diese Formulierung ändert er anschließend durch Streichungen und Hinzufügungen erst in „schwarzer Atomkahn", sodann in „schwarzes Atomschiff", schließlich in „weißes Atomschiff", ehe er bei der Schreibmaschinenabschrift die Formulierung der Endfassung wählt. Die Interpretationshypothese, dass dem Motiv einer das ‚lyrische Ich' tragenden Welle „die Vorstellung eines Wellen erzeugenden ‚Kahns' zugrundeliegt",[18] lässt sich mit Hinweis auf die früheren Entwürfe plausibilisieren. Einzuwenden wäre freilich, dass Celan sich ja gerade *gegen* die eindeutige Referenz eines konkreten Schiffes entscheidet und stattdessen den abstrakten Neologismus „Schwarzfluch" wählt. Was die ideelle Konstanz während der Textgenese anbelangt, lassen sich mindestens folgende Möglichkeiten denken: (a) trotz der verschiedenen Formulierungen ist weiterhin das Gleiche gemeint, (b) es ist zwar etwas anderes, irgend-

[15] Vgl. Martens 1997, S. 82 f.

[16] Vgl. Burdorf 1999, S. 222, sowie grundsätzlich Per Röcken: Georg Büchners *Woyzeck* – Möglichkeiten und Grenzen textgenetischer Interpretation. In: Georg Büchner-Jahrbuch 11 (2005–2008), S. 163–205.

[17] Vgl. dazu ausführlich Martens 1997 sowie die Variantendarstellung in BCA 7.2, S. 121–129 und TCA, S. 82–85.

[18] Martens 1997, S. 78.

wie aber auch Ähnliches gemeint bzw. das mit der früheren Formulierung Gemeinte ist in der mehrdeutigen späteren dialektisch ‚aufgehoben', oder (c) es ist etwas ganz anderes gemeint (woraus immerhin zu schlussfolgern wäre, dass „Schwarzfluch" *keine* Metapher für „Atomschiff" darstellt). Für eine (wenigstens partielle) semantische Übereinstimmung sprechen in diesem Fall sowohl die Wiederaufnahme des Farbattributs wie das relativ konstante Syntagma. Überdies liegen keine kontradiktorischen Varianten vor: Die spätere Formulierung ist mit der früheren durchaus semantisch vereinbar.

Als Interpretationskontext erfüllt die Textgenese hier jedenfalls eine *heuristische* Funktion, wenngleich damit ersichtlich eine erhebliche Potenzierung methodischer Schwierigkeiten verbunden ist. Wesentlicher scheint uns indes die Frage zu sein, *warum* sich Celan an dieser Stelle gegen den leicht nachvollziehbaren Realbezug und für das Abstraktum „Schwarzfluch" entscheidet. Offenbar geht es ihm grundsätzlich darum, mit dem Bild einer dem lyrischen Ich als permanente Belastung auferlegten Bedrohung *existentielle* Bedingungen des eigenen Daseins und Schreibens zu charakterisieren. Dass zum Erlebnis dieser omnipräsenten Gefährdung durch Gewalt, Zerstörung und drohende Vernichtung auch die Wahrnehmung atombetriebener (Kriegs-?)Schiffe[19] beigetragen haben kann, ist sicher anzunehmen. Auf ähnliche Weise lässt sich auch die Veränderung von „ein Schwimmdock, davor" zu „ein Wahndock, / schwimmend, davor" (V. 48 f.) als vielsagende Verallgemeinerung begreifen: Die Werftanlagen erhalten aufgrund einer spezifischen Wahrnehmungsdisposition, Selektion und Organisation des Sprachmaterials gleichsam Zeichenfunktion und machen für den Leser sicht- und nachvollziehbar, was Celan – in der Verschränkung mehrerer Daten – miteinander in Zusammenhang brachte und durch sein Gedicht *bezeugte*: die Gleichzeitigkeit einer Hafenrundfahrt und des – historischen und neuerlich drohenden – Wahnsinns des Krieges. Die eindimensionale Wirklichkeit wird auf diese Weise zeit- und räumlich angereichert und zu unausgesetzt gegenwärtiger *poetischer* Realität verdichtet. Die Tilgung eindeutiger Referenz auf die äußere Realität exponiert die interne Verweisungsstruktur des Gedichts.

V. Interpretationsperspektiven

Es scheint uns wenig sinnvoll, die Ermittlung einer ‚Gesamtbedeutung' des Textes zum Ziel der Interpretation zu erklären;[20] statt dessen soll es darum gehen, ein aussagekräftiges und hinreichend spezifisches Struktur-Schema ausfindig zu machen, das eine Integration und Funktionalisierung aller Textsegmente und semantischen Ebenen leisten und damit zur Beantwortung der Fragen beitragen kann, was das

[19] Vgl. ebd., S. 82.

[20] Vgl. auch Stein Haugom Olsen: The End of Literary Theory. Cambridge 2008, S. 42–72 sowie Jeffrey Stout: Was ist die ‚Bedeutung' eines literarischen Textes? In: Tom Kindt, Tilmann Köppe (Hg.): Moderne Interpretationstheorien. Ein Reader. Göttingen 2008, S. 226–247.

Dargestellte und der Modus der Darstellung ‚zum Ausdruck' bringen. Angesichts der komplexen semantischen Struktur des Textes ist die Abstraktion eines integrativen Prinzips indes nicht einfach und es besteht die Gefahr, alle Textbestandteile nur im Rahmen einer recht allgemeinen Interpretationsthese berücksichtigen zu können. Die bei der Textanalyse erschlossene Struktur der Verklammerung bestimmter Bildbereiche legt – zumal in Zusammenschau mit den genannten Kontextualisierungsmöglichkeiten – dennoch folgende Interpretationsthesen nahe:

(1) Das bereits im Text explizit genannte „kreuzen" (V. 43), das sich semantisch in der Verschränkung diverser Isotopieebenen fortsetzt, weist – zusammen mit dem im Schluss angesprochenen iterativen Moment („herbei und vorbei und herbei", V. 74) – das Gedicht als eine Art textuellen Gedächtnisraum aus, in welchem Damals und Heute, individuelle und kollektive Geschichte, Erinnerung und Gegenwart in Beziehung gesetzt werden. Versinnbildlicht wird das poetologische Prinzip der *Gegenwärtigkeit und Gleichzeitigkeit des räumlich und zeitlich Abwesenden* unter anderem im Ort des Hafens, der als Ort der Bewegung charakterisiert wird, als Schwelle zwischen Meer und Land, als Ort des Transits, Transfers und Transports. Als Schauplatz des Grauens („Schwarzfluch", „Wahndock") ruft er allerdings auch ein vergangenes, verlorenes ‚Idyll' ins Gedächtnis („Ziehbrunnenwinde damals"). Grauen, Tod und ein utopischer Idealort werden in schmerzlicher Erinnerung („Wundgeheilt", „kreuz- und quergeträumt") *vergegenwärtigt*. Gegenwart und Vergangenheit werden *chronotopographisch* miteinander verschränkt und aneinander gespiegelt. Das iterative Moment des Erinnerns macht ferner auf ein Verhängnis des lyrischen Ich – sich der Erinnerung nicht entziehen zu können – aufmerksam; dies gerade vor dem Hintergrund der Lasten- und Wundenmetaphorik.

Weiterhin lässt sich (2) auf *poetologischer* Ebene einbringen, die Last der Vergangenheit und der Gegenwart, ebenso wie das Andenken an Geschehenes in der verdichteten Projektion eines ‚lyrischen Ich', sei ein Spezifikum künstlerischer Selbstverortung. Ein eindringliches Bild ist hier sicher die „Eiskummerfeder", die einem Zeugungsakt („durch den heißesten Schoß") gleich künstlerisch Zeugnis ablegt für das, was das lyrische Ich sieht, erinnert und hofft. „Eis" als Variante des ‚Geronnenen', des ‚Kristallinen' wäre hierbei eine für Celan typische Metapher des geschriebenen Wortes, der zum Gedicht in Form gebrachten Sprache. Das Schreiben erscheint ebenso iterativ wie der Alltag des Hafens („wie oft ich dir bis in die Kehle hinaufsang"), von Leid geprägt und mit Erinnerung beladen – und doch: ein Ort der Begegnung.

VI. Auswahlbibliographie

1. Frauke Bünde: Mallarmé und Paul Celan. Einfahrten in das Gedicht *Hafen*. In: Lendemains. Études compareés sur la France (1994), S. 54–63.
2. Gunter Martens: Einblicke in die gar nicht so hermetische Poetik moderner Lyrik. Die Textgenese des Gedichts *Hafen* von Paul Celan. In: Nadeshda Darkova (Red.): Deutsche Literatur im Umbruch der Geschichte. Sofia 1997, S. 67–86.

(von ,SA' – der Kampforganisation der NSDAP – und Atzung, einem mittelalterlichen Wort für Mahlzeit, das heute nur noch im Zusammenhang mit Tieren verwendet wird).

3. *Die Jagd (Tierjagd und Fischfang)*: Für diese Isotopieebene sind die Worte ,männechensee' und die ,maschenhaften männchenmeere' (man denke an die Maschennetze, die beim Fischen in Meeren und Seen verwendet werden) kennzeichnend; ferner die Ausdrücke ,pirsch', ,kechelte' (ein Wort, mit dem die Verben ,einkesseln' und ,köcheln' assoziiert werden können) und ,sprenkem' (als Ableitung von ,sprenkel', einer Vogelfalle).
4. Mit der Jagd ist das semantische Feld *des Todes* verknüpft: Das manifestiert sich in den Worten ,bluten', ,hinsensend' und ,eigenwäscher' (in dem Zusammenhang verstanden als Verweis auf ,Leichenwäscher').
5. *Die Sexualität*: Dieser für die erste und dritte Strophe zentrale Themenbereich konstituiert sich durch die Worte ,hoffensdick' (als Ableitung von dem Ausdruck ,guter Hoffnung sein'), ,balzerig' (von ,balzen') und ,brüllzten' (als Amalgamierung von ,balzen' und ,brüllen') sowie der phallisch konnotierte ,stimmstummel'.
6. *Der Zirkus*: Diesem semantischen Feld können die Begriffe ,zirka' (denkbar als Ableitung von ,Zirkus'), ,Maskelknie' (von ,Maske' oder ,Maskerade', aber auch von ,maskulin' – das Wort fällt damit auch in den Bereich der Sexualität) und ,zu-nummernd' (von ,Zirkus-Nummer') zugeordnet werden.

Vor dem Hintergrund der aufgeführten signifikanten Isotopieebenen lassen sich verschiedene Deutungsthesen entwickeln. Den inhaltlichen Bezugsrahmen liefert dabei der auf das historische Ereignis verweisende Gedichttitel.

In der ersten und dritten Strophe wird die auf dem Heldenplatz versammelte Menge beschrieben. Im Zentrum steht, „ohne Namensnennung, Hitler im Gedicht, charakterisiert in Erscheinung und Diktion".[12] Die Aufmerksamkeit der Anwesenden richtet sich jedoch nicht auf den Redner, sondern auf das andere Geschlecht: Die Frauen versuchen sich an das ,maskelknie' – an die ,Maskulinen' – zu ,heften' (V. 3 f.) und ihnen wird ,pfingstig ums heil', wenn ein ,knie-ender sie hirschelt' (V. 14 f.). Indem Jandl zwischen ,Weibchen' und ,Männchen' differenziert – zwei Begriffe zur Bezeichnung des biologischen Geschlechts von Tieren – betont er das Triebhafte der Masse. Das wird durch die Verwendung von Wörtern, die den semantischen Feldern des Animalischen und der Sexualität entlehnt sind, unterstützt. Auf diese Weise macht Jandl deutlich – so die These – , dass sich die Anwesenden nicht von ihrem Verstand, sondern von ihren Instinkten leiten lassen. Daher sind sie für Hitlers demagogische Reden empfänglich, in denen die nationalsozialistische Ideologie religiös verbrämt wird. Dies zeigt sich an der zweifachen Bedeutung des ,Heils' (,den weibern ward so pfingstig ums heil'): Es verweist auf das christliche Pfingstfest, bei dem der biblischen Überlieferung nach der Heilige Geist über die Apostel gekommen sein soll, als sie in

12 Jandl 1999, S. 34 f.

Jerusalem versammelt waren (Apostelgeschichte 2, 1-4), und lässt sich zugleich mit dem Gruß ‚Heil Hitler' in Verbindung bringen.

Die Anwesenden werden jedoch nicht nur als handelnde Subjekte, sondern auch als (Jagd-)Objekte gezeigt. Davon zeugt die Dominanz des semantischen Feldes der Jagd. So verweisen die Verse 2-5 und 13 auf den Fischfang.[13] Vor dem Hintergrund der historischen Szene lassen sich zwei Thesen formulieren: Das Motiv des Fischfangs kann auf Hitlers Versuch bezogen werden, die Menge ideologisch ‚einzufangen', sie manipulativ für sich zu gewinnen; die Verknüpfung der semantischen Felder Jagd und Tod zeigt aber auch, dass diejenigen, die sich nicht vereinnahmen lassen, systematisch verfolgt und getötet werden. Das kommt in dem Vers ‚hinsensend sämmertliche eigenwäscher' (V. 9) zum Ausdruck. Das Wort ‚eigenwäscher' lässt sich nur assoziativ auflösen und verweist auf die Worte ‚eigen' oder ‚Eigenbrötler' sowie auf die Redewendung ‚die Wäsche anderer Leute waschen'. Hier sind möglicherweise Personen gemeint, die ihre ‚eigene Wäsche waschen' – „Individualisten",[14] so schlüsselt es jedenfalls Jandl in seinem Kommentar zu *wien : heldenplatz* auf. Dass diese nicht geduldet werden, manifestiert sich in den Worten ‚hinsensend' (als Partizip von ‚Sense') und ‚sämmertlich' (als Kontamination von ‚jämmerlich' und ‚sämmtlich'). Von dieser Deutung ausgehend, kann das Adjektiv ‚zu-nummernd' (V. 8; von dem Verb ‚nummerieren' zur Kennzeichnung und Ordnung von Objekten) auf den Verlust der Unabhängigkeit, Mündigkeit und Freiheit des Subjekts zur Zeit des Nationalsozialismus bezogen werden. Gleichzeitig kann es auf die Registrierungsnummern der Opfer in den Konzentrationslagern verweisen, zumal es hier mit dem Wort ‚bluten' in Verbindung steht. Das Wort ‚maschenhaft' (V. 2) ließe sich dann auch als Anspielung auf die mit Maschendraht umzäunten Konzentrationslager verstehen.

Wie vor dem Hintergrund der das Gedicht kennzeichnenden semantischen Felder des Animalischen, der Sexualität, der Jagd und des Todes lassen sich auch Deutungsansätze im Hinblick auf die Isotopieebenen des Zirkus und des Heldentums formulieren. So lässt sich das Wort ‚zirka' (V. 1; als Ableitung von ‚Zirkus') auf die arenaartige Anlage der Hofburg als Kulisse für Hitlers Auftritt beziehen, dessen Rede durch das Adjektiv ‚zu-nummernd' spöttisch als Zirkusnummer charakterisiert werden kann. Dass an der ‚Vorstellung' nicht nur der Redner, sondern auch die Menge beteiligt ist, manifestiert sich im Wort ‚männchenmeere' (V. 2), das von dem Ausdruck ‚Männchen machen' abzuleiten ist und die Anwesenden als dressierte Tiere kennzeichnet. Das semantische Feld des Heroismus verweist hingegen auf kriegerisches Heldentum als Bestandteil der nationalsozialistischen Ideologie. Im Gedicht werden die proklamierten Wertvorstellungen als reine Propaganda entlarvt, werden sie doch mit der animalischen, triebhaften Masse, mit dem Redner Hitler – dem ‚gottelbock' (V. 11; ein Begriff

---

[13] Zu möglichen biblischen Verweisen in Bezug auf das Motiv des Fischfangs vgl. Johannes 21,1–4 und Lukas 5,1–11.

[14] Jandl 1999, S. 35.

aus der durch Assonanzen bestimmten Assoziationskette ‚Gott', ‚Bock', ‚Gockel', ‚Trottel') – und dem inhumanen System kontrastiert.

Zusammenfassend ist festzuhalten, dass Jandl die Anwesenden als von den Nationalsozialisten verfolgte Jagd-Objekte zeigt. Zugleich wendet er sich gegen den in der Nachkriegszeit in Österreich propagierten ‚Opfermythos', indem er die Hitler-Begeisterung des Heldenplatz-Publikums offensiv in Erinnerung ruft und den Demagogen als Initiator einer erotisch konnotierten Massenhysterie darstellt.

IV. Analyse der Sprachkonzeption

Jandls Gedicht kann zur konkreten Poesie gezählt werden, laut Harald Hartung eine nicht-mimetische „Dichtung, die Sprache als Material zum Thema macht"[15] und so über die Bedingungen von Poesie reflektiert. Die Autoren der abstrakten Dichtung betonen die Materialität des ästhetischen Gebildes, indem sie die grammatischen, syntaktischen oder semantischen Strukturen der Sprache bewusst zerstören:

> Bezogen auf ihre Phänomenalität differenziert sich die konkrete Poesie in eine visuelle und in eine akustische Richtung aus. Konstitutiv für das Erstere ist das sichtbare Erscheinungsbild des Textes; aufgegriffen, dabei aber umfunktionalisiert werden auch traditionelle Formen der visuellen Poesie. Akustische konkrete Poesie geht von gesprochener Sprache, Lauten und deren (auch durch elektronische Medien erzeugten) Verfremdungsmöglichkeiten aus.[16]

Für die Sprachkonzeption des Gedichts *wien : heldenplatz*, das der ‚akustischen Richtung' zuzuordnen ist, heben Thomas Kopfermann und Peter Pabisch den Rekurs auf die nationalsozialistische Ideologie und Rhetorik hervor. So interpretiert Pabisch den ‚germanisch-vorchristlichen' Stabreim[17] (etwa ‚männchenmeere', ‚heften heftig' oder ‚nach nöten nördlich') als lautliche Anspielung auf den Germanenmythos des Deutschen Reiches. Kopfermann betont die „deutlich hörbare"[18] phonologische Struktur des literarischen Textes, resultierend aus den Alliterationen, den Assonanzen und dem Wechsel zwischen unbetonten und betonten Silben. Durch diese sprachlichen Mittel wird die Aufmerk-

[15] Harald Hartung: Konkrete Poesie. In: Harald Fricke u. a. (Hg.): Reallexikon der deutschen Literaturwissenschaft. Bd. 2. Berlin, New York 2007, S. 328–331, hier S. 328.

[16] Monika Schmitz-Emans: Konkrete Poesie. In: Dieter Burdorf, Christoph Fasbender, Burkhard Moenninghoff (Hg.): Metzler Lexikon Literatur. Stuttgart [3]2007, S. 396 f., hier S. 396.

[17] Der Stabreim ist das älteste Formprinzip der germanischen Dichtung und bezeichnet die Übereinstimmung anlautender Konsonanten und Vokale. Richard Wagner versuchte, dieser seit dem 9. Jahrhundert durch den Endreim verdrängten Form in seinen Musikdramen zu neuem Ansehen zu verhelfen. Vgl. dazu auch Dieter Burdorf: Einführung in die Gedichtanalyse. Stuttgart/Weimar [2]1997, S. 35.

[18] Thomas Kopfermann: Konkrete Poesie – Fundamentalpoetik und Textpraxis einer Neo-Avantgarde. Frankfurt/M. u. a. 1981, S. 229–235, hier S. 230.

samkeit des Rezipienten auf die rhetorische Dimension des literarischen Textes gelenkt.

Jandl imitiert (und karikiert) die Rhetorik und den Sprachgebrauch – die Wortneuschöpfungen und die veränderten Bedeutungszuschreibungen – der Nationalsozialisten. Dass er insbesondere Hitlers rhetorische Diktion nachahmen und bloßstellen möchte, belegt sein Vortrag des Gedichts.[19] Während die Rhetorik der Nationalsozialisten aber auf eine Emotionalisierung des Lesers bzw. Zuhörers zielt, verhindert Jandl eine affektive Rezeption durch die Wortneubildungen, durch die das Gedicht vieldeutig wird. Indem Jandl nicht das Dargestellte, sondern die Darstellungsweise fokussiert, forciert er die intellektuelle Auseinandersetzung mit den historischen Ereignissen.

Im Unterschied zu Hartungs Gattungsdefinition der konkreten Poesie, wonach diese nur eine „untergeordnete oder keine Mitteilungsfunktion" besitze und „primär die Ausstellung ihrer eigenen Struktur"[20] anstrebe, behält *wien : heldenplatz* einen außerästhetischen Bezug. Das Gedicht wie auch der Zyklus, in den Jandl es eingegliedert hat, sind prominente Beispiele für eine „ideologiekritische Funktionalisierung des Lautgedichts und des Sprachspiels".[21] Gleichzeitig generiert *wien : heldenplatz* eine Form literarischer Erinnerung, „es ‚zeigt' den Vorgang der Rückerinnerung, die Phrasen der Verdrängung, die unmenschliche Präzision des politischen Mordes".[22] Literaturgeschichtlich gehört Jandl damit zu jenen Autoren nach Auschwitz, die Kritik am ‚kollektiven Gedächtnis' (Maurice Halbwachs) und seinen geschichtspolitischen Verdrängungsmechanismen üben. Dabei gewinnt der Lyriker durch seine Wortneuschöpfungen und seine ‚Technik der Assoziation' „eine Möglichkeit, über die[] konkreten historischen Erfahrungen überhaupt wieder literarisch zu reden".[23]

V. Auswahlbibliographie

1. Eoin Bourke: Ernst Jandl (1925-2000). wien : heldenplatz. In: Florian Krobb, Jeff Morrison (Hg.): Poetry project. Irish Germanists interpret German verse. Oxford u. a. 2003, S. 207–216.
2. Jörg Drews: Über ein Gedicht von Ernst Jandl: *wien : heldenplatz*. In: Wendelin Schmidt-Dengler (Hg.): Ernst Jandl Materialienbuch. Darmstadt 1982, S. 34–43.
3. Peter Pabisch: Sprachliche Struktur und assoziative Thematik in Ernst Jandls experimentellem Gedicht ‚wien : heldenplatz'. In: Modern Austrian Literature Bd. 9 (1976), H. 2, S. 73–85.
4. Jürgen Egyptien: Der ‚Anschluss' als Orgie der Gewalt. Ernst Jandl: *wien : heldenplatz*. In: Ders.: Einführung in die deutschsprachige Literatur seit 1945. Darmstadt 2006, S. 113–118.
5. Ernst Jandl: Mein Gedicht und sein Autor. In: Ders.: Autor in Gesellschaft. Aufsätze und Reden. Darmstadt 1999, S. 34 f.

[19] Zu hören ist diese eindrucksvolle Lesung auf der CD von Ernst Jandl und Wolf Redl: wien : heldenplatz. München 1999.

[20] Hartung 2007, S. 328.

[21] Egyptien 2006, S. 113.

[22] Kopfermann 1981, S. 235.

[23] Kopfermann 1981, S. 234.

Ingeborg Bachmann (1926–1973): Das Spiel ist aus

von Katja Kauer

I. Gedicht

Das Spiel ist aus

Mein lieber Bruder, wann bauen wir uns ein Floß
und fahren den Himmel hinunter?
Mein lieber Bruder, bald ist die Fracht zu groß
und wir gehen unter.

Mein lieber Bruder, wir zeichnen aufs Papier
viele Länder und Schienen.
Gib acht, vor den schwarzen Linien hier
fliegst du hoch mit den Minen.

Mein lieber Bruder, dann will ich an den Pfahl
gebunden sein und schreien.
Doch du reitest schon aus dem Totental
und wir fliehen zu zweien.

Wach im Zigeunerlager und wach im Wüstenzelt,
es rinnt uns der Sand aus den Haaren,
dein und mein Alter und das Alter der Welt
mißt man nicht mit den Jahren.

Laß dich von listigen Raben, von klebriger Spinnenhand
und der Feder im Strauch nicht betrügen,
iß und trink auch nicht im Schlaraffenland,
es schäumt Schein in den Pfannen und Krügen.

Nur wer an der goldenen Brücke für die Karfunkelfee
das Wort noch weiß, hat gewonnen.
Ich muß dir sagen, es ist mit dem letzten Schnee
im Garten zerronnen.

Von vielen, vielen Steinen sind unsre Füße so wund.
Einer heilt. Mit dem wollen wir springen,
bis der Kinderkönig, mit dem Schlüssel zu seinem Reich im Mund,
uns holt, und wir werden singen:

Es ist eine schöne Zeit, wenn der Dattelkern keimt!
Jeder, der fällt, hat Flügel.
Roter Fingerhut ist's, der den Armen das Leichentuch säumt,
und dein Herzblatt sinkt auf mein Siegel.

Wir müssen schlafen gehn, Liebster, das Spiel ist aus.
Auf Zehenspitzen. Die weißen Hemden bauschen.
Vater und Mutter sagen, es geistert im Haus,
wenn wir den Atem tauschen.

Ingeborg Bachmann: Werke. Hg. v. Christine Koschel, Inge von Weidenbaum und Clemens Münster. München [u.a.] ^{4}1993, Bd. 1, S. 82 f. [Im Folgenden zitiert unter Verwendung der Sigle W].

II. Methodischer Zugriff – Autorschaftskonstruktionen

Sollte das Gedicht als autonomes, selbstbezügliches Kunstwerk gelten, dessen Verweisungssystem „gegenständlicher Schwere entronnen“ sei, wie Adorno formulierte,[1] oder ist es eine Ausdrucksform, die sich anhand biographischer Bezüge zur Dichterin konkretisieren lässt? An Ingeborg Bachmanns Werk lässt sich zeigen, dass sich beide Lesarten nicht ausschließen. Entsprechend verbindet die folgende Analyse von *Das Spiel ist aus* – eines für Bachmann typischen Gedichts – eine (biographische) Kontextualisierung mit poststrukturalistischen Interpretationsansätzen. Darüber hinaus wird die für das Werk insgesamt charakteristische Sprachkritik besondere Beachtung finden.

Gemeinhin wird eine Kombination wie die hier angestrebte als intellektueller Fauxpas gewertet, weil die poststrukturalistische Schule ein Autorsubjekt für obsolet erklärt. Dem postrukturalistischen Denken liegt die Annahme zu Grunde, dass Deutungsprozesse grundsätzlich unabschließbar sind. Im Unterschied etwa zu strukturalistischen Analysen, die stärker darauf zielen, *eine* Textbedeutung ‚dingfest' zu machen, wird eine prinzipielle Bedeutungsoffenheit von Texten postuliert. Jeder Text weist über das hinaus, was wir den Autor/die Autorin, den sozialen Kontext oder die Intention nennen.

Die Bachmann-Forschung ist allerdings unabhängig davon seit langem bemüht, die poetische Korrespondenz zwischen Bachmann und anderen Autoren, vor allem die zu dem von ihr geliebten Dichterkollegen Paul Celan zu rekonstruieren, um an neue Bedeutungsschichten der Texte zu gelangen.[2] Eine Korrelation der beiden Œuvres sollte allerdings nicht als die materielle Spur einer biographisch aufzuarbeitenden Liebesbeziehung gewertet werden, sondern ist selbst bereits Effekt eines historischen Zuschreibungsprozesses. Diese Zuschreibung zielte meist darauf ab, Bachmanns und Celans Gedichte als einen Herrschaftsdiskurs zersetzende Stimmen zu etablieren und die Beziehung der Autoren daraus abzuleiten. Der bis 2008 unter Verschluss gehaltene Briefwechsel hat es nun ermöglicht, die komplizierte Dichterbeziehung besser zu

[1] Theodor W. Adorno: Rede über Lyrik und Gesellschaft (1957). In: Ders.: Noten zur Literatur. Hg. v. Rolf Tiedemann. Frankfurt/M. 1981, S. 49–68, hier S. 51.

[2] Vgl. Bernhard Böschenstein, Sigrid Weigel (Hg.): Ingeborg Bachmann – Paul Celan. Poetische Korrespondenzen. Frankfurt/M. 2000.

verstehen. Er zeugt von einer unerwarteten Dauer und Tiefe des Liebesverhältnisses.[3]

Im Rahmen der Interpretation ist es zwar nicht möglich, alle neu gewonnenen Erkenntnisse darzulegen, doch die folgende Interpretation strebt auch an, dem Gedicht einen Platz in dieser besonderen poetischen Korrespondenz zuzuweisen. Das bedeutet aber keineswegs, dass sich darin der Gehalt von *Das Spiel ist aus* erschöpft.

Es gibt zwei widerstreitende Autorinnenbilder der Bachmann: Zum einen trifft man auf die gefeierte Poetin, die mit ihren hermetischen Gedichten 1953 den Preis der Gruppe 47 gewann, zum anderen begegnet man der missverstandenen, zunehmend ihrer Tabletten- und Alkoholsucht verfallenen Prosaautorin, die von Marcel Reich-Ranicki als „gefallene Lyrikerin" bezeichnet wurde.[4] Dieser Gegensatz wird gelegentlich geschlechtsspezifisch bzw. ‚gendertheoretisch' gedeutet, dass nämlich ihre Poesie ‚weiblich', ihre Bemühungen, als Prosaautorin anerkannt zu werden, dagegen ‚männlich' gewesen seien. Der feministischen Literaturwissenschaft wurden die Prosatexte zu einem Lieblingsgegenstand der Dekonstruktion, um damit zu zeigen, wie ein vom herrschenden Diskurs ausgegrenztes Subjekt die geltende Ordnung in Frage stellt.

Bachmann selbst ging es nicht darum, als *Frau* zu schreiben, sondern darum, als Künstl*er* anerkannt zu werden, dessen Worte „zu ihrer Wahrheit kommen."[5] Der Gattungswechsel bedeutete für sie auch nicht einen thematischen Wechsel. Wie die Prosa befasst sich Bachmanns Lyrik damit, Herrschaftsdiskurse von einem explizit subjektiven Standpunkt aus zu hinterfragen. Diesen Kunstanspruch teilt sie mit Paul Celan. Die biographische Kontextualisierung des Gedichtes in Bezug auf ihr Liebesverhältnis ist unterfüttert mit Adornos Postulat, dass Lyrik, obwohl sie im höchsten Maß persönlich ist, immer auch gesellschaftspolitische Dimensionen hat.

III. Gegen die Scheinsätze

Ingeborg Bachmann kam 1946 nach Wien, um dort Philosophie, Germanistik und Psychologie zu studieren. Schon davor hatte sie sich dichterisch betätigt, ab 1947 gehörte sie zu dem Literatenkreis um Hans Weigel. Da die österreichische Nachkriegsliteratur anders als die westdeutsche nicht durch eine Kahlschlagprogrammatik geprägt war,[6] verwundert es nicht, dass sich die junge Dichtergenera-

3 Vgl. hierzu Katja Kauer: Ingeborg Bachmann/Paul Celan: Herzzeit. Der Briefwechsel. In: Peter-Weiss-Jahrbuch 18 (2009), S. 192–198.

4 Marcel Reich-Ranicki: Ingeborg Bachmann in einem neuen Repertoire. In: Schardt 1994, S. 187–190, hier S. 188 (zuerst in: Berliner Allgemeine Wochenzeitschrift der Juden in Deutschland, 16. 3. 1973).

5 Koschel, Weidenbaum 1983, S. 25.

6 Vgl. Larcati 2006, S. 38 f.

tion ganz bewusst auf ältere Vorbilder bezog, die im Kreis um Weigel hoch geschätzt wurden. Bachmanns Schaffen ist ohne die intertextuellen Bezüge auf andere Texte kaum verständlich, wie im Folgenden auch an *Das Spiel ist aus* gezeigt wird. Dies gilt auch für einen Dichter ihrer Generation, mit dem sie seit der ersten Begegnung im Mai 1948 in einem regen poetischen Austausch stand: Paul Celan.

Die Auseinandersetzung mit Ludwig Wittgenstein während ihres Studiums hatte Bachmann von der fundamentalen Bedeutung philosophischer Sprachkritik überzeugt. Ihr dichterisches Werk steht im Zeichen des berühmt gewordenen Satzes aus dem *Tractatus logico-philosophicus* (5.6): „Die Grenzen meiner Sprache bedeuten die Grenzen meiner Welt".[7] Anders als der logisch-empiristischen Sprachkritik, die um die Anerkennung dieser Grenze bemüht ist (ebd. 7: „Wovon man nicht sprechen kann, darüber muß man schweigen"[8]), ging es Bachmann um die Entgrenzung und das Aufbrechen des Schweigens.[9] Nachdem sie im Mai 1953 den Preis der Gruppe 47 gewonnen hatte, erschien ihr erster Lyrikband *Die gestundete Zeit*. 1956, als ihr zweiter Lyrikband *Anrufung des großen Bären* erschien, in dem *Das Spiel ist aus* als eines der schönsten Gedichte gilt,[10] war sie bereits berühmt. Die thematischen Bezüge beider Bände differieren kaum. Doch besonders die späte Lyrik zeigt das Bemühen, in der Schönheit des sinnlichen Ausdrucks eine verschüttete, rein logisch unzugängliche Bedeutungsebene einzufangen. Bachmann selbst war sich bewusst, dass der dichterische Ausdruck eine andere Wirklichkeit behauptet: „Ich glaube, daß Gedichte dies vermögen und daß, wer Gedichte schreibt, Formeln in ein Gedächtnis legt, wunderbare Worte für einen Stein und ein Blatt, verbunden oder gesprengt durch neue Worte, neue Zeichen für Wirklichkeit, und ich glaube, daß, wer die Formeln prägt, auch in sie entrückt mit seinem Atem, den er als unverlangten Beweis für die Wahrheit dieser Formeln gibt."[11] Diese Sprachauffassung lässt sich als poststrukturalistisch avant la lettre charakterisieren. Es geht dabei um einen Bruch zwischen dem Zeichenträger und dem Bezeichneten, der die Grundlage für die prinzipielle Bedeutungsoffenheit jeglichen sprachlichen Ausdrucks darstellt. Die Signifikanten haben keine festen Signifikate. Ein Wort hat keine natürliche Verbindung zu einer gedanklichen Einheit, sondern sein Wert (der „Atem") schöpft sich allein aus dem Kontext, der jedoch nicht fest umrissen ist. Bachmanns Lyrik scheint als Demonstrationsobjekt für poststrukturalistische Interpretationsansätze wie geschaffen, obwohl diese erst Jahrzehnte nach dem Entstehen von Bachmanns Gedichten akademisch relevant wurden.

---

7 Ludwig Wittgenstein: Tractatus logico-philosophicus. Philosophische Untersuchungen. Hg. v. Peter Philipp. Leipzig 1990, S. 69.

8 Ebd., S. 89.

9 Vgl. von Jagow 2003, S. 221–223.

10 Vgl. Wieland Schmied: Ingeborg Bachmanns *Anrufung des Großen Bären* (1957). In: Schardt 1994, S. 32–34, hier S. 34.

11 Ingeborg Bachmann: [Wozu Gedichte?]. In: W 1, S. 610 f.

IV. Bachmann und Celan

Vermutlich sind die Gedichte für die *Anrufung des Großen Bären* auf Bachmanns Reisen entstanden, die sie Mitte der 1950er Jahre vor allem nach Italien führten. Das Scheitern der Liebesbeziehung mit dem Dichter Paul Celan wird häufig auf 1950 datiert. Bachmann hatte im Herbst des Jahres nach längerem Zögern den Versuch unternommen, mit Celan in Paris zu leben. Dieser Versuch währte allerdings nur etwa zwei Monate. Bis zum Erscheinen des Briefwechsels 2008 mutmaßte man, dass damit die Liebesbeziehung beendet war. Die Briefe Bachmanns zeigen allerdings, dass die Einsicht in das Scheitern sehr viel später einsetzte. Erst ihre Italienreisen Mitte der 50er Jahre können als ein Versuch verstanden werden, sich gedanklich von der Liebesutopie, die zwischen ihr und Celan bestand, zu lösen. Die Briefe, die danach entstanden, geben Aufschluss darüber, wie ihr dies gelang.

Identifiziert man vor diesem biographischen Hintergrund das lyrische Ich mit Bachmann, kann *Das Spiel ist aus* auch als Abschiedsgesang auf eine Liebesutopie gelesen werden: ein Ich, das beklagt, dass der gemeinsame Austritt aus der Welt den beiden Liebenden nicht möglich war. Die Sehnsucht nach dem Austritt bleibt dem Gedicht jedoch inhärent. Paul Celans Gedicht *Weiß und Leicht*, das er im Oktober 1957 Bachmann mit der eindringlichen Widmung: „Lies, Ingeborg, lies: / Für Dich, Ingeborg, für Dich –“[12] schickte, endet fast wie Bachmanns Ballade:

Schläfst du jetzt?
Schlaf.
Meermühle geht,
eishell und ungehört,
in unseren Augen.[13]

Das 1959 in dem Lyrikband *Sprachgitter* erschienene Gedicht lässt sich als Antwort auf Bachmanns Gedicht lesen. Ihrer Aufforderung: „Wir müssen schlafen gehen, Liebster, das Spiel ist aus“ (V. 34), die auf eine gewisse Resignation und auch auf ein ‚Einsehen‘ hindeutet, folgt Celans Nachfrage: „Schläfst du jetzt?“, die den endgültigen Schlaf der Liebenden anzweifelt. Ob *Weiß und Leicht* tatsächlich erst nach *Das Spiel ist aus* entstanden ist, lässt sich allerdings nur begründet vermuten. Es wäre aber nicht ungewöhnlich, dass sich die beiden Liebenden auch Texte schickten und widmeten, die beiden zuvor schon bekannt waren und die innerhalb ihrer Liebesbeziehung bereits zum Zeichenträger geworden waren. Der poetische Dialog zwischen Bachmann und Celan, der die Übernahme von Bildern, Metaphern, Wendungen und Motiven einschloss, verlief zu keinem Zeitpunkt nur in eine Richtung.[14]

---

12 Ingeborg Bachmann, Paul Celan: Herzzeit. Der Briefwechsel. Hg. v. Bertrand Badiou u. a. Frankfurt/M. 2008, S. 58.

13 Ebd.

14 Vgl. Böschenstein, Weigel 2000.

V. Die Geschwister-Thematik

In einer von Konrad Nussbächer herausgegebenen Anthologie ist *Das Spiel ist aus* als Ballade aufgenommen.[15] Das Gedicht hat kein einheitliches Metrum, sondern ist freirhythmisch gestaltet. Der Balladencharakter stellt sich vor allem über den Kreuzreim her. Dieser findet sich hauptsächlich in Volksballaden, aber auch in Kinderliedern. Obwohl der epische Charakter des Gedichts nicht durch einen immer wiederkehrenden Refrain liedhaft gebunden wird, verleiht der Kreuzreim dem Gedicht eine feste poetische Form, die im formalen Widerstreit mit der Komplexität der lyrischen Bilder steht. Auffällig ist die dreifach wiederholte Anrede „Mein lieber Bruder" (V. 1, 5, 9), die zum Schluss in die Anrede „Liebster" (V. 34) wechselt. Die epischen Gestaltungsmomente dieser Ballade evozieren eine Märchen- bzw. mythische Gegenwelt, die dramatischen resultieren aus dem Fluchtmotiv. Das lyrische Ich versucht das Gegenüber zu einem nicht eindeutig spezifizierbaren Austritt aus der gegebenen Wirklichkeit zu bewegen, die im Bild einer Floßfahrt (V. 1), eines Rittes (V. 11) und eines Sprungs (V. 26) metaphorisch gefasst werden. Bisherige Interpretationen kreisen um literarische Bezüge, die Bachmann mit dieser Ballade herstellt. Für Peter Beicken beispielsweise[16] handelt es sich um den Entwurf einer kindlichen Gegenwelt, für die die soziale Utopie des Kinderkönigs steht, einer literarischen Figur, die in Hofmannsthals Drama *Der Turm* (UA der ersten Fassung Wien 1948) gewaltfreie Herrschaft verkörpert und in die sich das Geschwisterpärchen hineinträumt. Dieser Traum werde durch das von den Kindern internalisierte elterliche Gebot, schlafen zu gehen, gebrochen. Dass sich der Bruder in den Liebsten verwandelt, ist eine der stärksten Herausforderungen für das Textverständnis. *Das Spiel ist aus* wurde deshalb mit Robert Musils *Isis und Osiris* (1923)[17] zusammengebracht, vor allem wegen der Todesthematik und der auf den Inzest anspielenden Sexualsymbolik.[18]

Als Quelle für die Geschwisterthematik wird auch immer wieder die Faszination Bachmanns für Musils Roman *Der Mann ohne Eigenschaften* (1930/32) mit seinem Geschwisterpaar Ulrich und Agathe erwähnt. Zwar bezieht sich Bachmann in *Malina* auf Musils geschlechtsneutrales Doppelwesen; in dieser Ballade geht die Vorstellung, dass Bruder und Schwester gemeinsam ein Ganzes ergeben, jedoch nicht auf diese Auffassung zurück, sondern speist sich aus der romantischen Liebesvorstellung, nach der erst die Einheit von Mann und Frau ganzheitliche Menschlichkeit erschafft. Bedingung für diese Vollkommenheit ist eine erotische Anziehung. Das Gedicht spielt daher mit der erotischen Komponente des Geschwistermythos. Nicht die Aufhebung der Geschlechtergrenzen, sondern ihre produktive Allianz wird darin beschworen. Der keimende Dattelkern (V. 30) kann als eine Metapher für sexuelle Fruchtbarkeit gedeutet werden. Da unter

15 Konrad Nussbächer (Hg.): Deutsche Balladen. Stuttgart 1976, S. 494.
16 Vgl. Beicken 2001, S. 61–63.
17 Robert Musil: Gesammelte Werke in neun Bänden. Hg. v. Adolf Frisé. Reinbek 1978, Bd. 6, S. 465.
18 Vgl. Beicken 2001, S. 61.

hiesigen klimatischen Bedingungen das Keimen unwahrscheinlich ist, wird mit dem südlichen Klima – Dattelpalmen wachsen im südlichen Asien und in Afrika – ein topographisch ferner Ort, der durch unterschiedliche Bilder zu einem utopischen Ort wird, aufgerufen. Die Geschwister versuchen aus den heimatlichen Bedrängnissen zu entkommen. Dabei verhält sich der Bruder zum lyrischen Ich als jemand, der gleiche Erfahrungen hat und gleiche Sehnsüchte; er ist eine Art seelenverwandter Geliebter. Zwar ist er auch als brüderlicher Gefährte der Kinderspiele denkbar, aber vor allem ist er jemand, der dem lyrischen Ich im Blut liegt. Diese Vorstellung geht auf einen so genannten double bind zwischen Geschwistern zurück, der die romantische Liebe besonders stark mache, da die erotische Anziehung durch die genetische Ähnlichkeit unterfüttert wird, so dass eine körperliche und seelische Übereinkunft der Liebenden besteht.[19] Da im europäischen Kulturkreis der Geschwisterinzest tabuisiert ist, weist die positive Referenz erotischer Geschwisterliebe auf einen utopischen Ort.[20] Ähnlich wie in Bachmanns *Malina* („Die Geheimnisse der Prinzessin von Kagran")[21] wird eine schicksalsbedingte, mythische Verbundenheit des Liebespaares beschworen: „dein und mein Alter und das Alter der Welt / mißt man nicht mit den Jahren." (V. 15 f.) Die Zusammengehörigkeit beider besteht unabhängig von einer empirischen Erklärbarkeit. Begründet ist sie in erster Linie durch die Seelenverwandtschaft, die hier im Bild der Geschwisterlichkeit aufgehoben ist. Das Inzestmotiv könnte dabei auch durch den von Bachmann und Celan hoch verehrten Georg Trakl[22] inspiriert worden sein.

Bereits in der ersten Strophe wird ein Aufbruch beschworen, der jedoch durch die Größe der „Fracht" (V. 3) behindert, wenn nicht gar vereitelt wird. Geht man von der Bachmannschen Sprachkritik aus, scheint „die Fracht" nicht materieller, sondern ideeller Natur zu sein. Dies lässt sich vor dem Hintergrund poststrukturalistischer feministischer Ansätze von Luce Irigaray, Hélène Cixous oder Julia Kristeva betrachten. Ihnen ist der Gedanke gemeinsam, dass Menschen zunehmend in eine Sprachordnung gedrängt werden, die ihnen den Zugang zu bestimmten frühkindlichen Erfahrungen versperrt. Die auf Eindeutigkeit angelegte Sprache verschüttet das Uneindeutige, Vielschichtige, ‚Weibliche'. Die Theorien besagen allerdings nicht, dass Verdrängung und Verschüttung einer ‚anderen' Ordnung nur von Frauen empfunden werden könnten. Tatsächlich zeigt auch *Das Spiel ist aus*, dass es jenseits des biologischen Geschlechts eine Allianz der Entmachteten gibt. „Zigeunerlager" und „Wüstenzelt" (V. 13) beherbergen Frauen

---

19 Vgl. Hartmut Nonnenmacher: Natur und Fatum. Inzest als Motiv und Thema in der deutschen und französischen Literatur des 18. Jahrhunderts. Frankfurt/M. 2002, S. 24 f.

20 Vgl. Anja Elisabeth Schoene: „Ach, wäre fern, was ich liebe!" Studien zur Inzestthematik in der Literatur der Jahrhundertwende (von Ibsen bis Musil). Würzburg 1997, S. 40.

21 Ingeborg Bachmann: „Todesarten"-Projekt. Unter Leitung von Robert Pichl hg. v. Monika Albrecht, Dirk Göttsche. Bd. 3.1: Malina. München, Zürich 1995, S. 347 ff.

22 Gunther Kleefeld: Das Gedicht als Sühne. Georg Trakls Dichtung und Krankheit. Eine psychoanalytische Studie. Tübingen 1985, insb. S. 59 f.

und Männer. Die autoritäre Instanz der Eltern setzt sich aus „Vater *und* Mutter" (V. 36) zusammen. Einer rein gynozentrischen Lesart wird schon dadurch eine Absage erteilt, dass sich Bruder *und* Schwester gemeinsam auf die Suche nach den verschütteten Kindermythen begeben. Die „Fracht" (V. 3), die sie behindert, ist die überkommene Norm, die verbrannte Mördersprache. „Man muß nicht denken, daß das eine sehr esoterische Geschichte ist[, an] der Moral der Sprache herumzurätseln, die Worte sind was sie sind, sie sind schon gut, aber wie wir sie stellen, verwenden, das ist selten gut. Wenn es schlecht ist, wird es uns umbringen."[23] Die „Fracht" ist auch die kaum zurückliegende NS-Vergangenheit, die das liebende Geschwisterpaar belastet. Bekanntermaßen gelang es Paul Celan auch in seiner Liebesbeziehung zu Ingeborg Bachmann nicht, die Kluft zwischen Holocaust-Opfer und Täter-Tochter zu überbrücken.

Auch ohne diesen konkreten Bezug ist unleugbar, dass jegliche Verortung in der Welt auch die Verwerfung dessen nach sich zieht, was als unschicklich, ungebührlich, d. h. dem herrschenden Diskurs widersprechend, angesehen wird. Diese „Fracht" ist aporetisch und kann durch keine Liebesutopie überwunden werden.

Dennoch mahnt das Gedicht dazu, einer anderen Wirklichkeit eingedenk zu bleiben. Diese wird hier als eine räumlich, zeitlich und vor allem sprachlich anders symbolisierte Welt entworfen. Das „Totental" (V. 11) soll verlassen werden. Diese Metapher zwingt erneut dazu, Mitteleuropa als Ort der Vernichtung zu begreifen. Interessanterweise ist das „Totental" aber auch ein „Schlaraffenland" (V. 19). Dieses Bild fängt am nachdrücklichsten die Verdrängungen der Wirtschaftswunderjahre ein. Das „Schlaraffenland" ist keineswegs positiv konnotiert, sondern es ist ein Schein-Paradies, durch das sich das Geschwisterpaar zu verlieren droht. Ein Motivvergleich zu dem romantischen Märchen *Brüderchen und Schwesterchen*[24] liegt nahe. Im von den Grimms beeinflussten Märchenland scheinen die Landschaften zwar blühend, sind jedoch verhext, versprechen keine Labsal, sondern „es schäumt Schein in den Pfannen und Krügen" (V. 20).

Dieser Schein, wörtlich genommen, ist eine (materielle) Verblendung, die benutzt wird, um Menschen zu manipulieren und ihre Realitätswahrnehmung zu verändern. In Grimms Märchen durchschaut die Schwester einen (strukturell ähnlichen) Schwindel, weil sie auf eine innere Stimme zu hören vermag, die ihr eingibt, dass das frische Quellwasser, nach dem der Bruder sich verzehrt, verhext ist. Sie kann den Bruder jedoch nicht mit ihrer Warnung aufhalten, so dass dieser durch den bösen Zauber animalisch wird. Auch in *Das Spiel ist aus* warnt die Schwester eindringlich, nicht dem Konsumbedürfnis nachzugeben, sondern sich vor der Verführung des Schlaraffenlandes und der „Übergewalt der Dinge" zu hüten.

---

23 Koschel, Weidenbaum 1983, S. 26.

24 Kinder- und Hausmärchen gesammelt durch die Brüder Grimm. Hg. v. Ingeborg Weber-Kellermann. Erster Teil. Frankfurt/M. 1974, S. 90–97 (Nr. 11).

VI. Utopie – Sprachspiel

Vor der Folie der Bachmannschen Sprachkritik ist „Schein" (V. 20) auch mit (bösen) Scheinsätzen identifizierbar. Diese vermitteln eine Realität ohne empirischen Bezug. Der logische Empirismus wollte die metaphysischen Scheinwahrheiten bannen, zu denen auch absurde Konstruktionen wie die Rassenlehre und andere nationalsozialistische Welterklärungen zu zählen sind. Für eine Dichterin ist jedoch der (sprachimmanente) Schein als solcher noch keine Gefährdung. Anders als es ein strikter Glaube an die logische Verifizierbarkeit von Sätzen erlauben würde, ist gerade die Uneindeutigkeit eine Chance für Wahrhaftigkeit. Das mythische und das kindliche Sprachspiel stellen einen Zugang zur Welt dar, wenn auch keinen gesellschaftlich präferierten; und genau diesen naiven Zugang gilt es vor den Verführungen, die böser Schein sind, zu schützen.

Das „Spiel" (V. 34) ist hier vordergründig ein Kinderspiel, was vor allem durch den Kinderlieder-Kreuzreim nahe gelegt wird. Das „Spiel" ist allerdings im Sinne von Wittgensteins *Philosophischen Untersuchungen* (1953) immer auch als „Sprachspiel" erkennbar. Die Liebe selbst ist ein solches „Sprachspiel", ein kommunikativer Code zwischen zwei Menschen, der romantisch unterwandert ist. Es umfasst fiktive Gestalten wie die „Karfunkelfee" (V. 21), eine über Zauberkräfte verfügende Figur aus dem Volksaberglauben, oder den „Kinderkönig" (V. 27). Der Eintritt in die Märchenwelt, den die Karfunkelfee kontrolliert, ist nur über „das Wort" (V. 22) möglich. Auch hier zeigt sich, wie sich die Grenzen der Sprache zur Grenze der Welt verhalten. Da „das Wort" verloren ist, wird empfohlen, mit wunden Füßen (V. 25) in das Reich des Kinderkönigs zu gelangen. Das Wundsein, die Bewusstheit der eigenen Versehrtheit, verstärkt die Sehnsucht nach dem utopischen Reich. Ein Sprung wird erhofft (V. 26), der nicht nur die räumliche, sondern auch eine imaginäre sprachliche Grenze überwindet. Die Lyrik selbst ist diese Art von Sprung mit wunden Füßen (vgl. V. 29: „wir werden singen"). Der Satz: „Jeder, der fällt, hat Flügel" (V. 31), schlägt eine Bresche für alle die Abtrünnigen, die andere Realitäten einklagen, sozial unerwünscht sind und an Utopien festhalten.

Ein biographischer Rückbezug drängt sich erneut auf. Die Grenzgänger Bachmann und Celan starben früh; sie durch einen Unfall, der jedoch selbstzerstörerisch induziert war, er durch Freitod. Damit ist nicht gemeint, dass Bachmann in diesem Gedicht ihren eigenen Tod vorausgesehen habe. Es bringt zum Ausdruck, dass ein Leben, das die Grenzen der jeweils gültigen Realität permanent in Frage stellt, besonders gefährdet ist; dies zeigt sich deutlich in der Metapher „Roter Fingerhut ist's, der den Armen das Leichentuch säumt" (V. 32). Während der unscheinbare „Dattelkern" (V. 30) in der Wärme, die nördlich der Alpen klimatisch nicht gegeben ist, keimt und auf etwas Neues verweist, ist das heimische Gewächs zwar schön anzusehen, jedoch hoch giftig. Im Aberglauben deutet der rote Fingerhut auf Tod, und als todesnah entpuppt sich diese Zierpflanze auch in der lyrischen Welt der Suchenden, dort nämlich säumt sie das „Leichentuch". Die

Todessymbolik mit Schönheit in Verbindung zu bringen, mahnt dazu, sich nicht von oberflächlicher Ästhetik verblenden zu lassen.

Das von PoststrukturalistInnen oft unter die Lupe genommene binäre Denk- und Sprachsystem, das in seiner Bipolarität immer auch nach einer Hierarchie verlangt, wird in diesem Gedicht offenkundig angeklagt. Auf der einen Seite steht das, was die gesellschaftliche Realität ausmacht: die „Minen" (V. 8), das „Totental" (V. 11), die „klebrige Spinnenhand" (V. 17) und das „Schlaraffenland" (V. 19); sie bedeuten die Bedrohung, der sich die Kinder, Liebenden, Armen und alle gesellschaftlich Ausgestoßenen gegenüber sehen. Sie suchen auf der anderen Seite eine freundlichere Welt, „den Himmel hinunter" (V. 2), hinter „der goldenen Brücke" (V. 21), im „Reich" des Kinderkönigs (V. 27). Diese Gegenwelt ist eine mythisch erträumte, jeder Zeitrechnung vorausgehende Ordnung, die sich vor allem durch Liebe vermittelt. Jedoch gilt diese Ordnung als gesellschaftlich wertlos. Der Zeitpunkt, „wenn wir den Atem tauschen" (V. 37), steht für ein Moment fern der Realität. Gleichzeitig ist es ein romantisches Bild der Verschmelzung, auf das auch die Doppelung Bruder/Liebster rekurriert. Der vollständige Eintritt in die Gegenwelt ist unmöglich, und doch muss laut dem Gedicht die Hoffnung darauf bestehen bleiben, da sie die Bedingung für Kunst, für Liebe und letztlich für das Leben selbst darstellt. Denn wie so häufig zeigt auch Bachmann hier, dass ohne die denkbare Möglichkeit des Austritts aus der bestehenden Ordnung kein „Maß von de[r]en Falschem und Schlechtem" mehr bestünde und „der Herrschaft von Waren über Menschen" nicht einmal mehr augenblicklich zu entkommen wäre.[25]

Bachmann schloss ihre zweite Frankfurter Poetikvorlesung (1959) mit einem Abschnitt über Celans *Sprachgitter*. Was sie dort über ihren Dichterkollegen, Freund und Geliebten sagte, trifft in gleichem Maße auf ihre Poetik zu: „Aber plötzlich, wegen der strengen Einschränkung, ist es wieder möglich, etwas zu sagen [...]. Es ist dem möglich, der von sich sagt, daß er wirklichkeitswund und wirklichkeitssuchend mit seinem Dasein zur Sprache geht."[26] Diese Wirklichkeitswundheit und -suche behandelt *Das Spiel ist aus*, unabhängig davon, wie die zu suchende Wirklichkeit verstanden wird: als soziale Utopie von wirklicher Gleichrangigkeit unter den Menschen, als Märchenland oder als erfüllte Liebe.

VII. Auswahlbibliographie

1. Peter Beicken: Ingeborg Bachmann. Stuttgart 2001.
2. Bettina von Jagow: Ästhetik des Mythischen. Poetologien des Erinnerns im Werk von Ingeborg Bachmann. Köln u. a. 2003.

[25] Adorno 1981, S. 51.

[26] Ingeborg Bachmann: II [Über Gedichte]. In: W 1, S. 415–431, hier S. 430.

3. Christine Koschel, Inge von Weidenbaum (Hg.): Ingeborg Bachmann: Wir müssen wahre Sätze finden. Gespräche und Interviews. München 1983.
4. Arturo Larcati: Ingeborg Bachmanns Poetik. Darmstadt 2006.
5. Michael Matthias Schardt (Hg.) in Zusammenarbeit mit Heike Kretschmer: Über Ingeborg Bachmann. Rezensionen – Porträts – Würdigungen (1952–1992). Rezeptionsdokumente aus vier Jahrzehnten. Paderborn 1994.

Sarah Kirsch (*1935): Ausschnitt

von Wolfgang Bunzel

I. Gedicht

Ausschnitt

Nun prasselt der Regen.
Nun schlägt er Löcher in den Sand.
Nun sprenkelt er den Weg.
Nun wird der Weg grau.
Nun wird das Graue schwarz.
Nun weicht der Regen den Sand auf.
Nun rieseln Bäche durch den Schlamm.
Nun werden die Bäche zu Flüssen.
Nun verzweigen die Flüsse sich.
Nun schließen die Flüsse die Ameise ein.
Nun rettet sich die Ameise auf eine Halbinsel.
Nun reißt die Verbindung ab.
Nun ist die Halbinsel eine Insel.
Nun wird die Insel überschwemmt.
Nun treibt die Ameise im Strudel.
Nun kämpft sie um ihr Leben.
Nun lassen die Kräfte der Ameise nach.
Nun ist sie am Ende.
Nun bewegt sie sich nicht mehr.
Nun versinkt sie.
Nun hört der Regen auf.

Sarah Kirsch: Erdreich. Gedichte. Stuttgart 1982, S. 54.

II. Entstehungs- und Wirkungskontext

Das Gedicht *Ausschnitt* gehört nicht zu den prominenten Texten Sarah Kirschs. Es findet sich weder in der von Elke Erb herausgegebenen Textsammlung *Musik auf dem Wasser*[1] noch in dem von der Autorin selbst zusammengestellten Band *Luftspringerin. Gesammelte Gedichte und Prosa.*[2] Dafür ist es in zwei populären Anthologien vertreten,[3] wo es freilich aus seinem ursprünglichen Kontext herausgelöst

[1] Sarah Kirsch: Musik auf dem Wasser. Gedichte. Hg. v. Elke Erb. Leipzig 1989.

[2] Sarah Kirsch: Luftspringerin. Gesammelte Gedichte und Prosa. Stuttgart 1997.

[3] Horst Kutzer (Hg.): Wildes Wetter! Ein literarischer Begleiter durch Heiteres und Wolkiges. Stuttgart 2000, S. 245 und in: Hans-Joachim Gelberg (Hg.): Großer Ozean. Gedichte für alle. Bilder, Fotos, Illustrationen. Weinheim u. a. 2000 u. ö., S. 44.

erscheint. Gegenüber der Erstpublikation im Rahmen des Gedichtbandes *Erdreich* (1982) verliert es dabei entscheidend an Konnotationsreichtum, weil, wie die folgende Analyse zeigen wird, die verständnissteuernden Ko- und Intertexte fehlen.

Erdreich ist die dritte Buchveröffentlichung nach Sarah Kirschs selbst betriebener Ausreise aus der DDR im August 1977. Während die unter der Überschrift *Allerleihrauh* zusammengefassten Anfangsgedichte des ersten Bandes *Drachensteigen* (1979) noch die Erfahrungen des mit der Übersiedelung nach Westberlin verbundenen Regimewechsels thematisieren, beschreiben die *Italienische Amseln* überschriebenen weiteren Texte Eindrücke eines von Mai 1978 bis Mai 1979 dauernden Gastaufenthalts in der Villa Massimo in Rom. In der Prosagedichtsammlung *La Pagerie* (1980) setzt sich die heitere Stimmung fort, sind die darin enthaltenen Texte doch Reflex eines gemeinsam mit einem neuen Lebensgefährten verbrachten Urlaubs im mediterranen Süden, wobei diesmal der Schauplatz des Geschehens in Südfrankreich liegt. *Erdreich* knüpft insofern an die Vorgängerveröffentlichungen an, als auch dieser Band mit Reiseimpressionen beginnt. Allerdings sind die literarisch verarbeiteten Erfahrungen eher verstörend, da das Ich hier während eines USA-Aufenthalts nicht nur mit ständigen abrupten Landschaftswechseln, sondern auch mit dem Gegensatz zwischen Stadtleben und unbewohnter Weite sowie krassen sozialen Unterschieden konfrontiert wird. Das Resultat ist eine tiefgreifende Desorientierung: „Ganz zerschunden bin ich zurückgekehrt / Dieser Ausflug hatte es in sich, ich war / Drei Wochen in einer Zentrifuge und bin / Hier noch nicht angekommen, all meine Knöchlein / Die schönen Nerven sind mir verrückt.“[4] In der Folgezeit wächst im lyrischen Ich die Überzeugung, dass es, um bei sich selbst bleiben zu können, die Hektik und Naturferne der Großstadt hinter sich lassen und seinen Lebensmittelpunkt auf das Land, in die Abgeschiedenheit der Provinz verlegen müsse: „Ich will hin wo das schwarzbunte Niederungsrind / Brüllend den weißen Horizont abläuft / [...] / Und ich natürlich untergehn kann gewöhnlich / Mein Schaf mir morgens entgegentritt / Weisen Blicks mir alles nachsieht.“[5] Tatsächlich hat Sarah Kirsch zu dieser Zeit ihre Lebensweise fundamental verändert und ist Anfang der achtziger Jahre von West-Berlin nach Bothel in Niedersachsen umgezogen, wo sie damit begann, neben dem Schreiben Landwirtschaft zu betreiben.

Die Titelformulierung „Erdreich“ trägt daher regelrecht programmatischen Charakter: Der Band legt poetisch Zeugnis ab von dieser biographischen Zäsur und dokumentiert den neu begonnenen Lebensabschnitt. Damit ändert sich auch der Darstellungsfokus der Autorin, geht es ihr nun doch darum, den Blick vorrangig auf das ganz Naheliegende, den Alltag und das scheinbar Banale zu richten und – statt ‚bedeutende‘ Themen zu gestalten – in einer Haltung bewusster Bescheidenheit nur noch „Nachrichten aus dem Leben der Raupen“[6] mitzuteilen.

4 Kirsch 1982, S. 26.
5 Ebd., S. 49.
6 Ebd., S. 51.

Ausschnitt kann als konsequente Umsetzung dieses poetischen Programms verstanden werden.

III. Poetik des Alltags

Am sinnvollsten ist es, sich dem Gedicht über die Beschreibung der äußeren Form zu nähern, da die Besonderheiten seiner Bauweise sofort ins Auge fallen: Der Text besteht aus 21 unterschiedlich langen (die Länge schwankt zwischen drei und acht Wörtern) Verszeilen, die jeweils parallel strukturiert sind. Sie beginnen allesamt mit dem Zeitadverb „nun", dem ein Verb bzw. Hilfsverb und eine Substantivkonstruktion folgen. Die Sprache ist dabei bewusst ‚kunstlos' gehalten, d. h. die Lexik entstammt der Alltagssprache, Metaphern werden nur sparsam eingesetzt, es begegnen keine Schmuckformen der Rede, und auf Reim wie auf metrische Rhythmisierung wird völlig verzichtet. Dadurch, dass die einzelnen Kola mit der Zeilengrenze enden und syntaktisch sehr simpel strukturiert sind – ihre Machart erinnert deshalb ein wenig an Sprachlehrbücher –, ergibt sich eine monoton wirkende Abfolge von Aussagesätzen. Deren Sukzession folgt der Chronologie, wobei der zeitliche Abstand zwischen jedem in einem Einzelsatz berichteten Ereignis gering ist und nur einige Sekunden umfasst, so dass sich die Handlungsspanne des Gedichts auf wenige Minuten beschränkt.

Auch in inhaltlicher Sicht erscheint das Berichtete banal: Geschildert wird ein kurzer Regenschauer, der den Boden durchfeuchtet, wobei das sich sammelnde Wasser eine Ameise erfasst und fortspült. Indem freilich der Fokus starr auf einen winzigen „Ausschnitt" des Gesamtgeschehens gerichtet bleibt, rückt das Schicksal dieses – angesichts seiner geringen Größe, seines milliardenfachen Vorkommens und seiner Stellung im Gesamtgefüge der Natur – unbedeutenden Tieres in den Mittelpunkt, und der Vorgang gerade seines Ertrinkens erhält eine besondere Dramatik. Die Autorin arbeitet demnach mit der inszenierten Spannung zwischen einem ständig sich irgendwo auf der Welt wiederholenden Vorgang und dessen überraschend wirkender Darstellung in einem poetischen Text. Bedenkt man, dass der Band *Erdreich* nur 57 Texte auf insgesamt 86 Seiten enthält und Sarah Kirsch meist nur alle zwei Jahre ein neues, schmales Büchlein veröffentlicht, dann erhöht sich die Emphase noch, die mit dem Entschluss, das Gedicht *Ausschnitt* darin aufzunehmen, verbunden ist.

Das Ziel, „Alltägliches poetisch zu erfassen",[7] bestimmt Sarah Kirschs Schaffen seit ihren schriftstellerischen Anfängen. Als sie in Halle Biologie studierte (damals trug sie noch ihren bürgerlichen Namen Ingrid Bernstein[8]), verkehrte sie

7 Adolf Endler: Sarah Kirsch und ihre Kritiker. In: Sinn und Form 27 (1975), S. 142–170, hier S. 168.

8 Zu den Implikationen des Autornamens siehe Wolfgang Bunzel: Das erschriebene Ich. Autorschafts- und Subjektivitätskonstruktion bei Sarah Kirsch. In: Jahrbuch für Internationale Germanistik 35 (2003), S. 119–134.

„in einem Zirkel junger Autoren",[9] der von dem Schriftsteller und Verleger Gerhard Wolf geleitet wurde. Rückblickend berichtet sie darüber: „Gerhard Wolf hat uns von den großen philosophischen Themen ferngehalten und uns beigebracht, über die Sachen zu schreiben, die uns umgeben, die wir wirklich kennen. Das war der sogenannte ‚kleine Gegenstand', wie das dann bald unter Germanisten hieß. Und wir machten Gedichte über die kleinen Gegenstände".[10]

Bestärkt wurde die Autorin, sich dem Unscheinbaren – besonders in der Natur – zuzuwenden, durch ihre frühe und intensive Stifter-Lektüre: „Der Bücherschrank der elterlichen Wohnung [...] gab ihr Adalbert Stifter zu lesen, in vier blaugebundenen, goldverzierten Bänden, sie las sie mit vierzehn".[11] Und tatsächlich ist Stifters „Geist eindringender und einholender, belebender Genauigkeit"[12] bei Sarah Kirsch wiederzufinden. In ihren Texten waltet indes kein „sanftes Gesetz"[13] mehr, vielmehr oszilliert das Bild der Natur beständig zwischen Idylle und Schrecken. Die Autorin hat selbst darauf hingewiesen, dass ihre Naturgedichte „keine Idyllen"[14] seien, und tatsächlich widerlegt wohl kaum ein anderer Text als *Ausschnitt* so unmissverständlich das in Teilen der Literaturkritik verbreitete Stereotyp von „Sarah Kirschs bukolischer Sendung".[15] Zwar fungiert die Landschaft sowohl in ihren Texten als auch biographisch (die Autorin lebt seit 1983 im schleswig-holsteinischen Dorf Tielenhemme hinter dem Eiderdeich, bewirtschaftet dort ein Stück Land und hält neben Haus- auch diverse Nutztiere) als Rückzugsraum, doch schärft der durch die zumindest teilweise agrarisch geprägte Lebensweise bedingte enge Kontakt zur Natur nur den Blick auf deren Eigenart.

IV. Studien menschlicher Existenz

Seit den achtziger Jahren ist in vielen Texten Sarah Kirschs zudem ein apokalyptischer Unterton vernehmbar. Das Überleben des Menschen erscheint nicht zuletzt wegen der an Hybris grenzenden Rücksichtslosigkeit, mit der er sich die Natur untertan gemacht hat, ungewiss, so dass die Vorstellung eines von menschlicher Zivilisation befreiten Planeten Erde in greifbare Nähe rückt.[16] Genau dieser

9 Sarah Kirsch: Erklärung einiger Dinge. Dokumente und Bilder. Reinbek 1981, S. 66.

10 Kirsch 1981, S. 66.

11 Kirsch 1989, S. 124.

12 Ebd.

13 Adalbert Stifter: Bunte Steine und Erzählungen. München 1951, S. 10. Das in der Vorrede zur Erzählungssammlung *Bunte Steine* postulierte „sanfte Gesetz" begreift bei Stifter freilich prinzipiell die Grausamkeit der Natur mit ein, auch wenn diese nicht eigens hervorgehoben und isoliert dargestellt wird.

14 Kirsch 1981, S. 20.

15 So überschrieb seinerzeit Peter von Matt seine Besprechung des Bandes *Katzenleben* in der *Frankfurter Allgemeinen Zeitung* vom 10. 3. 1984.

16 Der Text partizipiert mithin am weit verbreiteten Apokalypse-Diskurs der 1980er Jahre; vgl. hierzu vor allem Klaus Vondung: Die Apokalypse in Deutschland. München 1988, und Paul Konrad Kurz: Apokalyptische Zeit. Zur Literatur der mittleren 80er Jahre. Frankfurt/M. 1987.

Blick für die – in erheblichem Maß selbst verursachten – Gefährdungen der menschlichen Existenz prägt auch das vorliegende Gedicht. Dadurch, dass im Mittelpunkt des Darstellungsfokus ein unscheinbares und für den Menschen auch nicht individualisierbares Tier von nur wenigen Millimetern Länge steht, wirkt das Geschehen, als ob es mit einem Vergrößerungsglas betrachtet würde. Der Eindruck des kameraartigen Heranzoomens wird noch dadurch verstärkt, dass der geschilderte Vorgang in einzelne Schritte zerlegt und in minutiöser zeitlicher Abfolge gezeigt wird. In einem Interview hat die Autorin darauf hingewiesen, dass ihre Texte häufig wie „ein ganz kleines Bild, eine Momentaufnahme, eine Skizze“[17] strukturiert seien. Mit gleichem Recht kann man aber auch – in Anlehnung an Adalbert Stifter – von ‚Studien‘ sprechen.[18] Sarah Kirschs Vorgehensweise ähnelt dabei der Technik des jump cut im Film.[19] Indem syntaktisch gleichförmig gestaltete Aussagen in kausaler Verkettung hintereinander geschaltet werden, erscheint das Dargestellte unentrinnbar. Es entstehen Momentaufnahmen eines absehbaren Todes. Und da Sarah Kirsch sich nur der Temporaldeixis bedient – und zwar in der Zeitform des Präsens –, Lokal- und Personaldeixis aber ausklammert, erzeugt sie die Suggestion, das Geschehen passiere ständig wieder.

Der Autorin geht es freilich weniger um – angesichts des vielfachen Leides, das Menschen widerfährt, notwendig deplatziert wirkendes – allgemeines Mitleid mit der Kreatur als vielmehr darum, anhand eines konkret sterbenden Tieres die Unabänderlichkeit der natürlichen Daseinsordnung erkennbar werden zu lassen. Sie lenkt damit den Blick von den Tieren, die in literarischen Texten ja immer „Spiegelbilder von uns“[20] sind, auf den Menschen und reflektiert die conditio humana – nicht zuletzt angesichts von Naturkatastrophen, wie sie die nachhaltigen Eingriffe des Menschen in die Biosphäre und der daraus resultierende globale Klimawandel in den letzten Jahren vermehrt ausgelöst haben.

Genau hier ist der Punkt, an dem Kirschs Naturgedichte eine politische Dimension gewinnen. Da Landschaft längst vom Menschen akkulturiert und Natur selbst von menschlichem Tun beeinflusst ist, beschaut der Betrachter in den Naturereignissen immer auch sein eigenes Wirken. Der „Weg“ aus „Sand“, der im Text beschrieben wird, ist offenkundig ein vom Menschen angelegter. Nicht zuletzt daraus erwächst die – alles in allem freilich überaus ambivalente – Erkenntnis: „Kaum sperrt man den Menschen den Zugang / Tut die Natur das ihre“.[21]

Die Autorin erleichtert eine Übertragung des Geschilderten vom Tier auf den Menschen, indem sie Geschehnisse, die sich im Kleinen abspielen, mit Meta-

17 Kirsch 1981, S. 14.

18 Stifter nannte seine sechsbändige Folge von Erzählungen aus den Jahren 1844 bis 1850 so; im Naturalismus avancierte dieser Terminus dann zur bevorzugten Gattungsbezeichnung einer szientifisch ausgerichteten literarischen Darstellungsart.

19 Zur Verwendung filmanaloger Verfahrenstechniken vgl. Endler 1975, S. 166 f.

20 Adalbert Stifter: Studien. München 1950, S. 1103.

21 Kirsch 1982, S. 48.

phern belegt, die aus der Dimension menschlicher Erfahrung stammen: „Nun rieseln Bäche durch den Schlamm. / Nun werden die Bäche zu Flüssen. / Nun verzweigen die Flüsse sich." Auf diese Weise wird das Dargestellte auf den Leser selbst beziehbar und nimmt existentielle Züge an. Denn das, was der Ameise geschieht, kann in ähnlicher Form auch dem Menschen selbst zustoßen.

V. Zur Stellung des Textes im Gesamtœuvre

Der Blick auf motivverwandte Gedichte im Band *Erdreich* stützt eine solche Auffassung. In dem Prosagedicht *Galoschen* etwa wird geschildert, wie mehrere „Wochen" lang andauernde „Wolkenbrüche" Ratten aus der Kanalisation einer Stadt treiben und zur Flucht veranlassen. Hier sind es die Tiere, die den Ernst der Lage instinktiv „begriffen hatten und unverzüglich zu wandern begannen", während „die Menschen" ignorant weiter „ihren Gewohnheiten"[22] nachgehen. Angespielt wird in diesem Text natürlich auf die biblische Sintflut, die indes als Verstehensrahmen auch bei *Ausschnitt* mitgedacht werden muss, kommt ein heftiger, vorübergehender „Regen", wie er hier beschrieben wird, in seiner Wirkung auf ein kleines Tier doch einer solchen gleich. Das Bildfeld des Wassers, kombiniert mit der Metapher der Insel, lädt so einen auf den ersten Blick ganz nüchtern wirkenden Text mit Bedeutung auf.

Der Umstand, dass apokalyptische Motive erstmals im Band *Erdreich* auftauchen, ist ein Indiz dafür, dass die Autorin die Weltlage zunehmend skeptisch einschätzt. Die Verdüsterung ihrer Sicht lässt sich in zahlreichen Bildbereichen beobachten. Während Wassermetaphorik in früheren Texten noch überwiegend positiv konnotiert war und häufig für heitere Freizeiterfahrungen stand – im Gedicht *Überschwemmung* aus dem Band *Rückenwind* (1977) beispielsweise fungieren durch einen Überfluss an Niederschlag zusätzlich entstandene Wasserflächen als ästhetisches Reizmoment einer das Sichtbare verdoppelnden Spiegelung: „Schwarze Spiegel Doppel-Landschaften Spielkartenschönheit / Die Wolke grüßt ihren Zwilling, der Himmel ein Kreis. / Ein Stamm, zwei Kronen jeder Baum"[23] –, stehen entsprechende Metaphern seit *Erdreich* überwiegend für Unheil und Zerstörung.

Von seiner Form her nimmt *Ausschnitt* in Sarah Kirschs lyrischem Schaffen eher eine Sonderstellung ein, besteht ihr Werk doch sonst aus Texten, deren Sinn- und Satzeinheiten über die Versgrenze hinweg reichen, so dass sich ein „gleitendes Enjambement der Sätze"[24] ergibt. Die sonst von ihr bevorzugte Doppelbezüglichkeit aber, die dadurch charakterisiert ist, dass „jedes Wort" sowohl syntaktisch als

[22] Ebd., S. 35.

[23] Sarah Kirsch: Rückenwind. Ebenhausen 1977, S. 63.

[24] Karl Riha: Rezidivierende Naturlyrik – oder? Zu Sarah Kirschs *Katzenleben*. In: Heinz Ludwig Arnold (Hg.): text und kritik 101: Sarah Kirsch. München 1989, S. 46–51, hier S. 51.

auch semantisch „nach rechts und links übergreift“[25], fehlt im vorliegenden Gedicht und ist ersetzt durch Parataxen, bei denen Satz und Vers zusammenfallen.

Gleichwohl gibt es auch für diesen Gestaltungsmodus Vorläufer und Vergleichstexte, vor allem in früheren Gedichtbänden. Formale Parallelen weist *Ausschnitt* vor allem mit *Schwarze Bohnen* auf.[26] Auch hier operiert Sarah Kirsch im ersten Teil des Gedichts mit einfach strukturierten Aussagesätzen, die aneinandergereiht und durch die Verwendung eines Temporaladverbs anaphorisch miteinander verknüpft werden, wobei aber jede Aussage im nächsten Schritt widerrufen oder rückgängig gemacht wird. Für diesen Text wurde die damals noch in der DDR lebende Autorin 1969 auf dem VI. Schriftstellerkongress scharf kritisiert. Polit- und Literaturfunktionäre brandmarkten ihn als revisionistisch, weil in ihm eine „spätbürgerliche Position der Aussichtslosigkeit jeglichen Beginnens“[27] erkennbar sei. Von Belang ist hier freilich nur, dass das Spiel mit sprachlichen Wiederholungsstrukturen – auch wenn sie es nur gelegentlich einsetzt – eine Verfahrensweise ist, derer sich Sarah Kirsch immer dann bedient, wenn es darum geht, poetische Aussagen zu intensivieren und sie mit Pathos aufzuladen.

VI. Poetologische Dimension

Gebunden ist dieser Gestaltungstypus an das Versgedicht, dessen Zeilenbrechung anaphorischem Sprechen erst zu gesteigerter Wirkung verhilft. Die hohe Anzahl an Wiederholungen sorgt indes nicht nur für Monotonie, sondern stellt zugleich auch ein besonderes Reizmoment dar, denn letztlich haben wir es hier ja mit einer Kette von Anaphern zu tun. Die stabreimartige Repetition verleiht dem Text Rhythmik durch syntaktische Wiederholung, nicht durch metrische Gestaltung: Sie sorgt zum einen mnemotechnisch für eine hohe Einprägsamkeit und stattet das Gedicht zum anderen mit einer beträchtlichen rhetorischen Wucht aus, die freilich durch die Lakonie der Aussagen wieder unterlaufen wird – gemäß der Überzeugung der Autorin, dass das „reihende Gestaltungsprinzip“ „Ausdruck der ‚Beiläufigkeit‘“[28] sei. Auch ruft seine litaneiartige Bauart, die sich in der Wiederholung gleicher Satzanfänge und übereinstimmender syntaktischer Konstruktion äußert, die Erinnerung an den Parallelismus membrorum der Bibel – also die Wiederholung eines Satzes oder einer Phrase zur Intensivierung der Wirkung bzw. zur Erzeugung rhythmisch-klanglicher Effekte – wach, was dem Text seine besondere Eindringlichkeit verleiht.

Durch seine fast plakativ zu nennende Machart führt das Gedicht überdies vor Augen, was Poetizität eigentlich ausmacht und worin der Funktionsunterschied

25 Kirsch 1981, S. 79.
26 Sarah Kirsch: Gedichte. Ebenhausen 1969, S. 54.
27 [N. N.:] VI. Deutscher Schriftstellerkongreß. Protokoll. Berlin (Ost) u. a. o. J. [1969], S. 232.
28 Kirsch 1981, S. 71.

zwischen Lyrik und Prosa besteht. Zunächst erzeugt ein literarischer Text seine Wirkung dadurch, dass er nicht Totalität erfasst, sondern nur einen „Ausschnitt" liefert, indem er aus einem größeren Ganzen einen Teilaspekt isoliert. Sarah Kirsch orientiert sich hier an Adalbert Stifters Blick auf das Unscheinbare, folgt aber auch dem berühmten, für die Ästhetik des Naturalismus zentral gewordenen Diktum Émile Zolas „Une œuvre d'art c'est un coin de la nature vu à travers un temperament".[29] Deshalb ist die Wahl des „Ausschnitts" auch immer vom gestaltenden Subjekt abhängig. Schon für Kirschs frühe Texte gilt, „daß der Blick des Lesers auf einen beschränkten Raum fixiert wird".[30] In *Ausschnitt* treibt sie nicht nur diese Begrenzung auf die Spitze, sondern auch das In-den-Blick-Nehmen des Unscheinbaren, das charakteristisch ist für das dokumentaristische Ethos der Autorin: „Alles registrieren"[31] formuliert sie dementsprechend im Gedicht *The Last of November* als poetische Maxime. Und tatsächlich weisen Sarah Kirschs Texte trotz ihrer vielbeschworenen „Nähe zu archaischen Formen der Poesie, zum Zauberspruch, zum Märchen und zur Magie"[32] auch einen stark dokumentarischen Zug auf. Am deutlichsten kommt dieser zum Ausdruck in der Bildreportage *Berlin – Sonnenseite* (1964), deren Texte von ihr und ihrem damaligen Mann Rainer stammen, und den mit einem Kassettenrecorder aufgezeichneten Interviews, die im Band *Die Pantherfrau* (1974) abgedruckt sind.

In *Ausschnitt* verdeutlicht die Autorin des Weiteren, dass die Wiederholung von Textelementen zu den zentralen Gestaltungsprinzipien poetischer Rede gehört. Die Spitzenstellung der Zeitpartikel „nun" und die für Kirsch ganz ungewöhnliche reguläre Verwendung eines Punktes als typographisches Signal für das Ende einer syntaktischen Sinneinheit (21 Punkte in nur 21 Zeilen stellen einen unerreichten Rekord bei der Verwendung von Interpunktionszeichen dar; üblicherweise verzichtet die Autorin mit Ausnahme eines finalen Punktes auf jede Art von Satzzeichen) betonen die Versgrenzen sehr pointiert. Überdies gilt ja: „Wenn man eine neue Zeile anfängt, atmet man neu".[33] Da die einzelnen Kola aber jeweils mit der Zeilengrenze enden, wird der Textfluss vielfach gestaut, was dem Gedicht etwas Abgehacktes gibt und den geschilderten Vorgang als unabänderlich abrollendes Geschehen erscheinen lässt. Auf diese Weise entsteht der Eindruck von Ausweglosigkeit, zugleich wirkt das Ganze aber auch seltsam lakonisch, weil die Unabänderlichkeit nicht pathetisch beklagt, sondern lediglich mit den Mitteln der Sprache performativ vorgeführt wird.

Die lyrikkonstitutive Steuerung des Leserhythmus mittels koordinierter Interpunktion und Zeilenbrechung erscheint um so bemerkenswerter, als sonst in

---

29 Émile Zola: Mes Haines. Causeries littéraires et artistiques – Mon salon (1866) – Edouard Manet, étude biographique et critique. Présentation d'Henri Mitterand. Paris u. a. 1979, S. 307.

30 Gerrit-Jan Berendse: Die „Sächsische Dichterschule". Lyrik in der DDR der sechziger und siebziger Jahre. Frankfurt/M. u. a. 1990, S. 190.

31 Sarah Kirsch: Drachensteigen. Ebenhausen 1979, S. 17.

32 Frühwald 1993, S. 673.

33 Kirsch 1981, S. 8.

Kirschs Versgedichten durchgängiges Enjambement anzutreffen ist und sich Kola meist über die Versgrenze hinaus erstrecken, während umgekehrt syntaktische Einschnitte in die Zeilenmitte verlegt werden. Überhaupt zeichnen sich Kirschs Texte ja dadurch aus, dass sie die herkömmlichen Grenzen von Vers und Prosa systematisch verschleifen. Wenn nun gelegentlich – wie in *Ausschnitt* – die traditionellen Vertextungsregeln des lyrischen Textes eingehalten werden, dann fällt dies umso mehr auf und ruft die bestehenden Gestaltungskonventionen erneut ins Bewusstsein. *Ausschnitt* nutzt demnach traditionelle lyrische Signale, um die Aussagewirkung zu verstärken. Im Vergleich mit anderen Texten des Bandes *Erdreich* hat das allerdings zur Folge, dass gerade dieser Text ‚unpoetischer' wirkt als die übrigen, was wohl auch der Grund für seine Nichtberücksichtigung in Auswahlausgaben von Texten Kirschs ist, während seine hohe Rhetorizität ihn wiederum für thematische Anthologien besonders geeignet erscheinen lässt.

Die Aufmerksamkeit wird auf die unscheinbaren Dinge gelenkt, die minutiös registriert werden. Der Betrachter bleibt dabei außerhalb des Textraums, doch er muss als registrierende Instanz mitgedacht werden. Dass er einfach nur zusieht und mit Worten festhält, was er beobachtet, macht ihn schuldig, zugleich wäre er aber schlechterdings nicht in der Lage, in allen anderen Fällen, in denen ein Tier umkommt, einzugreifen. Aus dieser Ohnmacht heraus speist sich Kirschs Impetus des Aufzeichnens: Indem sie den Tod *dieser* Ameise mit Worten festhält, ruft sie die Bedingungen menschlicher Existenz in Erinnerung, die ein prinzipielles Schuldigwerden implizieren. Dichtung ist also „angeschautes Leben"[34], wobei das poetische Anschauen Chance und Fluch zugleich ist: Es bietet zum einen die Möglichkeit, das mit Worten Dargestellte zu erkennen, lässt aber ein unmittelbares Eingreifen nicht zu. Erst über eine lektüreinduzierte Bewusstseinsveränderung ergäbe sich eine Rückwirkung auf die Lebenspraxis.

VII. Auswahlbibliographie

1. Christine Cosentino: „Ein Spiegel mit mir darin". Sarah Kirschs Lyrik. Tübingen 1990.
2. Wolfgang Frühwald: Die „Endlichkeit dieser Erde". Laudatio auf Sarah Kirsch. In: Sinn und Form 45 (1993), S. 673–678.
3. Mererid Hopwood and David Basker (Ed.): Sarah Kirsch. Cardiff 1997.
4. Silvia Volckmann: Zeit der Kirschen? Das Naturbild in der deutschen Gegenwartslyrik: Jürgen Becker, Sarah Kirsch, Wolf Biermann, Hans Magnus Enzensberger. Königstein/Ts. 1982.
5. Dorothea von Törne: Weiblicher Noah und Meeresbraut. Wasser- und Flutbilder bei Sarah Kirsch. In: neue deutsche literatur 45 (1997), H. 1, S. 66–76.

[34] Kirsch 1989, S. 131.

Wolf Biermann (*1936): Und als wir ans Ufer kamen

von Kerstin Stüssel

I. Gedicht

Und als wir ans Ufer kamen
Und saßen noch lange im Kahn
Da war es, dass wir den Himmel
Am schönsten im Wasser sahn
Und durch den Birnbaum flogen
Paar Fischlein. Das Flugzeug schwamm
Quer durch den See und zerschellte
Sachte am Weidenstamm
– am Weidenstamm

Was wird bloß aus unseren Träumen
In diesem zerrissenen Land
Die Wunden wollen nicht zugehn
Unter dem Dreckverband
Und was wird mit unsern Freunden
Und was noch aus dir, aus mir –
Ich möchte am liebsten weg sein
Und bleibe am liebsten hier
– am liebsten hier

Wolf Biermann: Alle Lieder. Köln 1991, S. 280.

II. Entstehungs- und Publikationsgeschichte – methodischer Zugang

Das Lied *Und als wir ans Ufer kamen* ist auf das Jahr 1976 zu datieren. Wolf Biermann hat es zum ersten Mal auf dem legendären, zu seiner Ausbürgerung aus der DDR führenden Kölner Konzert vom 13. November 1976 öffentlich vorgetragen. Danach ist es unter dem Titel *Ich möchte am liebsten weg sein – und bleibe am liebsten hier* ab 1977 auf der Mitschnitt-LP/CD *Das geht sein' sozialistischen Gang*[1] in Ton und Text veröffentlicht worden. Im Band *Preußischer Ikarus* von 1978 wird das Gedicht zusammen mit den Noten abgedruckt.[2] Unter dem mit der ersten Zeile identischen Titel, ohne Noten und mit der Datierung 1976, findet es sich

1 Wolf Biermann: Das geht sein' sozialistischen Gang. Frankfurt/M. 1996.
2 Wolf Biermann: Preussischer Ikarus. Lieder, Balladen, Gedichte, Prosa. Köln 1978, S. 71 f.

schließlich im Band *Alle Lieder*, der 1991 zum 55. Geburtstag des Autors im Verlag Kiepenheuer & Witsch erschienen ist.[3]

Es handelt sich bei diesem Text um eines der bekanntesten und inzwischen auch kanonisierten[4] Lieder des Autors Wolf Biermann, dem aber meines Wissen noch keine Einzelinterpretation zuteil geworden ist. Die von kulturpolitischen und literaturgeschichtlichen Einordnungen dominierte Forschung vermag zwar die Geschichte der Ausbürgerung Biermanns zu schreiben oder die literaturhistorischen Referenzen in seinem Œuvre zu beobachten,[5] tut sich aber m. E. schwer mit der medialen und performativen Seite seiner Autorschaft, so dass die Geschichte der Faszination, die Biermann auf das ost- wie das westdeutsche Publikum ausgeübt hat, bislang nur oberflächlich beobachtet und kaum analysiert wurde.

Für die Interpretation des Gedichtes bzw. Liedes *Und als wir ans Ufer kamen* werde ich mich zunächst auf den gedruckten Text beziehen und eine ‚textimmanente' Analyse vornehmen, die sich auf seine (schrift-)sprachlichen Strukturen konzentriert. Dann werde ich eine vorläufige Motivanalyse anschließen und deren offenkundige und notwendige Lückenhaftigkeit erläutern. In einem dritten Schritt werde ich unter Rückgriff auf die Veröffentlichungsgeschichte die These vertreten, dass Biermanns Text eine spezifische momenthafte Präsenz besitzt, d. h. einen fixierbaren Ort und einen Zeitpunkt, der gleichermaßen eine ereignishafte Singularität aufweist *und* eine literaturhistorische Verflechtung aufweist. Damit schließe ich an Positionen an, die aus der Kritik an geschichtsphilosophischen Postulaten in der Literaturwissenschaft erwachsen sind.[6] Im Einklang mit epistemologischen Prozessen, die immer noch im Banne einer Auslotung des Verhältnisses von Mündlichkeit, Schriftlichkeit, Aufzeichnungs- und Speichermedien stehen und die sich unter dem Schlagwort des Performativen[7] zusammenfassen lassen, werde

3 Wolf Biermann: Alle Lieder. Köln 1991, S. 280, 452, 454.

4 Vgl. z. B. Marcel Reich-Ranicki (Hg.): Der Kanon. Die deutsche Literatur. Gedichte. 7 Bände und 1 Begleitband, Frankfurt/M. 2005, Band 7: Erich Fried bis Durs Grünbein, S. 160.

5 Exemplarisch seien als Überblicksdarstellungen genannt: Jay Rosellini: Einst Villon, nun Voltaire? Der prä- und postwendale Prosaist und Redner Wolf Biermann. In: Literatur für Leser 3 (1996), S. 186–205. G. Ann Stamp Miller: The Cultural Politics of the German Democratic Republic. The Voices of Wolf Biermann, Christa Wolf, and Heiner Müller. Boca Raton 2004. – Zum Ablauf und zu den Hintergründen der Ausbürgerung vgl. Roland Berbig u. a. (Hg.): In Sachen Biermann. Protokolle, Berichte und Briefe zu den Folgen einer Ausbürgerung. Berlin 1994. Wolf Biermann u a.: Die Ausbürgerung. Anfang vom Ende der DDR. Hg. v. Fritz Pleitgen. Berlin 2001. – Zur literaturhistorischen Dimension der Texte, die vor allem im Hinblick auf zwei prominente Faktoren, auf die Heine-Rezeption und auf die Ikarus-Motivik untersucht werden, vgl. etwa Gerrit-Jan Berendse: Heine im Kalten Krieg. Wolf Biermanns selektive Rezeption des ‚Wintermärchens'. In: Heine-Jahrbuch 37 (1998), S. 168–181. Reinhold Grimm, Caroline Molina y Vedia: Wolf Biermanns ‚Preußischer Ikarus' im weltliterarischen Zusammenhang. In: Literatur für Leser 3 (1996), S. 169–185.

6 Bündig zusammengefasst bei David Wellbery: Introduction. In: David E. Wellbery u. a. (Hg.): A New History of German Literature. Cambridge/Mass., London 2004, S. XVII–XXV.

7 Sehr erhellend dazu Uwe Wirth: Der Performanzbegriff im Spannungsfeld von Illokution, Iteration und Indexikalität. In: Ders. (Hg.): Performanz. Zwischen Sprachphilosophie und Kulturwissenschaften. Frankfurt/M. 2002, S. 9–60.

ich viertens eine umfassende Interpretation mit der Hauptthese zu begründen versuchen, dass der Text, dessen Rezeption über Aufführung, Livemitschnitt und Buch verläuft, nicht nur eine politische, sondern auch eine medienhistorische Pointe besitzt.

Was hier nicht geleistet werden kann, ist die Berücksichtigung der musikalischen Elemente und Strukturen des vorliegenden Textes. Wie die Musik die Textgestalt beeinflusst hat, bleibt damit offen. Eine gewisse Rechtfertigung mag darin liegen, dass dieser Text zwar im Band *Alle Lieder*, aber ohne Beifügung von Noten, gedruckt worden ist.

III. Textimmanente Lektüre und Motivanalyse

Das Gedicht besteht aus zwei neunzeiligen Strophen mit dem unregelmäßigen Reimschema abcbdefee, wobei die reimenden Verse stets männlich enden. Die Verse weisen eine uneinheitliche Metrik auf.

Auffälligstes Merkmal des Gedichttextes ist das Fehlen der Interpunktion, ausgenommen die Gedankenstriche in den Zeilen 9, 15 und 18. Dadurch weist die Druckversion eine Abweichung zur normalen Druckschriftlichkeit auf. Das führt m. E. zu zwei Effekten: Der Text stellt sich als Lesetext aus, der auf die Konventionen und Gewohnheiten des Lesens von gedruckten Texten aufmerksam macht, außerdem erinnert er an die gesungene Fassung, weil er einige Momente einer kopräsenten Mitschrift[8] eines singulären Ereignisses besitzt, wo es nicht auf korrekte Interpunktion, sondern auf die Speicherung des Wortlautes ankommt. Dieses Merkmal des Textes, auch wenn es in lyrischen Texten nicht selten ist, wird uns im Folgenden nach der unvollständig bleibenden Untersuchung der narrativen Struktur und der Semantik des Textes zur performativen und medienhistorischen Analyse führen. Die Hypothese der Mitschriftlichkeit wird sich dadurch konkretisieren und erhärten lassen.

Der Text beginnt mit einem narrativen Fundamentale, der Konjunktion „und“. Indem sie den Anfang des Textes bildet, öffnet sie ihn gewissermaßen ‚nach vorn‘. Sie verweist auf einen Bereich des Extratextuellen, auf ein schon erzähltes, vorangegangenes, hier aber verschwiegenes Geschehen, auf den Beginn der Geschichte und darauf, dass nun etwas Entscheidendes erzählt und geäußert wird.

Die narrative Darstellung im Präteritum, die einen Erinnerungsakt des lyrischen Ichs andeutet, wird in der zweiten Strophe, die im Druckbild ebenso wie die einzelnen Zeilen/Verse erkennbar bleibt, durch mehrfache Fragen im Präsens abgelöst, auf die dann schließlich als Replik die Uneindeutigkeit und Widersprüchlichkeit der präsentischen Aussage „Ich möchte am liebsten weg sein / Und bleibe am liebsten hier“ (V. 16 f.) folgt. Chiastisch wird die Offenheit der ersten

[8] Vgl. zu diesem Begriff ausführlicher Kerstin Stüssel: In Vertretung. Mitschriften von Bürokratie zwischen früher Neuzeit und Gegenwart. Tübingen 2004.

Person Plural („wir“, „unseren“) nach und nach über die zweite Person Singular Dativ („dir“, „mir“) zur ersten Person Singular („ich“) verengt.

Die erste Strophe ist semantisch durch drei (Erde, Wasser und Luft) der vier Elemente geprägt, durch ihre Abgrenzungen und durch amphibische Grenzüberschreitungen zwischen den Elementen und jenen lebendigen und technischen Wesen, die diese ‚beleben‘: Die Beobachtung der Spiegelung des Himmels im Wasser durch das lyrische Wir begründet einen Übergang des technischen Fluggeräts ins Wasser und des Naturobjekts Fisch in die Luft, also das Fliegen des Fisches und das Schwimmen des Flugzeuges. Die optischen Effekte der Spiegelbilder begründen aber auch einen katastrophalen Abschluss der Strophe, die eher mit einem idyllischen Gestus begonnen hatte: Das schwimmende Flugzeug zerschellt in seinem Spiegelbild am Abbild des Weidenstammes. Im subjektiv fundierten ‚Bild‘ findet ein fataler Kontakt zwischen sonst weit entfernten Dingen statt, der indes auf der Ebene der Sprache, durch das Adverb „sachte“ und die Wiederholung des Lokaladverbiale „am Weidenstamm“ (V. 8), abgemildert wird. Der Tausch der Elemente ist nur im ‚natürlichen‘ Medium des Spiegelbildes möglich, ebenso wie sich das Zerschellen des prinzipiell alle territorialen Grenzen überschreitenden Flugzeugs als Imagination erweist.

In der zweiten Strophe erwächst aus dem Zerschellen des Flugzeuges die Frage nach der Zukunft der Träume eines ‚lyrischen Wir‘, dessen genaue Beschaffenheit zunächst offen bleibt: Ob es sich um zwei oder mehr Menschen handelt, deren Träume in „diesem zerrissenen Land“ zur Debatte stehen, kann hier noch nicht entschieden werden. Das zerrissene Land wird durch die metonymische Kontiguität, die zu „Wunden“ und „Dreckverband“ (V. 12 f.) besteht, in einen versehrten Körper verwandelt, welcher offenbar einen gegenwärtig und zukünftig unsicheren Ort bildet, denn daraus resultiert die skeptische Frage nach der Zukunft der Träume, der Freunde und des nicht näher bestimmbaren Paares, das sich hier zum ersten Mal in Du und Ich dissoziiert. Der verwundete Körper des ungenannten Landes führt also möglicherweise zukünftig zu einer Trennung des in der ersten Person Plural mitzudenkenden Paares und seines Freundeskreises.

Die künstliche Naivität dieser textimmanenten Betrachtung erschließt basale Strukturen des Textes, behindert aber die Analyse der Semantik nicht nur des zerrissenen Landes und seiner Wunden, sondern auch des Birnbaums und des Blickes in den Himmel im Medium seines Bildes auf dem Wasserspiegel. Ebenso lässt der gedruckte Text allein keine Referentialisierung des indexikalischen Lokaladverbiales „in diesem [...] Land“ zu; Analoges gilt für die indexikalischen Adverbien „weg“ und „hier“ in den pointierten letzten Versen. Derart jenseits von Ort und Zeit gelesen, bleiben Lücken, die durch eine zeit- und literaturgeschichtliche Kontextualisierung relativ einfach geschlossen werden können: Literatur- und kulturhistorisches Wissen lagert sich bereits an den Paratext des Autornamens an, der andere, unter demselben Namen veröffentlichte Texte zum Vergleich herbeizitiert. Der Text enthält die aus Heinrich Heines *Ein Wintermärchen* stammende Topik der ‚Wunde Deutschland‘, die hier gemäß der Datierung auf die

Situation der deutsch-deutschen Teilung appliziert wird. Dass ein „Dreckverband" die „Wunde" verschließt, ist ein emotionalisierendes Bild für den vermutlich länger anhaltenden ‚kranken' Zustand Deutschlands, da dreckig verbundene Wunden bekanntlich schwer heilen. Im „Birnbaum" (V. 5) spiegeln sich Friedrich Hölderlins „gelbe Birnen" aus *Hälfte des Lebens*, mit denen dort „das Land [...] in den See" hängt, und literaturhistorisch gebildete Rezipient/innen vermögen im schwimmenden Flugzeug und im gespiegelten Himmel sowohl Bertolt Brechts *Erinnerung an die Marie A.*, aber auch die Himmels- und Sternmotivik sowie das Dingsymbol des Sputnik aus Christa Wolfs Deutschland- und Liebesroman *Der geteilte Himmel* von 1963 variiert wieder zu erkennen. Auf einige dieser intertextuellen Anspielungen wird zurückzukommen sein. Zuvor aber ist zur Vervollständigung einer prinzipiell unabschließbaren Interpretation ein weiterer Schritt unabdingbar: Im Folgenden werde ich die Ereignishaftigkeit von *Und als wir ans Ufer kamen* zu belegen versuchen und durch eine genaue Datierung und Lokalisierung die Komplexität literaturhistorischer Allusionen und die Analyse der pointiert-widersprüchlich gebrauchten offenen indexikalischen Lokaladverbien „weg" und „hier" (V. 16 f.) vornehmen.

IV. Ort und Datum des Gedichts: Das Kölner Konzert

Zuletzt hat die *New History of German Literature* vehement die Datierbarkeit jedes Gedichtes postuliert. Im Vorwort beruft sich ihr Hauptherausgeber David Wellbery[9] auf die Autorität Paul Celans, der in seiner Dankesrede zum Bremer Literaturpreis und in seiner Büchnerpreisrede konstatiert hatte, dass das Gedicht nicht zeitlos sei; jedes Gedicht sei datierbar, seinem innersten Wesen nach sei es Gegenwart und Präsenz, und die zeitliche und räumliche Situierbarkeit sei die Voraussetzung dafür, dass das Gedicht als „Flaschenpost" funktioniere und auf Resonanz noch bei späteren LeserInnen stoße.[10] Für David Wellbery ist dies eine Fortführung und Radikalisierung der Erfahrung der Geschichtlichkeit literarischer Werke und zugleich eine Kritik an den tief in der deutschen Kulturgeschichte wurzelnden, auf Kontinuität und Linearität setzenden Formen der Geschichtsschreibung. Mit Walter Benjamin, Karl Heinz Bohrer und Hans Ulrich Gumbrecht legt Wellbery nahe, dass literarische Texte in ihrer Momenthaftigkeit die stets konstruierten historischen Kontinuitäten sprengen, sei es nun die von Gattungen, Ideen, Nationen, Kommunikationszusammenhängen, Diskursen oder Klassen und Schichten. Räumliche und zeitliche Singularität, Momenthaftigkeit, das Plötzliche, Partikulare und Anekdotische – all dies müsse dann eine stets kontingente Geschichte der Literatur prägen, die auf plötzliche Erleuchtung, nicht auf Listen und Zusammen-

9 Wellbery 2004, S. XVII–XXV.

10 Paul Celan: Der Meridian. In: Ders.: Werke, 3. Bd. Verstreute Gedichte, Prosa, Reden. Frankfurt/M. 1983, S. 187–202.

fassungen aus sei.[11] Dieses Pathos der Singularität muss m.E. dadurch ergänzt werden, dass auch eine Datierung und Lokalisierung, die sich von den alteuropäischen Techniken der Gelegenheitsdichtung verabschiedet, zu Geschichten und damit zu Kontinuitäten führt. Dies zeigen die von literaturhistorischen Momenten ausgehenden Erzählungen der *New History of German Literature* sehr deutlich. Zudem eröffnet eine Analyse eines Textes von seinen Orten und Zeiten her oftmals eine Integration in mehrere Kontexte und muss also mehrere Geschichten erzählen; mit dieser Mehrdimensionalität wird aber auch deutlich, dass der Text ein singuläres, datierbares lokales Ereignis *und* zugleich mehr und anderes ist als ein solches. Ein Gedicht mag ein Dokument mit Ort und Datum sein, zugleich ist es aber mehr und anderes als ein Dokument, das lediglich seine Genese protokolliert. Dies will ich im Folgenden an *Und als wir ans Ufer kamen* deutlich machen, um somit einen Teil der bisherigen Lücken zu füllen und um die Faszination und Intensität zu analysieren, die das Werk Biermanns ausmacht – allerdings weniger in plötzlicher Erleuchtung als in poetisch-performativer „Verdichtung".[12] Meine These ist, dass das Gedicht ‚seinen' Ort und ‚sein' Datum besitzt, nämlich Biermanns Auftritt beim Kölner Konzert vom 13. November 1976.[13] Hier verschmelzen, durch den Tempuswechsel ins Präsens unterstützt und vollzogen, das lyrische Ich und der Körper des Sänger-Autors.

Ziemlich früh während des Konzertes, nach etwa 20 Minuten, präsentiert Biermann das Lied mit dem Titel *Hölderlin-Lied*, das manchen Zuhörern schon von seiner dritten LP *aah-ja*[14] aus dem Jahr 1974 bekannt sein kann.[15] Es thematisiert in Anklang an Hyperions Deutschenschelte[16] die Isolation der dissidentischen, politisch aktiven Intellektuellen in ihrem je eigenen Land. Durch die Hölderlin-Paraphrase wird eine Konstellation aufgerufen, in der der Zustand der deutschen Nation im Jahr 1976, die deutsche Teilung und die Mauer, die die DDR gegen den Westen abriegelt, zugleich präsent und überwunden erscheint: Die auch hier schon auftauchenden Lokaladverbiale, Demonstrativ- und Perso-

---

11 Wellbery 2004, S. XVIII.

12 Hier folge ich dem Begriffsgebrauch bei Moritz Lazarus, dem Begründer der ‚Völkerpsychologie', der in jedem menschlichen Artefakt die Geschichte der menschlichen Kultur und des menschlichen Geistes präsent sieht. Vgl. Moritz Lazarus: Verdichtung des Denkens in der Geschichte. Ein Fragment. In: Zeitschrift für Völkerpsychologie und Sprachwissenschaft, Bd. 2 (1861), S. 54–62. – Vgl. dazu Gerhart von Graevenitz: ‚Verdichtung'. Das Kulturmodell der „Zeitschrift für Völkerpsychologie und Sprachwissenschaft". In: Aleida Assmann, Ulrich Gaier, Gisela Trommsdorf (Hg.): Positionen der Kulturanthropologie. Frankfurt/M. 2004, S. 148–171.

13 Mir lag ein – vermutlich – etwas gekürzter Mitschnitt vor, der 1996 aus Anlass der 20. Wiederkehr des Konzerts und der Ausbürgerung sowie des 60. Geburtstags von Wolf Biermann im rbb ausgestrahlt worden war. Inzwischen hat die ARD eine Videoversion unter dem Titel *Wolf Biermann – Konzert* 1976 publiziert, die allerdings z. Zt. nicht im Fachhandel erhältlich ist.

14 Wolf Biermann: aah-ja! (1974; CBS Katalognr. 80118.)

15 Biermann 1991, S. 198 f. Die Entstehung des Liedes wird hier schon auf das Jahr 1967 datiert.

16 Friedrich Hölderlin: Hyperion. In: Sämtliche Werke und Briefe. Erster Band. Hg. v. Günter Mieth. München 1970, S. 740: „Es ist auch herzzerreißend, wenn man eure Dichter, eure Künstler sieht [...]. Die Guten! Sie leben in der Welt, wie Fremdlinge im eigenen Hause."

nalpronomina („diese", „wir", „eignen") sind zwar indexikalische Zeichen,[17] die durch die Körperlichkeit des Sängers und die Äußerungssitutation in ihrer Bedeutung eindeutig bestimmt zu sein scheinen. Hier aber geraten sie, durch die spezifische Aufführungssituation, die Singularität der Performanz, zu mehrdeutigen Symbolen: „In diesem Lande" und „wir" kann auf die kritischen Intellektuellen der DDR ebenso Bezug nehmen wie auf die westdeutsche Linke, zugleich aber auch historisierend auf die Situation der Zeitgenossen Hölderlins nach der Französischen Revolution verweisen. Vor allem in der zweiten Strophe wird die Isolation des deutschen Künstlers in einem Deutschland zwischen Hier und Jetzt und historischer Vergangenheit angesprochen: „Durch die zugenagelten Fenster dringt nichts [...]."[18] Der Sinn für den Ort verbindet sich mit dem Bewusstsein der Distanz zur Umgebung, womit einerseits ein elitäres, differentielles Bewusstsein gespeist wird, womit aber andererseits auch die Hölderlinsche utopische „Heimat aller Menschen"[19] anvisiert wird, in der diese Trennungen aufgehoben sind. Der Auftritt und die Mündlichkeit des Sängers reduzieren also nicht, sondern steigern die Mehrdeutigkeit der schriftlichen Vorlage. Die Unentscheidbarkeit des Bezugs adressiert den in der DDR entstandenen Text auch an westliche Hörer, sie ist aber wohl auch eine Möglichkeit, die stets zu antizipierende Kritik der DDR-Behörden ins Unverbindlichere abzulenken. Im Anschluss an das Hölderlin-Lied rezitiert Biermann den bekanntesten lyrischen Text Hölderlins, nämlich *Hälfte des Lebens*. Und daran schließt sich das Lied an, das Biermanns Moderation zufolge durch seine Idyllik und das Birnenmotiv an Hölderlins Gedicht anklingt, das bis dahin unveröffentlichte Lied *Und als wir ans Ufer kamen* mit den paradoxen Schlusszeilen: „Ich möchte am liebsten weg sein – und bleibe am liebsten hier".[20] Im Licht dieser Auftrittsdramaturgie erklärt sich also bereits das Motiv der Birnen als intertextuelle Anspielung. Die erste Strophe kann, wenn man Biermanns weitere literarische Autoritäten und Bezugspunkte in Betracht zieht, als Uferszene mit Liebespaar gelesen werden, in der Bertolt Brechts *Erinnerung an die Marie A.* mit seinem Pathos des flüchtigen Moments als Erinnerungszeichen anklingt: „Und über uns im schönen Sommerhimmel / War eine Wolke, die ich lange sah / Sie war sehr weiß und ungeheuer oben / Und als ich aufsah, war sie nimmer da. [...] Wenn nicht die Wolke da gewesen wär / Die weiß ich noch und werd ich immer wissen".[21] Die zweite Strophe hingegen ordnet die Szene ein in die Topik des zerrissenen Deutschland und des schmerzhaften deutschen Patriotismus: Sie ruft insbesondere Heinrich Heines

[17] Winfried Nöth (Hg.): Handbuch der Semiotik. 2., vollst. neu bearb. und erw. Aufl. Stuttgart, Weimar 2000, S. 185–192.

[18] Biermann 1991, S. 199.

[19] Hölderlin 1970, S. 740.

[20] Diese Zeilen werden zunächst auch als Titel des Liedes benutzt: Vgl. Wolf Biermann: Das geht sein' sozialistischen Gang. Doppel-LP. Livemitschnitt des Kölner Konzertes v. 13. 11. 1976. CBS Records 1977, Katalognr. 88224.

[21] Bertolt Brecht: Gedichte 1. Frankfurt/M. 1960, S. 97 f.

patriotische Wunde im *Wintermärchen*[22] auf, welches Biermann in einer Publikation von 1972[23] persifliert hatte. Sie macht die Szene als Konstellation der akuten deutschen Teilung kenntlich,[24] so dass der „Dreckverband" als die beiden deutschen Staaten gemeinsame Vergangenheit des nationalsozialistischen Gewaltzusammenhangs lesbar wird.

„In diesem zerrissenen Land" (V. 11) entwickeln auch die Individuen einen inneren Zwiespalt und in sich unvereinbare Wünsche. Die indexikalischen Adverbien ‚hier' und ‚weg' können sich, so gesehen, auf mindestens zwei Orte und zwei Richtungen beziehen: Auf die DDR, die der Sänger ‚an seinen Schuhsohlen' trägt, und auf die Flucht aus ihr, aber auch auf die Bundesrepublik, in der das Publikum sitzt und in der sich die Dichter und Künstler des linken Milieus bis in die 80er Jahre ebenfalls als Fremdlinge begreifen, obwohl sie längst eine kulturelle Hegemonie besitzen. Eine von Biermanns in den Liedvortrag eingeflochtene Moderation versucht zunächst, die Doppeldeutigkeit des Textes in der Mündlichkeit aufzuheben. „‚Hier' ist natürlich nicht ‚hier', nicht wahr,"[25] „Hier" heißt dann eben nicht ‚hier in Köln', sondern ‚dort', eben ‚drüben' in der DDR. Durch die in der Wiederholung der letzten Zeile mit ihrer Aposiopese jedoch („Und bleibe am liebsten [...]"), durch den emphatischen Abbruch des Refrains, wird zuletzt wieder Uneindeutigkeit hergestellt, weil die Ergänzung des Fehlenden offen bleibt.

Des Sängers Spiel mit der Indexikalität, mit ‚hier' und ‚weg', funktioniert zunächst nur aufgrund der mündlich-körperlichen Auftrittssituation, die die Fernseh- und Videoaufzeichnungen in die Bundesrepublik und in große Teile der DDR mittransportieren. Uneindeutigkeit wird also nicht erst durch die Schrift eingeführt, sondern bereits während des Auftritts als Wechsel von eindeutiger Referenz und Offenheit des Bezugs hergestellt.[26] Der Widerspruch zwischen den unvereinbaren Wünschen des lyrischen Ichs in den Zeilen 16–18 löst sich in Rhetorik und Medientechnik auf. Die Mündlichkeit des singulären Ereignisses vom 13. November 1976 ebenso wie die technischen Medien der Wiederholung, von der Fernsehübertragung und der Aufzeichnung bis hin zum gedruckten Buch, ermöglichen eine Präsenz zwischen den Welten und politischen Blöcken. Unter diesen Vorzeichen ist dann das Unmögliche möglich, das Wegsein und das Hierbleiben zu realisieren, so wie in der ersten Strophe die Fische fliegen und die Flugzeuge – zumindest zeitweilig – schwimmen können. Die Ausbürgerung aus

---

22 Heinrich Heine: Deutschland. Ein Wintermärchen. In: Sämtliche Schriften. Bd. 7. Hg. v. Klaus Briegleb. Frankfurt/M., Berlin, Wien 1981, Caput XXIV, S. 634. Vgl. unter Rückgriff auf Adornos Titel *Die Wunde Heine*: Walter Hinck: Die Wunde Deutschland. Heinrich Heines Dichtung im Widerstreit von Nationalidee, Judentum und Antisemitismus. Frankfurt/M. 1990. Vgl. auch Hedwig Walwei-Wiegelmann: Die Wunde namens Deutschland. Ein Lesebuch zur deutschen Teilung. Freiburg u. a. 1981.

23 Wolf Biermann: Deutschland. Ein Wintermärchen. Berlin (West) 1972.

24 Heine 1981, Caput XXIV, S. 634.

25 Wolf Biermann: Das geht sein' sozialistischen Gang. Live in der Sporthalle Köln. November 1976. Frankfurt/M. 1977, Track 01–03; Mitschrift durch die Vfn.

26 Vgl. Stüssel 2005.

der DDR indes, die Biermanns widersprüchliche Wünsche in *Und als wir ans Ufer kamen* durch politische Zwangsmaßnahmen vereindeutigt, wird schließlich in diesem nun durchaus autobiographisch zu lesenden Gedicht, das noch im Druckbild seine performative Seite hervorkehrt, literarisch revidiert. Auch wer ausgebürgert wird, bleibt hier *und* geht weg, ist grenzüberschreitend präsent. Dieses Gedicht ist der späteren Entwicklung bis hin zum Mauerfall und der medialen und politischen Realität weit voraus.

V. Auswahlbibliographie

1. Jay Rosellini: Wolf Biermann. München 1992.
2. Kerstin Stüssel: Zwischen den Welten – Wolf Biermanns multimediale Autorschaft. In: Wirkendes Wort 55 (2005), S. 225–241.

Volker Braun (*1939): Das Eigentum

von Andrea Geier

I. Gedicht

Das Eigentum

Da bin ich noch: mein Land geht in den Westen.
Krieg den Hütten Friede den Palästen.
Ich selber habe ihm den Tritt versetzt.
Es wirft sich weg und seine magre Zierde.
Dem Winter folgt der Sommer der Begierde.
Und ich kann *bleiben wo der Pfeffer wächst.*
Und unverständlich wird mein ganzer Text
Was ich niemals besaß wird mir entrissen.
Was ich nicht lebte, werd ich ewig missen.
Die Hoffnung lag im Weg wie eine Falle.
Mein Eigentum, jetzt habt ihrs auf der Kralle.
Wann sag ich wieder *mein* und meine alle.

Volker Braun: Texte in zeitlicher Folge. Bd. 10. Halle a. d. S. 1993, S. 52.

II. Entstehung und Rezeption

Das Eigentum darf als das bekannteste Gedicht der sogenannten ‚Wendeliteratur' gelten. Der Begriff ‚Wende' bezieht sich dabei nicht nur auf das Ereignis des Mauerfalls am 9. 11. 1989, sondern auch auf die durch dieses Ereignis ausgelösten und ihm nachfolgenden gesellschaftspolitischen Transformationsprozesse.

Nach seiner Erstpublikation am 4./5. 8. 1990 auf der Titelseite der Zeitung *Neues Deutschland* (ohne Titel) und im Anschluss an zahlreiche Wiederabdrucke[1] (auch unter der Überschrift *Nachruf*) wurde das Gedicht Gegenstand kontroverser Diskussionen. Seine Bedeutung belegen zahlreiche publizistische und private Reaktionen, wissenschaftliche Betrachtungen[2] und die Aufnahme in Anthologien zur ‚Wende'.[3]

---

1 Auch in: Volker Braun: Die Zickzackbrücke. Ein Abrißkalender. Halle a. d. S. 1992, S. 84. Nachweise zu Nachdrucken in Zeitungen etc. bei Schlenstedt 1992 und Frank Thomas Grub: ‚Wende' und ‚Einheit' im Spiegel der deutschen Literatur. Ein Handbuch. Bd. 1: Untersuchungen. Bd. 2: Bibliographie. Berlin, New York 2003, Bd. I, S. 458 f.

2 Vgl. Schlenstedt 1992, der private Zuschriften an Braun eingesehen hat.

3 Z. B. Karl Otto Conrady (Hg.): Von einem Land zum anderen. Gedichte zur deutschen Wende 1989/90. Frankfurt/M., Leipzig 1993, S. 51; Anna Chiarloni, Helga Pankoke (Hg.): Grenzfallgedichte. Eine deutsche Anthologie. Berlin, Weimar 1991, S. 109.

Das Sujet allein erklärt diese überwältigende Resonanz nicht, da viele Gedichte der Umbruchszeit einen Abschied von der DDR thematisieren.[4] Ausschlaggebend sind vor allem Ort und Zeitpunkt der Erstveröffentlichung sowie die Person des Autors: Das Gedicht erschien in der Tagespresse, also in einem massenmedialen Umfeld. Dies legte nahe, dass es als ein Kommentar zur Auseinandersetzung um die deutsche Einheit zu verstehen sei: Mit der am 1. 7. 1990 in Kraft getretenen Währungs-, Wirtschafts- und Sozialunion und der damit in Ostdeutschland eingeführten D-Mark war das Ende der DDR in wörtlichem Sinne ‚greifbar' geworden. Die Bedeutung des Autors Volker Braun bewirkte, dass man das Gedicht als exemplarische Stellungnahme eines prominenten ostdeutschen Intellektuellen auffasste.

> Man spricht seit langem von der ‚Volker-Braun-Generation', und das mit Recht. Gewiß zielt das Wort nicht so hoch (und so tief) wie ‚die Goethezeit', aber es sagt doch, daß sich in einem einzelnen Autor eine bestimmte Haltung, eine Kraft, eine Hoffnung ausgeprägt hat, die signifikant für eine ganze Generation von Intellektuellen steht. Es ist die Hoffnung auf die Einlösung der kommunistischen Utopie, es ist die Haltung, an diesem Gemeinschaftsprojekt schreibend und anders als schreibend mitwirken zu wollen, es ist die Kraft (jedenfalls anfangs), sich dieses auch zuzutrauen, die sich als glaubwürdig auf andere übertrug.[5]

Der Lyriker, Dramatiker und Prosaautor Braun ist eine Symbolfigur, vergleichbar der knapp zehn Jahre älteren Autorin Christa Wolf. Diese stand seit dem Erscheinen ihrer Erzählung *Was bleibt* im Juni 1990 im Mittelpunkt einer Kontroverse, die sich zum sogenannten deutsch-deutschen Literaturstreit auswachsen sollte.[6] Die Deutungen von *Das Eigentum* sind in diesem Zusammenhang zu sehen, insofern auch dieses Gedicht zum Anlass genommen wurde, die Rolle ehemals reformsozialistisch orientierter Schriftsteller/innen zu kritisieren.

Die Interpretation konzentriert sich auf die zeithistorischen Bezüge von *Das Eigentum* und das – für Brauns Werk typische – intertextuelle Schreibverfahren. Die leitende These lautet, dass *Das Eigentum* auf struktureller Ebene zu einem produktiven Umgang mit einem Verlust findet, den das Sprecher-Ich in seinen inhaltlichen Aussagen betrauert. Das Gedicht ist daher weniger nur Dokument eines Scheiterns als eine kritische Selbstbefragung des Autors. Diese führt zu einer Neubestimmung literarischen Engagements.

---

4 Vgl. z. B. den programmatischen Titel des Gedichts von Jürgen Rennert: Mein Land ist mir zerfallen. In: Chiarloni, Pankoke (Hg.) 1991, S. 108.

5 Wolfgang Emmerich: solidare – solitaire. Volker Braun: drei Gedichte. In: Karl Deiritz, Hannes Krauss (Hg.): Verrat an der Kunst? Rückblicke auf die DDR-Literatur. Berlin 1993, S. 195–205, hier S. 195.

6 Vgl. hierzu Thomas Anz (Hg.): Es geht nicht um Christa Wolf. Der Literaturstreit im vereinigten Deutschland. Erw. Neuausg. Frankfurt/M. 1995.

III. Zeitkritik und Standpunkt des Sprechers

Das zwölfzeilige Gedicht weist eine einfache, regelmäßige Struktur auf, in der jeweils Satz- und Versende zusammenfallen. Mit einer Ausnahme enden alle Verse mit einem Punkt und werden auf diese Weise als selbstständige Einheiten präsentiert. Sie wirken wie aneinander gereihte Einzelaussagen, was durch die anaphorischen Wiederholungen (‚und', ‚was') noch verstärkt wird. Der Eindruck der Geschlossenheit wird gerade am Ende betont, da auch der grammatisch als Frage gestaltete letzte Satz irritierenderweise kein Fragezeichen enthält. Dies könnte signalisieren, dass es sich um keine ‚echte' Frage handelt oder dass der Sprecher vermeiden möchte, dass sich die Leser/innen unmittelbar zu einer Antwort aufgefordert fühlen. Die klare syntaktische Struktur des Textes wird durchgängig durch den fünfhebigen Jambus und ein dominantes Paarreimschema (mit zwei signifikanten Abweichungen) unterstützt; die mit weiblicher Kadenz endenden Verse haben regelmäßig elf Silben, die drei mit männlich endender (V. 3, 6, 7) zehn. Besondere Aufmerksamkeit ziehen die typographischen Hervorhebungen, insbesondere im zweiten Vers, auf sich. Das invertierte Zitat aus *Der Hessische Landbote* (1834) von Georg Büchner und Friedrich Ludwig Weidig fügt sich syntaktisch in die Ordnung des Gedichts, insofern es die Zäsur des ersten Verses aufnimmt; zahlreiche Abweichungen stören umgekehrt das Schema: Die besonders auffällige typographische Hervorhebung umfasst nur hier die ganze Zeile, der Beginn ist betont und es fehlt die sonst vorherrschende Satzstruktur.

Die häufige Verwendung von Personal- und Possessivpronomen zeigt, dass das Gedicht in erster Linie um die Person und den Standpunkt des Sprechers kreist. Die Possessivpronomen stiften Korrespondenzbeziehungen zwischen „mein Land", „mein [...] Text" und „[m]ein Eigentum". Letzterer Ausdruck steht in Spannung zum neutralen Titel *Das Eigentum*. Beide Male stellt sich die Frage, von welcher Art Besitz hier gesprochen wird. Die explizit thematisierte Profession des Sprechers legt dabei einen Bezug zum Autor und damit eine autobiographische Lesart nahe.

Der erste Vers betont zweifach eine zeitliche Dimension: Das Land ‚bewegt' sich und das Verharren des Sprechers wird als transitorisch („noch") gekennzeichnet. Gegenwart und Vergangenheit werden im Bewusstsein eines Übergangs betrachtet. Das „jetzt" (V. 11) unterstreicht noch einmal, dass die momentanen Gefühle des Sprecher-Ichs beschrieben werden. Nach einem leise-verhaltenen Beginn steigern sich diese zu einer aggressiven Klage, die sich in einem entsprechenden Vokabular („entrissen", „Falle") ausdrückt. Rückblickend auf früheres Engagement (V. 3), hat der Sprecher den Eindruck, derzeit auf einsamem Posten zu stehen. Dass nur dieser dritte Vers ohne Reimpartner bleibt, setzt die empfundene Isolation in Kontrast zur ehemaligen Teilhabe formal um.

Die Gegenwartsdiagnose entwirft zwei miteinander korrespondierende Machtasymmetrien: zwischen Volk und Sprecher sowie zwischen ‚seinem Land' und dem ‚Westen'. Die durch den Doppelpunkt markierte Zäsur im ersten Vers setzt die inhaltlich beschriebene zerrüttete Beziehung zwischen dem unbeachtet – „wo der Pfeffer wächst“ – ‚zurückbleibenden‘ Sprecher und dem sich ‚bewegenden‘ Volk ins Bild. Hierbei ist an eine konkrete ‚Verwestlichung‘ zu denken: den Massenexodus von DDR-Bürgern, die dem „Sommer“[7] der Gegenwart voranging. Die Flüchtlingsströme übten seit Sommer 1989 von außen und die Demonstrationen ab Herbst 1989 von innen politischen Druck aus, der schließlich zum Zusammenbruch der DDR führte. Die Ausreisebewegung, die sich auch nach dem Mauerfall noch fortsetzte, hatte wesentlichen Anteil an der Dynamik des politischen Veränderungsprozesses. Die hier im Bild der Bewegung beschriebene Umgestaltung Ostdeutschlands bezieht sich im Gedicht vor allem auf die gegenwärtige Entwicklung: Die Formulierung „Sommer der Begierde“ spielt auf die Währungsunion vom Juli 1990 an und unterstellt, dass Konsumwünsche die Mehrheit der Ostdeutschen bei den Volkskammerwahlen am 18. 3. 1990, den ersten demokratischen Wahlen der DDR, für einen raschen Weg zur deutschen Einheit votieren ließen.

In dieser Anklage liegt die Antwort auf die Frage, warum sich die Position des Sprechers verändert hat: Er befürwortete anfangs eine Veränderung und wurde zum ‚Handelnden‘, weil er sich mit seinen Landsleuten einig in der Ablehnung der bestehenden Verhältnisse in der DDR war. Er erkannte jedoch nicht, dass der Lösungswunsch der Mehrheit – die ‚Verwestlichung‘ – seinem diamentral entgegen gesetzt war.

In seinen Augen wirft sich das ohnehin nur mit einer ‚mageren‘ Zierde ausgestattete Land „weg“ und damit dem Westen gewissermaßen an den Hals. In einer an die sexuelle Konnotation der ‚Vereinigung‘ anschließenden stereotypen geschlechtsspezifischen Topik kommt dem Osten dabei der ‚weibliche‘, dem Westen der ‚männliche‘ Part zu.[8] Durch die Bezeichnungen ‚wegwerfen‘ und „Begierde“ diskreditiert der Sprecher das Verhalten der Ostdeutschen als leichtfertig und triebgesteuert. Implizit bringt er damit zum Ausdruck, dass umgekehrt eine Entscheidung für eine Reform der DDR eine bessere, ja sogar die einzig rationale Entscheidung gewesen wäre. Diese Hoffnung auf einen ‚dritten Weg‘, dessen Ziel ein sozialistischer deutscher Staat als Alternative zur kapitalistischen Bundesrepublik Deutschland sein sollte, hatte Braun z. B. in seinem Artikel *Die Erfahrung der Freiheit*[9] sowie als einer der Erstunterzeichner des am 26. 11. 1989 publizierten Aufrufs *Für unser Land* öffentlich zum Ausdruck gebracht.

---

7 Weiß sieht im „Sommer der Begierde“ den Eingangsmonolog aus Shakespeares *Richard III.* anklingen: „Nun ward der Winter unsers Mißvergnügens / Glorreicher Sommer durch die Sonne Yorks!“ Weiß 1995, S. 157.

8 Nach Kormann übernimmt der Sprecher die Position eines „Brautvaters, der die Verbindung seiner Tochter mit einem unwürdigen Bräutigam bedauert.“ Julia Kormann: Literatur und Wende. Ostdeutsche Autorinnen und Autoren nach 1989. Wiesbaden 1999, S. 260 f.

9 Darin heißt es: „Volkseigentum plus Demokratie, […] das ist noch nicht probiert, noch nirgends auf der Welt. Das wird man meinen, wenn man sagt: made in GDR.“ Volker Braun: Die Erfahrung der Freiheit. In: Neues Deutschland vom 11./12. 11. 1989, hier zitiert nach Marquardt 1994, S. 121.

Mit der Diffamierung der Einheitsbefürworter reiht sich das Gedicht in ein breites Feld von Kolonialisierungsvorwürfen in Publizistik und literarischem Diskurs ein,[10] die in assoziativem Bezug auf dieses historische Bezugsfeld von Landnahme und Ausbeutung die deutsche Einheit als gewaltsamen oder durch Verführung ‚sanft' erpressten Akt betrachten. Im Zentrum von *Das Eigentum* steht weniger die Rolle der Bundesrepublik als das Verhalten der Ostdeutschen, die an das Versprechen des ‚goldenden Westens' glauben und die damit verbundenen Folgen nicht bedenken.

Dass die Mehrheit den Westen attraktiv findet, weil er – wie der Reim auf „PALÄSTEN" zeigt – reich ist, hält der Sprecher für eine fatale Täuschung. Für ihn ist er gleichbedeutend mit „Krieg", Ausbeutung und sozialer Ungleichheit. „KRIEG DEN HÜTTEN FRIEDE DEN PALÄSTEN" wirkt wie ein Motto, in dem sich in verknappter Form das gesellschaftspolitische Drama der Zeit kristallisiert: Die kapitalistische Gesellschaft führe einen „Krieg" gegen die Armen. Auf diese Aggressivität weisen auch die „Kralle" hin – beim Bild des Raubvogels wäre etwa an die Kralle des Bundesadlers zu denken –, die das ‚Eigentum' des Sprechers hält, sowie der Umgang mit Gegnern, auf den das Gedicht mit einem signifikanten Zitat aufmerksam macht. Der Literaturkritiker Ulrich Greiner hatte erklärt: „Die toten Seelen des Realsozialismus sollen bleiben, wo der Pfeffer wächst".[11] Im Gedicht kehrt diese Verwünschung als hohnvoll-bitteres Echo wieder und signalisiert, dass sich der Sprecher öffentlicher Verachtung ausgesetzt sieht. Seine Haltung wird damit auch als Reaktion auf die Deutungsmacht des Westens in Bezug auf die historische Entwicklung kenntlich.

IV. Dimensionen eines Verlustes: Geschichte und Werkgeschichte

Brauns Gedicht wurde vielfach als Beispiel für eine melancholische Verlusterfahrung in der Literatur rezipiert. Nach Wolfgang Emmerich spricht sich darin eine „Gemütsverfassung [aus], die man als *Furor melancholicus* bezeichnen kann." Dies sei die typische Haltung von Intellektuellen, die nun „wie auf Dürers berühmtem Stich ‚Melencolia I'" verzweifelt auf die Welt blickten, weil sie mit ihren gewohnten (marxistischen) ‚Werkzeugen' der Weltdeutung nicht mehr zurechtkämen.[12] Dass eine melancholische Haltung bereits vor 1989 weit verbreitet war, erwähnt Emmerich zwar. Dass die Autoren dem Staat (teilweise) ihre Loyalität aufgekündigt hatten, bedeutet für ihn jedoch, dass sie sich um so mehr an das Utopieversprechen des Kommunismus klammerten.

[10] Andrea Geier: Enteignete Indianer und ausgebeutete Neger. Der Kolonialisierungs-Diskurs in der Literatur nach 1990. In: Inge Stephan, Alexandra Tacke (Hg.): NachBilder der Wende. Köln, Weimar, Wien 2008, S. 70–83.

[11] Ulrich Greiner: Der Potsdamer Abgrund. Anmerkungen zu einem öffentlichen Streit über die „Kulturnation Deutschland". In: Die Zeit Nr. 26 vom 22. 6. 1990.

[12] Wolfgang Emmerich: Kleine Literaturgeschichte der DDR. Erw. Neuausgabe. Leipzig 1996, S. 460.

Tatsächlich trägt die Verlustanzeige in *Das Eigentum* in gewisser Weise melancholische Züge und zwar im Sinne von Sigmund Freuds Definition der Melancholie als eines ‚unbekannten Verlustes'.[13] Diese pathologische Form der Trauer zeichne sich dadurch aus, dass der Kranke wisse, dass er einen Verlust erlitten hat; er wisse aber nicht unbedingt, was er daran wirklich verloren habe. Der Sprecher in *Das Eigentum* formuliert eine ähnliche Diagnose: „Was ich niemals besaß wird mir entrissen. / Was ich nicht lebte, werd ich ewig missen." Die zumindest im ersten Teil paradox klingende Aussage lässt sich gleichermaßen als Enttäuschung über die in den Augen des Sprechers gescheiterte Revolution von 1989 wie über die DDR lesen: Der Staat, dessen Gründungsziel es gewesen war, die sozialistische Utopie zu verwirklichen, löste diesen Anspruch nie ein. Das Blochsche *Prinzip Hoffnung* erwies sich nicht erst 1989, sondern schon in der DDR als „Falle".

Das Eigentum, um das es hier geht, war bereits in der DDR umstritten. Die historische Wiederholung, die Vergeblichkeit revolutionärer Aufbrüche 1949 und 1989 ist es, die das Textsubjekt zur Verzweiflung treiben. Damit ist aber auch offensichtlich, dass der Verlust, den der Sprecher erlitten hat und über den er nun so wütend ist, eben nicht den Staat DDR, wie er historisch existierte, meint, sondern einen immateriellen Besitz: die Realisierung der sozialistischen Utopie als Projekt des eigenen Arbeitens und Lebens. Die vom Sprecher empfundene Fremdheit nach 1989 setzt damit tendenziell entsprechende Fremdheitserfahrungen und Enttäuschungen aus der Zeit der DDR fort. Lediglich die Vehemenz der Klage ist auf die Erfahrung von 1989 zurückzuführen: das jähe Ende neu aufgelebter Hoffnungen macht den Verlust um so schmerzlicher.

Die Verlustanzeige hat also eine historische Dimension, die ebenso wie die Selbstanklage im Gedicht verhindert, dass die negative Darstellung des kapitalistischen Westens in *Das Eigentum* zu einer uneingeschränkt positiven Darstellung der DDR im Rückblick führt.

Die Diagnose einer fatalen historischen Wiederholungsstruktur lässt sich durch die Untersuchung der intertextuellen Anspielungen bestärken und erweitern. Von zentraler Bedeutung sind Allusionen auf die Gedichte *Mein Eigentum* (1789) von Friedrich Hölderlin und *Das Lehen* von Braun, bei denen sich Assoziationen über den Titel herstellen lassen, sowie das erwähnte ‚verkehrte' Zitat aus der Revolutionsschrift *Der Hessische Landbote* (1834), das seinerseits eine bekannte Parole der Französischen Revolution aufgreift.[14] Diesen Anspielungen lassen sich zwei spezifische Funktionen zuordnen, die ich ‚Gedächtnis der Revolution' und ‚Selbstverständigung des Dichters' nenne. Diese beiden Aspekte hängen miteinander zusammen, insofern sich mit diesen Autoren die Erinnerung an historische Re-

---

[13] Sigmund Freud: Trauer und Melancholie (1917 [1915]). In: Ders.: Studienausgabe. Bd. III: Psychologie des Unbewußten. Hg. v. Alexander Mitscherlich u. a. Frankfurt/M. 2000, S. 193–212, hier S. 199.

[14] „Guerre aux châteaux! Paix aux chaumières". Georg Büchner, Friedrich Ludwig Weidig: Der Hessische Landbote. Studienausgabe. Hg. v. Gerhard Schaub. Stuttgart 1996, S. 48.

volutionshoffnungen und deren Scheitern verbindet und beide in diesem Sinne Referenzautoren in Brauns Werk insgesamt darstellen.

Im Zentrum von Brauns Interesse an Büchner steht ein Bild des politischen Dichters, der zur Revolution aufrief und damit radikal Gegengewalt gegen die Verhältnisse für legitim hielt. Büchners Kampf gegen die ausbeuterische Obrigkeit seiner Zeit und Brauns Warnung vor dem Kapitalismus in der Bundesrepublik werden im intertextuellen Verweis analogisiert – und ebenso das Ende dieser Revolutionshoffnungen in eine Reihe gestellt. Zu beiden Zeiten ließen sich revolutionäre Ideen nicht verwirklichen. Die Forderung nach einer gerechten Welt, die Büchner ausspricht, kann in Brauns Zeit aber noch nicht einmal direkt wiederholt werden. *Das Eigentum* ist ein post-revolutionärer Text, der die Erinnerung an ein wiederholtes Scheitern – im Deutschland des 19. Jahrhunderts wie in der jüngsten Vergangenheit – aufbewahrt. Das Revolutionsgedächtnis kann nur mehr ex negativo auf Utopien verweisen. Entsprechend wird die Frage, wann das ‚mein' sagende Ich wieder eine Aussage über etwas, was einem Kollektiv gemeinsam ist – was moralische Werte ebenso meint wie das Konzept des Volkseigentums –, treffen wird, nicht wirklich als Frage formuliert. Die Inversion der berühmten Parole postuliert, dass sich die Ostdeutschen mit der bevorstehenden deutschen Einheit für eine Klassengesellschaft entschieden haben, die die Interessen der Menschen denen des Kapitals unterordnet.

Dass 1989 eine historische Chance verpasst wurde, den Lauf der Geschichte zu ändern, statt ihn zu wiederholen, ist im Bezug auf Büchner auch auf andere Weise mitzudenken. Unmittelbar nach 1945 wurde die *Landboten*-Schrift als ein für die Umbrüche der eigenen Zeit aktualisierbarer Text vorgestellt. So erschien etwa 1947 eine *Volk und Welt*-Ausgabe des Textes, in dem die biographischen Ausführungen in Fritz Bergemanns Einleitung mit *Der Revolutionär Georg Büchner* überschrieben sind. Der Autor sei „den klassischen Vertretern des Sozialismus um ein Jahrzehnt und mehr voraus" gewesen.[15] Nach 1949 knüpfte die Rezeption in der DDR an diese Deutung an und vereinnahmte den *Hessischen Landboten* als frühsozialistischen Leittext;[16] gleichzeitig wurde Büchner jedoch ‚beiseite gelobt'.[17] Für Braun stellte Büchners radikales Werk daher ein verschüttetes, auch vom sozialistischen Denken nie wirklich eingeholtes Erbe dar. Diese Kritik äußert er am deutlichsten in dem Essay *Büchners Briefe* (geplant als Nachwort einer nicht zustande gekommenen Briefausgabe). In *Das Eigentum* stiftet der Bezug auf Büch-

---

15 Fritz Begemann: Einführung. In: Georg Büchner: Der Hessische Landbote. Mit einer historisch-biographischen Einführung von F.B. Leipzig 1947, S. 7–70, hier S. 70.

16 Siehe hierzu z. B. Dietmar Goltschnigg: Utopie und Revolution. Georg Büchner in der DDR-Literatur: Christa Wolf, Volker Braun, Heiner Müller. In: Zeitschrift für deutsche Philologie 109 (1990), S. 571–596; Ulrich Kaufmann: Dichter in „stehender Zeit". Studien zur Georg-Büchner-Rezeption in der DDR. Erlangen, Jena 1992.

17 Diese Formulierung verwendet Otto F. Riewoldt: „... der Größten einer als Politiker und Poet, Dichter und Revolutionär". Der „beiseitegelobte" Georg Büchner in der DDR. In: Heinz-Ludwig Arnold (Hg.): text und kritik: Georg Büchner III. München 1981, S. 218–235.

ner daher eine doppelte Vergleichsfolie: Erstens ging es nach 1945 um die Frage, wie man aus ,Trümmern' neu beginnt, und die Chance zu einem echten Neuanfang im Geist der Revolution wurde in der DDR vergeben. Dies wiederholte sich 1989 nach deren Zusammenbruch. Zweitens markiert der Sprecher, indem er mit Büchner eine Selbstbefragung unternimmt, noch einmal eine Differenz zwischen seiner Haltung und der offiziellen Literaturpolitik der DDR. Das Gespräch mit Büchner ist damit ebenfalls Teil der im Gedicht verhandelten ‚Eigentumsfragen'.

V. Die Rolle des Schriftstellers

Der Bezug auf Büchner wie auf Hölderlin signalisiert an sich, also zunächst jenseits konkreter inhaltlicher Aspekte, dass der Autor einem grundlegenden Charakteristikum seines Schreibverfahrens treu bleibt. Dies gilt für die selbstkritische Reflexion über Autorschaft in *Das Eigentum* insgesamt. Hier lassen sich, wie etwa Katrin Bothe herausgestellt hat,[18] Bezüge zu Brauns *Material IV: Guevara* (1974) herstellen: „[...] Soll ich denn bleiben. / Bei meinen Worten bleiben, handelnd mit/ Alten Sätzen [...]".[19] Das Textsubjekt in *Das Eigentum* radikalisiert diese Zweifel zur Angst, dass der bisherige „Text", d. h. das Gesamtwerk, nicht mehr verständlich sein könnte. Im neuen gesellschaftlichen System könnte es kein Publikum mehr geben, das die vom Sprecher ausgetragenen Konflikte nachvollziehen kann oder will. Die lyrische Selbstbefragung Brauns, der seit den 1970er Jahren vom festen Grund der sozialistischen Utopie den real existierenden Sozialismus ebenso wie den Kapitalismus kritisiert hatte, ist damit als Fortsetzung markiert, die durch die ‚Wende' auf neue Weise motiviert, ja notwendig geworden ist.

Ebenso wie Büchner ist auch Hölderlin ein ‚Wahlverwandter' im Werk Brauns. Wie schon in dem Gedicht *An Friedrich Hölderlin* (1971) dient in *Das Eigentum* Hölderlins Ode *Mein Eigentum* als Referenztext. Der intertextuelle Bezug motiviert sich über das Thema des Verlusts – bei Hölderlin der eines Menschen –, von dem aus die Poesie als ein Ort jenseits des Alltags entworfen wird: „Sei du, Gesang, mein freundlich Asyl!" bittet das lyrische Ich – und weiter: „Ihr segnet gütig über den Sterblichen, / Ihr Himmelskräfte! jedem sein Eigentum, / O segnet meines auch, und daß zu / Frühe die Parze den Traum nicht ende".[20]

Auch im intertextuellen Bezug bestätigt sich, dass mit ‚Eigentum' ein vorwiegend immaterielles gemeint ist: Die Poesie dient als Lebens- und Erinnerungsraum, in den sich das Ich zurückziehen kann und den es sich für die Zukunft zu erhalten hofft. In diesem Sinne erklärt auch Christoph Weiß, dass Brauns Ge-

[18] Bothe 2000, S. 434.

[19] Volker Braun: Gedichte. Frankfurt/M. 1979, S. 96–99, hier S. 98.

[20] Friedrich Hölderlin: Sämtliche Werke und Briefe in drei Bänden. Bd. 1: Sämtliche Gedichte. Hg. v. Jochen Schmidt. Frankfurt/M. 1992, S. 223 f.

dichttitel mit dem Bezug auf Hölderlin „eine Lesart ins poetische Spiel [bringt], in der es um die Frage nach dem gesellschaftlichen Ort des Schriftstellers und seines Schreibens geht."[21] Braun thematisiert im Verweis auf Hölderlin die Literatur als geistigen Rückzugsort. Dies meint jedoch keine verlockende Aussicht, sondern ein in bitterem Ton vorgetragenes Scheitern. Der pejorative Charakter des Asyls, der auch in der Phrase *„bleiben wo der Pfeffer wächst"* anklingt, entsteht aus der scheinbaren Ausweglosigkeit.

Dieser trotzig-verzweifelten Haltung und der resignativen Einsicht, dass die alten eigenen Texte „unverständlich" würden, steht allerdings entgegen, dass sich das Wiederlesen dieser Tradition wie auch der eigenen Texte in *Das Eigentum* als produktiv für die Textgenese erweist. Mit seiner Replik auf *Das Lehen* (1987) bestätigt der Sprecher sich selbst, warum er damals „im Lande" blieb. Seine Hoffnungen richteten sich auf die sozialistische Utopie und daher nutzte er das von den Mächtigen zugestandene Lehen, d. h. einen Besitz – nicht Eigentum. Seine Interessen waren dabei jedoch nicht deckungsgleich mit dem real existierenden Sozialismus der DDR: „Die Bleibe, die ich suche, ist kein Staat", heißt es geradezu trotzig.[22]

Die Behauptung, der Macht gegenüber nie dienstfertig gewesen zu sein, stützt sich unter anderem auf die Kämpfe, die Braun um die Publikation seines Werkes mit den literaturpolitischen Instanzen der DDR ausfocht.[23] Durch den intertextuellen Bezug auf *Das Lehen* vermittelt sich diese Haltung im Wende-Gedicht als eine Art Echo, das Brauns Kritikern selbstbewusst entgegenschallt. Dass in der dezidierten Selbstinfragestellung, die der erklärte Abschied von den Revolutionshoffnungen auslöst, zugleich eine Selbstbestätigung liegt, macht insbesondere der wiederholte Bezug auf das ‚Bleiben' sichtbar. Die neue Heimatlosigkeit wird als Umformung einer alten interpretierbar. Resultierte die damalige aus der Ablehnung des Kapitalismus und der Unzufriedenheit mit der Stagnation im Sozialismus, entsteht die neue aus der Enttäuschung über das vereinte Deutschland. Der Autor versichert sich durch die Kritik des derzeitigen gesellschaftlichen Zustandes, in der sich seiner Ansicht nach eine verheerende (Selbst-)Kolonialisierung des Ostens abzeichnet, ex negativo, dass seine ursprünglichen Ideale erstrebenswert waren. Die Einsicht in die verlorene Revolution und den Verlauf der Geschichte wird in *Das Eigentum* von einer Selbst-Versicherung des schriftstellerischen Ethos begleitet. Dieses stellt sich über die Relektüre des Werkes und das Beharren auf einem intertextuellen Schreibverfahren her: dem literarischen Gespräch mit den schon früher herangezogenen Klassikern, die aber nie in dem Sinne ‚Volkseigentum' geworden waren, wie Braun es sich gewünscht hätte. Die Auseinandersetzung mit dieser Tradition dient dazu, kritisch nach der gesell-

21 Weiß 1995, S. 154.

22 Volker Braun: Das Lehen. In: Ders.: Texte in zeitlicher Folge. Bd. 8. Frankfurt/M. 1992, S. 75.

23 Vgl. York-Gothart Mix: Volker Braun. In: Michael Opitz, Michael Hofmann (Hg.): Metzler Lexikon DDR-Literatur. Stuttgart, Weimar 2009, S. 49–52, hier S. 50.

schaftspolitischen Bedeutung von Literatur in der Gegenwart zu fragen. Die veränderten Verhältnisse machen eine Positionsveränderung nötig, die das Gedicht am Ende formuliert: Der Sprecher teilt seine Einsichten einem Publikum mit, weiß aber nun, dass er keinesfalls stellvertretend für es spricht. Die Literaturkonzeption bleibt eine engagierte, insofern sich auch dieses Gedicht als polemisches Instrument zur Zeitdiagnose bewährt. Braun unternimmt in seiner lyrischen Reflexion über Literatur und die ‚gewendeten' Verhältnisse eine Rettung seiner Überzeugungen und seines Gesamtwerkes, indem er erneut die Produktivität seines Verfahrens vor Augen führt. Das literarische ‚Bleiben' im Wiederlesen und Neuvertexten hilft, die Krisenerfahrung der ‚Wende' literarisch zu bearbeiten.

VI. Auswahlbibliographie

1. Katrin Bothe: Schreiben im Niemalsland. Beobachtungen zum Schreibprozeß Volker Brauns. In: Weimarer Beiträge 46 (2000), S. 430–453.
2. Hans-Jochen Marquardt: Mit dem Kopf durch die Wende. Zu Volker Brauns Gedicht *Das Eigentum*. In: Acta Germanica 22 (1994), S. 115–130.
3. Dieter Schlenstedt: Ein Gedicht als Provokation. In: neue deutsche literatur 40 (1992), Nr. 12, S. 124–132.
4. Christoph Weiß: „Sei du, Gesang, mein freundlich Asyl!" Vorläufiger Versuch, die Lektüre von Volker Brauns Gedicht *Das Eigentum* zu erschweren. In: Reiner Marx, Christoph Weiß (Hg.): ‚Wir wissen ja nicht, was gilt'. Interpretationen zur deutschsprachigen Lyrik des 20. Jahrhunderts. St. Ingbert [2]1995, S. 150–161.

Wolfgang Hilbig (1941–2007): Saturnische Ellipsen

von Michael Neumann

I. Gedicht

Saturnische Ellipsen

Das ist die Stadt die ich nicht mehr verlassen kann ...
dies der Sonnabend den ich versäumte wie die Tage zuvor
und die Tage darauf: in meiner Vergangenheit
die ich versäumt habe
          ich saß gehetzt in den Cafés herum
bei Nacht das kalte Wasser in der Faust: ich kannte
nicht die *Fortsetzung*
          Teilnehmer meiner selbst
in schmieriger Stadtluft da Nebel aus der Hitze troff
Autos staken fest im Mastdarm der Straße
Lichter zerfielen im brandigen Himmel.

Und sann auf die Zeit dort vor den Toren: im wüsten
Feld war ich allein und hörte schon die See
doch sah ich sie nicht und floh den Rand der unsichtbaren Klippen –
und dicht vorbei
          ritt etwas Unsichtbares durch das Gras
gerade als ich andre Verse in mir aufrief ...
(*Came we then to the bounds of deepest water* ...)

Ach meine Zeit ist um –
war schon vorbei als ich zum ersten Mal von ihr gehört –
kann nicht mehr fort aus dieser Stadt wo ich nie eintraf –
kein Rückweg mehr zum Bahnhof: der Rückweg ist verbraucht
der Bahnhof ist verbraucht: erstorben ist das Laub der Linden
da am Bahnhof: abgemacht die Klage abgemacht auch ich
verwirkt in meiner gottgewollten Art als Mann –
die Mannesjahre sind vergeudet und vertan
was diese Hände formten und der Zunder dieses Hirns
ist aufgegeben und verbrannt
          wie jener Wald
darin ich aufwuchs wie ein Tümpelkraut ...
O Herr was tat ich dir daß du nicht nimmst
den Fluch aus meinem Mund die Schmach von meiner Stirn:
zu lang schon schleift die dunkle Wolke ihren Wanst
mit ihrem trocknen Glimmen mir zu Häupten hin –
kein Wind kein kühler Tropfen aus der schwarzen Wolke
nur Brand der ohne Anmut brennt. Ein Spott
mein End gewirkt in meinen Anfang.

1

Was wars mit dieser Wolke was verbarg sie?
Die Kerzen löschten plötzlich aus... im Wind?
Waagrechter Rauch zieht von den Dochten ... welcher Atem
auf einmal der den toten Raum mit seinem Hauch berührt –
war da ein weißer Schein in dieser sternenlosen Nacht:
ein weißer Schatten aus den Wäldern die es nicht mehr gibt?
Aus einem Garten bei den Wäldern
darin das Mondlicht der Hortensien war ... wie Salz
von dem die Welle sich zurückzog?

Kam mir das weiße Salz der Wasser in den Sinn
schimmern am Strand nach jedem Atemzug der schwarzen See ...

Träumt ich dies hier: hier im Café das kalte trockne
Wasser in der Faust
        hier im strahlenden Geröll der Stadt
wo jeder Traum verbraucht und abgegolten ist
bezahlt wie greller Schund im Bahnhofskino ...

Die Linden kamen auf mich zu wie torkelnde Skelette
schlugen nach mir
        mit Qualm und aufgespießtem Unrat
und schwangen Zeitungsfetzen in den Krallen: *Prawda*
und *Berliner ... Saturday Evening Post ... Today*
und aus den Gossen dampfte Chlor. Ja, es war Samstag
dies schien nicht zu leugnen
        sonst aber mied ich jede Denkbewegung
die auf Wirklichkeit und Evidenz bestand ...
In aller Herren Länder stand der Samstag auf der Kippe
oder war gerade hin: die Kellner hoben spitz wie Kirchenmäuse
die Nasen schnuppernd und sie zählten weiter ihre roten Heller
als es vorbei war und die Kerzen wieder brannten.
Mir ward kein letztes Glas vergönnt ich ging davon wie Parzival
der nichts von seiner Herkunft weiß und nicht die rechte Frage
stellt im offenbaren Reich voll Siechtum und Gestank.

Ach meine Zeit ist um ...
        Es war noch nicht bedacht
da wars schon kein Gedanke mehr: wie eine gluterfüllte Wolke
das Gras versengte draußen vor den Toren
        und wie ein Reiter
unsichtbar hervorritt aus der dunklen trocknen Wolke
gefolgt von einer Meute weißer Hunde.
In einer Samstagnacht: in der Nacht des Saturn ...
Came we then to the bounds of deepest water
To the Kimmerian lands and unpeopled cities ...

Und alle Zeit ging ein in jene Wolke
schwand hin im Wolkenschatten den Saturn auf mich geworfen.

2

O Herr was suchten mich die alten Götter heim?
Die lange schon entmachteten Gestalten: was sahn sie vor für mich
in jenen Zeiten vor der Zeit und was an Jahren
war für mich errechnet?
        Die Jahre sind an mir vorbei ...
Es bleibt mir nur der Einen zu gedenken:
an *dich* zu denken die mit mir dort draußen war ...

In einer Nacht da wir beisammen saßen in dem Garten?
Dies träumt ich oft (und fühlte deinen Ring am Finger) –
im Apfelbaumgeäst verspann sich Nebel
dann schwankte leis ein Zweig ...
was hob sich auf von diesem Zweig: ein großer Vogel
einer weit entlegnen Welt Erscheinung
        Spuk der Vergangenheit –
ich bild mir das nur ein: ein Apfel fiel herab –
und dennoch fuhren Flügel durch die Nacht davon
rhythmisches Rauschen
        wie Wellengang der sich entfernte?
Aus meinem Hirn flog es davon aus meinem Herzen
und aus meiner federleichten Hand.

Und Jahr auf Jahr ging hin seitdem er fiel
und seitdem fällt der Apfel in das Gras ...
ich hör ihn fallen über mir
        ich hör es wie ein Glück
das fällt und immer wieder fällt –
es ist ein Klopfen oder Schreiten wie von Schritten
zwischen denen lange Jahre sind
Schritte von Jahren über mir
        Jahre die Rauschen wie die See
(und wie ein Vers von dem ich nicht den Fortgang weiß:
So came we then to the bounds of deepest water ...)
und von mir blieb ein träumend Salz von dem die Welle
einatmend sich zurückzieht: ausatmend wiederkehrt.

Wolfgang Hilbig: Bilder vom Erzählen. Gedichte. Frankfurt/M. 2001, S. 19–23.

II. Das Gedicht als Reflexionsinstanz

In seinem Langgedicht *Saturnische Ellipsen*, datiert auf das Jahr 2001 und zuerst erschienen in dem Gedichtband *Bilder vom Erzählen*, erprobt Wolfgang Hilbig einen biographisch grundierten Zugriff auf das Metaphernreservoir der klassischen Moderne; dieser Gestus eignet fast allen seinen Gedichten. Er zeigt Hilbigs Literatur als autodidaktisch erzeugten – und deswegen ganz und gar unironischen – Resonanzraum lyrischer Formen und sprachlicher Bilder,[1] die aus einer Situation des historischen Danach aufgerufen werden. Im Bewusstsein um diese temporale Figuration evozieren sie seitens des lyrischen Ichs ein Pathos mangelnder Präsenz;[2] aus der Abwesenheit von Größe oder seinserfüllter Gegenwart resultiert ein Leiden an der Zeit, das sich als ästhetische Trauer artikuliert (und nicht mit dem philosophischen Nihilismus verwechselt werden darf).[3] Karl Heinz Bohrer, der diesem Zusammenhang zahlreiche einflussreiche Studien widmete, konstatiert angesichts der literaturhistorisch immer wieder relevanten ‚Ästhetischen Negativität', dass sie innerhalb der maßgeblichen Literatur eine „melancholische Sprachlichkeit" hervortreibe, die in ihren Elementen, in „Metaphorik und Grammatik", unmittelbare Folge der „Negativität [...] als Bewußtsein von verschwindender Präsenz" sei.[4] „Ästhetische Negativität", so Bohrer, sei ein Modus literarischer Ausdrucksweisen, der anstelle von „Zeitekel und Epochenmelancholie" die „Strukur von Bewußtseins-Zeit und ihr[er] imaginären Darstellung" ins poetologische Zentrum rücke.[5] Für die Lektüre von Hilbigs Gedicht, das aufgrund seiner intertextuellen Verweise im Horizont dieser poetologischen Auffassung verortet werden muss, ergibt sich daraus die Möglichkeit, die Aktualisierung semantischer Sinneinheiten ästhetischer Negativität nach inhärenten Begründungsmustern zu befragen; in ihnen erschließt sich, was als Möglichkeit der Literatur selbst apostrophiert werden kann, nämlich Reflexionsinstanz jenes Orts in der Welt zu sein, den das Ich einzunehmen gezwungen ist, wenn es sich zur Geschichte sowohl seiner selbst als auch des Textes, in dem es sich zu erkennen gibt, verhält. Die intertextuellen Relationen zwischen Hilbigs Gedicht und den anzitierten Texten der klassischen Moderne, insbesondere denen Gottfried Benns, Charles Baudelaires und Ezra Pounds, werden dementsprechend nicht einfachhin zur Adaption von Bedeutungen oder pathetischen Gesten genutzt, sondern vielmehr zur Distanzierung und Brechung des auktorialen Selbstbewusstseins: „So viel der Guten hab ich überlebt [...] / [...] / so viele Todesstunden überstand ich und aus keiner / hinterblieb ich weise / niemals lernt ich draus auf meiner Bahn", heißt es in Hilbigs Gedicht *Der Zufall. Gedicht zu meinem 60. Geburtstag.*[6] Der Dichter setzt sich zur Vergangenheit in ein Verhältnis, das Selbstzweifel und

---

1 Vgl. Eckart 2007.

2 Allgemein dazu: Ulrich Port: Pathosformeln. Die Tragödie und die Geschichte exaltierter Affekte. München 2005, hierzu bes. S. 200–205.

3 Vgl. Ludger Heidbrink: Melancholie und Moderne. Zur Kritik der historischen Verzweiflung. München 1994; sowie: Ders. (Hg.): Entzauberte Zeit. Der melancholische Geist der Moderne. München, Wien 1997.

4 Karl Heinz Bohrer: Ästhetik der Negativität. München 2002, S. 297, S. 7.

5 Ebd., S. 11.

6 Wolfgang Hilbig: Der Zufall. Gedicht zu meinem 60. Geburtstag. In: Ders.: Bilder vom Erzählen. Frankfurt/M. 2001, S. 57.

Einsamkeit bedeutet; beide sind Folgen einer Kontingenz, die dem Individuum Geschichte nicht als Erfahrungsraum, sondern vielmehr als Verhängnis erscheinen lässt, das aus der Korrelation von kanonischer Vergangenheit, Gegenwart und „Bewußtseins-Zeit" geradezu notwendig resultiert.

Johann Heinrich Füssli hat diese Konstellation in seiner Zeichnung *Der Künstler verzweifelnd vor der Größe der antiken Trümmer* (1778–1880, Kunsthaus Zürich) als eine Inszenierung über einem dunklen Abgrund kontingenter Fügungen interpretiert, die in verblüffender Weise dem Bild ähnelt, das Hilbig vom Dichter gibt. Bildraum und Textraum sind Foren defizitärer Erfahrungen, die nur dort transzendiert werden, wo der Leser der Spur der Gesten folgt; Pathos und Inszenierung erlauben es, den Blick von der Leere abzuwenden, die im Rücken des Bildes ebenso droht wie in der Gegenwart des Dichters. In Füsslis Zeichnung erscheint der Vordergrund mit Künstler und antiken Trümmern wie ein Vorhang, auf dem das Schauspiel der Verzweiflung gegeben wird; in Hilbigs Gedicht sind es die intertextuellen Versatzstücke, mit denen das lyrische Ich sich umgibt, um der leeren Zeit jenen „erfüllten Augenblick" abzugewinnen, in dem die Synchronisation von Weltzeit und Eigenzeit als Offenbarung des Sinns erscheinen kann.[7] Neben die intertextuellen Bezüge und eine Lesart, die – mit Bohrer – den Anspruch des Gedichts in seiner Zeit ernst zu nehmen versucht, tritt mithin eine intermedial vermittelte Tradition, die über Motivreihen organisiert ist und die Wirksamkeit eines Grundbestands imaginärer Formen der Wirklichkeitsauffassung an deren Aktualisierung erweist. Das Jetzt der Niederschrift erhält dadurch einen zeitlichen Index, dessen semantische Implikationen die Gedichte Hilbigs ausbuchstabieren, um die bloße Gegenwärtigkeit des Ichs als einen Modus des Bewusstseins zu erweisen, der nur als Akt der Ausblendung vorstellbar ist.[8] Kulturkritik ist das freilich nur im Sinne jener „Kritik der Kultur", die der Philosoph Ralf Konersmann in einer kantianischen Pointe akzentuiert: „Generell gilt, dass Kulturen ihre Reflexionsinstanzen ausbilden und damit die Möglichkeit gewinnen, das Erscheinungsbild ihrer Zustände und Einrichtungen kritisch – das heißt sowohl unterscheidend und verstehend als auch wertend und urteilend – in den Blick zu nehmen."[9]

In den *Saturnischen Ellipsen* wird diese Konfiguration, für deren Adaption es aufgrund ihres wahrnehmungsgeschichtlichen Hintergrunds von zentraler Bedeutung ist, dass sie ihren eigenen point of view in einem Akt autoreflexiver Natur in Rechnung stellt, mit einem Faszinationstopos verbunden, der die ideenge-

7 Vgl. dazu Hans Ulrich Gumbrecht: Diesseits der Hermeneutik. Die Produktion von Präsenz. Frankfurt/M. 2004.

8 Vgl. dazu auch Jan Urbich: *Operative Zeit.* Bemerkungen zur Situation moderner Lyrik zwischen Authentizität und Polyphonie – am Beispiel Hölderlins. In: Jan Röhnert, Jan Volker (Hg.): Authentizität und Polyphonie. Beiträge zur deutschen und polnischen Lyrik seit 1945. [Festschrift für Gerhard Kaiser zum 65. Geburtstag]. Heidelberg 2008, S. 15–32.

9 Ralf Konersmann: Das kulturkritische Paradox. In: Ders.: (Hg.): Kulturkritik. Reflexionen in der veränderten Welt. Leipzig 2001, S. 9–37, hier S. 18 f.

schichtlichen Dispositionen von Albrecht Dürers *Melencolia I* ebenso anreißt wie die mathematisch-astronomisch fundierte Semantik einer naturgesetzlich vorgeschriebenen „Bahn". Als poetologische Metapher und Modell der Beschreibung des Lebenswegs dichterischer Subjekte darf die „Bahn" spätestens seit Hölderlins *Hyperion* gelten;[10] im Zeichen der *Saturnischen Ellipsen* sind mithin Notwendigkeit, Abwesenheit und unerfüllbare Sehnsucht vereint. Die entsprechende frühneuzeitliche Kulturgeschichte haben Raymond Klibansky, Erwin Panofsky und Fritz Saxl in ihrem Buch *Saturn and melancholy* erzählt.[11] Hilbigs Gedicht offeriert also bereits im Titel den Nachvollzug einer Bewegung, die zwischen Nähe und Ferne, Sichtbarkeit und Unsichtbarkeit sowie Anwesenheit und Abwesenheit unterscheiden lässt; es stellt diese Bewegung darüber hinaus in den Horizont eines Abschieds, der vergangene Hoffnungen und gelebtes Leben gleichermaßen umfasst. Demgemäß setzt die erste Zeile mit einer raumzeitlichen Selbstverortung ein, die zugleich unwiderruflich vergangene Möglichkeiten miterzählt: „Das ist die Stadt die ich nicht verlassen kann ... / dies der Sonnabend den ich versäumte wie die Tage zuvor / und die Tage darauf: in meiner Vergangenheit / die ich versäumt habe" (V. 1–4). Die Identität des lyrischen Ichs konstituiert sich durch Negationen und Verweigerungen; sie zeigt die „Bilder vom Erzählen" als Verfehlungen des ‚Sinns der Geschichte'.[12] Im Rekurs auf Günter Eichs Gedicht *Inventur*,[13] dessen – um eine Prägung Gerhard Kaisers aufzugreifen – „Poetologie am Nullpunkt" ebenfalls mit deiktischen Gesten zur Selbstvergewisserung des Subjekts einsetzt,[14] lässt Hilbig jene Deiktika, denen es obliegt, Koordinaten räumlicher und zeitlicher Gewissheit zu erzeugen, ins Leere laufen.[15] Der anaphorische Effekt der ins Leere gehenden Geste trifft weder auf einen zeitlich voranstehenden Anhaltspunkt, ein alles erklärendes Geschehen in der Vergangenheit, noch – gleichsam im Sinne des Zeitbegriffs in den *Bekenntnissen* des Augustinus, die die Zeit von ihrer Überwindung her denken – auf eine erfüllte Zeit jenseits der Gegenwart. Die Versäumnisse und verpassten Gelegenheiten spiegeln sich ineinander und die „Inventur" Hilbigs findet keinen fixen Punkt auf den „Ellipsen"; sie führt in jenes „Labyrinth der Deutung", als das Hartmut Böhme Dürers Stich bezeichnet hat.[16] Anders als bei Eich, der auf die Deiktika Possessivpronomen und die entsprechenden Dinge folgen lässt („Dies ist meine Mütze / dies ist mein Mantel, /

10 Vgl. Alexander Honold: Hölderlins Kalender. Astronomie und Revolution um 1800. Berlin 2005.

11 Raymond Klibansky, Erwin Panofsky, Fritz Saxl: Saturn and melancholy. Studies in the history of natural philosophy, religion and art. London 1964.

12 Jörn Rüsen: Zerbrechende Zeit. Über den Sinn der Geschichte. Weimar, Köln u. a. 2001.

13 Günter Eich: Inventur. In: Ders.: Gesammelte Werke. Revidierte Ausgabe. 4 Bde. Hg. v. Axel Vieregg. Frankfurt/M. 1991, Bd. 1, S. 35 f.

14 Gerhard Kaiser: Günter Eich: *Inventur*. Poetologie am Nullpunkt. In: Ders.: Spätlese. Beiträge zur Theologie, Literaturwissenschaft und Geistesgeschichte. Tübingen 2008, S. 370–386.

15 In wissenschaftshistorischer Perspektive dazu: Marcel Lepper: Bühlers Phantasma. In: Heike Gfrereis, Marcel Lepper (Hg.): deixis – Vom Denken mit dem Zeigefinger. Göttingen 2007, S. 170–180.

16 Hartmut Böhme: Albrecht Dürer, Melencolia I. Frankfurt/M. 1997.

hier mein Rasierzeug" usw.), ist die Umgebung Hilbigs eine des Durchgangs und der Unschärfe. Die Dinge um ihn herum konstituieren kein stabiles Bezugssystem; sie weisen in ihrer Unschärfe auf einen Anfang zurück, der selbst in permanenter Bewegung ist. Hilbigs „Nullpunkt" gestattet keinen Neubeginn, der durch die Benennung von Dingen oder Personen Wirklichkeit stiftet. Weder wird die Stadt zum Raum der Lektüre von Erinnerungen und Geschichten noch die Gegenwart zu einer Zeit des Neuanfangs am Beginn des neuen Jahrtausends.

Nach der Exposition des Ichs am Rand von Raum und Geschichte wird dessen „Bahn" in wenigen entscheidenden Momentaufnahmen wiedergegeben, um die Totalität des inszenierten Entzugs in der anfänglichen Selbstverortung mit historischer Tiefenschärfe zu versehen. Indes ist es wichtig, auch hier den spezifischen Zugriff Hilbigs auf intertextuelle Bestände im Auge zu behalten. Denn die Geschichte des lyrischen Ichs wird nicht als Entwurf authentischer Szenen einer Biographie vorgestellt, sondern als Inventar topischer Szenen und Gesten, die ebenso aus dem Bildbezirk der Melancholie wie aus dem Metaphernreservoir der Moderne herrühren.[17] Sie stellen dadurch vor allem die Frage nach der ‚Natur' des Ichs, die offenbar in Texten und Bildern gründet, denen die Wirklichkeit mimetischer oder realistischer Abbildungsverhältnisse niemals zur Verfügung stand. Die natürliche Disposition zu einem melancholischen Temperament hatte Robert Burton in seiner *Anatomy of Melancholy* in unmittelbarer Abhängigkeit vom Saturn postuliert. Das Gedicht verweist dort auf die astrologische Tradition, Schicksal und Lebenszeit aus der Sternenkonstellation zu deduzieren, wo es die Berechnung der Lebensdauer als Kulturtechnik einer Vergangenheit beschreibt, in der die „Götter", die „lang schon entmachteten Gestalten" (V. 82 f.), einer Privatmythologie einverleibt werden: „was sahn sie vor für mich / in jenen Zeiten vor der Zeit und was an Jahren / war für mich errechnet?" (V. 83 ff.). Die Frage nach dem eigenen Ursprung richtet sich von Anfang an auf die imaginäre Einrichtung der Welt.

---

[17] Vgl. dazu Stephan Pabst: Hilbig/Odysseus. Lyrik als zirkuläre Mythologie. In: Röhnert, Volker (Hg.) 2008, S. 269–283.

III. „Rhythmisches Rauschen". Das Gedicht zwischen Stimme und Bewegung

Hilbigs Frage ist von existentieller Dringlichkeit: Sie illustriert die Suche nach einem Grund in einer Zeit, die vom Ausklang der ‚großen Erzählungen' (François Lyotard) und dem ‚Ende der Geschichte' (Francis Fukuyama) sprach. Und sie fragt nach dem eigenen Ort in der Geschichte der Literatur selbst. Denn Hilbig entstammt einem Land, in welchem das Provokationspotential der Moderne aufgrund der restriktiven kulturpolitischen Rahmenbedingungen nahezu ein halbes Jahrhundert lang konserviert werden konnte.[18] Das Pathos der Melancholie stand den didaktischen Prämissen des ‚sozialistischen Realismus' diametral entgegen.[19] In den 1990er Jahren ging diese Differenz verloren. Der Rückblick auf die eigene „Bahn", der Tradition und Intertextualität in ein Spannungsverhältnis setzt, reagiert auf diese historische Situation und konfrontiert sie mit Bildern der Vergeblichkeit und Selbstauflösung. Bereits in der ersten Strophe markiert der Tempuswechsel eine Blickwendung aus der Gegenwart heraus (V. 1 f.); der Stadtraum wird zugunsten der Imagination dessen, was in diesem Punkt auf der Zeitachse an Erinnerungen, Phantasmen und Texten zusammentrifft, verlassen. Der Aufenthalt im Café (neben Kino und Bahnhof einer der topischen Räume transitorischen Daseins in der Moderne[20]) bildet den unscharfen Ausgangspunkt für imaginäre Expeditionen, in denen die eigene Vergangenheit mit Bildern und Metaphern fremder Provenienz unauflöslich verwoben ist. Die Übergänge zwischen beiden werden durch semantische Überschneidungen und Analogien gestaltet. Das Kontinuum erzählten Lebens weicht der Logik der Bilder: „ich saß gehetzt in den Cafés herum / bei Nacht das kalte Wasser in der Faust: ich kannte / nicht die *Fortsetzung* / Teilnehmer meiner selbst / in schmieriger Stadtluft" (V. 5–9). Aus dieser Lage, in der Vergangenheit und Gegenwart eins sind, führt eine „Denkbewegung" (V. 61), die hinaus und zugleich zurück leitet: „Und sann auf die Zeit dort vor den Toren" (V. 12). Indes bleiben auch hier die Saturnischen Ellipsen das strukturgebende Prinzip, denn die Bewegung, die an „die See", „den Rand der unsichtbaren Klippen" und den „Wald / darin ich aufwuchs wie ein Tümpelkraut" (V. 29 f.), führt, wird immer wieder auf die „Bahn" gezwungen: „kann nicht mehr fort aus dieser Stadt wo ich nie eintraf –" (V. 21). Und: „Ein Spott / mein End gewirkt in meinen Anfang" (V. 36 f.). Die Erinnerungen an die „Bahn" betreffen Orte, Jahre und eine Frau, „die mit mir dort draußen war ..." (V. 88), nämlich „vor den Toren" der Stadt, dem exzentrischsten Punkt der melancholischen „Bahn". Mit der Erinnerung an ihn öffnet sich schließlich im zweiten Teil des Gedichts das Bild des Gartens, bevor am Schluss die verschiedenen

[18] Vgl. Wolfgang Emmerich: Kleine Literaturgeschichte der DDR. Leipzig 1997, S. 396–434.

[19] Sylvie Marie Bordaux: Literatur als Subversion. Eine Untersuchung des Prosawerkes von Wolfgang Hilbig. Göttingen 2000; Paul Cooke: Speaking the taboo. A study of the work of Wolfgang Hilbig. Amsterdam u. a. 2000.

[20] Alexa Geisthövel, Habbo Knoch (Hg.): Orte der Moderne. Erfahrungswelten im 19. und 20. Jahrhundert. Frankfurt/M. 2005.

intertextuell erschlossenen Ebenen synchronisiert und in einer Sentenz zusammengeführt werden, in der Stimme, Bewegung und Sinn im Bild jener „See" vereint sind, auf die bereits Dürer seinen Engel blicken lässt.

Der Garten, paradiesischer Ort der Identität mit sich selbst und den Dingen, ist auch der Ort des Sündenfalls. In Hilbigs Variation folgt auf die Begegnung von Mann und Frau, die auch den Wendepunkt der „Bahn" markiert, die Entfernung eines „große[n] Vogel[s] / einer weit entlegnen Welt Erscheinung / Spuk der Vergangenheit" (V. 93 ff.), bevor – vermittelt durch einen in seiner semantischen Mehrfachcodierung geradezu kleistischen Gedankenstrich – die Zeitebenen gewechselt werden und das lyrische Ich auf die imaginären Voraussetzungen des Erinnerns und Vergegenwärtigens abhebt: „ich bild mir das nur ein: ein Apfel fiel herab – / und dennoch fuhren Flügel durch die Nacht davon / rhythmisches Rauschen / wie Wellengang der sich entfernte" (V. 96–99). Tatsächlich ist die Entfernung des Engels aus der Welt mit Newtons Urszene verbunden: Der Fall des Apfels soll Newton auf die Formulierung der physikalischen Fallgesetze gebracht haben, er hat aber auch eine eigene Geschichte, die sich nur dann erschließt, wenn man den Fall auch als Fall durch die Zeiten begreift, als „Denkbewegung", die nicht „auf Wirklichkeit und Evidenz [besteht]" (V. 62), sondern stattdessen die historische Semantik vermeintlich eindeutiger Konstellationen als Bildfolge zu realisieren versteht. Das Gedicht ist dazu in der Lage, auch dort, wo Medium und Versprechen eines außerzeitlichen Sinngefüges, der Engel,[21] sich allmählich entfernt; es vollführt kulturhistorische Schleifen und produziert ein „rhythmisches Rauschen", in dem ein Echo des Anfangs und des Sinns gehört werden kann: „Und Jahr auf Jahr ging hin seitdem er fiel / und seitdem fällt der Apfel in das Gras... / ich hör ihn fallen über mir / ich hör es wie ein Glück / das fällt und immer wieder fällt – es ist ein Klopfen oder Schreiten wie von Schritten / zwischen denen lange Jahre sind / Schritte von Jahren über mir / Jahre die rauschen wie die See / [...] / und von mir blieb ein träumend Salz von dem die Welle / einatmend sich zurückzieht: ausatmend wiederkehrt" (V. 102–114). Die Naturgesetze der Schwerkraft setzen sich nicht einfach an die Stelle des Engels; dessen Entfernung bleibt als Fall in Erinnerung, sein „rhythmisches Rauschen" vernehmbar als semantische Aufgabe, die das Gedicht auch dem Leser stellt. Im Rauschen liegt eine Botschaft verborgen, die sich dem öffnet, der den Weg des Gedichts nachvollzieht; die Offenbarung von Sinn verschiebt Hilbig in den Bereich einer Ahnung, die die Arbeit der Lektüre voraussetzt; die Apostrophierung des lyrischen Ichs, das sich als „ein träumend Salz" denkt, als Rückstand und Substrat dessen, was von der Bewegung auf den „Saturnischen Ellipsen" übrig bleibt, zeigt Hilbigs ungebrochenen Glauben an deren Notwendigkeit, sie ist nichts anderes als jenes Vertrauen einer Stiftung des Bleibenden, die schon Hölderlin der „Bahn" zumutete.

---

21 Zur Bedeutung von Walter Benjamins „Engel der Geschichte", der sich hier auch aufgerufen findet, im Kontext ostdeutscher Literatur vgl. Michael Opitz (Hg.): Aber ein Sturm weht vom Paradiese her. Texte zu Walter Benjamin. Leipzig 1992.

IV. Auswahlbibliographie

1. Heinz Ludwig Arnold (Hg.): text und kritik 123: Wolfgang Hilbig. München 1994.
2. Gabriele Eckart: Der „Arbeiterschriftsteller" Wolfgang Hilbig. Ein Skandal im Arbeiter- und Bauernstaat der DDR. In: Stefan Neuhaus (Hg.): Literatur als Skandal. Fälle – Funktionen – Folgen. Göttingen 2007, S. 534–540.
3. Karen Lohse: Wolfgang Hilbig. Eine motivische Biographie. Leipzig 2008.
4. Uwe Wittstock (Hg.): Wolfgang Hilbig. Materialien zu Leben und Werk. Frankfurt/M. 1994.

Thomas Kling (1957–2005): RATINGER HOF, ZETTBEH (3)

von Heinrich Kaulen

I. Gedicht

RATINGER HOF, ZETTBEH (3)

„o nacht! ich nahm schon
flugbenzin . .“

nachtperformance, leberschäden,
schrille klausur
HIER KÖNNEN SIE
ANITA BERBER/VALESKA GERT BESICHTIGEN
MEINE HERRN . . KANN ABER INS AUGE GEHN
stimmts outfit? das ist dein auftritt!
schummrige westkurve (»um entscheidende
millimeter geschlagen«)
gekeckerte -fetzen
„süße öhrchen“, ohrläppchen metallverschraubt
beschädigtes leder, monturen, blitze
beschläge, fischgrät im parallel-
geschiebe; sich überschlagendes, -lapp
endes keckern („gestern dä lappn wech“);
unser sprachfraß echt junkfood, echt
verderbliche ware; „süße öhrchen“, wir
stülpen unsere mäuler um JETZT mit der
(kühlschrank)nase flügeln (yachtinstinkt,
„paar lines gezogn“); nebenbei erklärter
maßen blitzkrieg/blickfick (JETZT LÄC
HELN!); havarierte augenpaare (schwer
geädert), „man sieht sich“, kiesel im
geschiebe, man sieht nichts aber: über
gabe/rüberreichen von telefonnummern
(JETZT LECKEN!)
DAS HAARREGISTER: bei
steiler fülle, grannig gestylt, hoch
gesprühter edelwust, fiftyfifty,
gesperberte fönung, cherokeegerädert,
barbieverpuppung, teddysteiff, „sekthell
ihr busch“, weekend-allonge, Yves-Klein-blau,
pechschwanz, schläfenraster, freigelegte
schädeldecke, „um entscheidende millimeter

geschlagen!"
                        (von der kette
gelassen; bereit, zeitig, zum sprung;
zum absprung bereit, die jungens: paar
kanaken plattmachn, gefletschte pupillen,
panzerglasig; vollgestopft mit guten
pillen werden sie dann unter vorrückende
tanks gejagt, „haste ma ne mark für taxi");
gerädert, bei steiler fülle, OP-bläue,
pechschwanz, schädelraster, ums ganze
haarregister laberschäden; sicherheit ja
die einzige ja: UM FÜNF WIRD HIER
DAS LICHT ANGEHN . . DAS VOLLE LICHT . .
AUFTRITT VON PHANTOMSCHMERZEN . . UND
ANGST DAS KALTE LAKEN

Thomas Kling: geschmacksverstärker. Gedichte 1985–1988. Frankfurt/M. 1989, S. 9 f.

II. Stellenkommentar

Ratinger Hof: Legendäres Szenelokal am Rand der Düsseldorfer Altstadt; bis in die frühen 1980er Jahre Treffpunkt der Punk- und Künstler-Szene.

„O nacht! ich nahm schon / flugbenzin..": Vgl. Gottfried Benns Drogengedicht „O Nacht –:" (Erstdruck: Die Aktion, 30.9.1916), dessen Anfangszeilen lauten: „O Nacht! Ich nahm schon Kokain, ... ". Auch an die Bemerkung von Georges Braque zu Picassos „Les Demoiselles d'Avignon" (1907) ist zu denken: so zu malen sei, als ob man Benzin trinken würde. In: Kubismus. Künstler Themen Werke. Ausstellungskatalog Josef-Haubrich-Kunsthalle. 1907–1920. Köln 1982, S. 48.

V. 4: ANITA BERBER/VALESKA GERT: Skandalumwitterte Tänzerinnen und Schauspielerinnen aus dem Berlin der 1920er Jahre; erfanden den Nackttanz bzw. den sog. Grotesktanz. Ein berühmtes Bild von Otto Dix zeigt Anita Berber (1899-1928) 1925 als von Drogen gezeichnete femme fatale.

V. 7: westkurve: Sportjargon: Westtribüne in einem Stadion.

V. 12: fischgrät: Das gleichnamige Stoffmuster, etwa bei Mänteln, hier metonymisch für seine – mutmaßlich wohlhabenderen – Träger/innen.

V. 14: »gestern dä lappn wech«: Dialektal (niederrheinisch): gestern den Führerschein abgegeben.

V. 18: flügeln: Jägersprache: einem Vogel in die Flügel schießen, so dass die Beute nicht mehr entkommen kann.

V. 19: »paar lines gezogn«: Konsum von Kokain, das in Linien ausgelegt und durch die Nase inhaliert wird.

V. 27: grannig: Hochstehend und widerborstig wie eine Ährenborste (Granne).

V. 27: gesperberte: Wortspiel: eine ‚gesperberte Tönung' zeigt Farbnuancen wie ein Sperber; zugleich ist das geföhnte Haar so ‚aufgeplustert' wie dessen Gefieder.

V. 29: cherokeegerädert: Nach dem nordamerikanischen Indianerstamm und dem gleichnamigen Jeep der Automarke Chrysler.

V. 31: weekend-allonge: Die Allongeperücke (frz.) ist die bei Hof getragene Riesenperücke des 17. Jahrhunderts.

V. 31: Yves-Klein-blau: Frz. Künstler der Moderne, bekannt für seine blauen Objekte und Monochrombilder.

V. 38: kanaken: Fremdenfeindlich für: Ausländer.

III. Zur Bedeutung des Autors – Interpretationsansatz

Das Gedicht *Ratinger Hof, Zettbeh (3)* von Thomas Kling (1957–2005) eröffnet den Gedichtband *geschmacksverstärker* von 1989, den ersten bei Suhrkamp publizierten Lyrikband des Dichters, nachdem zwei Gedichtbände zuvor (1977/1986) in kleineren Düsseldorfer Verlagen erschienen waren. Kling trat mit seinen Gedichten seit 1983 bei Performances auf, die er oft gemeinsam mit dem Schlagzeuger Frank Köllges gestaltete, unter anderem auch im Ratinger Hof, zu dessen Besuchern er jahrelang zählte.[1] Dennoch lässt sich über die Wirkung des Gedichts bei den zeitgenössischen Lesern aus der Retrospektive nicht viel mehr sagen, als dass der Band aufgrund seines Erscheinungsortes in den Feuilletons etwas mehr Beachtung gefunden hat als seine Vorgänger; immerhin erschienen vier Rezensionen in führenden überregionalen Zeitungen.[2] Die danach bis zu Klings viel zu frühem Tod in dichter Folge erscheinenden Bände wurden von der Literaturkritik sämtlich aufmerksam registriert. Seit Ende der 1980er Jahre häuften sich die Preise und Auszeichnungen. Der Lyriker war bei Publikum und Kritik ‚durchgesetzt' und die Kanonisierung in der Literaturwissenschaft nur noch eine Frage der Zeit.

Die folgende Interpretation geht von der scheinbar eindeutigen Referenz auf die außertextuelle Wirklichkeit aus, die für das vorliegende Gedicht aus der Perspektive eines mimetischen Literaturkonzepts charakteristisch ist, und problematisiert diesen unmittelbaren Zugriff als eindimensionale Reduktion des Textes und der ihm zugrunde liegenden Poetologie. Das Gedicht ist nicht als bloße Mimesis einer außerliterarischen Realität zu verstehen, sondern als artifizielle Konstruktion eines zeitspezifischen Diskurses mittels der Dekonstruktion sprachlicher Konventionen und der Montage disparater Fragmente der Wirklichkeit – poetische Verfahrensweisen, die sich aus den Sprachexperimenten der literarischen Avantgarde seit dem Anfang des 20. Jahrhunderts speisen und diese auf originäre Weise sowohl fortführen als auch erneuern.

IV. Inszenierung einer literarischen Topographie

Vordergründig bleibt Kling mit diesem Gedicht seinem eigenen rheinischen Umfeld – er verbrachte seine Kindheit und Jugend in Düsseldorf – treu. Der Text ist, wie schon der Titel erkennen lässt, auf den ersten Blick als eine literarische Ortsbeschreibung, eine lyrische Topographie, angelegt, die auf eine scheinbar bis ins Detail exakt beobachtete Alltagswirklichkeit referiert und der Beschreibung eines

1 Zum biographischen Hintergrund vgl. Hubert Winkels: Der Stimmen Ordnung. Über Thomas Kling. Köln 2005, S. 32 f., 46 f. Nach Winkels besaß das Lokal damals den Status eines zentralen „Kreuzungspunkts von Revolte, Hedonismus und Kunst" (S. 33).

2 Vgl. Nicolai Riedel: Thomas Kling – Auswahlbibliografie 1977–1999. In: Arnold (Hg.) 2000, S. 117–120.

öffentlichen Ortes an der Schnittstelle von Subkultur und Alltagswelt samt dem ‚alternativen' Treiben eines sozial durchaus heterogen zusammengesetzten Publikums (aus Punks, Skins und Yuppies) gewidmet ist. Orte dieser Art haben mit ihrer Aura des Antibürgerlichen, Subversiven und Verbotenen seit den Nachtcafés und Varietés, die die Literaten des Expressionismus und der Neuen Sachlichkeit für sich entdeckten, immer wieder die Aufmerksamkeit der modernen Lyrik herausgefordert. Ein so traditionsbewusster Lyriker wie Kling kennt diese motivgeschichtliche Tradition. Er spielt, nicht nur mit dem von Gottfried Benn entlehnten Motto, an mehreren Stellen darauf an und beutet den Reiz des Spiels mit Lebensstilen, Selbstinszenierungs-Praktiken und Tabus, der mit der gewählten Szenerie verbunden ist, ästhetisch virtuos aus. Die Szenekneipe erscheint als „sexualisierter Ort der Posen, Umschlag- und Konsumplatz für bewusstseinssteigernde und -tilgende Substanzen, Laufsteg für Kleidungscodes, Schnittstelle brüchigster Kommunikationen."[3]

Dennoch verkennt das Gedicht, wer es auf die naturalistische Mimesis eines spezifischen kulturellen Milieus und der dort herrschenden Mentalitäten, auf Subjektiv-Erlebnishaftes oder gar, mit Blick auf die am Schluss zu findende Warnung vor einer offenbar zu allem bereiten Szene rechtsradikaler Skinheads und Schläger, auf eine gut gemeinte, eindimensionale Botschaft nach der Art eines sozialkritischen politischen Zeitgedichts verkürzen will. Zwar wird die Lokalität nach Auskunft des Titels („Zettbeh") anscheinend als Exemplum für eine „nachtperformance" (V. 1) und eine „schrille klausur" (V. 2) inszeniert, wie sie hier, aber genauso gut auch an vielen anderen Orten vonstattengehen könnten. Aber die Assoziation von Nacht, Traum, Drogenrausch und ästhetischer Phantasie ist schon im Motto dieses aus rhythmisch gegliederten Prosazeilen unterschiedlicher Länge collagierten Gedichts so ausgeprägt, dass sie jeden linearen Wirklichkeitsbezug transzendiert. Auch die Worte, mit denen ein Sprecher, der eher dem Ansager vor einer Jahrmarktbude als dem Türsteher vor einem Szenelokal ähnelt, den Auftritt von Anita Berber und Valeska Gert ankündigt (V. 3 ff.), weisen über die realistische Erwartungshaltung, die vom Titel geweckt wird, hinaus. Sie zielen nicht nur auf die durch Drogen herbeigeführte Ekstase der Tänzerinnen, die der Gast im Inneren möglicherweise zu sehen bekommt, und nehmen das schmerzhafte Erwachen am Schluss in der Art einer Vorausdeutung vorweg („KANN ABER INS AUGE GEHN"; V. 5), sondern öffnen die Tür zur Kunstwelt eines bizarren Panoptikums. Auf diese Weise lenken sie den Blick sowohl auf den Inszenierungscharakter als auch auf die spezifische Zeitdimension des Textes: Die Toten tanzen bei den grotesken Darbietungen auf dem Dancefloor mit. Der präzise lokalisierbare Szenetreffpunkt wandelt sich zu einem offenen Sprachraum, der jenseits der realistischen Momentaufnahme der Gegenwart für Personen, Stimmen und Wörter aus den unterschiedlichsten Räumen und Zeiten durchläs-

3 Norbert Hummelt: Kleiner Grenzverkehr. Thomas Kling als Dichter des Rheinlands. In: Arnold (Hg.) 2000, S. 24–37, hier S. 25.

sig wird; das Bewusste verbindet sich auf schwer zu trennende Weise mit dem Unbewussten, mit der Erfahrung körperlicher Entgrenzung, triebhafter Obsessionen und Gewaltphantasien; die traumhelle Vision der alltäglichen Wirklichkeit verschiebt sich, an der Schwelle von Tag und Nacht, zusehends zu einem surrealen, grotesk-düsteren Albtraum.

Wenn in diesem Gedicht, bei aller Konkretion der geschilderten visuellen und akustischen Wahrnehmungen, über die in ihm skizzierte Örtlichkeit hinaus etwas Allgemeines intendiert ist, dann nicht eine gesellschaftskritische Parabolik mit einer ausformulierbaren Lehre, sondern die Universalität einer mit literarischen Mitteln konstruierten Partitur vieldeutiger (sprachlicher und nicht-sprachlicher) Zeichen, Chiffren, Gesten, Erinnerungen und Zitate, die, im schillernden Niemandsland zwischen Gegenwart und Vergangenheit, Realität, Traum und poetischer Fiktion angesiedelt, zugleich an ganz konkrete Beobachtungen und Phänomene zurückgebunden bleibt. Trotz des erkennbaren Abstands zum politischen Zeitgedicht der 1960er Jahre und zum ästhetischen Minimalismus der darauf folgenden Alltagslyrik mögen diese künstlerisch arrangierten Sprachinstallationen, in einem erweiterten und sehr viel grundlegenderen Sinne, auch eine das Bewusstsein des Lesers schärfende und somit politische Wirkung haben, weil sie Strukturen von Macht und (männlich-patriarchalischer) Gewalt nicht jenseits der Sprache, sondern in dominanten Diskursformationen freizulegen vermögen.

V. Das Gedicht als Formexperiment und Sprachcollage

In der Kontinuität der Formexperimente der literarischen Moderne bricht Kling bewusst mit den Konventionen der Gattungsgeschichte. Tradierte Formelemente wie Strophen- und Versform, Metrum, Reim und Metaphorik, die in obsoleten substantialistischen Gattungsdefinitionen oft fälschlich als konstante Erkennungsmerkmale des ‚lyrischen Sprechens' angesehen werden, sind bis auf wenige Rudimente (wie etwa den Binnenreim „outfit" – „auftritt" in Vers 6) suspendiert. Es gibt auch kein als solches hervortretendes ‚lyrisches Ich'. An seine Stelle ist ein Sprecher getreten, der seine souveräne Position auf einer Metaebene über den geschilderten Personen und Vorgängen aufgibt, nicht mehr als individuelle Figur kenntlich wird und nach der Art eines teilnehmenden Beobachters lediglich registriert, was er um sich herum am Habitus und an den modischen Accessoires der übrigen Besucher wahrnehmen und in ihrem undurchdringlichen Stimmengewirr an Sprachfetzen aufnehmen kann. Die vielfältigen Stilsignale in Kleidung, Frisur oder Make-up, mit denen sich die Personen von anderen zu unterscheiden und als unverwechselbare Individuen zu inszenieren suchen, nutzt er als Mittel zur ironischen Dekouvrierung ihrer Selbstmaskerade. Indem er sie sprechen lässt, demaskieren sie mit ihrem „sprachfraß" (V. 15), dem oberflächlichen „junkfood" (V. 15) ihres Szenejargons und ihren kaum verhüllten „laberschäden" (V. 44) ungewollt ihr eigenes Inneres. Dabei führt der Verfasser ganz unterschiedliche und disparate Sprachebenen zusammen: wörtliche Zitate anonymer Herkunft (typographisch durch die Anführungszeichen als wörtliche Rede ausgewiesen und gelegentlich auch in Parenthesen gesetzt), die er im Dunkel der Nacht wie ein Echolot auffängt, ohne sie einem bestimmten identifizierbaren Sprecher eindeutig als Äußerung zuschreiben zu können; Versatzstücke aus Bildungstraditionen und dem Kulturbetrieb der zwanziger Jahre (Gottfried Benn, Anita Berber, Valeska Gert); Redewendungen und Floskeln aus regionalen Dialekten, Jugendsprache und Szeneslang, aber auch aus der Werbesprache, den Medien, aus Fachsprachen oder den Berichten von Sportereignissen. Der Lyriker wird zum Stimmenarrangeur, der mit dem Kunstmittel der Montage eines scheinbar authentischen Sprachmaterials aus der Simultaneität vieler Stimmen, Klänge und Eindrücke eine neue artifizielle Landschaft semantischer Zeichen generiert, die nur im Raum des Gedichts selbst existiert und, mag sie auch partiell auf konkreten Beobachtungen in der Realität beruhen, kraft der Eigendynamik ihres Codes und spezifischen ‚Sounds' jedenfalls weit mehr ist als nur das subjektive „Erfahrungskonzentrat des Autors".[4]

Neben das Kunstmittel der Collage, das auf die künstlerischen Avantgarden am Beginn des letzten Jahrhunderts – Kubismus, Dadaismus und Expressionismus – zurückverweist, tritt als weiteres Formelement die konsequente Dekonstruktion von Sprachelementen, die in der sprachexperimentellen Lyrik der Wiener Gruppe und bei Autoren wie Ernst Jandl, Friederike Mayröcker, Paul Celan oder Oskar Pastior eine lange Tradition hat. Kling operiert immer wieder mit Sprachspielen, die gegensätzliche semantische Felder vernetzen und damit beim Leser eine Vielzahl von Konnotationen und Assoziationen auslösen, ohne dass die auf solche Weise konstruierte Polyvalenz des Sinns noch eindeutig zu fixieren oder autoritativ auf eine bestimmte hermeneutische Lesart festzulegen wäre. So verkoppelt etwa das Wort „yachtinstinkt" (V. 18) das Motiv der (männlichen) Jagd mit der ‚Schickimicki-Welt' des Düsseldorfer Yachtclubs und dem Konsum von Kokain. Das Wortspiel „blitzkrieg/blickfick" (V. 20) verbindet über den phonetischen Gleichklang durch semantische Verschiebungen die scheinbar harmlose Partywelt im Ratinger Hof mit den Traumata der deutschen Geschichte und führt dabei vielerlei zusammen: „deutsche Aggression, Blickflirt, sexuelle Eroberung, sexuelle Ersatzhandlung – ein Partymoment auf einen komplexen kurzen Nenner gebracht."[5] Wird der besitzergreifende Blick auf das potentielle Lustobjekt hier mit der kriegerischen Aggression in den Anfangsphasen des Zweiten Weltkriegs parallelisiert, soll also auf die konflikthaltige Spannung von Sexualität und Gewalt, die an diesem Ort herrscht, verwiesen werden, oder soll vielmehr auf den abrupten Wechsel von Streit und Begehren, Nähe und Distanz als Muster moderner Kurzzeitbeziehungen angespielt werden? Offene Fragen dieser Art werden sich

---

4 Hummelt 2000, S. 26.

5 Hermann Kinder: Zwei-Phasen-Lyrik. Bemerkungen zu Thomas Klings „ratinger hof, zettbeh (3)". In: Arnold (Hg.) 2000, S. 81–90, hier S. 85.

im Widerstreit der Deutungsversuche aufgrund der spezifischen sprachlichen Konstruktion wohl nie definitiv zugunsten einer einzigen Antwort entscheiden lassen. Ähnliches gilt für die zahllosen Neologismen und Komposita, die Markennamen und Körperlich-Sexuelles verbinden (z. B. V. 30 f.: „barbieverpuppung, teddysteiff, »sekthell ihr busch«") oder für die Technik der Silbenzerlegung, bei der bekannte Wendungen durch die Schreibung in ihre Bestandteile zerlegt werden (z. B. V. 20 f.: „JETZT LÄC/HELN"), so dass an den Zeilenbrüchen, die den Text formal als Gedicht markieren, ein nicht minder offener Bedeutungsraum entsteht, der in diesem Fall von der formelhaften Aufforderung anlässlich eines Erinnerungsfotos (als Übersetzung der optimistischen Lebensdevise des ‚Keep Smiling') über Assoziationen mit klangähnlichen Wörtern (wie ‚hecheln') bis zu verdeckten sexuellen Anspielungen (besonders in der Kombination mit V. 25: „JETZT LECKEN!") reicht. Weitere Verfahren der sprachlichen Dekonstruktion, die Kling aus dem Formenrepertoire der klassischen Moderne entnimmt, um sie für die Erfassung einer spezifischen Konstellation seiner Gegenwart fruchtbar zu machen, sind die Durchbrechung konventioneller grammatischer und syntaktischer Regeln, die Zerstörung eindeutiger Kausalbeziehungen sowie der unkonventionelle und irritierende Gebrauch von Satzzeichen und unterschiedlichen typographischen Formen, speziell beim Wechsel zwischen Groß- und Kleinschreibung.

In der Gesamtheit tragen alle genannten Mittel dazu bei, dass sich der scheinbar so präzise lokalisierbare und im Titel unmissverständlich genannte Schauplatz des Gedichts zusehends in einen hochkomplexen und auf irreversible Weise vieldeutigen und hermetischen Sprach- und Geschichtsraum verwandelt, der Gegenständlichkeit suggeriert und zugleich verweigert. Betritt hier jemand ‚wirklich' einen identifizierbaren Raum für einen kurzen „auftritt" (V. 6) und bleibt dort bis zum bedrohlichen Ende, jenem Moment des Erwachens im „VOLLE[N] LICHT" (V. 46), der zugleich den poetologischen Ort des Gedichts als Medium der Reflexion und der illusionslosen Selbsterkenntnis markiert? Oder ist das Ganze ein durch „flugbenzin" (Motto) noch beschleunigter Höllensturz in einen Albtraum, wie ihn die „ANGST" und „DAS KALTE LAKEN" (V. 48) mitunter hervorrufen? Geht es, worauf diese zentralen Wörter am Schluss verweisen könnten, im Kern um eine ästhetische Inszenierung existentieller Erfahrungen von Lebenslust, Einsamkeit und Tod, die an dem grotesken Gegenwartspanorama nur modellhaft veranschaulicht werden? Sind die quälenden und bedrängenden Erfahrungen ‚echt' oder handelt es sich um imaginierte „PHANTOMSCHMERZEN" (V. 47) wie bei jenen Patienten, die nach einer vollzogenen Amputation Bewegungen und Schmerzen in gar nicht real vorhandenen Gliedmaßen verspüren? In der autonomen Sprachinstallation,[6] die Klings Gedicht darstellt, bleiben auch die Antworten auf diese Fragen notwendig in der Schwebe.

---

6 Zu diesem Begriff vgl. Thomas Kling: Itinerar. Frankfurt/M. 1997, S. 9–26.

VI. Auswahlbibliographie

1. Heinrich Kaulen: Historische Vexierbilder, Stilpluralismus, Medieninterferenzen. Aktuelle Tendenzen in der deutschsprachigen Gegenwartslyrik. In: Mitteilungen des Deutschen Germanistenverbandes 51 (2004), S. 370–391.
2. Hermann Korte: Thomas Kling. In: Heinz Ludwig Arnold (Hg.): Kritisches Lexikon zur deutschen Gegenwartsliteratur. München 2006.
3. Hermann Korte: Deutschsprachige Lyrik seit 1945. 2., neu bearb. Aufl. Stuttgart, Weimar 2004.
4. Heinz Ludwig Arnold (Hg.): Text und Kritik 147: Thomas Kling. München 2000.
5. Hubert Winkels: Der Stimmen Ordnung. Über Thomas Kling. Köln 2005.

Durs Grünbein (*1962): Biologischer Walzer

von Gabriele Dürbeck

I. Gedicht

Biologischer Walzer

Zwischen Kapstadt und Grönland liegt dieser Wald
  Aus Begierden, Begierden die niemand kennt.
    Wenn es stimmt, daß wir schwierige Tiere sind
      Sind wir schwierige Tiere weil nichts mehr stimmt.

Steter Tropfen im Mund war das Wort der Beginn
  Des Verzichts, einer langen Flucht in die Zeit.
    Nichts erklärt, wie ein trockener Gaumen Vokale,
      Wie ein Leck in der Kehle Konsonanten erbricht.

Offen bleibt, was ein Ohr im Laborglas sucht,
  Eine fleischliche Brosche, gelb in Formaldehyd.
    Wann es oben schwimmt, wann es untergeht,
      Wie in toten Nerven das Gleichgewicht klingt.

Fraglich auch, ob die tausend Drähtchen im Pelz
  Des gelehrigen Affen den Heißhunger stillen.
    Was es heißt, wenn sich Trauer im Hirnstrom zeigt.
      Jeden flüchtigen Blick ein Phantomschmerz lenkt.

Zwischen Kapstadt und Grönland liegt dieser Wald
  ... Ironie, die den Körper ins Dickicht schickt.
    Wenn es stimmt, daß wir schwierige Tiere sind
      Sind wir schwierige Tiere weil nichts mehr stimmt.

Durs Grünbein: Mensch ohne Großhirn. In: Ders.: Gedichte. Bücher I–III. Grauzone morgens. Schädelbasislektion. Falten und Fallen. Frankfurt/M. 2006, S. 315–324, hier S. 315.

II. Zur Verbindung von Poesie und Wissenschaft

Durs Grünbeins Gedicht *Biologischer Walzer*, das den aus sechs Gedichten bestehenden Zyklus *Mensch ohne Großhirn* eröffnet, ist erstmals 1994 im Gedichtband *Falten und Fallen* erschienen.[1] Von der Literaturkritik anfänglich äußerst positiv aufgenommen und mit dem Peter-Huchel-Preis ausgezeichnet, ist der Band nach einem Totalverriss durch den Wiener Experimentallyriker Franz

[1] Durs Grünbein: Falten und Fallen. Frankfurt/M. 1994, S. 71.

Joseph Czernin[2] noch stärker ins Rampenlicht gerückt. *Biologischer Walzer*, wiederholt in Anthologien abgedruckt,[3] ist das bekannteste Gedicht des Zyklus.

Bereits der Titel des Gedichtbandes *Falten und Fallen* gibt das Programm einer Verschmelzung von Physiologie und Poesie vor. Der Titel bezieht sich zum einen auf das anatomische Bild eines menschlichen Gehirns mit seinen zahllosen Furchen und Windungen, wie es Grünbein in seinem Essay *Drei Briefe*[4] erläutert. Die Hirnmetapher lässt sich auch bei Gottfried Benn finden,[5] an dessen antimetaphysische Poetik Grünbein anschließt. Zugleich spielt „Falten" auf den für die Lyrik der Moderne ebenso bedeutsamen französischen Dichter Stéphane Mallarmé an, der im Gebrauch poetischer Sprache einen komplizierten Prozess der ‚Entfaltung' sieht.[6] Zum anderen rekurriert Grünbein auf die Anthropologie Arnold Gehlens, der den Menschen als „Mängelwesen"[7] bestimmt, welches im Unterschied zum Tier die Anpassung an die Umwelt und die Instinktsicherheit verloren, aber dadurch zugleich eine für die Gattung einzigartige Weltoffenheit gewonnen habe. In einem seiner Essays verwendet Grünbein zentrale Begriffe aus Gehlens Anthropologie, doch leitet er aus der mangelhaften Disposition des Menschen dessen grundsätzlich prekäre Lage in der Welt ab. Die Handlungsoffenheit sei in „komplexe Hindernisse" umgeschlagen – die „Faltung [des Gehirns; G.D.] erweist sich als Falle".[8] Grünbein sieht in der Befreiung „von den tierischen Automatismen" keineswegs einen evolutionären Vorteil, sondern für ihn ist der Mensch „Darwins Schlußlicht am Ende des Stammbaums",[9] der in sozialer Hinsicht mit einem aggressiven Hordenmenschen vergleichbar sei. Mit einer solch kulturpessimistischen Anthropologie nähme Grünbein einen Standpunkt des lyrischen Sprechens in der ästhetischen Tradition Charles Baudelaires ein. Inwie-

2 Franz Joseph Czernin: Falten und Fallen. Zu einem Gedichtband von Durs Grünbein. In: Schreibheft. Zeitschrift für Literatur. 45 (1994), S. 179–188, hier S. 179.

3 1995 wurde das Gedicht im 19. Band der *Frankfurter Anthologie* (hg. v. Marcel Reich-Ranicki, S. 245–248) mit einem Kommentar von Alexander von Bormann abgedruckt. Danach erschien es in diversen Gedichtanthologien, auch im Ausland, etwa 1998 im Oktober-Heft der *Contemporary German Poetry* des renommierten Chicagoer Magazins *Poetry*.

4 Die *Drei Briefe* (1991) sind in vielfacher Hinsicht aufschlussreich für das vorliegende wie auch weitere Gedichte aus *Mensch ohne Großhirn*. Durs Grünbein: Drei Briefe. In: Ders.: Galilei vermißt Dantes Hölle und bleibt an den Maßen hängen. Aufsätze 1989–1995, Frankfurt/M. 1996, S. 40–54. Die Essaysammlung wird fortan zitiert als GAL.

5 Z. B. am Schluss von Benns Gedicht *Ikarus* (1915), vgl. Stephanie Stockhorst: Ästhetisierung der Anatomie. Medizinische und literarische Referenzräume in Durs Grünbeins *Schädelbasislektion*. In: Kai Bremer u. a. (Hg.): Schreiben am Schnittpunkt. Poesie und Wissen bei Durs Grünbein. Freiburg 2007, S. 191–212, hier S. 210.

6 Vgl. Judith Ryan: Das Motiv der Schädelnähte bei Durs Grünbein. In: Gerhard Fischer und David Roberts (Hg.): Schreiben nach der Wende. Ein Jahrzehnt deutscher Literatur 1989–1999. Tübingen 2001, S. 301–315, hier S. 308 f.

7 Arnold Gehlen: Der Mensch. Seine Natur und seine Stellung in der Welt [1940]. Bonn [5]1955, vgl. z. B. S. 21 u. 89. Bei Grünbein zitiert in: *Neun Variationen zur Fontanelle* [1993], GAL, S. 258.

8 GAL, S. 259. Zu einer weiteren Bedeutung des Titels vgl. Ryan 2001, S. 308 mit Anm. 21.

9 Ebd.

fern schlägt sich dieses Programm einer Verschmelzung von Poesie und (Neuro-) Physiologie auch in *Biologischer Walzer* nieder?

Diese Frage leitet die folgende Analyse des Gedichts. Der Interpretationsansatz steht im Rahmen des literaturwissenschaftlichen Arbeitsfeldes ‚Literatur und Wissensgeschichte', in welchem die spezifischen Formen kulturellen Wissens in der Literatur und ihr Verhältnis zur Wissenschaft in ihrer Geschichte untersucht werden. Zentrale Fragen sind dabei, ob in den fiktionalen Textwelten wissenschaftliches Wissen bestätigt, verändert oder kritisiert wird, ob sich literarische Texte auf aktuelles oder von der Wissenschaft ausgegliedertes Wissen beziehen und ob sie selbst an der Produktion von kulturell relevantem Wissen teilhaben.

Die Verarbeitung von Wissen aus der Anatomie, der Physiologie und den Neurowissenschaften in Grünbeins Dichtung liegt auf der Hand. Er selbst hat sich in seiner Rede bei der Entgegennahme des Büchner-Preises 1995 in die Nachfolge Georg Büchners gestellt, dem „nichts Geringeres" gelungen sei als „eine vollständige Transformation: Physiologie aufgegangen in Dichtung".[10] In der Forschung wird Grünbein bescheinigt, dass er eine Verbindung zwischen „technisch-wissenschaftlicher und humanistisch-literarischer Intelligenz"[11] wiederherstelle und damit einen „dritten Weg" beschreite, welchen Grünbein für seine Dichtung selbst reklamiert.[12] Sehen die einen darin eine „Ästhetisierung der Anatomie"[13] oder eine „Transformation von Wissenschaft in Literatur",[14] warnen die anderen vor der „Gefahr der Reduktion von Dichtung auf körperliche Prozesse" und monieren die Befangenheit in einem traditionalistischen ‚Akademismus'.[15] Im Folgenden ist zu fragen, ob *Biologischer Walzer* tatsächlich einen solchen ‚dritten Weg' erkundet und dabei das kultur- und wissenschaftskritische Potenzial von Dichtung nutzt.

III. Die Welt ist aus dem Takt geraten

Zunächst wird das Handwerkszeug der formalen Gedichtanalyse (Metrik, Reim, Kadenz, Klang, Strophenform) auf das Gedicht angewendet. *Biologischer Walzer* besteht aus fünf Strophen mit je vier reimlosen Versen. Nur in dem chiastisch angeordneten Aphorismus der ersten Strophe, der, die zirkuläre Struktur des Walzertanzes aufnehmend, in der letzten Strophe wiederholt wird, findet sich eine Assonanz („sind", „stimmt", V. 3 f., 19 f.). Diese wird in der Mitte des Gedichts

10 Durs Grünbein: Den Körper zerbrechen. Rede zur Entgegennahme des Georg-Büchner-Preises 1995. In: GAL, S. 75–86, hier S. 76.

11 Manfred Riedel: Poetik der Präsenz. Idee der Dichtung bei Durs Grünbein. In: Internationales Archiv für Sozialgeschichte der deutschen Literatur 24.1 (1999), S. 82–105, hier S. 84.

12 GAL, S. 13.

13 Stockhorst 2007, S. 191.

14 Bei Owen heißt es „transforming science into literature"; Owen 2001, S. 96.

15 Geisenhanslüke 2004, S. 69.

als Binnenreim („schwimmt", V. 11) aufgenommen. Die vierhebigen Verse weisen in der Regel elf Silben auf, aber es gibt auch Ausnahmen (V. 7, 8, 10, 14). Als Metrum dominiert der in der deutschen Dichtung seltene, aber von Grünbein prominent verwendete Anapäst (xxX) mit seinem steigenden Charakter. Dieser Versfuß widerspricht allerdings dem Titel des Gedichts, der den Gebrauch des dem Walzertakt nahekommenden Daktylus erwarten lässt.[16] Man könnte allerdings auch einen Daktylus mit zwei unbetonten Silben (xxXxx) als Auftakt annehmen, so dass der Walzer ‚gerettet' wäre. Doch dieser wird nur für jeweils zwei Takte pro Vers aufrechterhalten, bei Enjambements wären es immerhin drei Takte. Demgegenüber wird der Anapäst in vielen Versen durch die Interpunktion unterstützt, wie bereits in dem zentralen Aphorismus der ersten Strophe: „Wenn es *stimmt*, daß wir *schwie*rige *Tie*re *sind* / sind wir *schwie*rige *Tie*re weil *nichts* mehr *stimmt*" (Hervorhebung G.D.). Ein weiteres rhythmisches Merkmal ist von Bedeutung: In der Mehrzahl der Verse wird der fließende, tänzerische Rhythmus am Versende gebremst. Der Takt wechselt zum trochäischen Metrum mit männlicher Kadenz[17] („*die*ser *Wald*", „*nie*mand *kennt*" usw., Hervorhebung G.D.).[18] In der ersten und letzten Strophe sowie in V. 9, 11 und 15 wird jeweils im dritten Takt die tänzerische Wellenbewegung unterbrochen. Solche Störungen des Rhythmus finden sich auch in fünf Binnenversen („langen", V. 6, „Brosche, gelb ", V. 10, „toten", V. 12, „tausend", V. 13), im elften Vers, dem kürzesten des Gedichts, sogar zweimal, indem die beiden Satzglieder, getrennt durch eine Zäsur, parallelisiert werden. Die Verlangsamungen, die zudem unregelmäßig über das Gedicht verteilt sind, dienen als Aufmerksamkeitsmarker und lenken den Blick auf die durch Rhythmuswechsel markierten Phrasen.

Ausgehend von der formalen Analyse lässt sich bereits an dieser Stelle festhalten, dass der gesamte Bereich, den der Walzer metaphorisch umschreibt – Leben, Bewegung, beschwingte Stimmung – durch den irritierenden Rhythmus, der zwischen anapästisch-trochäischen und daktylischen Akzentuierungen schwankt, immer wieder in Frage gestellt, ja zeitweise außer Kraft gesetzt wird. Damit wird eine zentrale Aussage des Gedichts, nämlich dass „nichts mehr stimmt", in der Form umgesetzt: selbst der biologische Walzer ist aus dem Takt geraten.

IV. Die prekäre Lage des Menschen

Die inhaltliche Analyse geht schrittweise in der Abfolge der Gedichtzeilen vor und bezieht rhetorische Figuren, Tropen, Kompositionsform (Gedichtzyklus) und Pa-

16 Bormann (1999, S. 179 f.) weist darauf hin, dass der Anapäst mit seinem Dreivierteltakt dem Rhythmus des Wiener Walzers nahekomme, wobei er aber weder der merkwürdig umgekehrten Akzentuierung noch den trochäichen Versfüßen gesonderte Beachtung schenkt.

17 Es finden sich auch zwei weibliche Kadenzen (V. 7, 14).

18 Eine Annäherung an die alkäische Ode (so Leeder 2007, S. 427) kann ich im Gedicht allerdings nicht erkennen, weil diese in der Regel Jamben und/oder Daktylen vorsieht.

ratexte (Essays Grünbeins) ein. Das Gedicht beginnt mit einem Satz, der Allgemeinheit beansprucht, aber in seiner Aussage zunächst rätselhaft ist. Die Ortsbestimmung „zwischen Kapstadt und Grönland" (V. 1) bezeichnet die denkbar weiteste Nord-Süd-Spanne der besiedelten Welt. Dass sich die Aussage auf Menschen, ja die gesamte Menschheit als biologische Spezies bezieht, wird erst in dem nachfolgenden Aphorismus deutlich, in dem „wir", die Menschen, als „schwierige Tiere" (V. 3 f.) bezeichnet werden. ‚Schwierig' wird zum Spezifikum der Spezies. Die Behauptung einer Unstimmigkeit, einer Disharmonie, die im gestörten Walzerrhythmus abgebildet ist, prägt nicht nur die erste und die fast identische letzte Strophe, sondern durchzieht das gesamte Gedicht. Dabei lässt der Konditionalsatz offen, ob es sich in der Voraussetzung („wenn es stimmt") um eine Wirklichkeitsaussage oder um einen als möglich gedachten Sachverhalt handelt. Ein entscheidendes Merkmal des Gedichts ist, dass die Sprecherinstanz durchgehend abstrakt bleibt. Im Unterschied zur Erlebnislyrik, in der die vermittelnde Instanz gewöhnlich als Sprecher-‚Ich' in Erscheinung tritt, handelt es sich hier um den Typus der Gedanken- bzw. Ideenlyrik, die „weltanschauliche Zusammenhänge" gestaltet.[19] Im vorliegenden Fall nimmt die Sprecherinstanz mit ‚wissendem Gestus' Stellung zu einem anthropologischen Grundproblem, indem sie, wie von einem *„poeta doctus"*[20] erwartbar, die dafür zentralen Wissensfelder (Anthropologie, Medizin und Neurophysiologie) abschreitet.

In der Forschung ist vorgeschlagen worden, den „Wald der Begierden" (V. 18) entweder im Freudschen Sinne[21] oder als „Symbol für Wildheit" mit Bezug auf die primitiven, ältesten Regionen des Gehirns zu verstehen.[22] Letzteres eröffnet die Frage nach dem Zusammenwirken der evolutionsgeschichtlich unterschiedlich alten Regionen des Gehirns (Hirnstamm sowie Klein-, Zwischen- und Großhirn) und deren Konsequenzen für menschliches Verhalten.

Zugleich ist ein intertextueller Bezug zu dem von Grünbein mehrfach zitierten Gedichtzyklus *Le fleurs du mal* (1857) von Charles Baudelaire wahrscheinlich – dieser Bezug ist nicht explizit, aber es findet sich nahezu dieselbe Formulierung: In dessen viertem Gedicht *Correspondances* ist die Rede von „forêts de symboles", einem Wald von Bildern bzw. Zeichen, durch den der Mensch irrt.[23] Die Ersetzung

19 Georg-Michael Schulz: Gedankenlyrik. In: Günther und Irmgard Schweikle (Hg.): Metzler Literaturlexikon. Begriffe und Definitionen. 2., überarb. Aufl. Stuttgart 1990, S. 168.

20 Hermann Korte: Habemus poetam. Zum Konnex von Poesie und Wissen in Durs Grünbeins Gedichtsammlung „Nach den Satiren". In: Heinz-Ludwig Arnold (Hg.): Text und Kritik 153: Durs Grünbein. München 2002, S. 19–33, hier S. 22 u. 32.

21 Owen spricht von Begierden als „perhaps Freudian desires"; Owen 2001, S. 92.

22 Leeder 2007, S. 426: „The forest becomes a (Freudian) symbol of the wildness/wilderness belonging to the primitive and ancient regions of the human brain – those resistant to the logical order and Cartesian clarity of the conscious mind."

23 „La Nature est un temple où de vivants piliers / Laissent parfois sortir de confuses paroles; / L'homme y passe à travers des forêts de symboles / Qui l'observent avec des regards familiers." – „Die Natur ist ein Tempel, wo aus lebendigen Pfeilern zuweilen wirre Worte dringen; der Mensch geht dort durch Wälder von Symbolen, die mit vertrauten Blicken ihn beobachten." Charles Bau-

der „symboles" durch „Begierden" bei Grünbein spielt auf die Wirklichkeitskonzeption des Konstruktivismus an, wonach die „auf die Sinnesorgane treffenden Reize in unserem Nervensystem biochemische Impulse [und] elektrische Aktionspotentiale" auslösen, ohne jedoch etwas abzubilden – Wirklichkeit ist demnach „Eigenkonstrukt des Gehirns".[24] Die Formulierung „Begierden, die niemand kennt" würde dann bedeuten, dass die cerebralen Reflexe selbst der Erkenntnis nicht zugänglich sind. Gleichzeitig scheint Grünbein die negative Anthropologie und den Fortschrittspessimismus Baudelaires zu teilen, wonach „der Mensch ein von seinen Trieben und Bedürfnissen gesteuertes Raubtier bleibt".[25]

Demnach konvergieren beide Lesarten – Freudianismus und kulturpessimistische Poetik – in der Auffassung, dass im Menschen noch evolutionär frühere Reflexe oder Triebe wirksam sind. Betrachtet man vor diesem Hintergrund die weiteren Strophen, ergibt sich eine erste Erklärung für die in dem melodiösen Aphorismus wiederholte Formulierung der „schwierigen Tiere" (V. 3 f., 19 f.). Wenn es zutrifft, dass der Mensch mit seiner Physiologie noch in der Tierwelt verankert ist, wird ihm gerade diese Verankerung zum Problem. Es scheint diese prinzipielle Diskrepanz zu sein, welche die Sprecherinstanz zu der weitreichenden, auch das Gedicht beschließenden Behauptung veranlasst, dass „nichts mehr stimmt" (V. 4, 20). Bezieht man diese Aussage auf Grünbeins frühere Auseinandersetzung mit evolutionsgeschichtlichen Befunden in seiner *Ode an das Dienzephalon* im Gedichtzyklus *Schädelbasislektion* (1991),[26] lässt sich als These formulieren, dass es hier um den Gegensatz zwischen kultureller Fortschrittsgeschichte und fehlender Anpassung der physiologischen Hirnfunktionen an eine sich zivilisierende Umwelt geht. Die biologische Evolution mit den einstmals an die Lebensbedingungen abgestimmten körperlichen Reflexen gerät aus dem Takt, da die kulturelle Entwicklung der „schwierigen Tiere" fortschreitet.

Die zweite Strophe beginnt mit einer Kombination aus einem Sprichwort („Steter Tropfen höhlt den Stein") und einer abgewandelten Form des Beginns des Johannes-Evangeliums („Im Anfang war das Wort"). Durch die Wortverbindung „Beginn des Verzichts" (V. 5 f.) wird der neutestamentarische Satz jedoch neu kontextualisiert. Der erläuternde Halbsatz „einer langen Flucht in die Zeit" (V. 6)

delaire: Les Fleurs du Mal / Die Blumen des Bösen. In: Ders.: Sämtliche Werke / Briefe. In acht Bänden. Hg. v. Friedhelm Kemp und Claude Pichois in Zusammenarbeit mit Wolfgang Drost. Bd. 3. München, Wien 1975, S. 51–319, hier S. 68 (frz.) und 69 (dt.) – Übersetzung von Friedhelm Kemp.

24 Repräsentativ für den Konstruktivismus in der deutschen Hirnforschung sind Ernst Pöppel, Gerhard Roth und Hans Flohr. Vgl. dazu Riedel 1999, bes. S. 91–96.

25 Die enge Beziehung der Dichtung Grünbeins zu Baudelaires *Blumen des Bösen* und dessen für die gesamte moderne Lyrik grundlegenden Auffassung der „Bestialität des Menschen", der „Illusionslosigkeit über die Verfaßtheit der Welt", hat Ernst Osterkamp herausgestellt: Durs Grünbeins Memorandum zur Lage der Poesie nach den Utopien. In: Olaf Hildebrand (Hg.): Poetologische Lyrik. Köln u. a. 2003, S. 324–334, hier S. 333.

26 Vgl. die detaillierte Rekonstruktion von Grünbeins literarischen Vorbildern für diese Ode bei Stockhorst 2007, bes. S. 198–202.

betont die historische Zeitspanne, welche im Lichte der ersten Strophe auf die Geschichte der Menschheit zu beziehen ist. Kulturentwicklung wird als Geschichte des Verzichts der Triebbefriedigung dargestellt[27] – eine Auffassung, die in dieser Knappheit sowohl auf Sigmund Freuds kulturtheoretische Schrift *Das Unbehagen in der Kultur* (1930) als auch auf Norbert Elias' soziologische Analyse *Über den Prozess der Zivilisation* (1939) zurückgeführt werden kann. Auch „Flucht" ließe sich in dieser Hinsicht (V. 6) als Abwendung von der physiologisch eingeschriebenen Triebnatur verstehen. In dieser Strophe wird Sprache, spezieller die Erzeugung von Konsonanten, als Distinktionsmerkmal zwischen Mensch und Tier hervorgehoben. Das abgewandelte Sprichwort („steter Tropfen") weist darauf hin, dass der Prozess der Sprachentstehung in einer langanhaltenden und schmerzhaften Entwicklung vor sich gegangen ist. Die durch Tempowechsel gesetzte Betonung auf „lang[en]" (V. 6) unterstreicht die enorme Ausdehnung der Zeitspanne, deren Anfang nicht präzise benennbar ist. Die Rede von „erbricht" führt ein gewaltsames Moment in den Prozess ein.

Die Darstellung der kulturellen Evolution ist punktuell auf drei Wissensbereiche verdichtet: Kulturanthropologie, Anatomie und Neurophysiologie. Betrachtet werden die physischen Organe Mund, Ohr und Gehirn und damit Sprechen, Hören und Fühlen/Denken. Auffallend ist die Häufung von Formulierungen am Zeilenanfang, die sich auf ein unzureichendes, aber offenbar beanspruchtes Wissen beziehen: „Nichts erklärt" (V. 7), „Offen bleibt" (V. 9), „Fraglich auch" (V. 13). Der dreimalige Zweifel spricht nicht nur ungeklärte Sachverhalte an, sondern insistiert geradezu auf einer prinzipiellen Skepsis, ob die Methoden geeignet sind, die gestellten Fragen zu beantworten.

Dies gilt auch für die dritte Strophe, die die anatomische Zergliederung thematisiert. Die Metapher der „fleischlichen Brosche" (V. 10), in der die Bildbereiche einer Körpereigenschaft und eines Schmuckaccessoires miteinander verbunden sind, degradiert den angesprochenen Körperteil zu etwas Dinghaftem. Zugleich mag die Assoziation mit einer Anstecknadel oder auch einer im Kampf erworbenen und stolz getragenen Trophäe einen unangenehmen Reiz auslösen. Darüber hinaus scheinen der Rhythmuswechsel und die antithetische Struktur im nachfolgenden Satz – „wann es oben schwimmt, wann es untergeht" (V. 11) – den Sinn der Versuchsanordnung zu ironisieren. Die alliterierende Häufung von „was", „wann" und „wie" (V. 9, 11, 12) verstärkt die Skepsis gegenüber dem Labor als Ort der Wissenserzeugung bei Abtötung des menschlichen Organs.

Der Rückgriff auf Grünbeins Essay *Drei Briefe* gibt weiteren Aufschluss über die Bedeutung des Ohrs. Für Grünbein ist „das Gehör der privilegierte Zugang zum Unbewussten".[28] Zwar sei es ständig von einer Fülle von Geräuschen umgeben, aber „in wenigen Momenten genauen Hörens [...] im Gespräch mit dem

---

[27] Vgl. Bormann 1999, S. 181; Leeder 2007, S. 426.

[28] GAL, S. 41.

Gedächtnis" sei es bereit für die „Einzeichnung eines Engramms".[29] Mit seiner Auffassung von Engrammen oder Gedächtnisspuren bezieht sich Grünbein auf einen Zweig der zeitgenössischen Neurobiologie, die er für seine Konzeption von Lyrik nutzt. Dichtung habe das Ziel, „tiefere Hirnareale [...] in Form einzigartiger Engramme"[30] zu erreichen. Solche Engramme bezeichnet er auch als „Leuchtspur im Gedächtnis", welche – vergleichbar einer Drogenerfahrung – „ganze Bewusstseinsregionen in plötzliches Licht" reiße.[31] Diese poetologische Bemerkung lässt sich auf die Gedichtzeilen zum eingelegten Ohr beziehen, worin durch eine Reihe von Zisch-Lauten (fleischlich, Brosche, schwimmt) die geräuschhafte Umgebung imitiert wird. Das durch Zäsur und Rhythmuswechsel doppelt betonte Wort „gelb", genau die Mitte des Gedichts markierend, leuchtet wie ein ‚plötzliches Licht' auf. Diese energetische Aufladung[32] steht in Spannung zum Inhalt, ein seziertes Ohr im Laborglas, in dem die Nerven tot sind. Das Ohr, das als Sitz des Gleichgewichtsorgans gilt, bleibt die Antwort schuldig, „[w]ie [...] das Gleichgewicht klingt" (V. 12), weil es zum leblosen Untersuchungsgegenstand des Anatomen geworden ist. Eine Erklärung des Unbewussten durch anatomische Sektion muss fehlschlagen. Das anatomisch-analytische Verfahren, das macht auch das nächste Gedicht des Zyklus *Mensch ohne Großhirn* deutlich, lässt die eigentlich spannenden Fragen nach der Möglichkeit der Erkennbarkeit von Bewusstsein und Seele unberührt.[33] Wenn das Gedicht hier ein Licht aufblitzen lässt, scheint es den im ersten der *Drei Briefe* beschriebenen Weg ins „Niemandsland zwischen Medizin und Poetik"[34] bahnen zu wollen.

In der vierten Strophe wird das Thema der Erkennbarkeit von Bewusstsein aufgegriffen. Konkret geht es um die Frage der cerebralen Lokalisierbarkeit von Emotionen („wenn sich Trauer im Hirnstrom zeigt", V. 15), welche die zeitgenössischen Neurowissenschaften seit vielen Jahren erforschen.[35] Die Bezeichnung des Menschen als „gelehrigen Affen" (V. 14) steht in einer langen Tradition von Gelehrtensatiren, in denen Affen es zwar durch Nachahmungstrieb und Lernfähigkeit schnell zu beträchtlichem Wissen bringen können, aber ebenso schnell die Besserwisserei, Borniertheit und den ‚Größenwahn des Intellektuellen' annehmen.[36]

29 Ebd.

30 GAL, S. 20.

31 GAL, S. 42.

32 Nicole Birtsch spricht von einer „metaphysische[n] Aufladung neurophysiologischer Prozesse", womit sich Grünbein einer „neurowissenschaftlichen Entzauberung der Poesie" entgegensetze; Nicole Birtsch: Orientierungsversuche im Niemandsland zwischen Medizin und Poetik. Das Verhältnis zwischen Körpergedächtnis und Poesie in Texten von Durs Grünbein. In: Oliver Kohns, Martin Roussel (Hg.): Einschnitte. Identität in der Moderne. Würzburg 2007, S. 103–115, hier S. 109.

33 Vgl. Dürbeck 2009, S. 140.

34 GAL, S. 43.

35 Vgl. die kritische Abhandlung des Wissenschaftshistorikers Michael Hagner: Der Geist bei der Arbeit. Historische Untersuchungen zur Hirnforschung. Göttingen 2006.

36 Vgl. Alexander Košenina: Der gelehrte Narr. Göttingen 2006, bes. S. 31–44.

Der wohl berühmteste gelehrige Affe der Literatur tritt in Kafkas *Bericht für eine Akademie* (1917) auf: Er reflektiert die feine Grenze zwischen Tier und Mensch und gibt zu erkennen, dass seine Bildung den Verlust der Freiheit bedeutet. In Grünbeins Bild von den „Drähtchen im Pelz / Des Gelehrigen Affen“ (V. 13 f.) fließen daher Tier- und Menschenversuch ineinander. Die erneute Ansammlung von Fragen bezieht sich zum einen auf den als unstillbaren Heißhunger umschriebenen Forschungstrieb, dem damit etwas Forciertes, Gezwungenes unterstellt wird. Zum anderen wird in Zweifel gezogen, dass das Gefühl von Trauer in eine neurowissenschaftlich repräsentierfähige Realität übersetzt werden kann. Die Satire trifft demnach auch die Hirnforschung, welche Gedanken und Gefühle als bloße Mechanismen deutet und ihnen durch cerebrale Lokalisierung und visualisierende Verfahren auf die Spur zu kommen sucht. Wie in der vorausgehenden Strophe ist das Ergebnis, dass die verwendeten Versuchsanordnungen und Methoden nicht zur gewünschten Erklärung des menschlichen Geistes führen. Bis zum Ende bleibt eine nachhaltige Skepsis bestehen, ob ein positivistisches Wissenschaftsprogramm irgendeinen Erkenntnisfortschritt über den Zusammenhang der cerebralen und triebhaften Ausstattung und des Bewusstseins des Menschen oder der Verfasstheit von Wirklichkeit erzielt.

Die letzte Strophe, die sich von der ersten nur durch einen Vers unterscheidet, schließt den Kreis. Der abweichende Vers beginnt mit einer Auslassung, welche den Rhythmus ebenfalls unterbricht und damit das Gewicht auf das Wort „Ironie“ legt (V. 18). Ironie wird zum Agens, das „den Körper ins Dickicht schickt“ (ebd.). Im Dickicht ist ein doppelter Bezug zu den Begierden wie auch zu den Baudelaireschen ‚Zeichen‘ zu sehen. Besagt der Vers, dass die Zeichen niemals das aussagen, worauf sie eigentlich verweisen, nämlich auf die physiologisch eingeschriebene Begierdenstruktur? Die Ironie im Sinne eines feinen Spotts unter dem Schein des Ernsthaften ist mehrdeutig. Bleibt angesichts der Menge des Nicht-Wissens nur noch Ironie übrig?[37] Oder lässt sich bei der Einsicht in die Diskrepanz von hochentwickelter Kultur und evolutionär unzeitgemäßen Reflexen des Menschen nur ein ironischer Standpunkt aufrechterhalten? Oder besteht die Ironie darin, dass der Mensch etwas zu erforschen sucht, was in konstruktivistischer Hinsicht grundsätzlich außerhalb seiner Erkenntnisfähigkeit liegt?

Obwohl das Gedicht die Wissenschaften und deren Verfahren kritisiert, sucht es gleichzeitig einen Weg durch das Nicht-Wissen zu bahnen. Es widersetzt sich einer anatomisch sezierenden und neurowissenschaftlich reduktiven Bestimmung des Menschen, indem es dessen existenziell schwierige Lage in evolutionsgeschichtlicher Perspektive betrachtet. Der poeta doctus vermittelt zwischen der Welt des Szientismus und der „imaginären Welt“,[38] wobei die Metaphern erweiterte semantische Räume öffnen. Die Wahl der Mittel, die unreinen Reime im

37 Leeder 2007, S. 428; Bormann spricht von der sokratischen Erkenntnis in das Nicht-Wissen. Vgl. Bormann 1999, S. 182.

38 GAL, S. 18.

Aphorismus und der Parlando-Ton, der an die späte Lyrik Benns erinnert, scheinen dem Thema zugleich etwas von seiner Strenge zu nehmen. Doch der irritierende Rhythmus bleibt und macht das Prekäre menschlicher Existenz spürbar.

V. Auswahlbibliographie

1. Alexander von Bormann: Im Dickicht des Nicht-Ich. Durs Grünbeins Anapäste. In: Dieter Borchmeyer (Hg.): Signaturen der Gegenwartsliteratur. Festschrift für Walter Hinderer. Würzburg 1999, S. 171–184.
2. Gabriele Dürbeck: „Wenn es stimmt, daß wir schwierige Tiere sind". Anatomie und Anthropologie in Durs Grünbeins *Mensch ohne Großhirn*. In: Zeitschrift für Germanistik 19 (2009), S. 133–145.
3. Achim Geisenhanslüke: ‚Mensch ohne Großhirn'. Durs Grünbein und das Ende der Utopien? In: Dieter Burdorf (Hg.): Die eigene und die fremde Kultur. Exotismus und Tradition bei Durs Grünbein und Raoul Schrott. Iserlohn 2004, S. 63–78.
4. Karen Leeder: The Poetry of Science and the Science of Poetry: German Poetry in the Laboratory of the Twentieth Century. In: German Life and Letters 60 (2007), S. 412–429.
5. Ruth J. Owen: Science in contemporary poetry: a point of comparison between Raoul Schrott and Durs Grünbein. In: German Life and Letters 54 (2001), S. 82–96.

Beiträgerinnen und Beiträger

Dr. Urte Helduser, Philipps-Universität Marburg
Prof. Dr. Burkhard Dohm, Philipps-Universität Marburg
PD Dr. Jochen Strobel, Otto-von-Guericke-Universität Magdeburg
Dr. Ulrich Fröschle, Technische Universität Dresden
Prof. Dr. Gerhard Lauer, Georg-August-Universität Göttingen
Dr. Isabelle Stauffer, Johannes Gutenberg-Universität Mainz
André Schwarz, M.A., Philipps-Universität Marburg
PD Dr. Arnd Beise, Universität Paderborn
Michael Herrmann, M.A., Tübingen
Margarete Fuchs, M.A., Philipps-Universität Marburg
PD Dr. Sikander Singh, Heinrich-Heine-Universität Düsseldorf
Prof. Dr. Claudia Stockinger, Georg-August-Universität Göttingen
Prof. Dr. Volker Mergenthaler, Philipps-Universität Marburg
Dr. Kai Köhler, Hankuk University of Foreign Studies Seoul
Dr. Dietmar Till, Freie Universität Berlin
Dr. des. Barbara Stiewe, Philipps-Universität Marburg
Prof. Dr. Ursula Kocher, Bergische Universität Wuppertal
Dr. Konrad Heumann, Frankfurter Goethe-Haus/Freies Deutsches Hochstift Frankfurt a.M.
Dr. Jörg Schuster, Philipps-Universität Marburg
Dr. Iulia-Karin Patrut, Universität Trier
Prof. Dr. Thomas Anz, Philipps-Universität Marburg
Imke Kimpel, M.A., Philipps-Universität Marburg
Carolina Kapraun, M.A., Philipps-Universität Marburg
Per Röcken, Berlin
Prof. Dr. Nina Birkner, Friedrich-Schiller-Universität Jena
Dr. Jan Süselbeck, Philipps-Universität Marburg
Dr. Katja Kauer, Otto-von-Guericke-Universität Magdeburg
PD Dr. Wolfgang Bunzel, Johann Wolfgang Goethe-Universität Frankfurt am Main
Prof. Dr. Kerstin Stüssel, Rheinische Friedrich-Wilhelms-Universität Bonn
Prof. Dr. Andrea Geier, Universität Trier
Dr. Michael Neumann, Universität Konstanz
Prof. Dr. Heinrich Kaulen, Philipps-Universität Marburg
PD Dr. Gabriele Dürbeck, Universität Hamburg

Arbeitsbibliographie

1. Primärtexte: Anthologien

Karl Otto Conrady (Hg.): Der Große Conrady. Das Buch deutscher Gedichte. Düsseldorf 2008.
Heinrich Detering (Hg.): Reclams großes Buch der deutschen Gedichte. Ditzingen [2]2007.
Lutz Hagestedt (Hg.): Die Lieblingsgedichte der Deutschen. Düsseldorf 2001.
Ulla Hahn (Komm.): Gedichte fürs Gedächtnis. Zum Inwendig-Lernen und Auswendig-Sagen. Stuttgart [6]2000.
Gerhard Hay, Sibylle von Steinsdorff (Hg.): Deutsche Lyrik vom Barock bis zur Gegenwart. München 1980.
Dirk Ippen (Hg.): Des Sommers letzte Rose. Die 100 beliebtesten deutschen Gedichte. München 2001.
Walther Killy (Hg.): Deutsche Lyrik von den Anfängen bis zur Gegenwart in 10 Bänden. München 1978.
Das Wasserzeichen der Poesie oder Die Kunst und das Vergnügen, Gedichte zu lesen. In hundertvierundsechzig Spielarten vorgestellt von Andreas Thalmayr [d. i. Hans Magnus Enzensberger]. Zuerst: Nördlingen 1985, dann: Frankfurt 2001.

2. Praxis der Lyrikinterpretation

Alwin Binder u. a.: Einführung in Metrik und Rhetorik. Frankfurt/M. [5]1987 (= Monographien Literaturwissenschaft; 11).
Christoph Bode: Einführung in die Lyrikanalyse. Trier 2001 (= WVT-Handbücher zum literaturwissenschaftlichen Studium; 3).
Ivo Braak: Poetik in Stichworten. 8., überarb. u. erw. Aufl. Stuttgart 2001 (= Hirts Stichwortbücher).
Dieter Burdorf: Einführung in die Gedichtanalyse. Stuttgart, Weimar [2]1997 (= Sammlung Metzler; 284).
Terry Eagleton: How to Read a Poem. Malden, MA u. a. 2007.
Stefan Elit: Lyrik. Paderborn 2008 (= UTB; 3111).
Kristin Felsner, Holger Helbig, Therese Manz: Arbeitsbuch Lyrik. Berlin 2009 (= Akademie Studienbücher Literaturwissenschaft).
Horst J. Frank: Wie interpretiere ich ein Gedicht? Tübingen/Basel [6]2003 (= UTB; 1639).
Christoph Hönig: Neue Versschule. Versrhythmus und Reim. Paderborn 2008 (= UTB; 2980).
Heinrich Lausberg: Elemente der literarischen Rhetorik. Ismaning [10]1990.

Burkhard Moennighoff: Grundkurs Lyrik. Stuttgart 2010 (= Uni-Wissen Germanistik).
Christian Wagenknecht: Deutsche Metrik. Eine historische Einführung. München [3]1993.

3. Geschichte und Theorie der Lyrik

Franz J. Holznagel, Hans Georg Kemper, Hermann Korte, Mathias Mayer, Ralf Schnell, Bernhard Sorg: Geschichte der deutschen Lyrik. Stuttgart 2001.
Hans-Georg Kemper: Deutsche Lyrik der frühen Neuzeit. 6 Bände. Tübingen 1987–2006.
Ludwig Völker (Hg.): Lyriktheorie. Texte vom Barock bis zur Gegenwart. Stuttgart 2000 u. ö.
Dirk von Petersdorff: Geschichte der deutschen Lyrik. München 2008.

4. Interpretationssammlungen

Winfried Freund: Deutsche Lyrik. Interpretationen vom Barock bis zur Gegenwart. München 1990.
Olaf Hildebrand (Hg.): Poetologische Lyrik von Klopstock bis Grünbein. Gedichte und Interpretationen. Köln u. a. 2003.
Walter Hinck (Hg.): Gedichte und Interpretationen. 7 Bände. Stuttgart 1982–1997.
Michael Hofmann, Thomas Edelmann: Lyrik vom Barock bis zur Goethezeit. Interpretationen. München 2002.
Karl Hotz (Hg.): Gedichte aus sieben Jahrhunderten. Interpretationen. Bamberg 1987.
Marcel Reich-Ranicki (Hg.): Frankfurter Anthologie. Gedichte und Interpretationen. Frankfurt am Main 1976 ff.
Bernhard Sorg: Lyrik interpretieren. Eine Einführung. Berlin 1999.

5. Bibliographien zu Gedichtinterpretationen

Wulf Segebrecht (Hg.): Fundbuch der Gedichtinterpretationen. Paderborn 1997.
Wulf Segebrecht (Hg.): Neues Fundbuch der Gedichtinterpretationen. Hannover-Laatzen 2005.